全國高等院校古籍整理研究工作委員會規劃重點項目
二〇一一——二〇二〇年國家古籍整理出版規劃項目
國家古籍整理出版專項經費資助項目

俞樾全集

汪少華 王華寶 主編

經課續編 四書文 曲園四書文
曲園課孫草 經義塾鈔

（清）俞樾 著

汪少華 劉珈珈
孫煒 王欣 整理

鳳凰出版社

圖書在版編目（CIP）數據

經課續編 ; 四書文 ; 曲園四書文 ; 曲園課孫草 ;
經義塾鈔 / (清) 俞樾著 ; 汪少華等整理. -- 南京 :
鳳凰出版社, 2021.10
（俞樾全集 / 汪少華, 王華寶主編）
ISBN 978-7-5506-3494-7

Ⅰ. ①經… Ⅱ. ①俞… ②汪… Ⅲ. ①經籍－研究－
中國－清代 Ⅳ. ①Z126.274.9

中國版本圖書館CIP數據核字(2021)第180886號

書名	經課續編　四書文　曲園四書文　曲園課孫草　經義塾鈔
著者	(清)俞　樾 著　汪少華 等 整理
責任編輯	韓鳳冉
裝幀設計	姜　嵩
出版發行	鳳凰出版社(原江蘇古籍出版社) 發行部電話025-83223462
出版社地址	江蘇省南京市中央路165號,郵編:210009
出版社網址	http://www.fhcbs.com
照排	南京凱建文化發展有限公司
印刷	蘇州市越洋印刷有限公司 江蘇省蘇州市吴中區南官渡路20號,郵編:215104
開本	880毫米×1230毫米　1/32
印張	16.5
字數	288千字
版次	2021年10月第1版
印次	2021年10月第1次印刷
標準書號	ISBN 978-7-5506-3494-7
定價	128.00圓

(本書凡印裝錯誤可向承印廠調換,電話:0512-68180788)

《俞樾全集》編委會

主編

汪少華　王華寶

編委（按音序排列）

白朝暉　傅　傑　顧莉丹　胡文波　黄曙輝

劉珈珈　羅雄飛　倪永明　喬秋穎　喬玉鈺

孫　煒　滕振國　田松青　王其和　王倩倩

魏慶彬　謝超凡　許　丹　顔春峰　張燕嬰

目録

四書文

曲園四書文

目録

曲園課孫草

經義塾鈔

前言

本册收入俞樾著作中性質相近的五種：《經課續編》《四書文》《曲園四書文》《曲園課孫草》《經義塾鈔》。

俞樾從同治七年（一八六八）起主講杭州詁經精舍，每月以經義課試諸生，教學相長，自己也作同題課試文，作爲示範。自謙不足爲範文，題爲《詁經精舍自課文》（二卷），同治十年（一八七一）刻入《第一樓叢書》。此後陸續所作課試文，於光緒二十年（一八九四）選擇成書，命名爲《經課續編》。《經課續編》共八卷一三六篇，研討的課題包括《周易》九、《尚書》二十一、《詩經》十五、《儀禮》五、《周禮》十三、《禮記》二十六、《春秋》三、《左傳》十五、《公羊傳》四、《穀梁傳》三、《論語》十三、《孟子》三、《孝經》二、《爾雅》二、其他二。

既然是經義命題作文，自然不能拘泥成説。「『以疑存疑』、大膽致疑是俞樾治學的一種基本態度。」〔二〕在教學過程中，俞樾同樣鼓勵諸生「發揮經義，自抒心得」，追求「獨得之見」。在《詁經課藝五集序》中，他鮮明表達了這一主張：「有場屋中之經解，有著述家之經解。句梳字櫛，旁徵博引，羅列前人成説以眩閲者之目，而在己實未始有獨得之見，此場屋中之經解也。著述家則不然，每遇一題必有獨得之見。其引前人成説或數百言、或千餘言，要皆以證成吾説。合吾説者我從之，不合吾説者吾辯之、駁之，而非徒襲前人之説以爲説也。吾意既明，吾説亦盡，其餘一字一句，注疏具在，吾無異同之見，則固不必及之也。古人云：『探驪得珠，餘皆鱗爪。』詞章且然，經解何獨不然乎？此著述家之經解也。精舍中多高才生，頗有能發揮經義、自抒心得者，從此相與研求經術，文章蒸蒸日上，爲異日《儒林》《文苑》中人，不亦懿歟？」

既然是經義作文命題，往往選擇舊解語焉不詳或衆説紛紜、難以定論的詞語，有較大的發揮空間，適宜「獨得之見」的馳騁。例如《論語・泰伯》：「唐、虞之際，於斯爲盛。有婦人焉，九人而已。」「婦人」，馬注以爲文母，劉原父《七經小傳》以爲邑姜，任啓運《四書約指》謂漢石經作

〔二〕羅雄飛《俞樾的經學思想與經學研究風格》，電子科技大學出版社二〇一四年版，第一九三頁。

「殷人」，俞樾《群經平議》認爲馬注文母亦謂邑姜，而非太姒。《經課續編·「有婦人焉」解》則論證既非太姒，亦非邑姜，而是戎胥軒之妻姜氏。俞樾致繆荃孫、李超瓊、金文潮等書信中都自誇《「有婦人焉」解》一文「極新極確」「發千古所未發」。而《「皋比」解》五篇更是《經課續編》中的典型。《左傳·莊公十年》：「公子偃曰：『宋師不整，可敗也。宋敗，齊必還。請擊之。』公弗許。自雩門竊出，蒙皋比而先犯之。」「皋比」，杜預釋爲「虎皮」。由於「皋比之爲虎皮，自來莫得其解」，所以俞樾「以意説之」，《「皋比」解》給出五種解釋：一是⿰豸皋、豼，皆獸名。「蒙獸皮與虎皮同意，均以示猛也」。二是羔紕，即羊皮。「公子偃歛取羔紕，蒙之以出，蓋以禦矢石也」。三是臭紕，乃白紕（白旗）。「宋爲殷後，旗則白旗，馬則白馬」，「公子偃以白紕蒙其車馬，所以疑誤宋人也」。四是干比。「倒植二干謂之『比』。」此役公子偃以軍中利器「干比」勝宋師。五是「蒙皋」即宋地名「蒙澤」，「比」乃「北」之誤，「公子偃自雩門竊出蒙澤北而先犯之」。雖然不無「望文生訓」，但確是「獨得之見」。五種解釋即五種可能，各有支撐材料與論證方法。作爲範文，對諸生大膽創新的啓發可以想見。正如徐雁平《清代東南書院與學術及文學》所指出：「『自課』除有示範作用外，亦有自律之益，如此方能教學相長。俞樾擬寫的課作，對肄業

弟子而言，往往有激發作用。」〔一〕

「四書文」即「八股文」。因科場考試題目出於四書，故名「四書文」；每篇由破題、承題、起講、入手、起股、中股、後股、束股八部分組成。自起股至束股，每股都有兩股排比對偶的文字，共爲八股，故又稱「八股文」；以其爲明清兩代制度所規定之士子應試文體，故又稱「制藝」，亦稱「制義」。俞樾説「自幼所作四書文不下千餘首，成輒爲人持去」，光緒三年（一八七七）刻入《春在堂全書》的《四書文》十四篇，就是這些「少作」中的幸存者。光緒十四年（一八八八）鄉試，俞樾對順天、江南、浙江、福建、河南、湖北六省闈題皆有擬作，得文七篇，盛行於世。於是就四書中平時於常解外別有創解者以發明之，得二十題，各作一文，共二十篇（《大學》二篇、《論語》十五篇、《中庸》一篇、《孟子》二篇），命名爲《曲園四書文》，以區別於《春在堂全書》之《四書文》。光緒十九年（一八九三），俞樾得意門生徐琪時任廣東學政，請示俞樾後，將《曲園四書文》二十篇作爲上卷，將俞樾舊作十一篇（與《四書文》重合）、近科擬墨二十篇作爲下卷，書名仍稱《曲園四書文》，刻印於粵東試院之校經廬。書成之後，徐琪收到俞樾所寄光緒十九

〔一〕安徽教育出版社二〇〇七年版，第二〇九—二一〇頁。

年順天及各直省鄉試、光緒二十年會試四書文九篇、試帖詩四首，於是附刻於書末。

正如啓功《説八股·引言》所説：「『八股』二字，現在已幾乎成『陳腐舊套』『陳詞濫調』或説『死套子』『濫調子』的代稱；使人厭棄、遭人反對的一切壞事物的『謔謚』『惡謚』。……其實『八股』是一種文章形式的名稱，它本身並無善惡之可言。」[一]鄧雲鄉《清代八股文·前言》則認爲「八股文的作用，是在於强化思維能力的嚴格訓練，在範圍和條件的嚴格限制下，訓練思維能力的集中性、敏鋭性、全面性、辯證性」[二]。優秀的八股文，或如徐琪《曲園四書文》序所説：「惟上下千古，驅走百家，而又以忠愛纏綿之心、慷慨壯厲之節、洞達時宜之智，往來於胸，而借書於手，故題無剩義。但有一題，即有題中必有之文，即有他人必無之語。作者出於不自知，而讀者恍然悟此題之尚有斯境者。蓋其根柢深厚，右有左宜，故取攜自適，而如數家珎也。然後不必遽見經史，讀一文而羣經諸史皆在其中。雖體會一二語，有終身用之不盡者。」俞樾所作是否如徐琪序所説「惟吾師曲園先生文足以括之」，見仁見智。而徐琪「制藝爲聖賢立言，與

[一] 啓功、張中行、金克木《説八股》，中華書局一九九四年版，第一頁。

[二] 鄧雲鄉《清代八股文》，河北教育出版社二〇〇四年版，第三頁。

經義實相表裏，非僅取科第、博青紫也」的觀念，則深合乃師「八股務在通經」〔一〕的精神。作爲湛深經術的一代大儒，俞樾《曲園四書文》自序「以爲四書文即經義」。而「歷屆大比之年均有擬墨，一時轉移風氣。多士皆奉之爲準繩，知八股一道須從經義得來方有根柢，遂相率致力於經史之學，而不沾沾以帖括倖取功名，蓋先生之力也」〔二〕。因而《四書文》《曲園四書文》不僅提供四書文（八股文）的代表樣本，現代讀者藉以嘗鼎一臠；而且貢獻經學研究的成果。

《曲園四書文》二十篇是「就四書中平時於常解外别有創解者……以發明之」，這些「創解」「發明」在俞樾著作中幾乎都有所體現，其中《致知在格物》《見賢而不能舉舉而不能先命也》《傳不習乎》《孟懿子問孝》《哀公問社於宰我》《冉有曰：夫子爲衛君乎》《加我數年五十》《子在川上曰》《魯人爲長府》《而求也爲之聚斂而附益之》《虎豹之鞟猶犬羊之鞟》《東里》《子曰：直哉史魚》《子之武城》《微子》《天下有道，丘不與易也》《哀公問政》《必有事焉而勿正》《其間必有名世者》諸篇的「創解」，分别見於《達齋叢説・大學説・致知在格物》《詁經精舍自課文・大學命也過也解》《俞樓雜纂・論語古注擇從》《茶香室經説・我對曰無違》《茶香室經説・曰使民

〔一〕俞樾《袖中書・應敏齋廉訪書其二》。

〔二〕光緒二十三年九月十五日《申報》第八七九五號曲園擬墨《文學子游》本館附志。

戰栗》《群經平議・論語・伯夷叔齊何人也》《俞樓雜纂・續論語駢枝》《俞樓雜纂・論語古注擇從》《湖樓筆談》《群經平議・論語》《群經平議・論語》《茶香室經説・東里》《茶香室經説・夫子何爲》《茶香室經説・公山不擾佛肸兩章》《湖樓筆談》《俞樓雜纂・續論語駢枝・天下有道丘不與易也》《達齋叢説・中庸説》《群經平議・孟子・必有事焉而勿正》《茶香室經説・其閒》。例如《論語・微子》一篇的内在關係，俞樾發現「一篇如一章也。以『殷有三仁』始，以『周有八士』終，首尾自成章法」「前後相應，幾於天衣無縫矣」（《湖樓筆談》卷二）。而《曲園四書文》所作《微子》「以代義疏」。又如《論語・述而》：「加我數年，五十以學《易》，可以無大過矣。」俞樾《群經平議・五十以學〈易〉》認爲朱熹《論語集注》所贊同的「五十，當作『卒』」之説「於古無所徵」，指出：「『五十』疑『吾』字之誤，蓋『吾』字漫漶，僅存其上半，則成『五』字，後人乃又加『十』字以補之耳。『加我數年，吾以學《易》』，上言我，下言吾，乃互辭也。」而《曲園四書文》反省「《群經平議》謂『五十』二字乃『吾』字之誤，與『五十』作『卒』同一無稽」，認爲「當以『假我數年』爲一句，『五十』爲一句，『五十』二字承上『假我數年』而言。蓋不敢必所假者幾何年，故言或五年，或十年也。使足其文，曰『假我數年，五年十年，以學《易》』，則文義了然矣」，乃作《加我數年，五十》「發明其義，且正余舊説之誤」。

《曲園課孫草》，是俞樾給孫兒俞陛雲（一八六八—一九五〇）學作八股文寫的範文。明代有王錫爵《課孫草》、清代有陳兆崙《陳太僕課孫草》。俞樾沿用其名，光緒六年（一八八〇）撰成《曲園課孫草》，共四十篇（八股文三十六篇、律賦四篇）。俞樾在《序》中表達了此書的宗旨：「教初學作文，不外『清醒』二字。一篇之意，正反相生，一綫到底，一絲不亂，斯之謂『清』；其用意遣辭，務使如白太傅詩，老嫗能解，斯之謂『醒』。然清矣醒矣，而或失之太薄，則亦不足言文。所以失之薄者何也？無意無辭也。」鄧雲鄉認爲「序文言簡意賅，把八股文要領說的十分明確」〔一〕，「這篇小序，所說道理，不只適用於作八股文，應該說實用於一切初學作文的人」〔二〕，其《清代八股文·選文六篇》選了《曲園課孫草》中的《女與回也孰愈》《不以規矩》《皆雅言也　葉公》《不亦說乎　有朋》《國人皆以夫子》等五篇，做了釋題與淺釋。魯迅的老師壽鏡吾先生教八股文的教本就是《曲園課孫草》，「淺顯清新，比較的沒有濫調惡套」〔三〕。柳亞子回憶少年時說：「我的八股，好像做得也並不壞，喜用詞藻和史實，是我的拿手好戲。有一部

〔一〕鄧雲鄉《清代八股文》，河北教育出版社二〇〇四年版，第九〇頁。
〔二〕鄧雲鄉《宣南秉燭譚》，河北教育出版社二〇〇四年版，第一〇六—一〇七頁。
〔三〕周啓明《魯迅的青年時代》，中國青年出版社一九五七年版，第二九頁。

俞曲園的《課孫草》，才氣縱横，我甚喜歡他。」〔一〕馬叙倫回憶當年「咿唔咿唔地讀了幾篇『程文』（就是模範文），却愛上了俞曲園先生《課孫草》裏《子路宿於石門》一章的一篇」〔二〕。

《經義塾鈔》成書於光緒二十七年（一九〇一）。這年七月，禮部奉光緒上諭，從次年起廢八股文，鄉試、會試第三場試四書義二篇、五經義一篇。俞樾認爲「四書義、五經義，皆經義也，實即經論也」，應當將《四庫全書》所收宋人《經義模範》一卷十六篇經義「頒示士林，以爲程式」，而「經義」的寫作應有所示範。於是以宋人《經義模範》爲標準，作經義十六篇（《易》三篇、《書》二篇、《詩》二篇、禮二篇、《春秋》二篇、四書五篇），自謙「不足言模範」，題曰「塾鈔」，如同早年刻《課孫草》，「姑鈔存家塾，仍以課吾孫而已」。其實則如《續修四庫全書總目提要》所贊賞，「樾素專經學，諸篇發揮義理，周浹旁皇，且非宋人所及，真經義也」。

本次整理，《經課續編》以《春在堂全書》本爲底本。《四書文》以《春在堂全書》本爲底本，校以光緒十九年《曲園四書文》（「癸巳本」）下卷重合者。《曲園四書文》以光緒十四年本（「戊子本」）爲底本，校以光緒十九年本（「癸巳本」）上卷，增入光緒十九年本下卷與附刻的八股文

〔一〕柳亞子《柳亞子自述》，群言出版社二〇一四年版，第九九頁。

〔二〕馬叙倫《我在六十歲以前》，生活·讀書·新知三聯書店一九八三年版，第七—八頁。

二十九篇、試帖詩四首；增入《曲園擬墨》[二]八股文一篇、試帖詩八首；光緒二十三年九月、二十四年閏三月上海《申報》先後發表曲園擬墨《文學子游》《子曰放於利而行》，亦予附録。《曲園課孫草》以光緒八年常熟抱芳閣刻本爲底本。《經義塾鈔》以光緒二十七年吴下刻本爲底本。汪少華、王欣點校《經課續編》，劉珈珈點校《四書文》，孫煒點校《曲園四書文》《曲園課孫草》《經義塾鈔》。異體字、古字不改，避諱字徑改不出校。

承蒙林日波、葉雁鵬二位分别複製南京圖書館藏《曲園四書文》癸巳本和浙江圖書館藏《曲園四書文》戊子本，徐時儀教授惠寄《清代詩文集珍本叢刊》之《曲園擬墨》，吕友仁先生審讀《經課續編》，一併謹此致謝。

[二] 陳紅彦、謝東榮、薩仁高娃主編《清代詩文集珍本叢刊》，清刻本，第五一一册。

經課續編

課序

余舊有《詁經精舍自課文》二卷，刻入《第一樓叢書》，嗣後久不復作。近者見獵心喜，偶一爲之，積久遂多。然祕之篋中，不以示人。會詁經監院有選刻《七集》之請，余爲選定如干篇。因發篋取觀之，一知半解，教學相長，亦不忍自棄，即於吴下校付剞劂，名之曰《經課續編》。聊以示同學諸君，未知以爲何如也。甲午秋，曲園俞樾記。

經課續編卷一

「王札子」解

《宣十五年公羊傳》："「王札子者何？長庶之號也。」《解詁》曰："「札者，冠且字也。」愚按：何氏此詁未得《傳》意。若然，《傳》何以云「長庶之號也」？余以此命精舍諸君解之，頗有窺見此意：謂《公羊》既云「長庶之號」，則「札子」二字非名非字者。但必附會「札」字之義，謂札者木札，「札子」之稱猶之乎稱支子，稱孽子。其義迂曲，余無取焉。

竊謂札者，其名也，此人名札而字子捷。經書「王札子」，其名也；《左傳》稱「王子捷」，其字也。《春秋》之例，天子上士書名，如「石尚」是也。天子之庶兄何爲從上士之例而書名？曰：此乃當時之通稱，而不在《春秋》書名之例者也。蓋當時通稱，天子之母弟則依伯、仲、叔、季之次而係「子」以稱之，如《宣十年》所書「王季子」是也；天子之庶兄弟則即以其名係「子」而稱之，如此經「王札子」是也。疑當其父在日即有此稱，嫡子則曰伯子、仲子，庶子則係其名曰某子、某子，故何氏謂「繫先王以明之」也。此在《左傳》有可明證者，《桓十六年傳》有「急子」「壽子」，《成十八年》晉悼公稱「周子」，皆「王札子」之例也。《春秋》從當時之通稱而書之，故《傳》曰「長庶之號也」，言凡長庶皆如此號也。沿至戰國時，遂多以名配「子」而稱之者，如匡章之稱「章子」是也，《國策》中如田嬰稱「嬰子」，田盼稱「盼子」，此類甚多，皆可證明「王札子」之義。杜預不達，疑其誤倒，疏矣。

「檀弓在六國之時」説

《禮記・檀弓篇》首載公儀仲子事，檀弓疑而問焉，子游决之於孔子。則檀弓與孔子同時，明白無疑。疏乃云：「此檀弓在六國之時。知者，以仲梁子是六國時人，此篇載仲梁子，故知也。」按：仲梁子書今不傳，《漢志》亦不載，不知疏家舍篇首明文而據仲梁子爲斷，何也？愚意疏文當云：「此《檀弓》之作，在六國之時。」今無「之作」二字，或文不具，或傳寫失之耳。《王制》疏云「《王制》之作，蓋在秦漢之際，知者」云云，以彼證此，正同一例。蓋謂《檀弓》之作在六國時，非謂檀弓是六國時人也。故於仲梁子則云「六國時人」，而《檀弓》則云「在六國時」，明不以檀弓爲六國時人矣。

僞古文《尚書》「人心惟危」十六字説

「人心惟危」十六字，尊之者以爲帝王傳心之要旨，詆之者以其見於《荀子》之書，遂以爲是性惡之宗旨。愚則謂尊之者非，詆之者亦過也。既云「人心」，又云「道心」，則是性有善有不善，不得竟謂性惡矣。以其見於《荀子》之書，遂以爲是性惡宗旨，則《荀子》三十三篇中引《書》引《詩》者多矣，其皆可附會爲性惡宗旨乎？此不足以服尊古文《尚書》者之心也。

按：《荀子·解蔽篇》引《道經》曰：「人心之危，道心之微。」僞古文采取其文，但易兩「之」字爲「惟」字，而又綴一句云「惟精惟一」。「精」字、「一」字亦見《荀子·解蔽》本篇，是此三句固一氣貫注也。乃又襲用《論語》「允執厥中」一句，綴於此三句之後，則大謬矣。夫所謂「中」者何也？有上下則有中，有前後則有中，有左右則有中。故《中庸》曰：「執其兩端，用其中於民。」可見中生於兩，不生於一也。今既云「惟精惟一」，夫精之又精而至於一，則已無上下、前後、左右之可言，而又何中之有乎？《中庸》一書，其前半篇重在「中」字，其後半篇重在「一」字，故兩言「所以行之者一也」，而以「文王之純亦不已」爲一之至。既言「一」，則不復更言「中」矣。

此云「惟精惟一」，又云「允執厥中」，先言「一」，後言「中」，於理不可通也。《孟子》曰：「子莫執中。執中無權，猶執一也。所惡於執一者，其爲賊道也。」「惟精惟一，允執厥中」，則所執者非中也，一也，《孟子》所謂「賊道」者也，而可以爲帝王傳心之要旨乎？自來攻古文《尚書》者，皆未見及此。愚故詳論之，以告世之尊古文《尚書》者。

「辛壬娶塗山癸甲生啟」説

《尚書·臯陶謨》：「娶于塗山，辛壬癸甲，啟呱呱而泣，予弗子。」《史記·夏本紀》作〔一〕：「予辛壬娶塗山，癸甲生啟。」此兩文雖異而實同。辛壬癸甲，皆謂娶後四日也。《書》疏引鄭注曰：「登用之年，始娶于塗山氏，三宿而爲帝治水。」《楚辭·天問篇》王逸注曰：「以辛酉日娶，甲子日去，而有啟也。」皆是古義。而王逸并知「辛」爲辛酉，「甲」爲甲子，其必有所受之矣。若《列女傳·母儀篇》云：「既生啟，辛壬癸甲，啟呱呱而泣，禹去而治水。」則以辛壬癸甲爲生啟後四日。夫子生四日而去，此今人有事行役四方者，亦往往能之，何足異乎？是辛壬癸甲爲娶

〔一〕夏，原訛「禹」，據《史記》改。

後四日無疑。

然禹必於帝舜之前言此，何也？蓋禹與塗山氏婚止此四日也。《漢書·武帝紀》元封元年詔曰：「朕用事華山，至於中岳，見夏后啟母石。」應劭曰：「啟生而母化爲石。」師古曰：「禹治鴻水，通轘轅山，化爲熊，謂塗山氏曰：『欲餉，聞鼓聲乃來。』禹跳石，誤中鼓。塗山氏往，見禹方作熊，慙而去，至嵩高山下化爲石，方生啟。禹曰：『歸我子。』石破北方而啟生，事見《淮南子》。」此事荒誕不足信。然見於詔書，記於載籍，必非無因，蓋啟生而塗山氏死矣。禹成婚四日而有啟，有啟而禹行，啟生而塗山氏死，則禹與塗山氏婚止此四日。夫合二姓之好，開四百年之祥，而止此辛壬癸甲之四日。想大禹一生，羽淵抱痛而外，此一事乜亦其蠹然傷心者矣，故至此猶言於帝舜之前也。禹名其子曰「啟」，啟，殆坼副而生者乎？詩人美后稷之生，曰「不坼不副」，蓋古婦人固有坼副而生者。《詩·生民篇》正義引《楚世家》云：「陸終娶於鬼方氏，曰女潰，孕三年不乳，乃剖其左脇，獲三人焉；剖其右脇，獲三人焉。」又引《帝王世紀》：「簡狄剖背生契。」《史記正義》引干寶説云：「前志所傳，修己背坼而生禹，簡狄胷剖而生契。」疑啟之生亦類乎此，故名之曰「啟」。至後世猶有「石破北方而啟生」之説。塗山氏之隕，亦即於此也。然則禹娶塗山氏在此四日，生啟亦在此四日。渾而言之，則曰「辛壬癸甲」；若析而言之，則宜依鄭康成注「三宿」之説，曰：「辛日娶塗山，壬癸甲生啟。」

太史公乃云：「辛壬娶塗山，癸甲生啟。」此亦必有所受之，非太史公能以意爲之也。《詩・草蟲篇》：「亦既見止，亦既覯止。」箋云「既見，謂已同牢而食。既覯，謂已婚」，引《易》曰：「男女覯精，萬物化生。」俗儒讀此，無不詆鄭君之陋。然此事果宜諱，則聖人不當著之於《易傳》矣。「辛壬娶塗山」，所謂「亦既見止」也；「癸甲生啟」，所謂「亦既覯止」也。辛日成婚，至癸日始行夫婦之事，蓋昏禮本取陰來陽往之義。月三日而成魄，故夫婦之事亦必至第三夕而後行。床笫之間，固非禮制所及。然聖人以身爲度，疑古人於此自有一定之制也。啟之生必在癸、甲二日，不在辛、壬二日。然不能定其爲癸日爲甲日，故曰「癸甲生啟」而已。「生啟」者即王逸注《楚辭》所謂「有啟也」。「生啟」與「啟生」異，故師古引《淮南》以注《漢書》，其前云「方生啟」即謂「有啟也」，其後云「啟生」，則啟之出母腹而生也。《索隱》不達「生啟」之義，謂「豈有辛壬娶妻，經二日生子？不經之甚」，曾謂太史公并此而不達乎？

《内則》「后王」解

《禮記・内則篇》：「后王命冢宰降德於衆兆民。」鄭注但曰：「后，君也。」《釋文》述鄭注則云：「后，君也，謂諸侯也。王，天子也。」正義釋鄭注亦同，且申明之曰：「不先云『王』者，避天子后妃之嫌。」斯曲説矣。《釋文》又引盧云：「后，王后也；王，天子也。」先后而後王，與先諸侯而後天子同一難通。又引孫炎、王肅云：「后王，君王也。」是以「后王」二字爲人君之稱，疑鄭注云「后，君也」亦是此意。下云「據諸侯」者，特以命冢宰，不命司徒耳，非如陸德明、孔穎達以后、王分天子、諸侯也。然他經言「王」不言「后王」，此何以有「后王」之稱？似亦宜一説。

愚謂「后王」者，文王也。《詩・文王有聲篇》「王后烝哉」，鄭箋以王后爲文王。《詩》言「王后」，《禮》言「后王」，文有倒順，其義則一。蓋「后」本諸侯之稱，陸、孔所説自是古義。《尚書・堯典》曰「班瑞于羣后」，又曰「肆覲東后」，又曰「羣后四朝」，諸侯稱「后」，由來久矣。文王爲西伯，是固一西后也。其後三分天下有其二，則是衆所歸往之謂王矣。有其實，不得辭其名，此文王所以稱王也。文王以后而王，故《禮》謂之「后王」；雖王而后，故《詩》謂之「王后」，一而已矣。《文王世子篇》曰：「文王之爲世子，朝於王季日三，雞初鳴而衣服，至于寢門外。」與此記所云「子婦事父母、舅姑，雞初鳴，咸盥、漱，以適父母、舅姑之所」事正相合。蓋斯禮也，始於文王之事王季，其後制爲内則，班布兆民。此正其所降之德，故云「后王命冢宰降德於衆兆民」

也。雖文王三朝，而此記云「昧爽而朝」「日入而夕」，則止兩朝。然此乃聖人躬自厚而薄責於人之意。《文王世子篇》附載《世子之記》，亦止云「朝夕至于大寢之門外」，蓋其定爲世子之禮者兩朝而已，況下而至於民乎？文王爲周受命之君，故有周之制必託始於文王。《尚書·酒誥篇》曰：「乃穆考文王，肇國在西土。厥誥毖庶邦庶士越少正、御事。」是《酒誥》亦文王誥之也。其至厲王時，召穆公作《蕩》之詩，亦託之文王，其發端云「文王曰咨」，蓋周家相沿之舊例也。其後孔子作《春秋》，雖託王於魯，而其所立素王之法亦託之文王。《隱元年》書「春，王正月」，而公羊子發《傳》曰：「王者孰謂？謂文王也。」此深得聖人之意者也。故《内則篇》之「后王」，愚即以公羊子之言説之曰：「謂文王也。」

「有虞氏官五十，夏后氏官百，殷二百，周三百」解

《明堂位篇》鄭注云：「周三百六十官。此云『三百』者，記時《冬官》亡矣。」按：《冬官》之亡，雖不知亡於何時，然《明堂位》云：「君臣未嘗相弑也。」是《明堂位》之作尚在隱公之前，豈此時《冬官》已亡乎？鄭注非也。注又「以夏、周推前後之差，有虞氏宜六十，夏后氏宜百二十，殷宜二百四十」。後之學者無不以鄭爲臆説，而并疑此記所言四代官數亦不可信。

愚謂鄭説固屬無稽，而此記所言則從古相傳之舊説。得此説而古文《尚書·周官篇》可決其爲僞書，即《周禮》一書亦可決其非周公所作矣。何以言之？蓋古有五官，無六官。《管子·輕重甲篇》云：「昔堯之五吏五官無所食，請立五厲之祭，祭堯之五吏。」此陶唐氏五官之證也。《昭二十九年左傳》曰：「少皞氏有四叔，曰重、曰該、曰修、曰熙，實能金、木及水。使重爲句芒，該爲蓐收，修及熙爲玄冥，世不失職，遂濟窮桑，此其三祀也。顓頊氏有子曰犂，爲祝融；共工氏有子曰句龍，爲后土，此其二祀也。」是五官之名，陶唐氏以前固有之矣。而《國語·楚語》又云：「顓頊命南正重司天以屬神，命火正黎司地以屬民。」則五官之外又有南正。而少皞氏之子曰重，顓頊氏之子亦曰重，兩者相混。愚謂此傳者誤也。少皞氏之子重，爲木正者也；顓頊氏之子黎亦曰重黎，爲火正者也。《國語》唐尚書注欲改「火正」爲「北正」，此大謬矣。曰「火正」者，其本名也。曰「南正」者，火位南方，故「火正」亦稱「南正」也。其司天、司地，乃火正之兼職也。火之爲用，主乎至明。先王事天明，事地察，故火正一官即主明天察地之事。後世誤以重、黎爲二人，司天、司地爲二職。因火正而又立「南正」之名，其義尚可通；因「南正」之名而欲臆改「火正」爲「北正」，斯妄作矣。《國語》又曰：「堯復育重、黎之後。」韋注以爲羲氏、和氏。是《堯典》之羲、和即火正也。《書》曰「乃命羲和，欽若昊天」，此即司天屬神之事；又曰

「敬授人時」，此即司地屬民之事。蓋古者生民之初，人事無多，惟以五行不失職爲主，故命官以金、水、木、火、土爲名。後世人事日繁，雖官制尚仍其舊，而所重者人事。顓頊之命重、黎，陶唐之命羲、和，與火正設官之初意已不侔矣。今以《堯典》徵之，羲、和之爲火正不待言。伯夷作秩宗，其木正乎？臯陶作士，其金正乎？伯禹作司空，其水正乎？棄后稷、契司徒，此二者皆土正乎？後世《周禮》之作，亦比附古義而爲之。《大司徒職》：「以天下土地之圖，周知九州之地域廣輪之數，辨其山林、川澤、丘陵、墳衍、原隰之名物。」此棄之職也。又曰：「因此五物者民之常，而施十有二教焉。」此契之職也。故知棄、稷同爲土官，亦猶古者修及熙同爲水官矣。至此外夔、龍諸人，蓋有出於五官之外者。

因事立官，亦理之所宜有，而大要以五官爲重。如今京朝官不止六部，而天下事統於六部，其則例之頒行天下者亦止六部而已。夏、商至周，無不同之。度其時，因事立官，必有更加於唐虞者，而五官舊制不敢紊也。有五官則有五官之屬。唐虞事簡，每一官其屬各十人，故曰「有虞氏官五十」。至夏事繁，十人不足，則倍之爲二十人，故曰「夏后氏官百」。殷事更繁，則又加二十人爲四十人，故曰「殷二百」。周事益繁，則又加二十人爲六十人，故曰「周三百」。此皆以五官之屬言也。其實亦以大判言之，未必無小出入。而爲五十，爲百，爲二百，爲三百，則固其建國時所定之員數矣。其後《周禮》之書出，乃有六官之名，此不知何代之制。愚嘗以爲周衰有志之士所作，自成一家之書，欲爲百代之制者也。僞古文《尚書》因之作《周官篇》。後之學者信爲周制固然，以説此記，宜其不合矣。愚因記人所言，而考見四代官制有五官無六官，故具説之。鄭君復生，斯言不易。

「爲人後者仍稱所生爲父母」説

《儀禮·喪服篇》「斬衰」章云「爲人後者」，「不杖期」章云「爲人後者爲其父母，報」，是於所生者不没其父母之稱，而於所後者轉不著其父母之號。蓋古人之爲人後，不必昭穆相當。疏引雷氏云：「或後祖父，或後曾高祖。」此就在上者而言也。若推而下之，則有爲兄弟後、爲兄弟之子後者矣。故爲之後、不爲之子，其服則斬衰三年，其稱則悉如其舊，高曾祖父則仍高曾祖父也，兄弟、兄弟之子則仍兄弟、兄弟之子也。而父母之稱仍歸之所生。天之生人也，使之一本，人固無二父母也。至後世，古制日遠，私意日滋，謂爲我後者必使爲我子，於是必擇其昭穆相當者而後之，所後者非伯父則叔父也。伯父、叔父本有「父」稱，既爲之後，益從親昵，没其伯、叔之名而父之、母之，亦人情也，於是乎所後、所生並稱父母。唐開元、宋開寶《禮》皆云：

「爲人後者，爲其所生父齊衰不杖期，爲所後父斬衰三年。」是所後、所生並稱父母。唐宋通行，著爲功令矣。遂有於所後稱父母，而所生轉不稱父母者。《三國志·袁紹傳》注引《漢晉春秋》所載審配與袁譚書曰：「昔先公廢棄將軍以續賢兄。先公謂將軍爲兄子，將軍謂先公爲叔父。」又五代時，晉出帝以其所生父敬儒爲皇伯，是以本生父爲伯父、叔父矣。要皆出於衰亂之世，不可以爲典要者也。宋時濮議，諸臣請稱濮安懿王爲皇伯，舍禮經之正名而從衰世之亂制，何哉？徒以事出天家，關係者大，懼其以豐禰之故入廟稱宗，有干大統，故諸臣力爭之，乃不得已之苦心，而非不易之正論。程子追論此事，猶主此説。有明一代，尊崇宋學，奉程朱爲聖人，大禮之議踵宋濮議而起。然濮議終當以歐陽修爲正。歐陽修據《儀禮》經文謂：「服可降，而名不可改。」其論甚韙。當時趙瞻乃以「出母去婦」爲比，謂之「辭窮直書」。此謬論也。果其於所生父母必不容有父母之名，則經文曰「爲人後者爲其所生」，豈不甚明，何窮於辭哉？聖人之辭若是易窮乎？「出母去婦」，比喻不倫，姑如其説以曉之：「出已非母」，然問所出何人，必曰母也，不得因其已出而降一等曰伯母、叔母也；「去已非婦」，然問所去何人，必曰婦也，不得因其已去而降一等曰妾也。乃於所生父母降一等曰伯父、叔父，此豈理也哉？《朱子語録》有一條云：「如今有人爲人後者，一日所後之父與所生之父相對坐，其子來喚所後父爲父，終不成又喚所生父爲父？」此朱子習見後世之事而有此説。

夫古人所謂爲人後者，皆死後所立，非生前所立也。其人未死，斷無立後之理，安得有所生、所後兩人並坐者乎？至於後世，則固有生前立後者矣，宋仁宗豫養英宗於宫中，即其事也。帝王有然，民庶亦當有然。所生、所後兩人並坐，不得謂非事之所有矣。然執古義以繩之，則所生者爲父母，而所後者仍其伯叔父母之稱，兩無所嫌也；執唐、宋以來通行之例，則所後者曰「父母」，所生者曰「本生父母」，施之文辭，登之譜牒，兩不相混也。惟膝下恒言，則兩父並坐，誠有所難。考之《廣雅》，父之異稱有六，母之異稱有八。蓋方俗之殊音，庭闈之昵語，雖聖人有不能齊一之者。然則循其土俗，異爲之稱，以示區别，或亦「亡於禮者之禮」乎？此固議禮者所不必計及矣。

要而言之，三代以上，所生者爲父母，而所後者不爲父母；唐宋以來，所後者爲父母，而所生者仍爲父母。《朱子家禮》云「爲人後者爲本生父母，齊衰不杖期」，則「本生父母」之名固朱子所定也。恭讀高宗純皇帝《御批歷代通鑑輯覽》：宋英宗二年「夏四月，詔議崇奉濮王典禮」，批云：「英宗崇奉濮王，事由韓琦等申請，且所議並非加尊帝號，更無嫌疑凌僭之虞。必執爲人後者不得復顧私親，以相折辨，既與大記所云不合，使濮王尚在，又將何以處之乎？且以本生之親改稱伯父，固非所安；而加『皇』於伯，名亦不正。王珪、司馬光之説並無經傳可据，徒以強詞爭執，自不若歐陽修援據《禮經》之爲得也。」又：「明正德十六年，『夏四月，興世子至京師，入即位。詔議崇奉興獻王典禮』，批云：「嘉靖欲推崇自出，本屬人子至情，諸臣必執宋時濮議相持，無論事理不同，且亦無以慰尊親本願。蓋旁支入承大統，於孝宗固有爲後之義。然以毛裏至親改稱叔父，實亦情所不安。嘉靖既有父母互易之疑，復有避位歸藩之請，其心尤爲迫切。誠使集議之初即早定本生名號，加以徽稱，使得少伸敬禮，則張璁等亦無自伺閒陳言，或轉可隱全大義。乃必強詞爭執，持之愈固，激之愈深，於是稱帝不已，進而稱宗、稱考不已，甚而祔廟，其終至於瀆禮亂倫，亦諸臣不能於天理人情斟酌至當，有以致之耳。」然則所生父母之不得改稱伯叔父母，高宗純皇帝固已酌理揆情，爲萬世垂不易之定論矣。謹案：《會典》「齊衰不杖期者，爲人後者爲其本生父母」，是所生者爲本生父母，功令然也。今世士大夫爲所生父母請封贈，其誥敕之辭必曰「爾某人乃某官某人之本生父，爾某氏乃某官某人之本生母」，此本生父母之稱見於制書者也。又凡殿廷考試開具三代脚色，有本生父母者必並書「父某、本生父某」，是本生父母之稱見於考試功令者也。稽之古制，準之功令，謹遵高宗純皇帝《御批歷代通鑑輯覽》，則爲人後者於所生自以仍稱父母爲是。袁本初、晉出帝之亂制，宋、明諸臣之臆見，均不可用也。

臧孫達、臧文仲祖孫並論宋事疑有一誤説

《莊十一年左傳》「宋大水」一事，先載臧文仲曰：「宋其興乎？」又載臧孫達曰：「是宜爲君。」按：臧文仲乃臧孫達之孫。一事而孫論之於前，祖論之於後，若「倡予和汝」者然，殊有可疑。晉范文子之逐士匄曰：「童子何知？」鄭子國之怒子産曰：「童子言焉，將爲戮矣。」可見父兄在上，子弟儳言，非所宜也。何臧氏祖孫不達此義乎？或疑下「臧孫達曰」是「臧孫辰曰」之誤。

愚謂上「臧文仲曰」是「臧哀伯曰」之誤。何以知之？以其年知之。考《隱五年傳》載臧僖伯諫觀魚事。是年冬，經書「公子彄卒」，即臧僖伯也。僖伯卒，其子哀伯達嗣爲大夫。《桓二年》載其諫郜鼎事，至莊十一年，嗣位三十五年矣，其卒年無考。然《周書・謚法篇》曰：「蚤孤短折曰哀。」臧哀伯之年必不甚永，其嗣爲大夫也甚早，所謂「早孤」也。其子伯氏缾不見經傳，亦無謚，殆先父而卒，不爲大夫。自莊公十一年臧孫達見傳之後，又十七年而臧孫辰見於經，則其孫嗣爲大夫矣。想臧哀伯於莊十一年後不久即卒，所謂「短折」也。早孤、短折，故曰「哀」也。《尚書・洪範篇》僞孔傳曰：「短，未六十；折，未三十。」臧哀伯之年雖不可知，姑以五十

爲斷。其生子年月不可知，姑以二十爲斷。臧哀伯二十而生伯氏缾，伯氏缾二十而生臧文仲，則當哀伯在時，臧文仲不過十餘齡之孺子耳，其能喋喋焉高論興亡乎？《文十年經》書「臧孫辰卒」，上距莊十一年六十五年矣。若莊十一年文仲已能與其祖父共論宋事，必當在二十歲以外，加六十五年，則八十左右矣。當時稱文仲者，但稱其不朽，不稱其壽，疑臧文仲亦未必有如此之壽。故愚疑《莊十一年》論宋事止臧哀伯一人。先舉其謚曰「臧哀伯」，後舉其名曰「臧孫達」，與《桓二年傳》文正同也。杜氏於此注曰「臧文仲，魯大夫」，疑本作「臧哀伯，魯大夫」，與《桓二年傳》注同。彼云「僖伯之子」，此不言者，已見其前，故略之耳。不知何時傳文、注文皆誤爲「臧文仲」。然孔氏於《莊十一年》無疏，至《莊二十八年》「臧孫辰」始爲之疏曰：「《世本》：『孝公生僖伯彄，彄生哀伯達，達生伯氏缾，缾生文仲辰。』辰是臧僖伯曾孫。」疑孔氏作疏時，傳文、注文尚無誤。不然，「臧文仲」已見《莊十一年》，何不疏於前而疏於後乎？

「齊侯朝晉將授玉」申太史公説

《成三年》：「齊侯朝於晉，將授玉。」正義引《史記・齊世家》云：「頃公朝晉，欲尊王晉景公。」而駮之曰：「齊弱於晉，所較不多，豈爲一戰而勝便以王相許？」馬遷讀此傳『將授玉』以爲

『將授王』，遂爲此謬辭。」夫謂太史公「王」「玉」不辨，是不識字也；玉可言「授」，王不可言「授」，是又不通文理也。其誣太史公甚矣。《史記索隱》引張衡之説，則又曲説，於古無徵。

然則太史公之意如何？曰：是宜先明「朝」字之義。《禮記·曲禮篇》曰：「天子當宁而立，諸公東面，諸侯西面，曰朝。」《王制篇》曰：「天子無事與諸侯相見，曰朝。」此「朝」之本義也。《周禮·大宗伯職》曰：「春見曰朝。」此「朝」之别義也。蓋「朝」本爲諸侯見天子之名。故於一歲之始來見者，仍其本名，而夏、秋、冬則異爲之名以别之，此亦周人尚文之事也。《穀梁·桓九年傳》曰：「諸侯相見曰朝。」《周禮·大行人職》曰：「凡諸侯之邦交，歲相問也，殷相聘也，世相朝也。」此乃後世之事，疑出於文、襄霸制，蓋欲使諸侯朝己，而又欲避諸侯朝天子之嫌，故設爲諸侯相朝之制。然觀春秋之世，有小國朝大國，無大國朝小國，則可知此制爲霸言矣。《周禮》亦有此文者，愚嘗以《周禮》爲非周公所作，且此數語綴於《大行人職》之末，則或爲後人附益，而并非《周禮》原文，亦未可知矣。

原夫上古天子、諸侯並爲古之建國，非如漢世之大啟侯、王，裂地而封之也。諸國之中，有能行仁政者，諸侯皆歸之，則謂之王者，如湯以七十里王、文以百里王是也。若其子孫不能繼，諸侯不歸之，則仍是一國而已，即謂之失天下。商自武丁以前嘗失天下，故《孟子》稱「武丁朝諸侯，有天下」。周自幽、厲以下亦已失天下，故《孟子》稱「三代之失天下以不仁」。當孟子時，周猶未亡，而天下則已失，蓋不朝諸侯，即是不有天下。然則朝諸侯即是有天下，此三代以上之異乎三代以下者也。或曰：「滕侯、薛侯來朝」，書於《隱十一年》。其時文、襄之霸未興，豈得謂是文、襄霸制乎？曰：滕、薛來朝，本是行古之道。當時周室已衰，而魯乃周公之後，爲東方望國，隱公又賢君也。滕、薛國小而近於魯，願託其宇下而庇焉，則其朝魯即其以王禮事魯，亦猶夏、商之季之諸侯不朝夏、商而朝商、周也。徐偃王行仁義，而諸侯來朝者三十六國，即其例也。魯受滕、薛之朝，亦以王禮自居也。何以明之？觀魯人之言曰：「周之宗盟，異姓爲後。寡人若朝於薛，不敢與諸任齒。」夫以後世言之，魯、薛指周之諸侯耳。遵周制而重同姓，魯、薛何別焉？乃朝薛，則即以任爲同姓、姬爲異姓，是可見朝薛即以王禮事薛矣。春秋之世，小國朝魯者多，朝魯即王魯也。《春秋》託王於魯，亦由當日諸小國本多王魯者耳。文、襄之霸興，因而創爲諸侯相朝之制，以受諸侯之朝，寖失其初意矣。齊、晉敵國，本不相朝。至是，頃公因師敗之故，如晉而行朝禮，以王禮事晉也。故太史公云「欲尊王晉景公」。此自是當時之實，豈史公不識字、誤「玉」爲「王」而云爾哉？

「王大封」孔賈異義説

《周禮·大宗伯職》：「王大封，則先告后土。」鄭注於「王大封」無説，賈疏云：「大封，謂若《典命》公八命，卿六命，大夫四命，其出封皆加一等，是其大封之事，對封公卿大夫爲采邑者爲小封。」愚謂賈疏非鄭意也。「大封」二字已見上文，云：「大封之禮，合衆也。」鄭注云：「正封疆溝塗之固。」然則上「大封」不爲封諸侯，豈此「大封」同在一職而有異義乎？

《詩·周頌·時邁篇》正義曰：「封禪之見於經者，惟《大宗伯》云『王大封，則先告后土』，以外更無封文也。」孔義不知何所本，疑是鄭學家舊説。雖「封禪」與「正封疆溝塗」微有不同，然同是築土爲封，無大異也。王者，父事天、母事地。父至尊，母至親。故封之後必繼以禪，猶人子祭父必兼祭母也；而封之前必先告后土，猶人子將有事於父，必先告之其母也。注義如是，經義亦正如是。而賈疏乃以封諸侯説之。據《詩序》云：「《賚》，大封功臣於廟也。」是封諸侯但當告廟，不當告后土，安得以彼「大封」説此「大封」乎？至孔疏謂此外無封文，則固不然。《尚書》：「封十有二山。」即封文之首見於經者也。古者每一州必以一山爲鎮。《職方氏》所載楊州會稽、荆州衡山、豫州華山、青州沂山、兖州岱山、雍州岳山、幽州醫無閭、冀州霍山、并州恒山，王者巡守所至，即就其山而行封禪之禮。舜時十有二州，故云「封十有二山」。若九州，即當言「封九山」矣。管子之告齊桓公曰：「古者封泰山禪梁父者七十二家。」此管子就齊言齊耳，非謂封禪必於泰山也。秦漢唐宋之封泰山，乃爲管子所誤。秦漢唐皆都關中，則其畿内自有岳山可封；宋都汴梁，則其畿内自有華山可封。若巡守所至，無不可封，何必泰山乎？至管子之言亦有誤處，其云「禹封泰山，禪會稽」，此「會稽」二字誤，必非《管子》原文也。何以知之？其上文云：「古者封泰山禪梁父者七十二家，夷吾所記者十有二。」則此十二家必皆封泰山而禪梁父。

今按：下文所列無云「禪梁父」者，無懷氏、伏羲氏、神農、炎帝、顓頊、帝嚳、堯、舜、湯皆「禪云云」，黄帝「禪亭亭」，周成王「禪社首」。「云云」也、「亭亭」也、「社首」也，殆皆梁父山之小別名也。而禹乃言「禪會稽」，會稽遠矣。周制，岱爲兗州鎮，會稽爲楊州鎮。禹豈封泰山之後，又行數千里而禪楊州之會稽乎？必不然矣。疑《管子》之書偶有闕文，禹禪遂失其處。後人習聞禹有會稽之會，妄以「會稽」二字補之耳。因論「大封」，附及之。

甚哉！後世之見不可以論古也。後人但聞封禪爲秦漢之侈心，遂不許古帝王行封禪之禮；後人但見宋時青苗法之爲天下害，遂不許周公行泉府之法。不知古今異宜，非可一概論也。《禹貢》青州有「怪石」之貢，後人疑之。程氏大昌謂：「古者用玉，比後世特多，其勢不得不以似玉者充之，蓋貢怪石以足用，非如今靈壁、太湖之石嵌空玲瓏可爲戲玩者也。」此說大繆。君子比德於玉，故貴玉而賤瑉。若以似玉者充之，則瑉何賤乎？孔子惡似是而非者，似玉而可以爲玉，則莠可以爲苗，紫可以爲朱矣。或又以白石瑛、紫石瑛當之，所見更陋。

愚按：《山海・南山經》：「猨翼之山多怪獸，多怪魚。」郭璞注曰：「凡言怪者，皆謂狀貌倔奇不常也。」怪石與怪獸、怪魚義同。枚傳以怪異說之，已得其義，又云「好石似玉者」，則轉失之。蓋此怪石正如今靈壁、太湖之石，但取其嵌空玲瓏，非取其「似玉」也。然則禹之貢怪石，將以爲玩乎？曰：豈獨怪石爲玩，即上文之松亦玩也。夫棟宇、器械需材不一，何獨有取於松？即有取於松，松非他處絶無之物，自可就地取材，從其近便，何必取之岱山之畎？《魯頌》云：「徂徠之松，新甫之柏。」胡氏《錐指》引以證岱畎多松。然松、柏並稱，松既入貢，柏何見遺？可疑一也。「徂徠之松，新甫之柏」，魯作閟宮，取給於此，齊、魯接壤故也。《商頌·殷武篇》則云：「陟彼景山，松柏丸丸。」可知商人之用松柏，取之景山，不取之徂徠、新甫矣。唐虞都冀州，豈其無松而必取之岱畎？可疑二也。且所貢者少，則不給於用；所貢者多，則人夫斬伐、車牛牽輓，其勞其費，不可勝言。無大興作，徒然朽腐；有大興作，仍不給用。禹之爲此，甚無謂矣。可疑三也。吾故曰：松亦玩也。唐陸龜蒙有《怪松圖讚》，其序曰：「有道人自天台來，示余怪松圖。根盤於巖穴之内，輪囷偪側而上，身大數圍，而高不四五尺，有龍攣虎跛之狀。」宋高宗得盤松，自爲之贊，有云：「天錫瑞木，得自嶔岑。枝蟠數萬，榦不倍尋。」岱畎貢松，疑亦此類。今徽州黄山之松，長不過三四尺，天然盤曲，足供盆盎中玩，則與怪石正可爲配矣。舜微時，居深山中，固嘗與木石居者。及貴爲天子，不以黄屋爲樂，寄情木石，容或有之。與漆器之作，皆不足爲盛德之累。禹見岱畎之中，此松、此石雅可愛玩。輦至京師，爲物也小，不傷民力，媚兹天子，亦臣子之至情也。如援後世之事以獻疑，則因唐人荔枝之貢勞人害馬，并「厥包橘柚」亦罷之而後可。

「祭用數之仂」解

《禮記・王制篇》「祭用數之仂」，注云：「算今年一歲經用之數，用其什一。」鄭君此注不知何見而云然。正義云：「仂是分散之名。故《考工記》云：『石有時以泐。』又云：『以其圍之阞捎其藪。』彼注『阞』謂『三分之一』，此云『什一』者，以民稅一歲之什一，則國祭所用亦什一也。」愚謂此説非是。古人所謂「仂」，必有一定之數，豈任後人之以意武斷乎？仂之數當以鄭注《考工記》爲定。焦氏循《禮記補疏》説以《易傳》「歸奇于扐」，已得「扐」字之義。惟所説仂之數則尚未得。今即焦説以説鄭注，譬如歲入六萬斛，三分之，各二萬斛。以二萬斛爲所蓄之數，以二萬斛供一歲之用，而以二萬供祭祀。是祭祀所用，得三分之一。如此，則《王制》所謂「仂」與《考工記》所謂「阞」其義一律，不知鄭君何以自異其説也。或云此與《易》義不合，不知此正《易》義也。《易》云：「分而爲二以象兩，挂一以象三。」此所挂之一，即扐也。下云「歸奇于扐」，言歸之此也。然則扐本所以象三，故古人言數，凡三分之一之數即以扐言之耳。《易傳》之「扐」、《王制》之「仂」、《考工記》之「阞」，字異而義同。虞仲翔云：「扐，所揲之餘。」此説未得。「所揲之餘」謂之奇，不謂之扐。若以扐爲「所揲之餘」，則是歸扐於扐也，豈可通乎？扐之義不明，而仂之數亦不可解矣。

「魯於是始尚羔」解

《定八年左傳》「魯於是始尚羔」，杜解曰：「禮，卿執羔，大夫執雁，魯則同之，今始知執羔之尊。」孔疏謂「往前所執難知」，因引賈逵、鄭衆説，而皆有以破之。愚謂如賈説，則往前所執皆皮帛也；如鄭説，則往前所執皆鴈也。是魯國舊無執羔之事，當云「魯於是始執羔」，不當云「魯於是始尚羔」。云「尚羔」者，往前非竟無羔，特至此始尚之爾。然則以文義言，亦知賈、鄭兩説之皆非矣。且使魯向不執羔，今因范獻子執羔而亦執之，則傳文但言「范獻子執羔，魯於是始執羔」足矣，「趙簡子、中行文子皆執鴈」之文不亦贅乎？

然則魯舊時何所執乎？曰：皆執羔也。皆執羔，禮乎？曰：禮也。《王制》云：「大國三卿，皆命於天子。」正義曰：「三卿者，依周制而言，謂立司徒兼冢宰之事，立司馬兼宗伯之事，立司空兼司寇之事。故《左傳》云季孫爲司徒，叔孫爲司馬，孟孫爲司空。此是三卿也。」夫既並爲三卿，則並依卿禮執羔，何不可之有？魯秉周禮，豈并此而不知乎？晉臣之有執羔、執鴈之别，蓋是時范獻子爲政，見《昭二十八年傳》。而中行文子則下卿也，見《昭二十九年傳》。趙簡子與中行文子同列，則不執羔而執鴈，固其所矣。雖同爲卿，而有命於天子、不命於天子之分。晉國六卿，其命於天子者，度亦不過如大國之例三人而已，故不能人人執羔也。魯人見之，則曰：大國之卿且不皆執羔，我三卿敢皆執羔乎？於是季孫一卿執羔，孟、叔二卿降而執鴈，此之謂「始尚羔」。杜注云「魯則同之，今始知執羔之尊」，獨得傳義矣。雖然，吾不知魯人何意也。謂尊晉乎？是時晉霸已衰，魯不久且叛晉矣；謂遵禮乎？三卿執羔，未始非禮；二卿降而執鴈，未必得禮也。是殆季孫之意乎？是時三家擅魯，而季獨強。《傳》記此一事，雖若爲典禮記，而實則爲季氏專魯記。哀公孫越，萌芽於此矣。

「宗彝」「丹圖」解

《周官·司約》：「凡大約劑書於宗彝，小約劑書於丹圖。」鄭解宗彝爲「宗廟之六彝」，此説非也。六彝者，雞、鳥、斝、黄、虎、蜼。則一彝之上，既有雞、鳥等六物刻而畫之矣，又何處可以容此約劑之詞乎？不可通者一也；且不曰「刻於宗彝」，而曰「書於宗彝」。《禮》有「洗爵」之文，《詩》有「濯罍」之句，六彝之屬亦可洗可濯者也。一經洗濯，所書之約劑不且漫漶而莫辨乎？不可通者二也；且六彝者，皆司尊彝主之，而約劑則六官並受之。下文「六官辟藏」，注云：「六官初受盟約之貳。」六彝豈有貳乎？書其約於宗彝，而別藏其副於六官，則司尊彝失職而六官侵官矣，不可通者三也。近人如惠氏《禮説》、江氏《疑義舉要》則變通其説，謂是宗廟之常器，鐘、鼎之類皆是，不必六彝。要亦無以大異鄭説也。夫古人之爲鐘鼎，或以紀先世之功烈，或以紀時王之錫予，事誠有之，未聞以書約劑。即或摭引吉金，附會其説。不知此鐘此鼎，其家自爲之乎，抑官爲之乎？自爲之，不足憑也。官爲之，則有一約劑必爲鑄一鼎一鐘，無乃太煩而多費乎？是故宗彝之説非也。宗彝失解，并丹圖亦失解，鄭注以爲「雕器簠簋之屬，有圖象者」。其説既無徵，而其不可通亦與六彝等。

然則宗彝、丹圖果何説乎？竊疑「宗」乃誤字也。《王制篇》「圭璧金璋」，王氏《經義述聞》謂：「『金』乃『宗』字之誤。」彼「金」字當爲「宗」，此「宗」字當爲「金」，篆書相似而誤，正可互證。「宗彝」之文，他書屢見，經師習之，遂不知其爲誤矣。金者，黄色也。丹者，朱色也。曰彝、曰圖，猶言法度也。《書・君奭篇》正義曰：「彝，法也。」《廣雅・釋詁》曰：「圖，度也。」彝訓法，圖訓度，古義也。《書》曰：「以常舊服，正法度。」《傳》曰：「夫晉國將守唐叔所受之法度，以經緯其民。」古書多以「法度」連文，義亦相近，而對文則固有大小之別，故分、寸、尺、丈、引謂之「五度」。而《管子・七法篇》曰：「尺寸也，繩墨也，規矩也，衡石也，斗斛也，角量也，謂之法。」

是法固得統是六者，而度不過尺寸之一端。法大度小，此其明證。金㚇、丹圖，皆簿籍之類也。凡大法書之㚇，㚇即法也；凡百度書之圖，圖即度也。㚇則以黃色飾之，是爲金㚇；圖則以朱色飾之，是爲丹圖。於是「大約劑書」之金㚇，從其法之大也；「小約劑書」之丹圖，從其度之小也。鄭氏不能正「宗」字之誤，又不解「㚇」「圖」二字之義，故全失其解。然引《左傳》丹書説丹圖，雖其事不倫，而意則畧近。《周書・大聚篇》曰：「乃召昆吾，冶而銘之金版，藏府而朔之。」《左傳》之丹書近乎丹圖，則《周書》之金版近乎金㚇矣。

「蕃衍盈升」解

詩人言數之詞，有自多而少者，如《摽有梅》首章「其實七兮」、次章「其實三兮」是也；有自少而多者，如《采葛》首章「如三月兮」、次章「如三秋兮」、卒章「如三歲兮」是也。《椒聊篇》極言曲沃之蕃衍盛大，則宜自少而多。乃首章言「蕃衍盈升」，次章言「蕃衍盈匊」，傳曰：「兩手曰匊。」按：《考工記》疏言：「算法，十六寸二分，容一升。」此豈兩手所能容乎？升大而匊小，於詩人之旨不合矣。愚疑「升」乃「収」字之誤。「升」字隸體往往作「升」，而「収」字隸體或作「廾」，兩形相近，故「収」誤爲「升」矣。《説文・収部》：「収，竦手也。從𠂇、又。」段注謂：「竦其兩手，以有所奉。」此說是也。觀下文所列即承、奉二篆，可見其義矣。毛以「兩手曰匊」說次章「匊」字。據《說文》「在手曰匊」，不訓「兩手」。《廣韻・一屋部》「匊」訓「在手」，與《說文》同，與毛傳異。而與「匊」字同列「居六切」者有「臼」字，訓「兩手奉物」，與毛傳同。《玉篇・勹部》「匊」下既云「兩手」，又云「在手」，合而一之，故云「古文作臼」，則誤以爲一字矣。疑《毛詩》本是「臼」字，故毛以「兩手」釋之。臼、匊同聲，經師相承，假匊爲臼，遂使毛、許異義。許君言《詩》主毛氏，必不異毛也。首章「盈廾」，廾篆作𠬞；次章「盈臼」，臼篆作𦥑。盈𠬞、盈𦥑兩文相稱，其字並從又、𠂇，皆有兩手之義。而仰兩手則所容物少，故首章言盈𠬞；合兩手則取物多，故次章言盈𦥑，次弟秩然矣（古朋、鳳同字，故得與収韻）。

「内壤」「外壤」解

《隱三年穀梁傳》：「吐者外壤，食者内壤。」范氏《集解》順文爲說，無所發明。楊疏則言：「爲《穀梁》音者，壤字皆爲傷。」又引麋信說：「齊魯之閒謂鑿地出土、鼠作穴出土皆曰壤。」其義更不可知矣。竊謂後儒說此《傳》者皆先有「月掩日」之說，其實穀梁子不知有此說也。古人未知推日食之法。《莊十八年》：「春，王三月，日有食之。不言日，不言朔，夜食之也。何以知其夜食也？曰：王者朝日。」注云：「天子玄冕而朝日於東門之外，日始出而有虧傷，是以知其夜食也。」夫必待朝日而後見其虧傷，是不知推日食之法也。既不能推日食，遂亦不知其所以食。此《傳》曰：「其不言食之者何也？知其不可知，知也。」是日之所以食，穀梁子不知也。故說此《傳》者不當以「月掩日」爲說。

《淮南子》曰：「日中有踆烏，而月中有蟾蜍。」又曰：「月照天下，蝕於詹諸。」詹諸即蟾蜍。夫即以月食爲食於蟾蜍，則亦必以日食爲食於踆烏矣。此雖俗說，實古說也。不然，則日爲月所掩，月爲地所掩，皆無所謂食也，何所取義而生「日食」「月食」之名乎？知此說者，可以說「內壤」「外壤」矣。「吐者外壤」謂有食有吐，則是有物自外食之也，故食之旋吐之也。「食者內壤」謂有食無吐，則是食之者即在月之內，故但可言「食」，不可言「吐」也。字雖作「壤」而音則爲「傷」。自外食之，傷在外也；食者在內，傷在內也。作《穀梁音》者必真得穀梁子之傳者矣。下文「闕然不見其壤，有食之者也」，惟食者在內，故雖知有食之者，而闕然不見其傷也。下云：「有，內辭也；或，外辭也。」使《春秋》書曰「日或食之」，則必有自外而食之者矣。《易·益卦·象傳》曰：「或益之，自外來也。或擊之，自外來也。」即其例也。今《春秋》不書「日或食之」，而書「日有食之」，則非自外來明矣。故其下曰：「有食之者，內於日也。」言內之於日也，明食日者即在日内也，殆即謂踆烏也。然《春秋》不云「烏食之」者，即所謂「不知其不可知」也。「不知」句疑奪「不」字，或古人語急，「知」即「不知」耳。麋信「鼠作穴出土」之説，其意亦如此。烏在月中，猶鼠在地中也。不然，麋氏之説無乃太不倫乎？故執後世月掩日之説，則於此傳無一句可通。以此説通之，則傳文皆可讀矣。

「三鼜」解

「鼜」之義失傳久矣。杜子春於《眂瞭職》「讀鼜爲憂戚之戚，謂戒守鼓也。擊鼓聲疾數，故曰戚」；於《掌固職》「讀鼜爲造次之造，謂擊鼓行夜戒守也」。愚謂戚、造兩讀必自古口相傳受，杜子春猶及知之，而其義則未得也。鄭康成之注、許叔重之説解與杜同失。然《説文》作「⿰壴蚤」，隸壴部，不隸鼓部，則猶爲得之。《周禮》變其字作「鼜」，而注家遂以「鼓」説之，此大誤也。《鼓人職》曰：「凡軍旅，夜鼓鼜。」「鼓鼜」之文猶上文言「鼓兵舞、帗舞」也，亦猶上文言「鼓神祀、鼓社祭、鼓鬼享、鼓軍事、鼓役事、鼓金奏」也。鼓皆鼓人鼓之，而神祀、社祭以下皆非鼓也。金奏則金而非鼓也，兵舞、帗舞則舞而非鼓也。然則鼜亦非鼓也，其證一也。《眂瞭職》曰：「賓射，皆奏其鐘鼓。鼜、愷獻亦如之。」夫鼜與愷獻一律，鼜、愷獻與賓射一律，皆爲之奏鐘鼓。賓射非鼓也，則鼛、愷獻亦非鼓也；愷獻非鼓也，則鼛亦非鼓也，其證二也。《鎛師職》曰：「軍大獻，則鼓其愷樂。凡軍之夜三鼛，皆鼓之，守鼛亦如之。」夫「鼓其愷樂」，别有所謂「愷樂」，則夜三鼛與守鼛皆鼓之，亦必别有所謂鼛，其證三也。《掌固職》曰：「晝三巡之，夜亦如之，夜三鼛以號戒。」夫三鼛，猶三巡也。三巡非鼓也，則三鼛亦非鼓也，其證四也。

合觀諸職，「鼛」之非「鼓」甚明，而杜、鄭皆以鼓説之，皆由不知其字本從壴而不從鼓耳。鼛猶愷也，愷本作豈，《説文》從豆，非是。近人謂「從壴省」，是也。豈必有鐘鼓，故從壴；鼛亦有鐘鼓，故亦從壴。原愷與鼛之始，其皆人聲乎？大捷之後，軍士歡呼，是謂愷。愷者，樂也；兩軍相持，號呼相戒，是謂鼛。鼛者，戚也。王者慶賞有功，即象愷聲而爲愷樂。然《鎛師職》所謂「鼓其愷樂」，此以樂言也；《眂瞭職》所謂「鼛愷獻」，此非以樂言也。《僖二十八年左傳》：「振旅，愷以入於晉。」愷不言樂，亦非以樂言也。「愷以入」猶云「譟而還」耳。夫愷有愷樂，猶可以愷樂爲説；鼛無鼛樂，則鼛與樂固無涉矣。蓋軍中每夜必號呼以相警戒，夜必三度，是謂「夜三鼛」。鼛之作，必以鐘鼓導之，《鼓人》諸職所言是也。掌固不主音樂之事，故但言鼛不言鼓，可知鼓自鼓，鼛自鼛，本兩事也。其所以有戚、造兩音者，軍行每多憂懼，故蹙口出聲，其音如戚。古者軍容不入國，則軍聲亦不得入國。《掌固》所言即所謂「守鼜」，非軍中之鼜也。其時稍舒，其事稍緩，故張口呼之，其音如造。「戚」與「造」古音相近，而其聲有舒斂之分，以其時事有緩急之異。杜子春讀「鼜愷獻」爲「戚」，軍鼜也；讀「夜三鼜」爲「造」，守鼜也。古讀如此，即聲可以見義也。《文十三年左傳》「秦人譟而還」，《昭十九年》「師鼓譟，城上之人亦譟」，疑《左傳》所謂「譟」即《周禮》所謂「鼜」。「鼓譟」「鼓鼜」字異而義同，譟聲、鼜聲本相近也。

經課續編卷二

《尚書》「尚」字何人所加説

《尚書序》曰：「濟南伏生，年過九十，失其本經，口以傳授，裁二十餘篇。以其上古之書，謂之《尚書》。」正義曰：「此伏生意也。康成依《書緯》，以『尚』字是孔子所加，故《書贊》曰：『孔子乃尊而名之曰《尚書》。』」愚謂此二説並非也。若依鄭説，謂孔子所加，則孔氏之門應有「尚書」之名。乃《論語》所載「《書》云『孝乎』」「《書》云『高宗』」，並言「書」，不言「尚書」。孟子，私淑孔子者也，而引《書》亦不言「尚書」，然則「尚」字非孔子所加明矣。若從孔説謂伏生所加，則伏生以前不應有「尚書」之名，而《漢·儒林傳》云：「孝文帝時，求能治《尚書》者，天下無有。聞伏生治之，詔太常，使掌故鼂錯往受之。」然則伏生未出而漢廷已先訪求能治《尚書》之人，「尚」字非伏生所加亦明矣。

竊疑《尚書》之名自古有之。《書》正義言：「鄭作《書論》，依《尚書緯》云：『孔子求書，得黄帝玄孫帝魁之書，迄於秦穆公，凡三千二百四十篇。』」疑古所謂《尚書》者，蓋如此。以其起帝魁訖秦穆，歷代非一，不可以代名，故總名之曰「尚書」，明其爲上古之書也。孔子删《書》，斷自唐虞，則唐虞、夏、商、周惟四代，故統言之，則但謂之《書》；分言之，則曰《虞書》《夏書》《商書》《周書》，而不用《尚書》之名。蓋仍名《尚書》，則無以别乎未删之書。其時孔子所録雖止百篇，而未删之書自帝魁以下犂然俱在，則《尚書》之名自當屬之彼而不當屬之此。凡出孔氏之門者，皆言《書》而不言《尚書》，職此之故。及戰國以後，帝魁以下書皆不復存，而當時諸國之書襍然並出。《漢·藝文志》所載《國語》《新國語》《戰國策》《楚漢春秋》以及《伊尹説》《鬻子説》《臣壽周紀》《虞初周説》之類，其書固甚多矣。於是學者乃復古《尚書》之名，以名孔子删定之書，以别於《國語》《國策》等後出之書，此漢以後所以又稱《尚書》也。是故《尚書》之名，自古有之，孔氏廢之，七十子後學者又復之。其廢之也，以别於未删之書，尊古書也；其復之也，以别於後出之書，尊孔氏也。

「用騂犢」解

《祭法篇》：「燔柴於泰壇，祭天也。瘞埋於泰折，祭地也。用騂犢。」鄭注曰：「地，陰祀，用黝牲，與天俱用犢，連言爾。」愚按：此鄭注之誤也。《周官·牧人》：「凡陽祀，用騂牲；陰祀，用黝牲。」鄭司農曰：「陽祀，春夏也。」然則先鄭以春夏、秋冬分陽祀、陰祀，而不以祭天、祭地分陽祀、陰祀。若然，則此記「用騂犢」承「祭天」「祭地」之下，周人祭天、祭地皆用騂牲無疑。鄭不照此記之文，輕改先鄭之説，乃云：「陰祀，祭地北郊及社稷也。」於是此記明文轉不可通，而以「連言」解之，未免強經文以從我矣。夫騂者，周所尚也。使但以其方色而用之，則亦與東方青、西方白等耳，安見其爲一代所尚乎？今欲明周人祀地之亦用騂，當先明周人祀天用騂，乃以所尚祀天，而非以天爲陽祀之故，其説固有明證矣。《論語·堯曰篇》：「予小子履，敢用玄牡，敢昭告于皇皇后帝。」孔注曰：「此伐桀告天之文。殷家尚白，未變夏禮，故用玄牡。」以是言之，夏尚黑，以玄牡祀天；殷尚白，以白牡祀天。然則周尚赤，宜用騂牡祀天，豈以天爲陽祀故用騂乎？祀天用騂，用其所尚也。王者父事天，母事地。父母豈容異視？祀天既用所尚之騂，祀地亦宜用所尚之騂。不然，是以所賤祀母也。是故祭天、祭地並用騂犢。記有明文，未可舍《禮記》之明文，而從康成《牧人》注之異説。《周禮・牧人》「陽祀」「陰祀」自有先鄭説可從，不必舍先鄭從後鄭，而轉與此記牴牾也。

説「鑋」「⿱輕足」

《説文》無「⿱輕足」字。⿱輕足，後出字也。《左傳》本作「輕而乘於他車」。「輕」讀「輕車」之「輕」，即與「鑋」字音同。《周禮・春官》「輕車之萃」，《釋文》音遣政反。《秦風》鄭箋：「輕車，驅逆之車。」《釋文》亦音遣政反。是「輕車」之「輕」古讀皆遣政反也。而《左傳》釋文「鑋」字亦音遣政反，則「輕車」之「輕」與「鑋」字音同矣。「輕而乘於他車」者，此「輕」字正與「輕車」之「輕」同有「超越」之義。《僖三十三年傳》：「秦師過周北門，左右免胄而下，超乘者三百乘。王孫滿曰：『秦師輕而無禮。』」《釋文》：「輕，遣政反。」是「輕而無禮」之「輕」字讀亦與此同，可知此傳「輕而乘於他車」即言「超乘」也。秦師超乘，以輕示勇。林雍傷足尚能超乘，亦是以輕示勇。兩「輕」字義同，故讀同也。爲《左氏》之學者以此「輕」字是形容其超乘之狀，而非輕重之輕，乃變其字從「足」以別之，於是《左傳》有「⿱輕足」字矣。許君作《説文》不收「⿱輕足」字者，《左傳》本無也；於「鑋」下云「讀若《左傳》『⿱輕足而乘於他車』」者，以當時《左傳》之學有此字，人人皆識之，而「鑋」

字之音實與之同，故舉以示人，使人易曉也。

《左傳》作「輕」之古本不可復見，杜注所據本亦是「⿱輕疋」字，故以「一足行」說之。其後以「⿱輕疋」「⿱輕金」同音，而「⿱輕疋」爲俗字，乃改「⿱輕疋」爲「⿱輕金」，此大誤也。若欲復古，則宜作「輕」；若欲循俗，不如作「⿱輕疋」。今改作從金之「⿱輕金」，其義爲金聲，杜氏何據而訓爲「一足行」乎？觀孔疏，則其所據本已是「⿱輕金」字，蓋誤在六朝時矣。然杜注「一足行」之說亦非古義。上文「荆林雍，斷其足」，不言斷其一足，則一足之義從何生乎？考之《左傳》，遺政反之「輕」字屢見。《隱十年》「戎輕而不整」，《釋文》音遺政反；《桓十二年》「絞小而輕，輕則寡謀」，《釋文》亦音遺政反，是固《左傳》常用之字也。此云「輕而乘於他車」，義亦如是耳。《周語》載王孫滿語作「師輕而驕」，韋注曰：「輕謂超乘也。」是秦師之輕專以「超乘」言，此林雍之輕亦當以「超乘」言。與「輕而不整」「小而輕」泛以輕窕言者微別，然音同義同，不得橫生「一足行」之訓也。

「粱曰薌萁」解

《曲禮篇》「粱曰薌萁」，鄭注云：「萁，辭也。」孔疏云：「粱謂白粱、黃粱也。萁，語助也。」《釋文》云：「萁，字又作箕，同，音姬，語辭也。王音期。期，時也。」愚按：萁、箕並無「語辭」之訓，即謂鄭讀作「其」，「其」固語辭矣，然自「一元大武」以下，並無以語辭足句者，何獨於粱用之？鄭説非也。王讀作「期」而訓爲「時」。「薌期」之文甚爲不辭，則亦非也。

竊謂作「萁」、作「箕」並字之誤。其字實當作「㠱」，乃「芑」之假字也。《説文・己部》：「㠱，長踞也。從己，其聲。讀若杞。」而古書即借爲「杞」。《集韻・五旨》「巨几切」有「㠱」字，引《説文》「長踞也」，此本義也。《六止》「口己切」有「㠱」字，云：「古國名。衛宏説。與『杞』同。」此讀「㠱」爲「杞」也，而「杞」字古與「芑」通。《文選・洞簫賦》注引《琴操》「齊邑芑梁殖之妻」，云：「芑與杞同。」然則「㠱」通作「杞」，亦通作「芑」矣。《爾雅・釋草》：「虋，赤苗；芑，白苗。」郭注「虋」下曰「今之赤粱粟」，「芑」下曰「今之白粱粟」。是白粱之粟本名「芑」，故稱之曰「薌芑」，因字假「㠱」爲之。學者多見「萁」「箕」字，少見「㠱」字，遂改作「萁」或作「箕」矣。然《雅》訓「虋」「芑」並列，此止稱「芑」而不稱「虋」者，蓋古所謂黍、稷、稻、粱，粱止用白粱一種。《内則篇》：「飯：黍、稷、稻、粱、白黍、黄粱。」鄭注曰：「黍，黄黍。」正義曰：「下云白黍，則上黍是黄黍也。下言黄粱，則上粱是白粱也。」可知粱用白粱，經有明文，則稱之曰「薌芑」，正以表其爲白粱也。正義乃云「粱謂黄粱、白粱」，則與《内則》疏不照矣。

「周公用白牡」説

《文十三年公羊傳》：「魯祭周公，何以爲牲？周公用白牡，魯公用騂犅。」按：《魯頌·閟宫篇》「白牡騂〔一〕犅」，公羊子之説即本之《詩》。鄭彼箋云：「白牡，周公牲也。騂犅，魯公牲也。」即本之《公羊傳》。此固自古相傳之師説矣。惟祭周公何以用白牡，則有二説：何休解《公羊》云：「白牡，殷牲也。周公死有王禮，謙不敢與文、武同也。不以夏黑牲者，嫌〔二〕改周之文，當以質避〔三〕嫌也。」孔穎達《明堂位》正義云：「以尊敬周公，故用先代殷禮，牲用白牡。」是何氏以從先代禮爲謙，孔氏以用先代禮爲尊。

愚謂此二説皆非也，請具説之。周公人臣，本不當用天子禮樂，其得用天子禮樂者，從殷制也。殷時有兄終弟及之制，君薨太子幼，則立其弟。如太丁未立而卒，乃立其弟外丙、仲壬，

〔一〕騂，原作「牸」，據《毛詩正義》改。
〔二〕嫌，《春秋公羊傳注疏》作「謙」。
〔三〕質避，《春秋公羊傳注疏》作「夏辟」。

而後及太丁之子太甲。其先不即立太甲者，太甲幼也。周武王崩而成王幼，以殷制而論，周公當立，而周公謙不敢當，故攝而不立。及周公既歿，成王以周公爲有大勳勞，若從殷制，周公本宜尸天子位，故命魯公世世祀周公以天子之禮樂，不用周禮而用殷禮。《明堂位》曰：「是以魯君孟春乘大路，載弧韣，旂十有二旒，日月之章，祀帝于郊，配以后稷。季夏六月，以禘禮祀周公於大廟，牲用白牡。」白牡，殷牲也；大路，亦殷車也，鄭注曰「大路，殷之祭天車」是也。惟其從殷制，故牲用白牡，車乘大路，皆殷禮也。《洛誥》云：「王肇稱殷禮。」正義引鄭注云：「周公制禮樂既成，不使成王即用周禮，仍令用殷禮者，欲待明年即政，告神受職，然後頒行周禮。頒訖，始得用周禮。故告神且用殷禮也。」然則周公攝政七年之中，祭祀皆用殷禮，故成王即以殷禮祀周公，明周公攝政固殷制也。從殷制宜用白牡，從周制宜用騂犅。何劭公不達此義，妄以夏黑牲獻疑，是可不必矣。

「煇者甲吏之賤者也」解

《禮記・祭統篇》：「煇者，甲吏之賤者也。」鄭注曰：「煇，《周禮》作韗，謂韗磔皮革之官也。」正義曰：「案《周禮・考工記》『韗人爲皋陶』，鄭云：『皋陶，鼓木也。』言韗人之官掌作鼓木，張皮兩頭輓之以爲鼓，是韗磔皮革之官。」

愚按：《考工記》「韗人爲皋陶」，不言「輓皮」。鄭君乃以爲「韗磔皮革之官」，而疏家因增出「張皮兩頭輓之爲鼓」八字以成其說。即如其說，與甲吏又何涉乎？《詩·簡兮篇》孔正義則云：「《周禮》韗人爲鼓，鮑人爲甲。《禮記》是諸侯兼官，故韗爲甲吏。」此說殊不足據。《禮記》泛言「祭有十倫」，豈必專屬諸侯？即謂是諸侯之禮，安見諸侯無爲甲之官而必使韗人兼之乎？後人因疑此注之難通，至欲讀「韗」爲「烜」，而於「甲吏」仍無定說。竊謂此皆不達鄭意也。《考工記》「韗人爲皋陶」，鄭司農云：「韗，書或爲鞠。皋陶，鼓木也。」鄭君謂：「鞠者以皋陶名官也。鞠即陶，字從革。」是鄭康成注《周禮》已從或本作「鞠」而謂即「陶」字矣，何以此注引之又仍作「韗人」乎？愚推鄭君之意，謂《周禮》是「鞠人」非「韗人」，其職主爲鼓木，非韗磔皮革者也。若《禮記》之「煇者」，則韗磔皮革之官，正可借《周禮》「韗人」之名以名之。蓋《周禮》既有「韗人」之名，必有韗人之事。古者韗磔皮革，當自有韗人一官，與爲皋陶之鞠人初不相涉，寫《周禮》者亂之耳。此記「煇者」乃真韗人也，故曰「《周禮》作韗，謂韗磔皮革之官也」。「韗磔皮革」四字，鄭君自以意造之，初不據《周禮》鞠人爲說。賈、孔作疏，不達鄭意，必以《周禮》鞠人說之，宜其不可通也。

然則韗礫皮革果何官乎？曰：此在《周禮》未見其官，而在廟中祭祀，則實有韗礫之人。《祭義》曰：「祭之日，君牽牲，穆答君，卿大夫序從。既入廟門，麗於碑，卿大夫袒，而毛牛尚耳。鸞刀以封，取膟膋，乃退。」是袒取牛毛乃卿大夫之事。然君牽牛，卿大夫毛之，不過示躬親其事而已，卿大夫豈真能爲韗礫之事乎？亦如天子與公卿大夫躬耕帝籍，而必以庶人終畝也。《詩·楚茨篇》曰：「濟濟蹌蹌，絜爾牛羊，以往烝嘗。或剥或亨。」箋云：「祭祀之禮，各有其事。有解剥其皮者，有煮熟之者。」正義引「《禮運》曰：『腥其俎，熟其殽。』注云：『腥爲豚解而腥之，熟謂體解而爛之。』豚解腥之，是解剥其肉也。體解爛之，是煮熟之者。」又云：「《内饔》云：『凡宗廟之祭祀，掌割亨之事。』則解剥其肉，是内饔也。《亨人》云：『掌供鼎鑊，以給水火之齊，職内、外饔之爨亨煮。』則煮熟之者，是亨人也。」此箋此疏正可以説此記。記所云「煇者」，煇讀爲韗，即解剥其皮者也；記所云「胞者」，胞讀爲庖，即煮熟之者也。蓋祭祀有薦腥血、薦熟兩節，故此二者並有事也。據孔疏則知韗者是内饔，胞者是亨人。然《周禮》自有庖人，與内外饔相次，孔疏所説亦未必塙。且庖人、内外饔皆士也，不得謂賤，或是其徒耳。然則謂之甲吏何也？此對肉吏而言，甲猶言皮也。鄭注《周易》「皮曰甲」，是其義也。鄭於此注言「韗礫皮革」，革即是甲，固已并甲吏而釋之矣。

《毛詩·簡兮篇》正義曰：「《周禮》韗人爲鼓，鮑人爲甲。《禮記》是諸侯兼官，故韗爲甲吏也。」此說已爲臆造，已辨之於前矣。又云：「鮑即《周禮》庖人。故注云：『庖之言苞也，裹肉曰苞苴。』其職供王之膳羞，是肉吏是也。其官次於韗人。《周禮·韗人》亡。」按：此說更不可解。其官承庖人而言，當即謂庖人。庖人在《天官》，其官次膳夫之下。《周禮·天官》何嘗有韗人，而謂庖人次其下乎？若《考工記》之《韗人》，又未嘗亡。初讀此疏，竟似乎《天官》別有韗人在庖人之上，而今亡者，先後鄭所未見，孔氏何以知之乎？疑此疏傳寫錯亂，當云：「《周禮》韗人爲鼓，鮑人爲甲，其官次於韗人。《禮記》是諸侯兼官，亡《周禮·鮑人》，故韗爲甲也。」附正於此。

「無酒酤我」解

《伐木篇》「無酒酤我」，毛云：「酤，一宿酒也。」箋云：「酤，買也。」傳、箋不同。說者以天子無酤酒於市之理，鄭義未安。愚作《羣經平議》亦是毛而非鄭。及今思之，則毛、鄭皆是也。但此詩全章之旨自來皆失其解，故毛、鄭之義均不可通。天子固無酤酒之理，天子亦無無酒之理。酒正諸官所司何事，乃令瓶之罄兮、取辦咄嗟乎？

今按：序云：「《伐木》，燕朋友故舊也。自天子至於庶人，未有不須友以成者。親親以睦，友賢不棄，不遺故舊，則民德歸厚矣。」是此詩並非專言天子之事。疑文王當日作此詩以勸其國人，使皆篤於朋友故舊。及周公制禮作樂，以此詩語意深厚，故王朝燕朋友故舊即使歌此詩，遂定爲樂章，列於《小雅》。後人不達此意，皆以天子之事説之，則詩義全失矣。首章云：「相彼鳥兮，猶求友聲。矧伊人兮，不求友生？」此明是文王訓誡國人之語。次章云：「既有肥羜，以速諸父。寧適不來，微我弗顧。既有肥牡，以速諸舅。寧適不來，微我有咎。」亦是儕輩相人偶之意。若以天子燕朋友故舊，則召之立至矣。豈有慮其或來或不來，而姑作周旋世故之語乎？「肥羜」「肥牡」變文協韻，疏家必以燕禮、食禮分別之，亦太泥。「陳饋八簋」句傳云「天子八簋」，疏以「《周官・掌客》五等諸侯簋皆十二，《公食大夫禮》上大夫八簋。此天子云八簋者，據待族人設食之禮。《掌客》所云，謂飧饔餼之大禮。《公食大夫》是諸侯食大夫之禮」。此説亦不可通。「陳饋八簋」句在「以速諸舅」上，不在「以速諸父」上，安得謂是待族人設食之禮乎？毛傳既不達詩意，疏家曲成毛義而實違毛義，徒滋曲説而已。其實「八簋」云者酌中而言，多之則有十二簋，如《掌客》所云是也；少之則有四簋，如《玉藻》云「少牢五俎四簋」是也；再少之則有二簋，如《易》云「二簋可用亨」是也。此詩既無專主，故酌中言之曰「八簋」也。至

第三章之義更爲明白，曰：「民之失德，乾餱以愆。」則屬民不屬君，詩人已顯揭之矣，故即繼之曰：「有酒湑我，無酒酤我。」蓋民閒中饋未必備具，有時有酒，有時無酒，事理之常。若將燕客而適值無酒，則有力之家或造一宿之酒以供急需，如毛傳所説；無力之家并造亦不及，則或酤買於市，如鄭箋所説，二者義皆可通矣。

「九合諸侯」解

齊桓公合諸侯，詳見《穀梁・莊二十七年傳》「衣裳之會十有一，兵車之會四」，范甯解「衣裳之會」云：「十三年會北杏，十四年會鄄，十五年又會鄄，十六年會幽，二十七年又會幽，僖元年會檉，二年會貫，三年會陽穀，五年會首戴，七年會寗母，九年會葵丘。」楊疏云：「《論語》稱『九合諸侯』者，貫與陽穀二會，管仲不欲，故去之。」此説非也。按傳云：「貫之會，中國稱齊、宋，遠國稱江、黄，以爲諸侯皆來至也。陽穀之會，桓公委端搢笏而朝諸侯，諸侯皆諭乎桓公之志。」是此二者皆桓公之盛會，乃以爲非管仲所欲，然則仲之相桓者安在乎？以《穀梁》治《穀梁》，知其不可通矣。至鄭康成《釋廢疾》云：「自柯之明年，葵丘以前，去貫與陽穀，固已九合矣。」亦去貫與陽穀，而其語不可解。云「柯之明年」，則北杏之會鄭所不數。自十四年會鄄至僖九年會葵丘，共有十會，去貫與陽穀，則止有八會，何言「九合」乎？先儒或云「與猶數也」，言「數陽穀」，故爲九也。若然，則鄭所去者止貫耳，其餘皆所數也。何獨言「數陽穀」乎？或以葵丘盟會異時而分爲二，或取公子結與齊、宋盟爲九，其説並非，宜爲劉光伯所譏。然劉氏數洮之會，則《穀梁傳》於此會明云「兵車之會」，豈可以爲「衣裳之會」乎？至《史記·齊世家》云「兵車之會三，乘車之會六」，雖合九數，然與《論語》「九合諸侯，不以兵車」之文悖矣。紫陽《集注》讀「九」爲「糾」，亦不得其説，而强爲之辭。

愚謂「九合諸侯」，以地言之也。蓋以事言，則衣裳之會十有一；而以其地言，則兩會鄄同一地，可并爲一；兩會幽同一地，可并爲一。北杏也、鄄也、幽也、檉也、貫也、陽穀也、首戴也、寧母也、葵丘也、九而已矣。桓公於九處會合諸侯，故曰「九合諸侯」，以地言不以事言。且即以事言，兩會鄄、兩會幽，地既相同，年亦相次，或當日雖兩會而實一事乎？愚此説似較先儒爲徑捷矣。

「關石和鈞」解

《國語·周語》單穆公諫鑄大錢引《夏書》「關石和鈞，王府則有」，而魏晉閒僞古文《尚書》

入之《五子之歌》。枚傳曰："金鐵曰石，供民器用，通之使和平，則官民足。"按：枚義訓"關"爲"通"，既非塙詁，而"金鐵曰石"更不可解。孔疏徇注爲説，亦自知其難通，又引費氏、顧氏説以輔之，要皆曲説也。即如其説，"通金鐵和平"豈復成文理乎？韋昭注《國語》則云："關，門關之征。石，今之斛也。"義亦未是。無論夏后之世有無門關之征，載籍無考，且關、石連文亦覺不倫。其别載一説曰："關，衡也。"此説得之。衡者横木，以稱物之輕重也。而衡之本義實非此之謂。《説文·角部》"衡"篆説解曰："牛觸，横大木其角。"而《門部》"關"篆説解亦云："以木横持門户也。"是衡與關並爲横木。故横木以稱輕重，可謂之衡，亦可謂之關矣。關石，猶衡石也。《月令》："仲春之月，日夜分，則同度量，鈞衡石。"鄭注曰："三十斤爲鈞，稱上曰衡，百二十斤曰石。"夫衡，所以知輕重也。衡同則三十斤、百二十斤可得而知矣，何必分别言之？鄭義殆有所未盡。

愚謂古人用稱，蓋有三等：曰鈞，曰衡，曰石。鈞，其最小者也，滿三十斤之物，可以此稱之。過三十斤，則不能稱矣，是宜用衡。然以衡稱物，亦止三倍於鈞，若滿一百二十斤，則不能稱矣，是宜用石。鈞與衡止有大小之分，而石之制則有異。蓋懸一重百二十斤之石以爲準，而以物比較之，得其輕重，故即名之曰"石"。以今制言之，鈞猶今之等子也，衡猶今之稱也，石猶今之天平法馬也。故備言之則曰「鈞衡石」，略小而言大則曰「衡石」，變其辭則曰「關石」。非韋注存「關，衡也」之一説，則此義不可得而見矣。然韋注「言征賦調鈞」，此解未得，反不如枚傳曰「供民器用，通之使和平，則官民足」爲得其義。蓋説此文者，當以《國語》爲主，不可徇《五子之歌》爲説。《國語》云：「《夏書》有之曰：『關石和鈞，王府則有。』《詩》亦有之曰：『瞻彼旱麓，榛楛濟濟。愷悌君子，干禄愷悌。』」詳其文義，言「《夏書》有之」「《詩》亦有之」，則《書》與《詩》義必一律。其下文説《詩》曰：「夫旱麓之榛楛殖，故君子得以易樂干禄焉。若夫山林匱竭，林麓散亡，藪澤肆既，民力彫盡，田疇荒蕪，資用乏匱，君子將險哀之不暇，而何易樂之有焉？且絶民用以實王府，猶塞川原而爲潢污也，其竭也無日矣。」以《國語》之義推求，則「關石」自指民閒所用者而言，非謂征賦，枚傳轉得之矣。

《皋陶謨》「九德」《洪範》「三德」説

《皋陶謨》言「九德」，《洪範》言「三德」，兩者本不相通。《皋陶謨》正義曰：「寬謂度量寬宏，柔謂性行和柔，擾謂事理擾順，三者相類，即《洪範》云『柔克』也。愿謂容貌恭正，亂謂剛柔治理，直謂身行正直，三者相類，即《洪範》云『正直』也。簡謂器量凝簡，剛謂事理剛斷，强謂性行堅強，三者相類，即《洪範》云『剛克』也。」以三德合九德，義甚迂曲，不止從「柔」至「剛」及「擾」在「愿」「亂」之下兩端不合而已。然此説也，不知孔氏所自爲説乎？抑先儒有此義而孔氏述之乎？要未嘗以爲鄭康成説也。乃後人讀書鹵莽，見上文適有「鄭連言之」也四字，遂誤以爲鄭注。按：上文引「鄭注《論語》云『剛謂強，志不屈撓』」，而此經分剛、強爲二德，恐人以爲疑，故云「剛、強相近，鄭連言之」，與此文何涉乎？王西莊、孫淵如皆本朝大儒，而亦誤以此爲鄭義，誣鄭甚矣。

愚謂《洪範》三德，實數也；《皋陶謨》九德，虛數也。古人之辭，言數之多者必曰「九」，如「反者九起」「叛者九國」皆是也。凡人德性莫不貴乎相劑，悉數難終，實不可以九者爲限。但既極言其多而云「九德」，下即歷數九事以實之，此屬辭之宜耳。觀皋陶將數九德，先言「載采采」，枚傳曰：「載，行。采，事。」是「載采采」爲「行事事」，則事非一端，而九非實數亦可見矣。推而廣之，若《論語》「温而厲，威而不猛，恭而安」，《中庸》「淡而不厭，簡而文，温而理」，皆可以附益其下也。是故《皋陶謨》言「亦行有九德」，猶《論語》言「君子有九思」。君子之思豈必以九爲限乎？既極言其多而曰「九思」，則姑以九事實之，其實如「祭思敬」「喪思哀」之類，奚不可以附益之乎？後之儒者不知古人屬辭之法，故於此等皆失其解矣。正義於下文「三德」「六德」

云：「鄭以『三德』『六德』皆『亂而敬』以下。」是鄭君亦不達也。夫「三德」「六德」不過言於「九德」中有三分之一、有三分之二耳。如鄭之意，竟以「六德」爲「亂而敬」至「彊而義」，「三德」爲「簡而廉」至「彊而義」乎？然則「寬而栗」至「愿而恭」，此三德者，諸侯、卿大夫中竟無一人能具乎？

《周易》上經三十卦下經三十四卦説

孔穎達《正義·第五論分上下二篇》云：「案《乾鑿度》云：孔子曰：『陽三陰四，位之正也。』故《易》卦六十四，分爲上下而象陰陽。陽道純而奇，故上篇三十，所以象陽也。陰道不純而偶，故下篇三十四，所以象陰也。」此説託之孔子，而實不然。三十與三十四，其數實皆偶而非奇，不合者一；上經始乾坤爲天地，是有陰有陽也。下經始咸〔一〕爲夫婦，是亦有陰有陽也。安得以上篇爲陽，下篇爲陰乎？不合者二。

自來言《周易》分上下者，皆不得其説。《四庫全書存目》收國朝吴隆元所著《易宫》一卷，

〔一〕咸，疑應爲「咸恆」。

以不反對之卦爲錯，反對之卦爲綜。錯者，一卦自爲一宫；綜者，兩卦合爲一宫。上經三十卦，不反對者六，合之爲十八卦；下經三十四卦，不反對者二，合之亦十八卦。總二篇分配之數，適符邵子「三十六宫」之義，故名《易宫》。其説實本於明來知德之《周易集注》，而來知德之説又本於宋戴師愈所僞作之《麻衣易》。《麻衣易》首有《卦位圖》，其説正如此。此非戴師愈所能僞作，或真出於麻衣道者也。《書録解題》云：「《正易心法》一卷，舊題麻衣道者授希夷先生。」然則此《卦位圖》與《先天圖》同出道家。邵康節傳《先天圖》，亦必見此圖，故有「三十六宫」之句。有宋大儒皆得聞之，朱子之言亦與闇合，但恥言其出於麻衣耳。愚則謂《先天之圖》實道家爐火之術，未足言《易》，而此《卦位圖》實《易》上下二篇所以分，則真所謂「禮失而求之野」也。錯卦、綜卦，古謂之覆卦、變卦。孔穎達《序卦》正義曰：「六十四卦，非覆即变。覆者，表裏視之，遂成兩卦，屯、蒙、需、訟、師、比之類是也。變者，反復〔二〕惟成一卦，則變以對之，乾、坤、坎、離、大過、頤、中孚、小過之類是也。」

竊疑古者自伏羲畫卦之後以至唐虞夏商，皆以竹簡書之，其變卦則一卦爲一簡，乾不能爲

〔二〕復，《周易正義》作「覆」。

坤，坤不能爲乾也。其覆卦則兩卦共一簡，震倒之即爲艮，巽倒之即爲兑也，六十四卦皆然。故六十四卦以三十六簡寫之而已足，分而二之，則十八簡爲上篇，十八簡爲下篇。雖有三十卦、三十四卦之不同，而簡數適均。其曰上篇、下篇，猶云上卷、下卷。後人書於縑帛，以其可卷謂之卷；古人書於竹簡，以其可編謂之篇。是故《易》分上下篇，以竹簡之數分也，此蓋在文王之前已然矣。文王、周公、孔子皆因之而不易。以非義理所在，學者罕言之，而其説轉存於道家，然而知之者鮮矣。

夏殷六卿考

唐虞官制見於《書》者，四岳、九官、十二牧。帝命之曰：「咨！汝二十有二人。」則無所謂六卿也，且亦未有卿名也。至夏而「大戰于甘，乃召六卿」，見於《甘誓》，則夏固有六卿矣。夏有六卿，則殷必亦有六卿。經雖無文，從可知也。《曲禮》疏引鄭注《大傳·夏書》云：「所謂六卿者，后稷、司徒、秩宗、司馬、作士、共工也。」是夏之六卿，鄭已説之。但於唐虞九官中去其四而益以司馬，其説殊無據。至殷之六卿，則《曲禮》「天子建天〔一〕官」一節、「天子之五官」一節，鄭並以爲殷制，疏引《鄭志》：「崇精問焦氏云：『鄭云三王同六卿，此云五官，何也？』焦氏答曰：『殷立天官，與五行其取象異耳。』是司徒以下法五行，并此太宰即爲六官也。」然爲五、爲六明明分而二之，乃取「六大」之一配之五官，以爲六卿。此亦臆説矣。

竊謂鄭義皆非也。欲知夏之六卿，當以晉之六卿明之。《左傳》載城濮之戰，郤縠將中軍，郤溱佐之；狐毛將上軍，狐偃佐之；欒枝將下軍，先軫佐之：此晉之六卿也。晉文公本欲使趙衰爲卿，讓於欒枝、先軫，可知三軍將、佐皆卿也。邲之戰，「荀林父將中軍，先縠佐之；士會將上軍，郤克佐之；趙朔將下軍，欒書佐之。趙括、趙嬰齊爲中軍大夫，鞏朔、韓穿爲上軍大夫，荀首、趙同爲下軍大夫」，蓋三軍將、佐皆卿，故三軍又各設二大夫也。《成三年》：「晉作六軍，韓厥、趙括、鞏朔、韓穿、荀騅、趙旃皆爲卿。」蓋舊三軍有六卿，新三軍亦有六卿，益知晉三軍將、佐之皆卿矣。此夏制也。蓋卿之初設，本是軍將之名，而非朝廷尊官之號。故大戰召六卿，而謂之「六事之人」，并有「予則孥戮汝」之言，其非朝廷尊官明矣。春秋時，晉獨用夏正，如

〔一〕天，原訛「六」，據《禮記》改。

僖五年春，晉殺申生，《左傳》則在四年十二月；又十年正月，晉里克弑卓，《左傳》則在九年十一月，皆晉用夏正也。正朔既從夏，官制亦必從夏矣。故曰：欲知夏之六卿，當以晉之六卿明之。

至殷之六卿，則當以宋之六卿明之。宋之六卿曰右師、左師、司馬、司徒、司城、司寇。《哀二十六年傳》：「皇緩爲右師，皇非我爲大司馬，皇懷爲司徒，靈不緩爲左師，樂茷爲司城，樂朱鉏爲大司寇。」繼之曰：「六卿三族降聽政。」此宋六卿之見於傳者也。《成十五年》又有「鱗朱爲少司寇」，蓋有大必有少，不在六卿之數；又有「向帶爲大宰，魚府爲少宰」，大宰、少宰亦不在六卿之數，殷制當亦如此，宋固殷後也。孔子曰：「吾學殷禮，有宋存焉。」則宋制即殷制矣。故曰：欲知殷之六卿，當以宋之六卿明之。

「夷」「蠻」「蔡」「流」解

《爾雅·釋地》云：「九夷、八狄、七戎、六蠻，謂之四海。」郭注曰：「九夷在東，八狄在北，七戎在西，六蠻在南。」《禹貢》曰「西戎即叙」，則唐虞之世，西方已稱「戎」矣。西方既稱戎，則稱夷者必東方，稱蠻者必南方，而北方之稱狄，經雖不見，從可知矣。乃《禹貢》於王城外四面各五百里爲一服，其服有五，而要、荒最在外。要服則三百里爲夷，荒服則三百里爲蠻，豈夷、蠻、戎、狄之名又不限東、南、西、北之制，雖西、北兩方可容蠻、夷二名乎？竊謂非也。要服之三百里夷，荒服之三百里蠻，正爲東、南兩方設也。夫天下地勢，必無可使截然四方之理，雖以成周洛邑號爲土中，亦未必四方無偭邪離絶之地。況唐虞之世，建都冀州，以大勢論，東南有餘，西北不足。使西北兩面可得五五二千五百里，則東南兩面必不止此矣；使東南僅足而無餘，則西北必不足此數矣。愚故謂要、荒二服專設於東、南者也。蓋甸服、侯服、綏服三者，四方同之。「綏服」云：「三百里揆文教，二百里奮武衛。」文以治外〔一〕，武以治外。觀「奮武衛」之名，知在中國已爲邊界矣。乃東方之地，視西北爲贏。甸服、侯服、綏服之外，尚有五百里之地可置一服，於是置服而命之曰「要服」。「要」取要束之義，枚傳是也，謂尚可以要束之也。於是其在内之三百里即名之曰「夷」。夷者，東方之本名也。而南方之地，視東方尤贏，甸服、侯服、綏服、要服之外，尚有五百里之地可置一服，於是置服而名之曰「荒服」。「荒」字之義，自來説者皆未得，當讀如「遂荒大東」之「荒」，謂尚可以奄有之也。於是其在内之三百里即名之曰

〔一〕外，疑應爲「内」。

「蠻」。蠻者，南方之本名也。然則三百里夷，三百里蠻，仍以東夷、南蠻得名，不必别爲之説。至夷之外爲蔡，此當從鄭君「減殺」之説，但不必專以賦言。其地於東方爲最在外，凡政教之類皆從減殺耳。《尚書大傳》「秋伯之樂舞蔡俶」注曰：「蔡，猶衰也。」「二百里蔡」與「蔡俶」之「蔡」同義。蠻之外爲流。流者，末也，言其最在末也。余於《羣經平議》已有此解，兹不再説。

「春秋祭酺」解

《周官・族師職》：「春秋祭酺，亦如之。」注曰：「酺者，爲人烖害之神也。」〔一〕是鄭君已決定其義矣。又云：「故書『酺』或爲『步』，杜子春云：『當爲酺。』」此明經字作「酺」之由也。又云：「玄謂《校人職》又云『冬祭馬步』，則未知此世所云蝝螟之酺與？人鬼之步與？」此則鄭君之意不以杜讀爲然，仍欲從故書作「步」，故既引《校人職》以證之，又引漢法以明之。其云「蝝螟之酺」當作「蝝螟之步」，傳寫誤也。何以證之？《校人職》賈疏云：「馬神稱步，謂若玄賓之步、人鬼之步之類。」阮校勘記謂：「毛本『賓』作『冥』，未詳。」余謂「玄」即「蝝」之聲誤，「冥」即

〔一〕人，《周禮注疏》作「人物」。

「螟」之形誤。賈疏所引即本《族師》鄭注耳，是賈所見鄭注「蝝螟」「人鬼」俱作「步」，非一作「酺」，一作「步」也。傳寫者誤上「步」字爲「酺」，遂若漢時蝝螟稱「酺」、人鬼稱「步」者，於義益不可曉，而於鄭君引漢法明杜讀之非意亦不瞭矣。賈疏云：「漢時有蝝螟之酺神，又有人鬼之步神。」「酺神」亦「步神」之誤，賈氏原文固不爾也。此疏既誤，而《校人》疏又誤「蝝螟」爲「玄冥」，甚或誤作「玄賓」。兩疏之誤，遂無可校正矣。今兩疏既皆校正，則鄭意自明。但「步」何以爲神名，則仍不可曉。

愚謂「步」當爲「荹」。《說文》云：「荹，亂草。」《廣韻》引《說文》則云「亂稾」，蓋皆神坐之所藉耳。《月令篇》正義云：「薦鞠衣，蓋薦於神坐。」此說未是。然神坐有藉，則《禮》固有之。《郊特牲篇》：「莞簟之安，而蒲越、稾鞂之尚。」注曰：「蒲越、稾鞂，藉神坐〔一〕也。」是其證也。但祭天尚質，故藉以蒲越、稾鞂。若宗廟之祭，則仍用莞簟之安。據《周官·司几筵職》祀先王用莞筵、繅席、次席，諸侯祭祀用蒲筵、莞席，並皆神坐之藉也。若《族師》所祭爲人烖害之神，則其神較微，其禮亦較殺，但以草藉神坐而已，所謂「荹」也。據《廣韻》所引《說文》訓「亂稾」，

〔一〕坐，《禮記正義》作「席」。

則與祭天之槀秸相近。一爲禮之至隆，一爲禮之至殺，隆、殺縣絶，轉無嫌也。其神非一，無可目言，故但以神坐之所藉指目其神，相傳謂之「祭莎」。「馬步」亦即「馬莎」，其義同也。《玉篇》於此字注云：「牛馬草亂槀。」殆《周禮》家馬步之遺説乎？經師傳述，省「草」作「步」，遂失其義。《説文》收「莎」字，於經典無所見，遂成僻字。凡《説文》僻字往往爲經典正文，皆此類也。後人因祭後有飲酒長幼獻酬之禮，遂名此祭爲酺。「酺」之與「步」聲雖相近，義則絶不相通。杜讀從之，非是。鄭君雖知杜讀爲非，欲改從故書作「步」。但「步」何以爲神名，無以言之，則仍無以明「祭步」之義耳。

「於越」解

《定五年公羊傳》：「於越入吴。於越者何？越者何？於越者，未能以其名通也；越者，能以其名通也。」愚按：昭五年，「越人」始見經；三十二年，「越」又見經，皆不書「於越」。此年及十四年「於越敗吴於醉李」，哀十三年「於越入吴」，皆書「於越」。《公羊》是以有能以名通、未能以名通之説。然以事理而論，未能者别乎後之能者而言也。始未能，繼而能矣。《莊五年傳》：「倪者何？小邾婁也。小邾婁則曷爲謂之倪？未能以其名通也。」是其始未能以名通則曰「倪」，其後能以名通則曰「小邾婁」矣。乃「越」先能以名通，後不能以名通。先能而後不能，毋乃倒置乎？於是何休有「治國有狀」「治國無狀」之説。其能以名通者，治國有狀也；其不能以名通者，治國無狀也。然以越事見經者而論，未見其孰爲有狀、孰爲無狀。必徇何氏之説而附和之曰「此有狀」「此無狀」，豈所以治經乎？

然則書「越」、書「於越」之異安在？曰：此聖人之深意，《春秋》之大義也。楚始見經曰「荆」，其後曰「楚」，此引而進之也；越始見經曰「越」，其後曰「於越」，此推而遠之也。楚何以引而進之，越何以推而遠之乎？當春秋之初，王制未立，内治未修，夷狄得以狎至乎中國。故此一「荆」也，俄而楚人矣，俄而楚子矣，君、大夫皆見於經，與中國等，見夷狄之狎至，莫得而禁之也。若定、哀之閒，《春秋》成矣，《春秋》成而文致太平。於是此一「越」也，外之曰「於越」，見内治修明，外侮不至，凡夷狄之人皆屏之四裔，不與我同中國，故借「越」以示義也。嗚呼！後世不務德而勤遠略。漢時呼韓邪單于來朝，唐時西北諸番請上尊號爲天可汗，皆以爲太平盛事。聖人之意，其不然乎？夫成、康之時，刑措不用，豈非極盛之時？遠人來驩，視道若咫，亦足見同我太平之盛。而周公曰：「德澤不加則不享其贄，政令不施則不臣其人。」孔子之志，猶周公也。《春秋》内諸夏而外四夷，胥天下之越而於越之，斯可以攘外而安内矣乎？

「王被衮以象天」解

《周官·司服》云：「祀昊天上帝，則服大裘而冕。」按：「昊天上帝」者，「冬至於圜丘所祀天皇大帝」也，鄭已注於《大宗伯職》矣。「大裘」者，「黑羔裘」也，先鄭已注於《司裘職》矣。圜丘祀天，爲極重之祭；大裘而冕，爲極重之服。不被衮而衣大裘，直上追生人之初飲血衣皮之景象以事天，不敢以後來踵事增華之服飾事天也，故器用陶匏，服與器相稱也。祭五帝亦如之，蓋天皇大帝是北辰〔一〕耀魄寶。五帝者，青爲靈威仰，赤爲赤熛怒，白爲白招拒，黑爲汁光紀，黄爲含樞紐。六者亦合稱爲皇天上帝，故「大裘而冕」同也。然五帝之祭，非四時迎氣之祭。若是四時迎氣，則夏祭赤帝可大裘乎？《月令》雖列五人帝之名，而無五帝之祭。鄭注於「季夏」所云「皇天上帝」，分皇天爲耀魄寶，上帝爲大微五帝。然鄭云：「皇天，北辰耀魄寶，冬至所祀於圜丘也。」則季夏之月，但大合秩芻以養犧牲而已，並非祭皇天之時也。祭皇天不於季夏，祭上帝亦必不於季夏。至「季冬」云：「命太史次諸侯之列，賦之犧牲，以共皇天、上帝、

〔一〕辰，原作「晨」，據下文改。

社稷之饗。」蓋至是方祭五帝，其月爲季冬，故亦得服大裘也。而賈公彦於《司裘》疏云：「四時祭天皆共之。」豈特不知典禮，抑亦不知寒暑矣。

大裘之説既明，則知以大裘而冕祀昊上天帝，古禮固如此。而《郊特牲》乃云：「王被衮以象天。」按之《司服職》，則「大裘而冕」與「衮冕」等區以别矣。《曾子問篇》及《覲禮》並言「裨冕」，鄭注云：「天子大裘爲上，其餘爲裨。」若然，則衮、鷩、毳、希、玄五者皆裨冕也，豈所以祀天乎？故鄭注曰：「此魯禮也。」後之儒者以記文明言「王被衮」，故不信魯禮之説。陳氏祥道曰：「王祀天，内服大裘，外被龍衮。」然則何不言在外可見之龍衮，而言在内不可見之大裘乎？陸氏佃曰：「祭之日，夜鄉晨，小宗伯告時於王，王服衮冕以適郊，息於大次。小宗伯又告備於王，王脱衮，著大裘，以衮被之，以即壇。」然則何不言在壇所著之大裘，而言在次所著之龍衮乎？且其言亦云「以衮被之」，則無異於陳氏祥道之説，轉不如陳説之簡要矣。總之，説者但拘龍裘之制，謂裘褻不可外見，故必以衮被之，而不知「大裘而冕」乃先王特製祭天之服，非可以常例論也。是故「王被衮以象天」，惟鄭義爲是。然則魯侯何以稱王？曰：此事非後世所可行，此義亦非後人所能知也。《周書·大誥》「王若曰」，鄭注云：「周公居攝，命大事則權稱王。」蓋周公未嘗稱王，命大事則稱王。魯侯亦未嘗稱王，祭天則稱王。孔子不云乎：「名不正，則言不順。」朝諸侯於明堂，王可也，公不可也，故周公命大事稱王也。祭天於郊，王可也，侯不可也，故魯侯祭天稱王也。蓋三代以上之事，不可行於三代以下者多矣。古者有其實，不辭其名。文王既爲六州所歸附，則其臨六州也不得不稱王矣。此文王所以王也。周公既攝天子之事，不曰王不可；魯侯既行天子之禮，不曰王亦不可，所謂正名也。惟鄭解「象天」爲「有日月星辰之象」，此則自與《司服》注違錯。司農云「衮，卷龍衣也」，與鄭《王制》注合。夫乾爲天象，取象於龍，漢人猶云「天用莫如龍」。然則龍衮自足象天，何必日月星辰乎？

「同」「詷」說

《禮記·祭統篇》「鋪筵設同几」，鄭注曰：「同之言詷也。祭者以其妃配，亦不特几也。」正義曰：「若單作『同』字，是『齊同』之『同』，非『詷共』之『詷』。若『詷共』之『詷』，則言旁作同，故古文、《字林》皆訓『詷』爲『共』，是漢魏之時字義如此。」

愚按：此說殊不可通。「齊同」之與「同共」乃一義之引申，豈得分爲二字？夫婦死而同几，猶生而同牢也，豈「同牢」亦當作「詷牢」乎？死而同几，亦猶死而同穴也，豈「同穴」亦當作「詷穴」乎？段氏《經韻樓集》有《某讀爲某誤易説》一篇，謂記文本作「詷几」，鄭注本作「詷之言同也」，「因先用注説改正文，又用已改之正文改注」，故成斯誤。段氏此説殊爲有見。然愚謂説《周禮》「萡」「蝛」諸條則得矣，若「同之讀詷」不必如此説也。錢氏大昕《養新齋餘録》云：「《易傳》：『象也者，像此者也。象也者，像也。』唐石經初刻兩『像』字均作『象』。古人以義訓名，不嫌同文。如《孟子》『徹者，徹也』，上下兩『徹』字，無異形，亦無異讀。」愚以錢説推之，《易傳》「蒙者，蒙也」「比者，比也」「剥者，剥也」皆無異音異讀。《詩·關雎》序曰：「風，風也。」《禮記·哀公問篇》曰：「親之也者，親之也。」可知訓詁自有此例。《釋名》一書如此者亦甚多，如「衛，衛也」「齊，齊也」「縣，縣也」「弟，弟也」「傳，傳也」「籍，籍也」「示，示也」「易，易也」「謂，猶謂也」「斂者，斂也」皆是也。愚疑鄭注本作「同之言同也」，蓋謂几所以稱同者取「同共」之義也。「言同」二字誤合爲「詷」字，因又加「言」字於上耳。「同之言同」猶「正之言正」。《射義篇》「發而不失正鵠者」，注曰：「正之爲言正也。」然則記文言「同几」而以「同之言同」釋之，猶記文言「正鵠」而以「正之言正」釋之也。今人所習讀而不以爲怪者，有「齊之爲言齊」一句，此句本《禮記·祭統篇》，而朱子用之於《中庸章句》，學者童而習之，上「齊」字圈讀，下「齊」字如字。其實古人何嘗有此分别，「齊之言齊」「正之言正」「同之言同」，皆一律而已矣。

「邦汋」解

《周官·士師》：「掌士之八成：一曰邦汋。」鄭司農云：「汋讀如『酌酒尊中』之酌。國汋者，斟酌盜取國家密事，若今時刺探尚書事。」

愚按：先鄭此讀乃自古相傳之讀，非先鄭自爲此讀也。使先鄭自爲之，何不即讀如「斟酌」之「酌」，而必云「酌酒尊中」乎？其下云「斟酌盜取國家密事」，則先鄭因古讀而以意説之，然失其意矣。夫盜取密事，則下文所謂「三曰邦諜」者是也。「邦汋」與「邦諜」不同：「邦諜」者，異國之人來我國刺探密事者也；「邦汋」者，我國之人自以密事輸之異國者也。我國之人自以密事輸之異國，猶酒在尊中酌而出之也，故謂之「邦汋」。其始蓋時俗私相品目之辭，猶吏之不仁者稱爲「酷」，儒之不雜者稱爲「醇」，「先生」之名由先醒而得，「酋豪」之號因大酋而生，皆從酒取義也。相沿既久，上下皆以指目其人。而邦汋遂居《士師》「八成」之首，蓋以本國之人輸情他國，較他國之人偵事我國者其可惡尤甚。雖爲邦賊者，猶未若此之可惡也，故首列之也。字作「汋」者，同音叚借，古書類然，而治《周禮》者懼人不達其旨，故讀如「酌酒尊中」，此正其所以得名之故也。

《僖二年傳》：「齊寺人貂始漏師于多魚。」「漏」義與「汋」同，彼以水言，此以酒言耳。寺人貂即齊之邦汋也。鄢陵之戰，「楚子登巢車，以望晉軍。太宰伯州犁侍于王後，以公卒告王。苗賁皇在晉侯之側，亦以王卒告」。此二子雖已不在本國，而要是本國之人，則亦邦汋而非邦諜也。魯昭公出亡，其從者盟曰：「無通外内。」此盟於事理未合。然「無通外内」即邦汋之明禁，固士師之成法也。「邦汋」之義久晦，賴「酌酒尊中」之舊讀猶在。雖司農習其讀而不能通其義，然千載下猶可推測而得之，古讀之可貴如是夫！《周禮·地官·媒氏》注：「媒之言謀也，謀合異類，使和成者。今齊人名麴麩曰媒。」《説文·女部》：「妁，酌也。斟酌二姓者也。」是媒、妁皆從酒取義。汋猶妁也，有妁以酌之，而二姓之情通；有汋以酌之，而二國之情通，美惡不嫌同辭。

經課續編卷三

「采采卷耳」「采采芣苢」兩「采采」解

《卷耳篇》毛傳曰：「采采，事采之也。」《芣苢篇》傳曰：「采采，非一辭也。」孔穎達正義於《卷耳篇》曰：「此與《芣苢》俱言『采采』，彼傳云『非一辭』，與此不同者，此取憂爲興，言勤事采采〔一〕，尚不盈筐，言其憂之極，故云『事采之』；彼以婦人樂有子，明其采者衆，故云『非一辭』。其實『采采』之義同，故《鄭志》答張逸云：『事，謂事事，一一用意之事，《芣苢》亦然。雖説異，義則同。』」

〔一〕采采，《毛詩正義》作「采菜」。

嗟乎！毛公於兩傳分别甚明，而鄭君乃并爲一談，孔氏固不足責矣。毛於《卷耳篇》用一「事」字，於《芣苢》傳用一「辭」字，明有虚實之分。「采采卷耳」猶云「參差荇菜，左右采之」也，是實事也。「采采芣苢」猶云「蒹葭采采」也，乃重言以形況之，是虚辭也。使「采采卷耳」非實事，則既不采取，何能盈筐？與下句不貫矣。使「采采芣苢」非虚辭，則既云「采采」，又云「薄言采之」，與下句重複矣。故於《芣苢》曰「非一辭」，見芣苢之衆多也。《蒹葭篇》傳曰：「蒼蒼，盛也。萋萋，猶蒼蒼也。采采，猶萋萋也。」以「采采」形容芣苢之盛，猶以「采采」形容蒹葭之盛也。《蜉蝣篇》「采采衣服」，傳曰：「采采，衆多也。」衆多即「非一辭」也。三百篇中言「采采」者四，惟第一句「采采卷耳」爲實言其事，其餘三「采采」皆辭也。傳以「采采卷耳」爲「事采之」，明惟此爲事，固已并其後三「采采」之是辭非事而豫釋之矣。古人用意之精如此，蓋下一字而全詩畢照也。鄭固不足知之，孔疏有「勤事采采〔二〕」之説，蓋不達「事采之」之義，妄意毛公用《爾雅》「事，勤也」之訓耳。此唐人之見，宋以後又不足知之矣。

〔二〕 采采，《毛詩正義》作「采菜」。

「河廣」解

《衛風·河廣篇》「誰謂河廣」，正義曰：「此假有渡者之辭，非喻夫人之嚮宋渡河也。何者？此文公之時，衛已在河南，自衛適宋，不渡河。」愚按：《詩》言「誰謂河廣」「誰謂宋遠」，明以河之廣見宋之遠。若如正義説，則宋遠實而河廣虚，語意不倫矣。乃説《詩》必云然者，正以序云：「《河廣》，宋襄公母歸于衛，思而不止，故作是詩。」稱「宋襄公母」，不稱「宋桓夫人」，是此詩作於襄公即位之後。於衛，當文公時，衛已在河南，故自衛適宋不必渡河，而《詩》言爲非實矣。今按《史記·十二諸侯年表》，宋桓公於即位後七年娶衛女，其出而歸衛，不詳何年。至二十一年，衛有狄難。其明年，衛戴公元年。又明年，衛文公元年。至三十年，宋桓公始卒而襄公即位，於衛爲文公八年矣。使夫人作詩在襄公即位後，則宋、衛同在河南，又何「河廣」之有？故知夫人作詩必在宋桓公二十一年以前也。

然則何以稱「宋襄公母」不稱「宋桓夫人」？曰：夫人已被出矣，不得以許穆夫人爲比也。考之《禮》，夫爲出妻無服，而子於出母之未嫁者仍以父在爲母之服服之，《儀禮·喪服篇》云「出妻之子爲母」是也。夫人見出，已絶於夫，不得復稱「宋桓夫人」；而出猶未嫁，則其卒也，其子仍當服以父在爲母之服，不得謂非宋襄公母也。國史採録此詩，不云「宋桓夫人」而曰「宋襄公母」，蓋史官之體例固然矣。《儀禮》「出妻之子爲母」，賈疏云：「或適他族，或之本家。」愚謂此指出而未嫁者而言，説詳《茶香室經説》。此詩國史既正其名曰「宋襄公母」，則其終身守義不嫁可知。觀齊桓公歸蔡姬於蔡，未之絶而蔡人已嫁之，則宋桓公夫人見出也，衛人亦必有以再嫁爲勸者。此詩兩云「誰謂河廣」「誰謂宋遠」，惓惓於宋如此，殆亦有「之死矢靡它」「之死矢靡慝」之意乎？孔子録《衛風》而存此詩，其《柏舟》之嗣響乎？序但言「思而不止」，猶未得詩之微意也。

「率性之謂道」説

孟子之學出於子思。子思作《中庸》，首云：「天命之謂性，率性之爲道。」孟子於是發爲性善之説。其實非子思之意，以未達「率」字之義也。鄭康成曰：「率猶循也。」朱子《章句》亦同其説。夫使循乎性之自然而即謂之道，則「天命之謂性」即「天命之謂道」，而不必有「性」之名矣。是故「率性」非「循性」也。其下曰：「脩道之謂教。」竊謂「率」與「脩」一聲之轉，率猶脩也。於性言「率」，於道言「脩」，異其文，述作之體耳。《尚書·堯典篇》：「流共工于幽洲，放驩兜于崇山，竄三苗于三危，殛鯀于羽山。」枚傳曰：「殛、竄、放、流，皆誅也。異其文，述作之體。」斯通論也，經傳中此類多矣。故言「率性之謂道，率道之謂教」亦可也，謂「脩性之謂道，脩道之謂教」亦可也。《易傳》曰：「初率其辭。」侯果曰：「率，脩也。」訓「率」爲「脩」，其古義之未泯者乎？性不一性，必率之而後爲道；道不一道，必脩之而後爲教。率與脩有功力存焉。後人訓「率」爲「循」，則近乎道家所謂「道法自然」者，而非吾儒所謂「道」矣。孟子不達「率性」之義，謂性可率循，則有善無不善可知。與告子輩斤斤辨論，以水爲喻，故謂「禹之行水，行所無事」。夫禹之治水也，大河自雍而至豫，使順其性之所至，則有直瀉荆、揚而已矣。禹乃引之北行，使至於兖而入海，此豈徒順其性而已哉？水性之可順者順之，不可順者勿順焉，禹之所以神也。孟子不知人性，安知水性？使孟子治水，吾其魚矣。然此亦孟子蚤歲之見，及至晚年之論固不然矣。是以又有「口之於味」一章，載於《盡心》下篇，蓋言口之於味五者與仁之於父子五者，皆是「天命之謂性」，而前五者不謂之性，謂之命；後五者不謂之命，謂之性。君子於此有權衡焉，此即「脩」之説也。故愚謂率性之「率」不訓「循」，而訓「脩」也。

「費而隱」解

《禮記·中庸篇》：「君子之道，費而隱。」鄭注曰：「費，猶佹也。」此解得之。其云「言可隱之節」「道不費則仕」，則誤解「隱」字矣。此古義之不可從者也。朱子《章句》以此句爲下節發端，較古注以此句屬上讀其義殊勝。但以「費」爲「用之廣」，「隱」爲「體之微」，則非古義。自古無以「費」字贊道者，且「費」「隱」二字《中庸篇》亦不再見，則非以此贊君子之道明矣。此今義之不可從者也。愚謂此句當從朱子，爲下節發端；「費」字當從鄭注訓爲佹，從徐音讀如弗，實即「弗」字也。「弗」字從丿從乀，左戾右戾，故有佹義。經傳或作「拂」、作「咈」、作「怫」，此又作「費」，皆余所謂文增者也。然則何謂「費而隱」？曰：此句乃《老子》所謂「正言若反」者，足見子思子語言之妙。夫君子之道，行堯之行，服堯之服，無所謂佹也。乃夫婦之不肖，可以能行。及其至，而聖人不能，則君子之道佹矣。君子之道，仁者見仁，智者見智，無所謂隱也。乃夫婦之愚可以與知。及其至，而聖人不知，則君子之道隱矣。道之不行也，賢者過之，不肖者不及也。賢、不肖皆不足以赴君子之道，則皆曰：君子佹也。道之不明也，知者過之，愚者不及也。知、愚皆不足以見君子之道，則皆曰：君子隱也。佹與隱皆非美名，曰佹曰隱，皆是有憾於君子。故繼之曰：「天地之大焉，人猶有所憾。」此蓋爲君子解也，不然此句無箸矣。

「一卷石」解

《中庸篇》「一卷石之多」，鄭注曰：「卷，猶區也。」卷無區義，而石稱「一區」亦不可解，殆非也。

今按：《釋名·釋宫室》云：「困，綣也。藏物繾綣束縛之也。」是卷聲與困聲古音相同。「麇」字從困得聲，籀文作「麕」。《昭元年左傳》「楚子麇」，《公》《穀》作「卷」，《史記·楚世家》作「員」，是「卷」可通作「員」也。《説文》：「員，物數也。從貝，□聲。」竊謂此字實即方圓之本字。其上所從之口當作○，古「圓」字也。自寫者變○爲□，與口字無别，乃從貝以别之。其後又爲物數之義所奪，又作大○形於其外，於是字遂作「圓」矣。其實物數之員《説文》自有「賦」字，其説解曰：「物數紛賦亂也。」許君誤以「員」爲物數，故「賦」下又加「紛賦亂也」四字，不知賦爲物數，員爲方圓之本字。古造字之初，不但不作「圓」，亦且不作「員」，蓋止作○耳。明乎此，而「一卷石」之義可知矣。「卷」讀作「員」，「一卷石」即「一員石」，而以古字書之，則即「一○石」也。「一○石」猶云「一丸泥」矣。又《文十一年左傳》「楚子伐麇」，《公羊》作「圈」，圈從卷聲，義亦得通。《玉藻篇》「杯圈」，注曰：「屈木所爲。」是圈亦有○形。一卷即一圈，一圈即一○耳。《釋文》曰：「卷，李音權，又羌權反。」即音圈矣。是古讀有作「圈」者，較鄭義轉爲明顯也。

「固不固」解

《禮記・哀公問篇》：「寡人固。不固，焉得聞此言也？」鄭注曰：「固，不固，言由吾鄙固故也。」孔疏曰：「『固，不固』者，上固是鄙固，下固，故也。言寡人由鄙固之故，所以得聞此言；由其固陋，殷重問之，故得聞此言。皇氏用王肅之義，二『固』皆爲固陋，上『固』言己之固陋，下『固』言若不鄙固則不問，不問焉得聞此言哉？」

愚按：鄭義與王肅意實無少異。孔氏不達鄭意，遂歧鄭、王而二之，而此經晦矣。鄭云：「由吾鄙固故也。」「鄙固」乃統解兩「固」字。孔以爲「上固是鄙固，下固，故也」，若然，則「寡人固不故」五字豈可通哉？由不知鄭以「鄙固」統解兩「固」字耳。夫記文明有固、不固之分，鄭既統解爲鄙固，則固是正言，不固是反言，豈待申説哉？「寡人固」三字爲句，「不固」略讀，接下「焉得聞此言也」。王讀如此，鄭讀亦如此，但鄭語簡，王語詳耳。鄭以「由吾鄙固故也」解此兩句之義，而孔疏竟不能會其意，以注有「故」字，疑爲下「固」字作解，而語實不可通。疏家例不背注，不可以鄭爲非，故又引皇氏之説陰破鄭義。此孔之大誤也。近時説此經者遂疑鄭本「固固」連文，無「不」字，則誤而又誤者矣。然鄭語雖簡，意則已足。王肅加「不問」一語，轉屬沾益。所謂「固」者，即上文「不已重乎」一語也。哀公以「冕而親迎」爲重。孔子「愀然作色」，哀公意亦有所不安，故自謝曰：「此寡人之固也。」若不固，則無已重之疑，而孔子對語亦不得聞矣。其意義甚爲明白，讀者善會鄭意，自能得之也。

「秋合諸射」解

《周禮·夏官·諸子》《禮記·燕義》並云：「凡國之政事，國之存游倅，使之脩德學道，春合諸學，秋合諸射，以攷其藝而進退之。」鄭注並云：「學，大學也。射，射宫也。」《周禮》賈疏則以大學即王宫左之東序，而以射宫謂國之小學，在西郊，即虞庠。

按：春已合之大學，而秋乃合之小學，非古者由小學入大學之次序，義不可通。孔疏以春夏干戈，秋冬羽籥，初教在東序，至合時則在大學，是不以東序爲大學也。又據《周禮·大胥》「秋頒學，合聲」在大學，而《文王世子》「大合樂必遂養老」，因謂「大合樂在東序」，則東序、大學又爲一矣。其説糾繚難明，而説射宫僅以爲擇士習射之宫，不能實指何地。竊謂均不可從。

蓋此記所述乃庶子之職，而學干戈、學羽籥及合舞、合聲各有司存，與此職無涉，不得因有「春」「秋」字而并爲一談也。至擇士習射事，見《射義》，乃以擇諸侯之貢士，與此職諸侯、卿大夫、士之子更無涉矣。鄭注既未是，疏家依回，又何責乎？

今按：學爲大學，自是正解。論學制者，諸家備矣，兹不具論。至射爲射宮，此説非也。上文云「使之脩德學道」，則此所攷之藝即謂道德可知。雖古者射以觀德，然亦不過觀德之一端，攷之者豈必專以射乎？學與射均以所合之地言，射即榭也。《春秋・宣十六年》「成周宣榭火」，《釋文》作「謝」，阮校勘記引惠棟曰：「《説文》無『謝』字。周郙敦銘文『王格于宣射』，古文『榭』字作『射』。」然則「秋合諸射」即是「秋合諸榭」，其義與「成周宣榭」同。「成周宣榭」，《公》《穀》均以爲樂器所藏，於古無徵。杜預注以爲「講武屋」，正義引《楚語》「榭不過講軍實」證之，則杜説可信；又引服虔云「宣揚威武之處」，可知是《左傳》家舊義，非杜注臆説也。《成十七年傳》：「三郤[一]將謀于榭。」杜注亦以爲講武堂。講武之堂不必有室，與《爾雅》「無室曰榭」合。《詩・車攻》序曰：「宣王會諸侯於東都，因田獵而選車徒。」則成周宣榭或是宣王講武堂之遺址，

〔一〕郤，原作「卻」，據《春秋左傳正義》改。

故稱「宣榭」，與《公羊傳》稱「宣宮之榭」未始不可通。周初西京亦必有講武堂，其名曰「榭」，但不稱「宣榭」耳。春合之學，講學之地也；秋合之榭，講武之地也。古之士所以材兼文武歟？

「趙孟爲客」解

《襄二十七年傳》「趙孟爲客」，杜注曰：「客，一坐所尊。」正義引服虔云：「楚君恆以大夫爲賓者，大夫卑，雖尊之，猶遠君也。楚先歃爲盟主，故尊趙孟爲客。」服、杜二注不同：杜以爲尊晉，故以趙孟爲客；服以爲尊楚，故以趙孟爲客。近時李貽德作《賈服注輯述》，言「楚君」是「燕君」之誤，引《燕禮記》「與卿燕則大夫爲賓」以證成服義。是服長於杜矣。乃《昭元年傳》：「趙孟、叔孫豹、曹大夫入于鄭，鄭伯兼享之。趙孟爲客。」以彼證此，服注亦未可信。豈鄭卑晉而反尊魯與曹乎？余疑趙孟之年長於子木，或用爵同尚齒之義，説詳《茶香室經説》。然以《昭元年傳》證之，亦有未合。宋公兼享晉、楚大夫，既以爵同尚齒，則彼傳亦是兼享，亦宜尚齒。叔孫豹生於《文十一年》「獲長狄」之後。自文十一年至昭元年，八十六年[一]矣。叔孫豹雖未必

[一] 八十六年，當爲「七十六年」。

即生於文十一年，亦必相距非遠。計叔孫豹之年，可七、八十矣。而趙孟固未盈五十者，何以儼然而爲客？豈非尊晉之故叔孫豹不敢與之齒乎？然則趙孟爲客，自是尊晉，楚既先歃，而宋仍以趙孟爲客，子木亦不與之爭，當時情事，殊不可解。竊謂此蓋示親楚之意也。《文王世子篇》曰：「若公與族燕，則異姓爲賓。」注曰：「同姓〔一〕無相賓客之道。」正義曰：「燕飲必須禮儀，故須立賓以行禮。但公欲與族人相親，若使族人爲賓，賓禮疏隔，故用異姓爲賓也。」然則賓雖尊而實疏。宋之盟曰「晉、楚之從交相見也」，宋本從晉者，至是則又從楚矣。使兼享晉、楚而以楚大夫爲賓，是仍内晉而外楚也。故不以子木爲賓，而以趙孟爲賓，明内楚而外晉也。宋人於此一舉也，在晉人則喜其尊我，在楚人則喜其親我，是以周旋兩大國閒而兩不得罪，此宋人用意之尤善者也。

「爭臣七人、五人、三人」解

昔汪容甫《述學》有《三九釋》三篇，説經者以爲通論。余因之有「一三五七九」之説：數始

〔一〕 姓，《禮記正義》作「宗」。

於一而終於九，至十則復爲一矣。自一至九，五居其中；自一至五，三居其中；自五至九，七居其中。故古人之辭，至少者則曰「一」，如「一勺水」「一卷石」是也；至多者則曰「九」，如「叛者九國」「反者九起」是也；舉其中則曰「五」，如「素絲五紽」「素絲五緎」「素絲五總」是也；舉其小半則曰「三」，舉其大半則曰「七」，如「其實七兮」「其實三兮」是也。《孝經》言：「天子有爭臣七人，諸侯有爭臣五人，大夫有爭臣三人。」蓋以此說之足矣。而自來說者必欲實指其人，孔、鄭二注並以四輔、三公說天子七人。雖其數適合，而亦未必然也。至諸侯五人，孔以天子所命之孤及三卿、上大夫爲說，王肅以爲三卿及內史、外史，已覺勉強附會。大夫三人，孔以家相、室老、側室爲說，王肅以爲家相、室老、邑宰，更覺雜廁不倫。

愚謂三、五、七皆空數也，說具前矣。若必舉其人以實之，則請以《孟子》爲說。今先說諸侯五人，《孟子》曰：「君一位，卿一位，大夫一位，上士一位，中士一位，下士一位，凡六等。」趙注曰：「諸侯法天子，臣名有此六等。」然則此諸侯之制也。自君以下有卿，有大夫，有上士，有中士，有下士，此五等中未必人人能諫，但使每一等必有一能諫之人，亦足輔其君，使無過矣。此諸侯所以五人也。上而天子，亦即諸侯之五人，趙注所謂「諸侯法天子」也，再加以公一位，孤一位，則天子七人矣。下而大夫，則位在其下者，但有上士、中士、下士，此大夫所以三人也。

以此説七人、五人、三人，雖亦未必，然其説或較徑捷乎？

「夫人以勞諸侯」解

《考工記·玉人》云：「夫人以勞諸侯。」鄭司農云：「夫人，天子夫人。」鄭康成則曰：「夫人，王后也。記時諸侯僭稱王，而夫人之號不別，是以同王后於夫人也。」

按：後鄭之説殊謬。《戰國策》所載如「趙威后」「齊君王后」類稱后矣。區區中山尚有陰姬與江姬爭爲后之事，安得謂其尚稱夫人乎？即如其説，而上文又兩言「宗后」，何也？此「夫人」當從先鄭説，蓋即三夫人耳。然則何以言「夫人」不言「王后」？曰：此由讀者未審上文故也。上文云：「案十有二寸，棗栗十有二列，諸侯純九，大夫純五。」夫既云「十有二列」，而但云「諸侯純九，大夫純五」，則所謂「十有二」者何所用乎？此必別有所勞之人，亦必別有勞之之人，而文不具也。既云「諸侯純九，大夫純五」，而但云「夫人以勞諸侯」，然則大夫誰勞之乎？亦必別有勞之之人，而文不具也。使具言之，當云：「上公純十二，王后以勞上公。諸侯純九，夫人以勞諸侯。大夫純五，世婦以勞大夫。」《日知録》云：「以紂爲弟，且以爲君，而有微子啟；以紂爲兄之子，且以爲君，而有王子比干。並言之，則於文有所不便，故舉此以該彼，此古人文章之善。」讀此者亦當以是例之。然則王后惟勞上公，有證乎？據《大行人職》：「上公之禮，再祼而酢。諸侯之禮，壹祼而酢。」疏云：「『再祼』者，大宗伯代王祼賓，次宗伯又代后祼賓。」是惟上公有后祼之禮，諸侯止一祼，則后不祼矣。以祼禮例勞禮，故知王后惟勞上公，不勞諸侯也。然則世婦之勞大夫有證乎？據《天官·世婦職》云：「掌弔臨于卿大夫之喪。」注云：「王使往弔。」然則卿大夫之喪，例使世婦弔臨，故知勞大夫者必世婦也。夫勞上公者王后，勞大夫者世婦，則勞諸侯者非夫人莫屬矣。司農之說洵塙詁也。《掌訝職》云：「凡賓客，諸侯有卿訝，卿有大夫訝，大夫有士訝。」訝與勞事蓋相近。竊意王后勞上公宜使卿，夫人勞諸侯宜使大夫，世婦勞大夫宜使士。經雖無文，可推求而定也。

上文云：「瑑琮八寸，諸侯以享夫人。」注云：「獻於所朝聘君之夫人也。」則以夫人爲諸侯夫人矣。夫同在一篇之內，「諸侯以享夫人」「夫人以勞諸侯」，兩文相次，豈有同稱夫人而可異其說者乎？鄭注之違失甚矣。愚謂此「夫人」亦天子之三夫人也。上文云：「璧琮九寸，諸侯以享天子。」享天子即兼享王后，文不具耳。觀鄭注賈疏，可見享天子以璧九寸，享王后以琮九寸，則享夫人者亦用琮，而視王后減一寸，正其宜矣。以是差之，享九嬪以下，其七寸與？

「爲力不同科」解

《論語》：「射不主皮，爲力不同科。」近解以下句爲説上句之義，是誤以主皮之射爲貫革之射，不足言古義也。馬注謂力役有上、中、下三科，不與「射不主皮」爲一事。自當從之。但「力」爲力役，則「爲」字無著，似亦未盡得也。今按：「爲」乃「貹」字之壞，或古字可通。如「臤」之爲「賢」，亦省去所從之「貝」也。《説文·貝部》：「貹，資也。或曰此古貨字。」鍇本無此六字，而云：「臣鍇按：字書云古貨字。」愚謂以「貹」爲古「貨」字，雖未知是否許書原文，然其説可信。爲、化同聲，貨之爲貹，猶訛之爲譌也。《禮記·禮運篇》：「貨惡其棄於地也，不必藏於己；力惡其不出於身也，不必爲己。」正以貨與力對言。此以貨、力連言，猶彼以貨、力對言矣。何謂貨？何謂力？《孟子》曰：「有布縷之征，有粟米之征，有力役之征。」布縷粟帛，所謂貨也，力役則力也。君子用其一，緩其二，則貨與力從無並征者，是貨、力不同科也。《釋名·釋典藝》曰：「科，課也。」後世有催科之説，又有勸課之説，即此「科」字之義矣。

「皋比」解

《莊十年左傳》「蒙皋比而先犯之」，杜注曰：「皋比，虎皮。」皋比之爲虎皮，自來莫得其解。服虔引《樂記》「建櫜」爲證。孔穎達自爲説，則以《僖二十八年》〔一〕「蒙馬虎皮」爲證。愚作《茶香室經説》謂此乃古言古義，不可曲爲之解。今姑望文生訓，以意説之。竊謂皋比者，貔貔也，亦即狛狌也。《集韻·六豪》嗥、狛、貔三字同，《六脂》貔、貔、狌三字同。是故作「貔貔」亦可，作「狛狌」亦可。今作「皋比」者，古文從省耳。貔爲獸名，古無異説。而狛則《説文》以爲「嗥」之或體，不云獸名。余謂嗥、狛二字譚長合而一之，非是。嗥，咆也。狛，獸名，或體作貔。許書并狛於嗥，失收貔字，其小誤也。晉靈公名夷狛，當取義於獸，猶朱虎、熊羆之例。傳所謂「取於物爲假」也。貔、貔皆獸名。蒙獸皮與虎皮同意，均以示猛也。《周官》「方相氏掌蒙熊皮」，《文選·東京賦》注引《漢舊儀》作「蒙虎皮」。熊、虎同類，故蒙熊、蒙虎皆可。然則胥臣蒙虎皮，公子偃何必定蒙虎皮？曰蒙貔貔者，雜取猛獸之皮耳。胥臣明言「蒙馬」，而此傳不言

〔一〕 二十八，原訛「二二」，據《左傳》改。

「蒙馬」，則所蒙者人也，猶方相之蒙熊皮或蒙虎皮矣。

「皋比」解二

皋比者，羔紕也，皋、羔古字通。《檀弓》疏云：「子羔、子皋不同，古字通用。」是其證也。「紕」作「比」，則古文省偏旁耳。《説文》云：「紕，氐人㲚也。」又云：「㲚，西胡毳布也。」蓋即今氊毯之類。《周禮·掌皮》云：「共其毳毛爲氊。」毳毛是毛之細者。《禹貢》「梁州熊、羆、狐、狸織皮」，枚傳言「罽今之罽」，是凡獸之皮皆可爲之。然此等皮不易得，人閒所通用者羊皮而已，所謂「羔紕」也。魯地在今山東，其地視吴越爲寒，大約羔紕爲民閒禦寒所必用，家家有之。公子偃歛取羔紕，蒙之以出，蓋以禦矢石也。古者家不藏甲，故以此代之。

「皋比」解三

「比」亦讀爲「紕」，「皋」即「臯」字也。《説文》：「臯，大白澤也。古文以爲澤字。」今「臯」字經典罕見，亦無假爲「澤」字者。而《鶴鳴篇》毛傳曰：「皋，澤也。」則臯、皋同字明矣。《説文》

「臭」訓「大白澤」，此「澤」字涉下文而衍，實止訓「大白」。從大從白，義即存乎形矣。是故臯紕即臭紕，乃白紕也。宋爲殷後，旗則白旗，馬則白馬，並見《明堂位篇》。故公子偃以白紕蒙其車馬，所以疑誤宋人也。不曰「白」而曰「臭」，蓋臭爲大白，而殷之旗實名「大白」。疑殷之大白旗本有臭名，故就宋言宋而曰「臭紕」。其以此疑宋，意即寓此矣。

「臯比」解四

比者，干也。《書》曰：「比爾干。」干之爲用在比，故干亦謂之比。楚公子比，字子干，干、比一物也。殷王子比干，疑亦一名一字。以文而論，干作「¥」，比古文作「夶」。蓋舉一干謂之「干」，倒植二干謂之「比」。以字體觀之，知比即干也。然則臯作何解乎？曰：臯讀爲干。據《唐韻》，臯，古勞切；干，古寒切。臯與古雙聲，干與古亦雙聲，故臯與干亦雙聲也。試旁證之，《上林賦》云「采色澔汗」，《楚辭·怨思篇》「曳彗星之晧旰」，《淮南·俶真篇》「浩浩瀚瀚」，《吳都賦》「滮滮涆涆」，皆臯、干雙聲之證。又若鶕鳥謂之鳱鳥，豪豬謂之鸞豬，木之乾者爲槁，魚之乾者爲薧，並其例也。尤可證者，《周易》「鴻漸于干」，陸注「水畔稱干」。《史記·孝武紀》「河溢臯陸」，顔師古注：「臯，水旁地。」然則臯即干矣。《楚辭·湘君篇》「朝騁騖乎江臯」，江皋即江干也。《詩·伐檀篇》「寘之河之干兮」，河之干即河之皋也。此傳云：「蒙皋比而先犯之。」「蒙」即「閒蒙甲胄」之「蒙」。皋比即干比，因初著竹帛時口相授受，聲音之閒小有侈斂，遂以皋爲干，而千載以來莫得其解矣。此役公子偃以干比勝宋師，故知干比實軍中利器。康熙閒曾以藤牌勝羅刹火器，亦干比類也。

「皋比」解五

臯讀爲澤。《説文》云：「臭，古文以爲澤字。」然經典無臭字，亦未見有作澤字用者，而皋之爲澤，則多有之。《詩·鶴鳴篇》毛傳曰：「皋，澤也。」《釋文》引《韓詩》曰：「九皋，九折之澤。」則毛、韓義同。其後詞家相承用之。《楚辭·招魂篇》「皋蘭被徑」，《文選·上林賦》「亭皋千里」，注家並訓爲「澤」，乃悟《説文》所云「古文以爲澤字」者，臭、皋固同字也。此傳云：「公子偃自雩門竊出，蒙皋比而先犯之。」疑當以蒙、皋二字連文，蒙皋即蒙澤，乃宋地名，《莊十二年傳》「宋萬弑閔公于蒙澤」是也。杜注云：「蒙澤，宋地。梁國有蒙縣。」是蒙澤爲宋之北境。而此傳「雩門」，杜以爲魯南門。疑由魯之南境潛師入宋之北境，而攻其後也。傳文「比」字乃「北」字之誤。其文本云：「公子偃自雩門竊出蒙澤北而先犯之。」於文頗順，但地遠，爲可疑耳。然下云「公敗宋師于乘丘」，乘丘之地亦未能塙知其所在。《漢書·地理志》濟陰郡有乘氏縣，應劭曰：「《春秋》『敗宋師于乘丘』是也。」其上有宛句縣，據《史記·老莊列傳》正義引《括地志》「漆園故城在曹州宛句縣北十七里，古屬蒙縣」，則蒙澤也、乘丘也，在《漢志》同屬濟陰郡。故公子偃出蒙澤之北，攻宋師之後，而公遂敗之于乘丘也。上文「齊師、宋師次于郎」，郎亦有二，若從此説，則宜爲魚臺縣之郎，亦近宋境也。

「祖乙圮于耿」解

余於《茶香室經説》從鄭康成「國爲水毁，脩德禦之」之説，斯固正論也。乃今思之，又得一説。夫山可言崩，河可言決，都邑可言墮。若祖乙則商王之名也，於祖乙之下即云「圮于耿」，圮者，豈祖乙乎？不言國邑，「圮」文無著。孔氏正義謂「古人之言雖尚要約，皆使言足其文，令人曉解」，譏枚傳「圮于相，遷于耿」爲大不辭。不知傳語固爲不辭，而經文「祖乙圮于耿」亦不辭之甚，讀者習而不察耳。余疑「圮」字乃「起」字之借，古文假借但取聲同，圮、起並從己聲，例得借用，字義美惡在所不拘。如「崩逝」之「崩」非美字也，而漢人引《易》云「崩來无咎」，則「崩」可以爲「朋」矣；「隕落」之「隕」非美字也，而《商頌》云「幅隕既長」，則「隕」可以爲「圓」矣。他如「舅姑」之爲「咎姑」也，「緑綬」之爲「盭綬」也，「不腆之酒」而云「不殄之酒」也，「遂幠大東」而云「遂荒大東」也。使今人書之，鮮不以爲病矣，而古人不以爲嫌也。「祖乙圮于耿」即「祖乙起于耿」。

其所以起于耿者，疑祖乙爲河亶甲庶子，故當河亶甲時，已受封于耿。蓋猶微子之封于微也。微子爲紂庶兄，是爲帝乙長庶，殷法立嫡，故不得立而封于微。祖乙於法亦不得立，而是時殷道衰微，河亶甲崩，大臣思得賢君，以爲立嫡不如立賢，於是扳祖乙而立之。殷之爲國，與後世異，遷徙不常。所謂邦畿，初無一定。祖乙既封于耿，即居于耿，非必迎入京師，乃承大統。朝覲歸焉，獄訟歸焉，即爲王天下矣。《史記》云：「祖乙遷于邢。」《索隱》云：「邢音耿。」是邢即耿也。云「遷于邢」者，從其終而言也。河亶甲居相，祖乙居耿，非遷而何？《書》序云「起于耿」者，從其始而言也。祖乙封耿，自居于耿，非由相而之耿，何遷之有？《祖乙》一篇必備載當時之議。其後帝乙之崩，大臣竟不克援，據故事徒守立嫡之説，舍微子而立紂，殷遂以亡。孔子，殷人也，删書而存此篇，其有深意乎？

「子見南子」章釋疑

「子見南子」章孔注云：「舊以南子者，衛靈公夫人，淫亂，而靈公惑之。孔子見之者，欲因以説靈公，使行治道。矢，誓也。子路不説，故夫子誓之。行道既非婦人之事，而弟子不説，與之呪誓，義可疑焉。」愚按：舊説萬不可通。孔子於衛靈公爲際可之仕，而非見行可之仕。是於靈公猶不望以行道，而何況於南子乎？弟子不説，與之呪誓，常人不至此，而謂孔子爲之乎？下文「予所否者」，《史記》「否」作「不」，似是誓辭。然《左傳》所載如「所不與舅氏同心者」，「所不」下有「與舅氏同心」五字；「所不與崔、慶者」，「所不」下有「與崔、慶」三字。今此文「所不」下無一字，則所誓者何事乎？是雖似誓辭，非誓辭也。正義引欒肇曰：「言我之否屈，乃天命所厭也。」此説較勝。而「夫子矢之」句又不可通，故又引蔡謨云：「矢，陳也。夫子爲子路陳天命也。」然則「道之將行也與，命也」，亦是言命；「四時行焉，百物生焉」，亦是言天。何彼不言「夫子矢之」乎？

竊疑「矢」字乃「矧」字之誤。矧，《説文》作「弞」，闕壞其半則爲矢矣。《曲禮篇》「笑不至矧」，《釋文》曰：「一作哂。」然則「夫子弞之」即「夫子哂之」也。子路不説，夫子附之一哂而已，於當日情事自合。其下三言，又夫子所以曉子路也，當從欒説。此「厭」字，漢人舊讀作「壓」。《論衡·問孔篇》解作「天壓殺我」，其義雖非，其音則是也。孔子一生以天自信，「匡人其如予何」「桓魋其如予何」，他人不能違天以害孔子也。「予所否者，天厭之」，孔子亦不能違天以從避世之士也。是故孟子之不見魯平公，人以爲平公不見之也，孟子則曰：「天也。」孔子之見南子，人以爲南子強欲見之也，孔子則曰：「天也。」此聖賢之分位之高也。自「弦」字誤作「矢」，而此義晦矣。或疑《先進篇》作「哂」，此何以作「弦」？不知《論語》用字自不一律，「韞匵」作「匵」，「韞玉毀於櫝中」作「櫝」；「康子饋藥」作「饋」，「歸孔子豚」作「歸」，此類多矣。

「三壽作朋」解

《閟宮篇》「三壽作朋」，毛傳云：「壽，考也。」未審其義。鄭箋云：「三壽，三卿也。」然建國必立三卿，卿之有三，無國無之，何足爲僖公頌？《文選·東京賦》薛綜注曰：「三壽，三老也。言天子尊養此三老者，以教天下之敬。」即引此詩爲證，似較鄭義爲長。余作《羣經平議》從之。然養三老五更於大學，天子之禮，未知諸侯有否。如果有之，則亦典禮之常，不足爲僖公頌也。

今按：此句之義全在「朋」字。「朋」乃古文「鳳」字。許君云：「鳳飛，羣鳥從以萬數，故以爲朋黨字。」「三壽作朋」當極言其多。無論三老、三卿，皆不足以言「朋」也。近人有以上壽、中壽、下壽説此「三壽」者，其説可從。《昭三年左傳》「三老凍餒」，杜注：「謂上壽、中壽、下壽，皆八十以上。」孔疏申其義云：「上壽，百年以上；中壽，九十以上；下壽，八十以上。」若然，則國之三老亦甚寥寥矣。《僖三十有三年傳》「中壽」，杜無注，孔疏云：「上壽百二十歲，中壽百，下壽八十。」則更爲違舛。秦穆之意以爲，爾若中壽而死，則墓木拱矣；幸中壽不死，故至今尚在。度蹇叔是時不過七八十歲，所謂中壽，必尚未及七八十，乃以百歲解之，豈蹇叔已爲百歲以上之人乎？愚謂「三壽」明文具在《曲禮》。《曲禮》云：「六十曰耆，七十曰老，八十、九十曰耄。」此即三老也。耆、耄並從老，一居老前，一次老後，明皆老也，是爲三老，亦爲三壽。《曲禮》别本有作「八十曰耋，九十曰耄」者，則老有四矣。陸《釋文》、孔正義均不從是本，洵有見也。耋之名本無專屬，或言七十，或言八十，實皆不然。耋但言老耳，《詩》云「逝者其耋」，言將老也；「逝者其亡」，言將死也。若以耋爲八十，則當以亡年爲幾歲乎？是故《曲禮》曰耆、曰老、曰耄，正三老之明文。其百歲以上不與者，蓋百歲以上之人古亦稀有，制禮者之所不及。《鄉飲酒義》曰：「六十者三豆，七十者四豆，八十者五豆，九十者六豆。」不言百歲，即其證也。

又云：「六十者坐，五十者立侍。」則可知言老必從六十始矣。上壽、中壽、下壽既定，可以説《左傳》之「三老」，即可以説《毛詩》之「三壽」。時和歲稔，人民繁育，則壽者必多。此三等老人播滿國中，如羣鳥從鳳之以萬計，此誠國家之盛瑞，詩人所以爲僖公頌也。國朝三舉千叟宴：第一次，康熙癸巳，凡一千九百餘人；第二次，乾隆乙巳，凡三千九百餘人；第三次，嘉慶丙辰，凡五千九百餘人，年皆六十以上，適符古制，黄髮鮐背麕集殿廷。《詩》所謂「三壽作朋」者，直至我朝而後有之，洵前古未有之盛也。

「耍」字形聲考

《清異録》載：「劉鋹在國，令宫人鬬花，負者獻耍金耍銀買燕。」此「耍」字見記載之始。宋洪邁《容齋四筆》云：「近世風俗相尚，公私宴集，皆爲耍曲耍舞，如《渤海樂》之類。」則「耍」字在宋時已爲常語。國朝褚人穫《堅瓠集》載元人《罷耍詞》云：「罷罷耍耍，到頭來都是假。」則今人讀此字正與之合，蓋亦五代以來相承之舊讀也。此字不見字書，愚謂即「叔孫婼」之「婼」。《昭七年左傳》「叔孫婼」，《公羊傳》作「叔孫舍」，「婼」音轉爲「舍」，故得轉爲「耍」矣。婼，從女，若聲。「若」與「而」本一聲之轉，古字相通。《周官・旅師職》鄭注曰「而讀爲若」，是其證也。

婼從若聲，故或從而聲。《玉篇·女部》：「㛔，日之切。㛔媢也。」即婼之或體也。㛔從而，故有「日之切」之音。《漢·西域傳》「婼羌」，孟康曰「婼音兒」，則「婼」亦得從而聲讀矣。以此互證，「婼」「㛔」實爲一字，其本字爲「婼」，其或體爲「㛔」，其變體爲「耍」。「耍」之與「㛔」，形聲移易，非有異也。《説文》「婼」訓「不順」，其字從若，疑當訓「順」，段氏玉裁已疑之矣。《玉篇》「㛔媢」之訓與順義相近。五代以來所用「耍」字，則又「㛔媢」之引申義也。

經課續編卷四

「天際翔也」解

愚作《羣經平議》，於此句止用「翔」字本義，申明王輔嗣注義而已。今思王注未是，則愚説「翔」字亦無當也。「翔」字古本作「祥」。《集解》引孟喜曰「天降下惡祥也」，以祥爲惡祥，殊非達詁。鄭讀「際」爲「瘵」，更爲不辭。古祥、翔通，《堯廟碑》「翔風膏雨」是其證。此字雖古有作「祥」之本，仍當從王輔嗣本作「翔」。但王注泥於爻義之凶，而有「翳光最甚」之説，竊謂非也。程傳云：「若飛翔於天際，謂其高大之甚。」此説轉得傳意，不得以其淺近而廢之。古人形容宫室之高，往往以鳥之飛翔爲比。《斯干篇》「如翬斯飛」即其濫觴。《西都賦》云：「排飛闥而上出，若游目於天表。」即可爲此句作注。

惟此爻此傳之義自來失之。竊謂此爻與《明夷》上六同。《明夷》與《豐》止六四、九四兩爻之異，餘爻皆同，故上六爻義可以參觀：《明夷》上六「初登于天」，猶《豐》上六「豐其屋」也；《明夷》上六「後入于地」，猶《豐》上六「蔀其家」也。「蔀其家」，故「窺其户，闃其无人」矣。「初登于天」，傳釋之曰：「照四國也。」「豐其屋」，傳釋之曰：「天際翔也。」皆極言其善。「後入于地」，傳曰：「失則也。」「闚其户，闃其无人」，傳曰：「自藏也。」乃始極言其不善。「自藏也」者，即「入于地」也。「豐」本美名，有「豐美」之義。上六居卦之極，豫大豐亨，蔑以加矣，故云「天際翔也」，正與「初登于天」同。乃久據豐盈，易萌驕侈，無闢門明目之宏規，有稱朕不聞聲之謬見。於是深蔀其家，馴至闃户無人，堂高廉遠，上下相蒙，而禍敗之來，不旋踵矣。故傳曰：「自藏也。」《釋文》曰：「藏，衆家作『戕』。馬、王肅云：『殘也。』鄭云：『傷也。』」皆以「戕」字解之。所以自藏者，適以自戕歟？然讀「藏」爲「戕」則可；讀「際」爲「瘵」，訓「祥」爲「惡祥」則不可。愚以《明夷》上六説《豐》上六，「天際祥也」即「初登于天」也，「自藏也」即「後入于地」也，而此爻之義明矣。

「先後迷民」解

《尚書·梓材篇》：「皇天既付中國民越厥疆土于先王句，肆王惟德句，用和懌先後迷民句，用懌先王受命句。」此節經文舊讀有誤，蔡傳及國朝王氏《述聞》已訂正矣。惟「先後迷民」未得其解，枚傳曰：「今王惟用德，和悦先後天下迷愚之民。先後謂教訓。」正義引《詩》云「予曰有先後」，證成其義。然「先後」果謂「教訓」，則可包於「和懌」二字之中，不必别出矣。

愚謂「先後」當作「先后」，「先后」與「先王」並稱，亦猶《盤庚》中篇既言「先王」又言「先后」「先神后」也。后、後二字古本通用。《儀禮・鄉射禮篇》「而后下射射」，《禮記・大學篇》「知止而后有定」，如此之類，不可勝數。然假「后」爲「後」者多，假「後」爲「后」者則未之見。此文以「後」爲「后」，或爲假借，或以聲近而誤也。先后、先王，散文則通，對文則宜有别。竊謂先后者，文王也；先王者，武王也。據《爾雅》，皇、王、后、辟並爲君稱。然「后」字始見於《堯典》，曰「班瑞于羣后」，曰「羣后四朝」，則「后」爲諸侯之稱，由來久矣。《詩・文王有聲篇》三章、四章並曰「王后烝哉」，五章、六章並曰「皇王烝哉」，説者以王后爲文王，皇王爲武王。蓋文王雖受命稱王，而未有天下，其名王，其實后也，故曰「王后」。武王已有天下而爲天子，則今之王，古之皇也，故曰「皇王」。此經稱文王爲「先后」，稱武王爲「先王」，亦猶《詩》以「王后」稱文王，以「皇王」稱武王矣。「迷民」者，文王時有之，武王時無之。《周易》坤爲民，文王於《坤・彖辭》曰：「先迷後得。」孔子釋之曰：「先迷失道，後順得常。」是知民欲其順，不順則迷。文王時三分天下有其二。鄭康成謂「雍、梁、荆、豫、徐、楊之人咸被其德而從之」，則屬殷紂者尚有青、兖、冀三州。彼六州之民已順矣，此三州之民則猶迷也，故曰「迷民」。及武王有天下，九州咸附，迷者不迷矣。然歸附較後，安輯爲難。今王必以德和懌文王時之迷民，然能〔一〕能懌武王所受之命，故曰「用和懌先后迷民，用懌先王受命」也。

「父義和」解

周自厲王有流彘之禍，而周公、召公二相行政，號曰「共和」。及幽王有驪山之禍，平王東遷，晉、鄭焉依，於是襲「共和」之號，號曰「義和」。共和者，《史記正義》引韋昭注曰「公卿相與和而修政事」也。「義和」者，《史記集解》引馬融曰「能以義和我諸侯」也。蓋嘉其丕績，錫以美名，「共和」「義和」，實同一律。惟「共和」之號明載《史記》，而「義和」之號不著。《書》則有之，《文侯之命篇》「王若曰：父義和」是也。鄭解「義和」不從馬説，以爲是晉文侯之字，讀「義」爲「儀」。「儀」「仇」皆訓「匹」，故名仇字儀。然則「和」字何施焉？枚氏襲鄭而小變之，但曰「義

〔一〕能，疑當爲「後」。

和，字也」，不爲之説，義固可通矣。然《史記·晉世家》載晉文公事，「天子使王子虎命晉侯爲伯」，其文亦云「王若曰：父義和」。豈晉文侯仇字義和，晉文公重耳亦字義和乎？決其必不然矣。

愚按：《左傳》曰：「鄭伯傅王，用平禮也。」杜注曰：「以周平王享晉文侯〔一〕之禮享晉侯。」然後知當日襄王以子帶之亂蒙塵於鄭，鄭君臣省視官、具，頗盡臣職。其後晉文公以師圍温逆王，而後王得入於王城。襄王以爲此一事也，深得晉鄭之力，亦如平王之初，惟晉鄭是依而已。故享晉侯即以鄭伯爲傅，仍用平王時故事，號之曰「義和」。此晉文公所以亦有「父義和」之稱也。「共和」之稱，周、召共之；「義和」之稱，疑亦晉、鄭共之。但晉著而鄭不著耳。馬説「義和」或亦自古相傳之説，愚則參用鄭説，「義」讀爲「儀」，儀者，匹也。晉、鄭稱「儀和」，猶周、召稱「共和」耳。古事無徵，幸有《左傳》「鄭伯傅王，用平禮也」二語，猶可推測而知之，故竊著其説如此。

〔一〕「侯」下《春秋左傳正義》有「仇」字。

「齊后善歌」解

《文選》陸士衡《吴趨行》李善注引《孟子》「齊右善歌」，茶陵本及尤延之本皆同，而吴郡袁氏本則作「齊后」，胡氏《考異》謂作「后」者是。又陳琳《爲曹洪與文帝書》李注引《孟子》「齊女善歌」，尤本如是，袁本及茶陵本則作「齊右」，《考異》謂「女」字非也。

愚謂《孟子》此文有作「右」、作「女」之異。作「右」者，趙岐注本也；作「女」者，劉熙、綦母邃等注本也。若作「后」者，則直是《選》注之誤本耳。《吴趨行》云：「楚妃且勿歎，齊娥且莫謳。」李注本云：「楚妃，樊姬。齊娥，齊女也。」引《孟子》「昔緜駒處高唐，而齊女善歌」、《方言》曰「秦晉之間，美貌謂之娥」。蓋以《孟子》本文是「齊女」，而陸詩稱爲「齊娥」，故引《方言》，以明女之得稱「娥」也。

若本文是「齊后」，而陸詩稱爲「齊娥」，注家申其義，似當引漢制娙娥，以明后妃得有「娥」稱，不得僅以美貌爲「娥」一語了之也。且齊娥是齊女，即用《孟子》文，不必更求其人以實之。若是「齊后」，則「齊后」何人哉？不得不求其人矣。齊自威王始稱王，威王以前無齊王，即無齊后。所云「齊后」，非威王后即宣王后矣。而威、宣兩王皆髡之所親事，豈得謂昔者乎？且威王妃虞涓之、宣王后鍾離春皆有賢行，而鍾離春又以醜女稱，並見《列女傳》。是威、宣兩王之後宮無以善歌聞於時者，髡何得虛稱欺孟子乎？是故作「后」之本萬不可通。若作「右」、作「女」則不妨並存。「齊右」者，以地言也；「齊女」者，以人言也。《詩》稱「齊娥」，注引《孟子》「齊女」之文以説之，學者習見。趙岐本作「齊右」，輒改「齊女」爲「齊右」，則與《詩》中「齊娥」不合。後人因其形聲之近似，臆改作「后」耳。或疑古本止是「齊右」，無「齊女」之本，然則陸士衡所謂「齊娥」者何指乎？故「齊后」之本，愚決其必無，而「齊女」之本又以爲固有也。

「吾未嘗無悔焉」解

《論語·述而篇》：「自行束脩以上，吾未嘗無誨焉。」孔曰：「言人能奉禮，自行束脩以上，則皆教誨之。」《釋文》曰：「魯讀誨爲悔，今從古。」此章「誨」字從古讀則爲「教誨」之「誨」，從魯讀則爲「悔恨」之「悔」。説者謂聖人必無可悔恨之事，故皆從古作「誨」。愚謂作「誨」者不可通也，下章明言：「不憤不啟，不悱不發，舉一隅不以三隅反，則不復也。」是孔子於人固有不誨者矣。若云「未嘗無誨」，則人苟以束脩之禮來，必當有以誨之，豈當問其憤與不憤、悱與不悱、反

與不反乎？且如是，則是以道市也。《北史》稱劉炫博學，「無能出其右。然懷抱不曠，又嗇於

財。不行束脩，未嘗有所教誨，時人以此少之」。夫同此一事，在孔子行之，則爲聖人；在後人行之，則遂爲清議所短，有是理乎？是故此章宜從魯讀。

欲明此章之義，先定「束脩」之說。解「束脩」者或以爲束帶脩飾，或以爲年十五以上，義皆未安，自以孔疏爲正。疏曰：「書傳言束脩皆謂十脡脯也。古者持束脩以爲禮。然此是禮之薄者，其厚者則有玉帛之屬，故云『以上』以包之也。」孔氏此疏甚爲分明。惟從古讀，則此束脩是他人行於孔子者；從魯讀，則此束脩是孔子行於他人者。故曰「自行束脩以上」，明行於人，非受於人也。「以上」二字所包者廣，非止玉帛。《曲禮》所謂「獻車馬」「獻田宅」，皆可以是包之。孔子此言蓋示人以精義之學也。《孟子》曰：「非其義也，非其道也，一介不以與人，一介不以取諸人。」蓋義必極之，一介之取、一介之與，而後爲充類至義之盡，一介之取與偶有未當，即不得謂之義矣。《孟子》又言：「非其道，則一簞食不可受於人。」此以受者言也。若以施者言，則雖一簞之食亦不可妄施矣。孔子雖聖人，然自言「七十而從心所欲，不踰矩」，則未七十以前，未敢自信其矩之不踰也。故尋常交際之事，或輕或重，或厚或薄，在當時不自覺，事後思之，往往有不慊於心者。即如子華使齊，冉子請粟，子曰：「與之釜。」請益。曰：「與之庾。」使

此粟而當與、當益歟？不應待冉子之請；使此粟而不當與、不當益歟？不應徇冉子之請。且既與之，又益之，果有可益之義，則先與之釜，不已輕乎？若無可益之義，則後與之庾，不已重乎？他如遇舊館人之喪而脱驂，遭程本子於塗而贈以束帛十匹，彼時弟子皆不免有違言，雖孔子處此固自有説，然異時思之，或亦未必豪髮無憾乎？且程子一事，孔子固自言「小德出入」，則於義固未盡密合矣。故曰：「自行束脩以上，未嘗無悔。」此必「七十從心不踰矩」之後始爲此言。以今之無悔，而歎昔之未嘗無悔，因借己以勉人，使人知精義之難也。蓋孔子教人，每以謙詞出之，如「德之不修，學之不講，聞義不能徙，不善不能改」皆是也。如謂孔子大聖，不當有所悔恨，則豈有聖如孔子而德不修、學不講者乎？愚爲此説，以發明魯讀，且以明古讀之非，勿使後之陋儒借孔子之言而開影質之風也。

其二

魯讀「誨」爲「悔」，余既發明其義矣。既而思之，又得一説焉。魯讀爲「悔」者，實讀爲「賄」也。《儀禮·聘禮篇》「賄，在聘于賄」，古文「賄」皆作「悔」，是古人書「賄」字多作「悔」字。此讀爲「悔」，即讀爲「賄」矣。今人視「賄」「悔」二字迥然不同，古人則習用而不察，「賄」「悔」不分，故不作「賄」而作「悔」也。《聘禮》「大夫賄用束紡」，鄭注曰：「賄，予人財之言也。」疏云：「案下記『賄，在聘于賄』，又云『無行則重賄反幣』。鄭注《周禮》云：『布帛曰賄。』是賄爲財物，是與人財物謂之賄也。」據此，知古人行禮用財皆謂之「賄」。賄亦行禮之事，非如今人專作賄賂解也。鄭解「賄，在聘于賄」曰：「賄，財也。于，讀曰爲。言主國禮賓，當視賓之聘禮而爲之財也。賓客者，主人所欲豐也。若苟豐之，是又傷財也。《周禮》曰：『凡諸侯之交，各稱其邦而爲之幣，以其幣爲之禮。』」是知行賄必宜相稱。子曰：「自行束脩以上，吾未嘗無賄焉。」蓋示人以交際之道也。言人苟行十脡之脯於我，我必有以賄之。束脩以上來者較重，賄之亦必較重，亦《聘禮》「在聘于賄」之義也。因古字作「悔」，後人遂失其解。《一切經音義》曰：「賄，古文晦。」同是古文，「賄」字有從每者，亦可見「賄」「悔」之通矣。

四靈分配四時說

麟、鳳、龜、龍謂之四靈，分配四時自宜依《月令》爲說：春，「其蟲鱗」，而龍，鱗蟲之長也，則龍東方也；夏，「其蟲羽」，而鳳，羽蟲之長也，則鳳南方也；秋，「其蟲毛」，而麟，毛蟲之長也，則麟西方也；冬，「其蟲介」，而龜，介蟲之長也，則龜北方也。乃諸家所說往往不同：麟屬西方，又屬中央，又屬東方；鳳屬南方，又屬中央；龜屬北方，又屬東方；龍屬東方，而又屬天。《曲禮》正義以爲「取象既多，理非一概。煩而無用，故不備言」，是孔氏亦深苦其煩矣。

愚謂四方宜有專屬，而方位有五，靈則惟四，中央一方或容四者迭居，故惟麟、龜之兼屬東方，未詳何義。若麟、鳳兼屬中央，則可得而言。即龍兼屬天，而正義引「皇之不極」爲證，則所謂屬天者即屬中央也，亦可得而言。蓋五方本按五行，五行本按五德。古之王者，五德代興，疑王者以某德王，即以其當方之獸爲中央之獸。殷人尚白，以金德王，則移西方之麟於中央；周人尚赤，以火德王，則移南方之鳳於中央，此麟、鳳之所以有時而屬中央也。殷移麟於中央，西方空位，以白虎代之；周移鳳於中央，南方空位，以朱雀代之。《曲禮》云「左青龍而右白虎，前朱雀而後玄武」，是其證也。夏后氏尚黑，以水德王，則宜移北方之龜於中央。雖傳説無文，可以意定。北方空位，代之者其蛇乎？古人以龜、蛇二物並象營室北方宿，其以此也。以此推之，王者以木德王，則宜移東方之龍於中央，戊爲中宫，而其字有五龍拘絞之象，亦可爲龍屬中央之證矣。東方空位，或取日月代明之義，以西方之麟代之，而西方則虎矣；或取營室連東壁爲體之義，以北方之龜代之，而北方則蛇矣，此麟、龜所以有時而屬東方乎？孔子曰「鳳鳥不至」，歎周家火德之衰也。及《春秋》成，而西狩獲麟。《春秋》變周之文，從殷之質。麟固殷獸也，故文成而麟至矣。

「十二食」「十二衣」解

《禮記・禮運篇》：「五味六和十二食，五色六章十二衣。」鄭注於「十二食」「十二衣」均無説。疏云：「食與衣服，惟有四時之異。此云十二食、十二衣，似月各别衣食者。熊氏云：『此是異代之法。』或則每時三月衣食雖同，大總言之，一歲之中，有十二月之異，故總云『十二』也。」

按：《禮》之所陳，大都三代之制。《月令》「春衣青」之類，鄭已云是殷制，則此又是何代之制乎？熊説殊無依據。至衣、食各有十二，分别甚詳，乃云是「大總言之」，義更違矣。愚謂上衣、下裳雖有專稱，而衣爲大名，亦得統稱。《詩・素冠篇》「庶見素衣兮」，箋云：「謂素裳也。」疏云：「裳而言衣，衣是大名。《曲禮》『兩手摳衣』，謂摳裳緝也，是裳得稱衣。」《爾雅・釋水篇》：「揭者，揭衣也。」郭注曰：「謂褰裳也。」疏云：「對文言之，則在上曰衣，在下曰裳；散而言之則通。」又云「以衣涉水爲厲」，注云：「衣謂褌。」褌亦得稱衣，益可徵衣爲大名矣。《玉藻篇》「衣正色，裳閒色」，鄭注曰：「謂冕服，玄上纁下。」夫使記人果欲明玄上纁下之制，則云「衣以玄，裳以纁」，豈不令人易曉，乃必爲此廋詞乎？疏引皇氏云：「正謂青、赤、黄、白、黑，五方正色也。不正，謂五方閒色也，緑、紅、碧、紫、駵黄是也。青是東方正，緑是東方閒。赤是南方正，紅是南方閒。白是西方正，碧是西方閒。黑是北方正，紫是北方閒。黃是中央正，騮黃〔一〕是中央閒。」

按：皇氏此説隱破鄭義，愚即以此義説「十二衣」。衣者，統衣裳而言也。《月令》惟四仲之月，天子居大廟，餘月皆居左右个。「个」即古「介」字。青陽左个，介冬春閒也；青陽右个，介春夏閒也，餘皆以此推之。孟春之月，天子居青陽左个，介冬春之閒，故其衣以青，而其裳以紫；季春之月，天子居青陽右个，介春夏之閒，故其衣以青，而其裳則以緑；孟夏之月，天子居明堂左个，介春夏之閒，故其衣以赤，而其裳仍以緑；季夏之月，天子居明堂右个，介夏秋之閒，故其衣以赤，而其裳則以紅；孟秋之月，天子居總章左个，介夏秋之閒，故其衣以白，而其裳仍以紅；季秋之月，天子居總章右个，介秋冬之閒，故其衣以白，而其裳則以碧；孟冬之月，天子居玄堂左个，介秋冬之閒，故其衣以黑，而其裳仍以碧；季冬之月，天子居玄堂右个，介冬春之閒，故其衣以黑，而其裳則以紫。惟四正之月，用其正色，衣、裳皆同。春則青衣青裳，夏則赤衣赤裳，秋則白衣白裳，冬則黑衣黑裳。故以衣言之，其色有四；以裳言之，其色有八；

〔一〕黃，原缺，據《禮記正義》補。

合衣裳言之，一歲凡十二變，故衣有十二也。推之於食，亦復如是。《月令》云：「凡和，春多酸，夏多苦，秋多辛，冬多鹹。」然則所謂春酸、夏苦、秋辛、冬鹹，亦止從其多者耳，非必不可參以他味也。口之於味，豈能驟然變易？使孟冬之朔，即易鹹以酸；孟夏之朔，即易酸以苦；孟秋之朔，即易苦以辛；孟冬之朔，即易辛以鹹。不獨不適於口，且變易太驟，脾胃未習，或致成疾，非以養生，適以害生矣。是故孟春之月，雖以酸爲主，而仍以鹹參之；季春之月，雖以酸爲主，而已以苦參之；孟夏之月，雖以苦爲主，而仍以酸參之；季夏之月，雖以苦爲主，而已以辛參之；孟秋之月，雖以辛爲主，而仍以苦參之；季秋之月，雖以辛爲主，而已以鹹參之；孟冬之月，雖以鹹爲主，而仍以辛參之；季冬之月，雖以鹹爲主，而已以酸參之。如此則四正之月食其正味，自無不宜矣。一歲之中，飲食亦十二變，故食亦有十二也。愚因鄭君無注，故竊爲此說。惟《月令》尚有「中央土，其味甘，其衣黄」，則何說以處之？曰：中央土，寄王四時，皆以戊日、己日，所謂「其日戊己」也。余有《十二支説》，存《賓萌集》中，詳言之矣。每三月之中，戊日九，己日九，其大概然也。古聖人即以此爲土寄王之日，衣食皆準之，則止一日之事，不必以漸而移。故記文止言十二食、十二衣，而中央之甘與黄固不數也。

「寘彼周行」解

《襄十五年左傳》引《詩》曰：「『嗟我懷人，寘彼周行。』能官人也。王及公、侯、伯、子、男，采、衞大夫，各居其列，所謂周行也。」於是《卷耳篇》毛傳亦宗其説，訓「周行」爲「周之列位」。至《鹿鳴篇》「人之好我，示我周行」，又不用《左傳》義，而訓「周行」爲「至道」。《大東篇》：「佻佻公子，行彼周行。」傳曰：「佻佻，獨行貌。」不釋「周行」，不知毛意云何。鄭箋則三「周行」皆依《左傳》説之。

愚謂《左傳》晚出，且其引《詩》多斷章取義，未必得詩人本旨也。説此詩者，當先正序文之誤。序云：「《卷耳》，后妃之志也。又當輔佐君子，求賢審官，知臣下之勤勞。内有進賢之志，而無險詖私謁之心，朝夕思念，至於憂勤也。」此序「又」字前無所承，殊無意義。正義謂繫前篇而言，然則自《關雎》以下諸篇無不言后妃，並是一人之事，何不悉加「又」字以爲亞次乎？竊謂傳寫顛倒耳。序文本云：「《卷耳》，后妃之志也。内有進賢之志，而無險詖私謁之心。又當輔佐君子，求賢審官，知臣下之勤勞，朝夕思念，至於憂勤也。」如是，則此詩全篇之意皆明白矣。下三章「陟彼崔嵬」等句皆是知臣下之勤勞。「不永懷」「不永傷」，正以思念憂勤而姑自解之。

末章「云何吁矣」，見終不能解也。至首章之義，《荀子》曰：「卷耳易得也，頃筐易滿也。」「采采卷耳，不盈頃筐」，見求才之難，序所謂「内有進賢之志」也。下二句見后妃「無險詖私謁之心」。「私謁」者，正義謂：「婦人有寵，多私薦親戚。」然則「嗟我懷人」正指其親戚而言。「曰我懷人」，親之之辭，若泛指賢人，不太暱乎？「寘彼周行」，「寘」當作「示」。《鹿鳴篇》「示我周行」，鄭箋讀「示」爲「寘」，竊謂讀彼「示」爲「寘」，不如讀此「寘」爲「示」也。「嗟我懷人，示彼周行」，言我所懷思之兄弟婚姻，我惟示之以至道而已，序所謂「無險詖私謁之心」也。毛於《鹿鳴篇》訓「周行」爲「至道」，可通於此篇。此篇「寘彼周行」與彼篇「示我周行」實同一義。寘、示古通用字。此就我所懷之人而言，由我示彼也，故曰「示彼周行」；彼就人之好我而言，由人示我也，故曰「示我周行」，「周行」並言至道也。至《大東篇》之「周行」，毛雖無傳，然既解「佻佻」爲「獨行貌」，則此「周行」不應作「至道」解，亦不得言「周之列位」，殆與周道同義乎？《詩》無達詁，固不得并爲一談矣。

《周易》「周」字是否代名説

《易》之稱「周」也，别於二代之《易》，猶《書》稱《周書》，别於《虞書》《夏書》《商書》；《頌》稱

《周頌》，别於《魯頌》《商頌》，無他義也。《周官·大卜》：「掌《三易》之法，一曰《連山》，二曰《歸藏》，三曰《周易》。」鄭注云：「易者，揲蓍變易之數，可占者也。名曰『連山』，似山出内氣變也。歸藏者，萬物莫不歸而藏於其中。」不説「周易」之義，以「周」爲代名，人所共曉，「易」字則已於「三易」句解訖矣。是鄭君於《周易》無異説也。賈公彦作疏則云：「鄭雖不解《周易》，《連山》《歸藏》皆不言地號，以義名《易》，則周非地號，以《周易》以純乾爲首，乾爲天，天能周币於四時，故名《易》爲『周』也。」此賈氏自以意説之，因鄭不解「周易」而爲此説，明非鄭義。乃孔穎達《周易正義》論三代《易》名引鄭康成《易贊》及《易論》云：「夏曰《連山》，殷曰《歸藏》，周曰《周易》。」按《周禮》注但云：「杜子春云：『《連山》宓戲，《歸藏》黄帝。』」不下己意。其荅趙商云：「且從子春，近師皆以爲夏殷。」然則夏殷之説，鄭亦不甚深信，故注《周禮》止引杜説，而《易贊》及《易論》竟直斷爲夏殷，此已可疑。孔又曰：「鄭又釋云：『《連山》者，象山之出雲，連連不已。《歸藏》者，萬物莫不歸藏於其中。《周易》者，言易道周普無所不備。』」此疑鄭門弟子附益之説，非鄭義也。

夫周爲代名，昭然無疑，鄭君大儒不應爲此妄説。孔子作傳，言《易》者屢矣，未嘗一言《周易》，如云「《易》之爲書也」，「昔者聖人之作《易》也」。使周非代名，豈得去「周」而專言《易》

乎？孔子曰：「加我數年，五十以學《易》。」又曰：「絜静精微，《易》教也。」並言《易》不言「周」，孔氏之門無言《周易》者。《左傳》則有之：《莊二十二年傳》：「周史有以《周易》見陳侯者。」《昭五年傳》：「莊叔以《周易》筮之。」蓋三代筮法不同，此用周法，故言《周易》也。《宣六〔一〕年傳》「其在《周易》《豐》之《離》」，又《十二〔二〕年傳》「《周易》有之，在《師》之《臨》」，《昭二十九年傳》「《周易》有之，在《乾》之《姤》」。此非筮而亦言周者，以周用變者爲占有之卦，夏商《易》無之卦，故必言周也。《漢書·藝文志》：「《易經》十二篇，施、孟、梁丘三家。」可知施、孟、梁丘本止題《易》，而不題《周易》，古經師舊本如此也。蓍龜家則有《周易》三十八卷，《周易明堂》二十六卷，《周易隨曲射匿》五十卷，蓋卜史之流，襍用古法，此則出於《周易》，故題「周」以別之，亦猶云「《夏龜》二十六卷」，用夏法稱夏，用周法稱周，正一例也。《易緯乾鑿度》云：「『易』一名而含三義，所謂易也，變易也，不易也。」鄭康成依此作《易贊》及《易論》云：「『易』一名而含三義。易簡一也，變易二也，不易三也。」並見孔正義所引。是鄭於《易贊》《易論》止説「易」字，不

〔一〕六，原訛「七」，據《左傳》改。
〔二〕十二，原訛「十」，據《左傳》改。

説「周」字，「周」爲代名而無意義，從可知矣。故周普之説，非鄭義也。

《史記》以《出車》《六月》爲襄王時詩説

太史公於《詩》《書》頗多載異説。《書》序曰：「盤庚五遷，將治亳殷，民咨胥怨，作《盤庚》三篇。」是《盤庚》之作，即作於盤庚時也。《殷本紀》云：「帝盤庚崩，弟小辛立。殷復衰，百姓思盤庚，迺作《盤庚》三篇。」則以《盤庚》爲作於小辛時矣。《詩》序曰：「文王以天子之命，命將率遣戍役以守衛中國，故歌《采薇》以遣之，《出車》以勞還，《杕杜》以勤歸也。」是《出車》文王時詩也。又曰：「《六月》，宣王北伐也。」是《六月》宣王時詩也。《匈奴傳》云：周襄王時，「戎狄或居於陸渾，東至於衛，侵盗暴虐中國。中國疾之，故詩人歌之曰『戎狄是膺』，『薄伐獫狁，至于大原』，『出輿彭彭，城彼朔方』」。按：「薄伐」二句見《六月篇》，「出輿」二句見《出車篇》，是以此二篇爲襄王時詩也。其傳説之異，殆亦别有所本乎？

詩之作於何代何人，本無主名可考。《常棣》一篇，周公所作，而《僖二十四年左傳》則云「召穆公思周德之不類，故糾合宗族于成周，而作詩曰『常棣之華，鄂不韡韡』云云」，則以此詩爲召穆公作，在厲王之時，去周初遠矣。鄭答趙商云：「凡賦詩者，或造篇，或誦古。」鄭意以召穆公是誦古，非造篇。然傳明言「作詩」，作詩即造篇也，不得云「誦古」矣。太史公《十二諸侯年表》序曰：「周道缺而《關雎》作。」王伯厚《困學紀聞》引之，且引晁景迂曰：「齊、魯、韓三家以《關雎》《葛覃》《卷耳》《鵲巢》《采蘩》《采蘋》《騶虞》《鹿鳴》《四牡》《皇皇者華》之類皆爲康王時詩，《王風》爲魯詩。」然則詩之異説蓋甚多矣。且詩固有歌詠古事者，如《七月》一篇所詠皆豳國之俗，而詩固周公所爲也；《生民篇》詠后稷之事，《公劉篇》詠公劉之事，皆後人追爲之。然則詩人生襄王時，目覩戎狄之患，追念周初文王及中興時宣王，爲之歌詠其事，攄懷舊之蓄念，發思古之幽情。嗚呼！用意深矣。《楚茨》《信南山》《甫田》《大田》四篇並是刺幽王之詩，而詩無一語及幽王，但追述古昔田野之豐饒，祭祀之美盛，序所謂「傷今思古」也。唐詩云：「白頭宮女在，閒坐説玄宗。」千古詩人，有同慨矣。愚謂此等詩正當存此異説，使人尋繹其言外之意，不得執康成《詩譜》以繩之也。惟「戎狄是膺」乃《魯頌》文，似不當牽連及之。愚疑此句乃「薄伐西戎」之異文。三家詩當有作「赫赫南仲，戎狄是膺」者，「膺」字與上「蟲、螽、忡、降」爲韻，「膺」與「應」同聲。《蒙・象傳》：「『蒙，亨』，以亨行，時中也。『匪我求童蒙，童蒙求我』，志應也。」《比・象傳》：「『原筮，元永貞，无咎』，以剛中也。『不寧方來』，上下應也。」「應」字可與「中」爲韻，則「膺」字亦可與「蟲、螽、忡、降」爲韻。孔氏廣森《詩聲類》以冬韻與侵、烝韻通用，固塙有見矣。

「禘」説

「或問禘之説。子曰：『不知也。』」自孔子以「不知」謝「或問」，而禘之説遂不明於後世。禮家聚訟，而禘尤甚。愚嘗以字義求之：「禘」字從示從帝，疑古制禘字實爲祭五帝之專名。《周禮》雖以昊天上帝與五帝並言，然析言之，則昊天止稱天而五帝止稱帝，故「禘」字從帝，爲祀五帝而制也。《禮記·大傳》云：「王者禘其祖之所自出，以其祖配之。」鄭注曰：「王者之先〔一〕，皆感大微五帝之精以生，蒼則靈威仰，赤則赤熛怒，黄則含樞紐，白則白招拒，黑則汁光紀，皆用正歲之正月郊祭之。」此説精不可易，不得以其出於緯書而廢之。夫記文不言王者祭其始祖之祖，而言祭其祖之所自出。尋繹「所自出」之文，可知其非祖也。如王肅之説謂：「虞氏之祖出於黄帝，以祖顓頊配黄帝而祭。」此説於理難通。黄帝也，顓頊也，皆祖也，安得強截顓頊一代爲祖，而以黄帝爲所自出乎？且黄帝者，少典之子。《史記索隱》謂少典是國號而非

〔一〕《禮記正義》「先」下有「祖」字。

人名，黄帝是少典氏後代之子。然則自黄帝而上推之，其所出正自無窮，又安得奉黄帝所自出，而其前皆擯而不數，黄帝豈生於空桑者乎？是故鄭注萬不可易。後儒誠不信緯書，則當削去「靈威仰」諸名，而爲之説曰：「王者五德代興，以木德王，則東方青帝爲祖之所自出；以火德王，則南方赤帝爲祖之所自出；以金德王，則西方白帝爲祖之所自出；以水德王，則北方黑帝爲祖之所自出；以土德王，則中央黄帝爲祖之所自出。」如是，則其文雅馴，當爲儒者所許矣。

孔子以「不知」謝「或問」，孔注「爲魯諱」，非也。蓋推五德所自出，於理實有難言。又云：「知其説者之於天下也，其如示諸斯乎？」此亦非虚言也。古王者之興，各視其所以王之德，改正朔，易服色，制禮作樂，及政治所尚，無不由之，故知其所自出猶示諸掌矣。後世王天下者，皆不能知此。漢則始尚黄，繼尚赤，一代而分土、火二德。唐以後更不足言，唐尊老子，宋奉玄壇，幾同兒戲矣。禘之言諦也，謂必審諦之，無誤其所自出也。於是五年殷祭，亦謂之禘。審定昭穆，有諦義也。《詩》序曰：「《雝》，禘大祖也。」此殷祭之禘也。又因五帝之禘而推之，圜丘亦謂之禘，《祭法篇》鄭注曰「此禘謂祭昊天於圜丘」是也。又因殷祭之禘而推之，則三年喪畢之祭亦謂之禘，《周官・鬯人職》注所謂「始禘」是也。并祭感生帝之禘，遂有四禘。原其始，則止有一禘，禘五帝而已，故禘字從示從帝也。若時祭之禘，鄭君疑是夏殷之制。愚則竟從

《郊特牲》鄭注曰：「此禘當爲禴，字之誤也。」可弗論矣。

「丈夫之冠也父命之」説

鄭君注《禮》，有於義未安而竟改其字者，如《郊特牲》之「禘」，鄭則以爲「禴」也；《内則》之「濫」，鄭則以爲「涼」也；《禮器》之「奧」，鄭則以爲「爨」也；《大學》之「命」，鄭則以爲「慢」也；《媒氏》之「純帛」，鄭則以爲「緇帛」也；《司尊彝》之「蜼彝」，鄭則以爲「虺彝」或「隼彝」也。

怛竊亦此以説《孟子》「丈夫之冠」。《孟子》曰：「丈夫之冠也，父命之；女子之嫁也，母命之。」然《士冠禮》實無「父命」之文，近人或爲之説曰：「父命即託之於賓，賓有三加祝辭，又有醴辭、字辭。蓋父不自命，命出於賓，亦君子不親教子之意。」此曲説也。父既不親命，何言父命之乎？愚謂此「冠」字當爲「昏」。據《士昏禮》：「父醮子，命之曰：『往迎爾相，承我宗事。勗帥以敬先妣之嗣，若則有常。』」言父不言母，以父爲重，此所謂「丈夫之昏也，父命之」也。又曰：「父送女，命之曰：『戒之戒之[一]，夙夜毋違命。』母施衿結帨，曰：『勉之敬之，夙夜無違宮

[一] 後一「戒」字，《儀禮注疏》作「敬」。

事。』庶母及門内，施鞶，申之以父母之命，命之曰：『敬恭聽，宗爾父母之言。夙夜無愆。』」詳於母而略於父，以母爲重，所謂「女子之嫁也，母命之」也。然則《孟子》此文正依據《禮經》，但於女子之嫁，言母不言父，此則行文之宜耳。丈夫必昏而後成其爲丈夫，猶女子必嫁而後成其爲妾婦。丈夫言昏，女子言嫁，事正相當。若丈夫言冠，則女子當言笄矣。

其所以誤者，蓋亦有由。古者士二十而冠，三十而娶，雖有明文，然實亦無一定之年。《冠禮》疏言「文王十三生伯邑考」，《左傳》云「冠而生子」，是文王冠年十二。愚謂《家語》「孔子十九娶於宋」，則孔子之冠亦止十七八也。蓋冠、昏無一定之年，而將行昏禮，必先行冠禮，則固有一定之序。世俗以冠、昏二禮相連屬，遂并而言之矣。請以女子之笄明之：女子十有五年而笄，《内則》有明文，而《曲禮》則云：「女子許嫁，笄而字。」《士昏禮》亦云：「女子許嫁，笄而醴之，稱字。」考女子之許嫁，必自問名始，自是以往，納吉、納徵，以至於請期，相踵而來，爲期初不甚久。是女子雖有十五而笄之制，然人事遷延，往往至許嫁而始行之，則笄年即嫁年矣。女子笄年即嫁年，則男子冠年亦即娶年，此冠、昏二禮所以并爲一談也。

「曰食哉」解

《堯典》："咨十有二牧，曰：『食哉惟時。』"余作《茶香室經説》從孫氏星衍《古今文注疏》，以「食哉」二字爲句，「惟時」屬下讀。然「食哉」二字究不得其解。孫氏以《方言》「食，勸也」説之，亦非塙詁。余疑是古人勸勉之辭，姑從孫説耳。

今按："食哉"二字，古人慰勞之辭也。蓋是時舜新免堯喪，十有二牧咸至京師，故先以此語慰勞之。生民之初，民皆食草木之實，無火食、粒食之法，亦無朝饔、夕飧之節，惟所欲，食無時，故相見輒曰「食哉」。此古人常語，猶問「無它」、問「無恙」也。《説文》曰："「上古草居患它，故相問『無它』乎。」"《風俗通》曰："「恙，噬人蟲也，能食人心。古者草居，多被此毒，故相問勞曰『無恙』。」自洪荒以來，口相傳授，久而不泯，後乃沿襲，入於禮文。《覲禮》："「天子曰：『非他，伯父實來。』」"「非他」即「無它」也。《司儀》鄭注載問君之辭曰「君不恙乎」、問大夫之辭曰「二三子不恙乎」。"「不恙」即「無恙」也。惟「食哉」一語止見此經，而他無所見，後世亦遂無此語。然《文選》載《飲馬長城窟行》云："「長跪讀素書，書上竟何如？上有加餐食，下有長相憶。」"知漢人書札必以「加餐食」發端，亦古之遺語也。

其二

余以「食哉」爲古人慰勞之辭，然終以他無所見，臆説無徵，未敢自信。因又爲之説曰：此「食哉」即上文「异哉」。上文「异哉」傳云：「异，已也，退也。言餘人盡已，唯鯀可試，無成乃退。」其意殊不瞭。阮校勘記云：「古本作『异，已也。已，退也』。」於義稍明，而傳義則仍晦。「已」字就餘人言，「退」字又就鯀言。「异哉」二字中乃包此多義乎？《玉篇〔一〕・七志》「异」下云：「异哉，歎也，退也，舉也。」按：退也，即僞傳義。舉也，乃《説文》本義。「歎也」一説正解《尚書》「异哉」之義，不知所本，殆馬、鄭舊義之幸存者乎？《説文》以其從廾，故訓爲舉。此以説「异」字則可，以説《尚書》「异哉」則不可。僞傳糾繚難明，更不足據。然則「歎也」一義爲《尚書》「异哉」之塙詁矣。

「异哉」既爲歎辭，此文「食哉」亦爲歎辭。其變「异」爲「食」者，聲同故也。《廣韻・七志》「异」字爲「羊吏切」七字之二，而其三即爲「食」字，注云：「人名，漢有酈食其。」按：漢時人名如酈食其、審食其，皆不知何所取義，而其音則皆音「異基」。愚謂「基」者「其」之正音也。據

〔一〕　玉篇，當爲「廣韻」。

《説文》，「其」爲「箕」之籀文，則「其」音固如「基」矣。「基」爲「其」之正音，疑「異」亦「食」之正音。古人讀「其」皆如「基」，讀「食」皆如「異」也。後世聲音侈斂小變，讀「食」皆乘力切，讀「其」皆渠之切。然以此二字爲名者，則猶守其本音而不敢變，故人名「食其」必讀「異基」，實則古讀然也。「异哉」「食哉」雖有異字，本無異音。「异」音「異」，「食」亦音「異」，同爲歎辭，止取其聲，不取其義，故作「异」可，作「食」亦可，一篇之内不嫌異出也。至《周書》則字又變爲「已」，《大誥篇》：「已！予惟小子。」傳曰：「已，發端歎辭也。」此經「咨十有二牧，曰：『食哉。』」其爲發端歎辭，正同一律。後世語急，故止一「已」字。古人語緩，故曰「异哉」，曰「食哉」。「异哉」「食哉」猶「已哉」也。

「遰」解

《内則》鄭注：「遰，刀鞞也。」按：左已佩刀，右何以又佩刀鞞？疏謂「此刀大於左廂刀」。然則何不從大觿、小觿之例，謂之大刀、小刀，而空言刀鞞？疑若左廂有刀而無鞞，右廂有鞞而無刀矣。鄭説殊不可從，不止遰爲刀鞞於古無徵而已。愚合記文左右所佩而參考之，其左佩紛帨、小觿、金燧，子、婦皆同；其右則子佩玦、捍、管、遰、大觿、木燧，婦佩箴、管、線、纊，施縏衺、大觿、木燧。惟大觿、木燧，子、婦皆同，餘則子、婦有異。鄭解「施縏衺」曰：「縏衺言施，明爲箴、管、線、纊有之。」夫縏衺爲箴、管、線、纊而施，蓋此四物皆不可佩，故必有縏衺以盛之也。男子右佩玦、捍、管三物，亦不可佩，必有物以盛之。疑此「遰」字即與下「縏衺」二字相當，亦宜言「施」。不言「施」者，文不具耳。

然則「遰」爲何物？曰：此即《方言》所云「厲謂之帶」也。郭璞注《方言》引《小爾雅》曰：「帶之垂者爲厲。」夫《小爾雅》之文以説毛傳則可，以説《方言》則不可。《都人士篇》毛傳曰：「厲，帶之垂者。」故《小爾雅》曰：「帶之垂者爲厲。」今《方言》明云「厲謂之帶」，則必易《小爾雅》作「厲之垂者爲帶」而後可通矣，故郭注非也。《方言》所謂「厲」即《左傳》所謂「鞶厲」也。鄭説「鞶厲」與賈、服異。《都人士篇》「垂帶而厲」，鄭箋云：「而亦如也。而厲，如鞶厲也。鞶必垂厲以爲飾，『厲』字當作『裂』。」又《内則篇》「男鞶革，女鞶絲」，鄭注曰：「鞶，小囊，盛帨巾者。男用韋，女用繒，有飾緣之，則是鞶裂與？」此鄭説「鞶厲」之義也。孔氏《詩》正義曰：「鞶是囊之名，但有飾緣之，垂而下，名之爲裂。」此依鄭箋讀「厲」爲「裂」，愚謂亦不必然。鞶、厲並爲囊名，當是古語。厲與連雙聲，故「厲山氏」亦作「連山氏」。《廣雅》曰：「厲，合也。」《易·訟》上九馬注：「鞶，大也。」大而合，斯名鞶厲與？鞶厲之異名則又爲「遰」，此記文「遰」字是也；省文則爲「帶」，《方言》「帶謂之厲」是也。知帶是省文而非正文者，以囊不得名帶也。囊得名遰者，遰與蹛通，從足從辵一也。《史記·平準書》「蹛財役貧」，《集解》曰：「蹛，停也。」又「留蹛無所食」，《索隱》曰：「蹛，積貯也。」蹛有停積之義，故囊蒙此名矣。愚用鄭注，參以《方言》，而解此記，以「遰」字對下「鞶袠」言，似是塙詁。蓋鞶袠也、遰也，實同物也。「男鞶革，女鞶絲」，則遰以革爲之，而鞶袠以絲爲之與？

《芣苢》詩義

《芣苢》序曰：「后妃之美也。和平則婦人樂有子矣。」正義曰：「經三章，皆樂有子之事。」夫「采采芣苢」何以見其樂有子？毛傳是以有芣苢宜懷任之説。正義引陸璣《疏》云：「其子治婦人難産。」然婦人慮生産之難，而於芣苢一草采掇不已。此亦何足道，豈足見后妃之美？詩意殆不如此也。愚謂此詩當從《韓詩》説。《文選·辨命論》「冉耕歌其《芣苢》」，注引《韓詩》曰：「芣苢，傷夫有惡疾也。」薛君曰：「芣苢，澤寫也。芣苢，臭惡之菜。詩人傷其君子有惡疾，人道不通，求已不得，發憤而作，以事興。芣苢雖臭惡乎，我猶采采而不已者，以興君子雖有惡疾，我猶守而不離去也。」詳味詩辭，語意稠疊，異其文，不異其義，始終止此一辭，似《韓詩》「守而不去」之言爲得詩旨。

然則所謂「惡疾」者何也？劉孝標云：「冉耕歌其《芣苢》。」據《論語》「伯牛有疾」正義引《淮南子》云「伯牛癩」，是則惡疾其癩乎？愚謂伯牛惡疾是癩，詩人所謂「惡疾」未必即是癩也。薛君有「人道不通」之言，此人之君子，其即醫書所稱「不男」者乎？醫書載「五不男」曰天、捷、妬、變、半，「五不女」曰螺、紋、角、鼓、線。此五種不男，梵書謂之五種黄門，或有男根，或無男根，並不能生子，詳見《大般若經》。按：《黄帝鍼經》言「有天宦者，任衝不盛，宗筋不成，有氣無血，唇口不榮，故鬚不生」。天宦即今言天閹，是不男之病，自古有之。證以薛君「人道不通」之言，此人之君子，其爲不男無疑。「采采芣苢」有二義焉：薛君所謂「芣苢雖臭惡，猶采采不已」，此一義也；毛傳言「宜懷任」，亦一義也。蓋不病夫之不男，而但治己之不懷任，咎己而不咎人，忠厚之至也。余嘗論古婦人有七出之法，而無子居其一。夫衛莊姜無子，衛人爲之賦《碩人》。使無子而宜出，則莊姜何惜焉？且不知有子無子以何年爲斷，人固有十年不生育而此後連舉丈夫子者，豈能遽以無子出其妻乎？若待垂老之年，始以無子出妻，則徒捐故劍，莫茁枯稊，甚無謂也。故愚謂以無子出者，乃是五不女之妻。男子以宗祀爲重，娶妻不女，自宜出之。以男例女，設使女子嫁不男之夫，似亦在可以離異之例。然女子從一而終，守而不去。

亦猶男子喪妻可以復娶，女子喪夫，禮雖許其改嫁，而守義者終不嫁也。《芣苢》三章終始一辭，可見其秉性之貞、用情之一矣。

「草工」解

《曲禮篇》：「天子之六工，曰土工、金工、石工、木工、獸工、草工。」鄭君以爲皆殷制，且以《考工》諸職準之，而謂「草工職亡，蓋謂作萑葦之器」。愚謂萑葦之爲材至細，且其爲用亦不廣，古人未必因此特置草工。然則草工何工乎？蓋竹工也。竹謂之草者，竹固草類也。《爾雅·釋草篇》云：「筍，竹萌。簜，竹。」又云：「桃枝，四寸有節。粼，堅中。簢，筡中。仲，無笐。䈽，箭萌。篠，箭。」凡竹之類並入《釋草》，不入《釋木》。《説文》亦云：「竹，冬生草也。」然則古人謂竹爲草，固無疑矣。以文而言，竹、艸兩文但有倒順而實無異。戴凱之作《竹譜》，苟欲高其品類，不屑伍之於草，實非古義也。竹之爲物，其生甚繁，其長甚易，而其爲用之廣，幾與木等。試以《説文》觀之，《竹部》凡一百四十四字，而器物居其大半。《廣雅·釋器篇》：「簣、篣、筊、簝、籯、篝、笭，籠也。簞〔一〕、籚、籃，筐也。籅、箵、箄、篗，篆也。篣、籥、𥯛、簰、笘、籙，𥴧也。笙、𥮖、𥳑、簟、籧、篖、筵、篰、篠，席也。篆、籙、篙、篓，篰也。」如此之類，不可悉數。是器物之以竹製者，大之如禮器之有簠、簋，小之如炊具之有籅、箱，卧具之有簣、笫，日用所需，竹器爲多。是以古人特設一工，以治其具，不謂之竹工而謂之草工，萑葦之屬固亦兼賅，然而竹其大端矣。

「有婦人焉」解

《論語》「有婦人焉」，馬注以爲文母。宋劉原父《七經小傳》以爲子無臣母之義，改爲邑姜。余則謂馬注文母亦謂邑姜，而非太姒，説詳《羣經平議》。今又思之，子固無臣母之理，夫亦無稱其臣並稱其妻之理。武王誓師，豈宜舉宮中賢佐昌言於衆，與周、召諸臣比肩爲十乎？是故太姒非也，邑姜亦非也。陽羨任氏啓運《四書約指》謂漢石經作「有殷人焉」，臆説無徵，更不足據矣。

然則此婦人爲誰乎？曰：戎胥軒之妻姜氏也。《史記·秦本紀》：申侯言於孝王曰：「昔我先酈山之女，爲戎胥軒妻，生中潏，以親故歸周，保西垂，西垂以其故和睦。」按上文：顓頊之

〔一〕簞，原訛「簟」，據《廣雅·釋器》改。

苗裔孫曰女修，女修生大業，大業生大費，大費生二子，曰大廉，曰若木。大廉玄孫曰孟戲、仲衍。仲衍玄孫曰中潏，生蜚廉。蜚廉生惡來。以是言之，戎胥軒爲中潏之父，則仲衍之曾孫也。酈山女者，申國之女，故申侯曰「我先酈山女」，申國姜姓，則此女姜氏也。謂之「酈山女」者，申國之君娶於酈山而生此女，故以母名女。謂之「酈山女」，亦猶《左傳》「顔懿姬」「鬷聲姬」之例也。酈山女爲戎胥軒妻，遂以親故歸周。西垂和睦，其有功於周大矣。文王時，西有昆夷之患，北有玁狁之難，《采薇》諸詩所以作也。《詩》云：「赫赫南仲，獫狁于襄。」又曰：「赫赫南仲，薄伐西戎。」夫玁狁曰「于襄」，而西戎但言「薄伐」，可見西戎終未大定。南仲所不能定者，而酈山女能鎮撫之，亦千古奇女子矣。厥後文王伐崇，伐密，師徒屢出，無西顧之憂，酈山女之力也。武王因之，遂成王業，乃追數酈山女之功，列諸亂臣十人之末，固其宜也。蜚廉、惡來乃其子若孫。自蜚廉至造父五世，周穆王封之於趙城。春秋時趙氏，其後也，至戰國而遂爲七雄之一。自惡來至非子六世，周孝王封之於秦，至始皇竟代周而有天下。然則酈山女之遺澤孔長，且駕周、召諸公而上之矣。孔子時，周初載籍具存，知亂臣十人有酈山女在，故曰：「有婦人焉，九人而已。」後世經生疏於史學，莫能考定其人，而以太姒、邑姜當之，宜顧亭林之不信矣。《漢書·律曆志》載張壽王言：「驪山女亦爲天子，在殷周閒。」此雖妄説，然考酈山女爲戎胥軒妻，正在殷周閒。意其爲人必有非常材藝，爲諸侯所推服，朝覲訟獄歸之。古者衆所歸往，即謂之王，是以後世傳聞有爲天子之事。酈山女生則雄長西垂，殁則列名十亂，偉矣。唐宋以後，遂爲女仙，尊曰老母。《神仙感遇傳》載唐少室書生李筌游嵩山，得《黄帝陰符經》，遇酈山老母，指授祕要。宋鄭所南有《酈山老母磨鐵杵作鍼圖》。至今酈山老母之名猶在人口，婦豎皆知之，而不知其見於《尚書》、見於《論語》也。武王誓師，深表其績；尼山尚論，低徊其人，而自漢至今竟莫得其主名。余爲表而出之，千古一大快也。

或問：飛廉爲驪山女之子，何以仕紂？曰：侯國之子入仕王朝，古多有之。既仕於紂，即忠於紂。天有石棺之賜，民有堯縣之祠。《孟子》以戮飛廉爲周公之功，蓋殷之義士，周之頑民，固不得爲定論矣。然則母子不異趣乎？曰：驪山女自以才智雄長一方，後世猶有爲天子之説。其帝制自爲，大略可見。周初倚以爲重，錫之名號，寄以干城，此猶隋時待譙國夫人之比。在驪山女，雖厠名十亂之中，而仍執不純臣之義，初非攀龍鱗、附鳳翼，甘爲興朝佐命也。據《釋文》「予有亂十人」，本無「臣」字。愚疑十人者，未必是周、召、望、散諸人，蓋亦如「民獻十夫」，不可考矣。惟十人中一婦人，則周初自驪山女外更無人可以當之，或轉爲不易之解耳。

經課續編卷五

「豳籥」解

《周禮》「籥章掌土鼓、豳籥」，鄭司農云：「豳籥，豳國之地竹。《豳詩》亦如之。」此注義不可通。司農之意殆謂此籥用豳國之地之竹乎？然則當云「豳籥，豳國之竹所爲」，不當但云「豳國之地竹」。古人文法雖拙，拙不至此也。且云「《豳詩》亦如之」，然則《豳詩》亦以竹爲之乎？後鄭謂：「豳籥，豳人吹籥之聲章。」夫爲「豳籥」作注，當云「豳人吹聲章之籥」，乃云「豳人吹籥之聲章」，於義違矣。先、後鄭注均有可疑。竊以兩注反復推求，而知經文本作「掌土鼓、豳樂」。豳樂即下所云《豳詩》《豳雅》《豳頌》也。先鄭注本云「豳樂，豳國之地作」，言此樂作於豳國之地也；「《豳詩》亦如之」，言《豳詩》亦豳國之地作也。後鄭注「豳人聲章」四字正解「豳樂」二字，必云吹籥者，以此官是籥章。下文《豳詩》《豳雅》《豳頌》皆言「歈」，知所歈必籥也。又引

《明堂位》曰「土鼓、蒯桴、葦籥，伊耆氏之樂」者，明鼓爲土鼓，則籥必葦籥也。後人因官名籥章，鄭康成注又有兩「籥」字，遂改經文作「豳籥」，而改先鄭注中「作」字爲「竹」字，不悟其句之不可通也。後鄭之注雖一字不易，而其義亦晦。公彦作疏，漫無訂正，遂使經注並沈霾千載矣。

「瓜祭」解

《鄉黨篇》：「雖疏食菜羹瓜祭，必齊如也。」孔曰：「三物雖薄，祭之必敬。」是孔以瓜爲一物，并疏食、菜羹而三也。然「疏食菜羹」古人常語，《孟子》亦云「雖疏食菜羹」。此雖不必用《論語》文，然可知古人常以「疏食菜羹」連言。「疏食菜羹」已無所不包，又著「瓜」字，轉涉挂漏。且以文法言，亦覺此字之贅也。《釋文》云：「魯讀瓜爲必，今從古。」及朱子作《集注》，改從魯讀。然「瓜」之與「必」無通假之理，或謂篆體相似而誤，要亦臆説也。

愚謂「瓜」當讀爲「包」，古音「瓜」「包」不分，故「瓠」「匏」實爲一字。《説文》曰：「瓠，匏也。匏，瓠也。」分而二之，許君偶未達耳。是故「瓜祭」即包祭也。《周禮·大祝》「辨九祭，三曰炮祭」，鄭注曰：「炮字當爲包。包猶兼也。《有司》曰『宰夫贊者取白黑以授尸，尸受，兼祭于豆祭』是也。」按：《儀禮·有司徹篇》：「尸取麷、蕡，宰夫贊者取白、黑以授尸。尸受，兼祭于豆祭。」據上文鄭注：「麷，熬麥。蕡，熬枲實。白，熬稻。黑，熬黍。」是尸以此四者兼祭之，即《周禮》之包祭。蓋《大祝職》「三曰炮祭，四曰周祭」，兩文相連，義則相反。鄭讀「炮」爲「包」，訓爲「兼」，證以《有司篇》之「兼祭」；訓「周」爲「偏」，證以《曲禮篇》之「偏祭」。按：《曲禮》「殽之序，偏祭之」，疏云：「序，次序也。偏，帀也。炙胾之屬，雖同出於牲，今祭之，故種種次序，偏帀祭之。」是偏祭禮繁，兼祭禮簡，疏食菜羹，非炙胾之比，故亦兼祭而已。以疏食菜羹，物之至薄；兼祭，禮之至簡，而孔子必齊如也，見聖人之無所不敬，故曰：「雖疏食菜羹、包祭，必齊如也。」因假「瓜」爲「包」，而注《論語》者又不能參考禮文，莫知其即《周禮·大祝》之「炮祭」，而此經之義晦矣。

「將蒲姑」解

古書篇名皆無意義，但以題識而已。其有重複者，則必有以别之。《詩》三百篇中，有兩《羔裘》，一爲鄭之《羔裘》，一爲檜之《羔裘》，不相混也。《鄭風》二十一篇，有兩《叔于田》，則名其一曰「大叔于田」，「大」字無義，惟以爲别而已。《尚書》亦然，《書》有「蒲姑」，有「亳姑」。「蒲」「亳」聲近，亳姑即蒲姑也。枚傳解「蒲姑」云：「已滅奄，而徙其君及人臣之惡者於蒲姑。」

解「亳姑」云：「周公徙奄君于亳姑。」文異而義不異，在魏晉間人猶知之。疑其一作「蒲」、一作「亳」者，經師相承，稍以侈斂之音爲兩篇之别。當周史臣初著竹帛時，或皆作「蒲」，或皆作「亳」，未可知也。周公相成王，既踐奄，遷奄君于蒲姑，作《蒲姑篇》。而其事非一時所能卒定，及周公既歿，將葬，而後遷奄之事成王告周公，又作《亳姑篇》，此所以有《蒲姑》又有《亳姑》也。蒲、亳文異義同，則兩篇實無區别。而《蒲姑》者，其未遷時之書也；《亳姑》者，其已遷後之書也。史臣欲兩篇不混，乃於《蒲姑篇》題一「將」字，序曰：「成王既踐奄，將遷其君於蒲姑。周公告召公，作《將蒲姑》。」何謂「將蒲姑」？即所謂「將遷其君於蒲姑」也。「將遷其君於蒲姑」而曰「將蒲姑」，無乃不辭乎？曰：經文之不辭不可也，序文之不辭無傷也。序固無意義，惟以題識者也。且如孔子爲萬世文章之祖，《論語》爲孔門諸子譔述之書，而其題篇有曰《學而》，有曰《述而》。「學而」「述而」非不辭之尤甚者乎？然則《將蒲姑》之名何不可之有？至「蒲姑」，或云地名，或云人名。愚謂在《書》言《書》，《書》序既云「將遷其君於蒲姑」，則蒲姑是地名、非人名不待問矣。《書大傳》云「奄君薄姑」，鄭注已疑之，孔疏於《齊譜》更詳辨之，可勿論也。近儒不達「將」字之義，妄生異説，故具釋之。

「五亦有中，三亦有中」解

《昭五年公羊傳》：「然則曷爲不言三卿？五亦有中，三亦有中。」公羊子之言，殊不易曉。何劭公釋之，徒爲辭費，而傳意益晦。愚爲之説曰：《左氏》紀事之書也，故於「作三軍」則曰「三分公室」，「三子各有其一」；於「舍中軍」則曰「四分公室，季氏擇二，二子各一」。於魯國之事，歷歷言之。蓋親見國史，故知之悉而言之詳也。《公羊子》説經之書也，魯事非所知也，説經而已。經者孔子爲萬世立素王之法，非爲魯記事也。《隱五年傳》何劭公注曰：「禮，天子六師，方伯二師，諸侯一師。」此與《周禮》不合，乃孔子所定之制，公羊家傳之，而何劭公述之者也。然其文亦似有闕失。董仲舒《春秋繁露·爵國篇》「大國諸侯四軍」，則公羊家自有四軍之説，而何説無之，必有闕文矣。疑當作「天子六師，方伯四師，大國諸侯二師，小國諸侯一師」，如此則降殺之等相稱矣。六師、四師、二師皆不得有中軍，故有中軍非《春秋》法也。《襄十一年》「作三軍」，於是乎有中軍。至此舍之，又無中軍矣。弟子執前《傳》之説，問何以不言「三卿」，師説以爲「五亦有中，三亦有中」，不得專以魯言而言「三卿」也。其不得專以魯言者，《春秋》爲萬世立素王之法，非爲魯記事也。《春秋》至昭公之初，已入所見之世，有文致太平之端，而適有舍中軍一事合乎《春秋》之法，故《傳》因廣言之，見有三軍者，則就三而舍其中；有五軍者，則就五而舍其中。三而舍其中，此《春秋》「大國諸侯二師」之法也；五而舍其中，此《春秋》「方伯四師」之法也，皆合乎素王之制矣。《春秋》時，固有作五軍者，《僖三十一年》[一]「晉作五軍以禦狄」是也。以《春秋》之法繩之，亦所宜裁也，故《傳》因魯事而廣言之也。抑又論之，上中下三軍蓋文襄之霸制也。繻葛之戰，周有中軍；鄢陵之戰，楚有中軍。然皆配左右而言，則「左右中」之「中」，而非「上中下」之「中」。且中軍皆王自將之，是所謂「中軍」者不過王自帥其親屬以居於中，非與左右並列爲三也。《僖二十七年》[二]「晉蒐于被廬，作三軍」，此晉作三軍之始。其後變易不常，時而六軍，時而四軍，時而五軍，並見於《左傳》。魯之作中軍，其時魯正事晉，疑倣晉制也。《公羊》之言治魯兼治晉矣。

[一] 僖，原訛「襄」，據《左傳》改。
[二] 同上。

「中和」「中庸」解

「中庸」之名，非自孔氏始也。孔子曰：「中庸之爲德也，其至矣乎！民鮮久矣。」使「中庸」之名肇始於孔氏，則其時民閒尚未知有「中庸」之名，何得云「民鮮久矣」乎？然則「中庸」始於何時？曰：此周初成均之遺法也。《周禮》：「大司樂掌成均之法，以樂德教國子中和祗庸孝友。」此在當日必具有其書。孝友爲一類，中和祗庸爲一類。中庸者，教國子以中和祗庸之法也。「中和祗庸」四字，累言之則費於辭矣，故撮舉其首末二字而曰「中庸」。亦猶春秋具四時，使必曰春夏秋冬則費於辭矣，故撮舉「春秋」二字以爲名也。其書必有條目，非止一端，故曰：「擇乎中庸，得一善。」可見中庸之條目甚詳矣。孔子時遺書猶在，教澤已湮，故深歎民之鮮能，而其平時恒以中庸之德教門弟子。子思本之而作此《中庸》一篇，其書自「仲尼曰『君子中庸』」爲始，而「天命之謂性」以下則子思自以己意發端也。「中庸」二字實即「中和祗庸」四字。子思以「中和」二字視「祗庸」二字其義尤深，故以「喜怒哀樂之未發」及「發而中節」解説「中和」之義。推而極之，至於「天地位、萬物育」見「中和祗庸」四字，尤重「中和」二字也。「中庸」本是「中和祗庸」之省文，則子思於篇首發明「中和」之義，原非節外生枝。然謂「中庸」中有「中和」

可也，謂「中和」即「中庸」不可也。自鄭康成已不解此義，宋儒并謂「以性情言曰中和，以德行言曰中庸」，斯強作解事者矣。

其二

昔孔子之卒也，哀公誄之曰：「哀哉尼父！」「尼父」之稱，蓋即以爲孔子之謚也。《隱八年左傳》云：「諸侯以字爲謚。」故鄭康成注《禮》云：「尼父，因且字以爲之謚。」然則孔子生稱仲尼，尼其且字也；死稱仲尼，尼其謚也，仲亦其謚也。其以爲字者，顔氏禱於尼丘山而生孔子，故名丘字尼也。若以爲謚，則必別有説矣。於是孔門諸子準「大行受大名」之義，以爲孔子至聖，其謚必宜相稱，乃推衍而爲「中和」之説。「仲」與「中」通，故「仲」得爲「中」。「尼」與「泥」通，顔氏所禱之「尼丘」本即《爾雅》所謂「泥丘」，故漢人書「仲尼」有作「仲泥」者。《釋名》曰：「泥，邇也。以水沃土使相黏近也。」然則尼得爲和矣。蓋因孔子没，謚仲尼而爲此説，尊孔子也，在哀公誄孔子未必有此意。而孔氏門弟子及孔氏之子孫，則人人執此説矣。《孝經》疏載：「劉瓛述張禹之言，以爲仲者中也，尼者和也。孔子有中和之德，故曰仲尼。」嗚呼！此孔氏之遺言，《論語》家之古義，非張禹所能僞造矣。《論語》者門弟子所記，故稱子不稱仲尼。《中庸》則子思爲之，若亦稱子或稱孔子，是外之矣，故稱仲尼。發端即書「仲尼曰」，後又大書

「仲尼祖述堯舜」云云，見孫稱其祖例舉其謚也。故於「仲尼曰」之前先發明「中和」二字之義，極之「天地位、萬物育」，尊之至矣。其實此一章專爲「仲尼」二字而發，於全篇之義固無涉也。後人因中和、中庸語適相近，比而一之，謬矣。鄭康成亦未得此義，然云「子思作之，以昭明聖祖之德」，此語必有所受之，因「仲尼」二字而極論「中和」之義，正所以昭明祖德也。

「維此文王」「比于文王」解

《詩·皇矣篇》：「維此王季，帝度其心，貊其德音。其德克明，克明克類，克長克君。王此大邦，克順克比。比于文王，其德靡悔。既受帝祉，施於孫子。」鄭箋解「比于文王」曰：「王季之德比于文王。必比于文王者，德以聖人爲匹。」夫子雖齊聖，不可以先父。如鄭此箋，父比于子，殊爲不倫。《昭二十八年左傳》引此詩作「唯此文王」，劉炫云：「此作『惟此文王』，不可以文王之德還自比文王，故知『比于文王』可以比于上代文德之王。」劉氏此説亦不可通。下章即云「帝謂文王」，此文王固周之文王也，乃以上章之文王爲前代文德之王，詩人之辭何疑誤後人若此哉？余前著《羣經平議》謂上既作「唯此文王」，則下當作「比于王季」，亦調停之説耳。夫古書傳寫既久，錯誤必多。此詩之「維此王季」「維此文王」，孔疏亦不敢定其孰是。且據孔疏，知《韓詩》亦作「維此文王」，是其事固不能遽定矣。

然愚以文法求之，上言「帝作邦作對，自大伯、王季」，即繼之曰「維此王季」。「此王季」者，承上「王季」而言也，因其辭未足，故又作此章曰「維此王季」。「此王季」亦承上「王季」而言也。上有「王季」字，「此」字乃有根，若作「維此文王」，「文王」字上文未見，「此」字何所承乎？以文法論之，自以「維此王季」爲是。兩云「維此王季」，與下兩云「帝謂文王」章法亦正相稱。然則「比于文王」當作何解？曰：此「文王」乃「太王」之誤也。豈獨此「文王」爲「太王」之誤，即上文「帝作邦作對，自太伯、王季」，「太伯」亦「太王」之誤。鄭解「作邦」云「謂興周國」，解「作對」云「謂爲生明君」。太伯高蹈荆蠻，何「作邦作對」之有？周之王業，肇始於太王，故周公制追王之體亦自太王始。《頌》云：「天作高山，太王荒之。彼作矣，文王康之。」《皇矣》美文王而不及太王，殊爲闕漏。愚故謂「太伯」是「太王」之誤。「帝作邦作對，自太王、王季」下即云「維此王季」，不及太王。然下章歷言王季之德，而曰「比于太王」，則王季之德即太王之德。不言太王已深言太王矣，此詩人立言之妙也。下云：「既受帝祉，施于孫子。」孫子亦非泛言，即指文王而言。自大王言之，孫也；自王季言之，子也。於是下文即直入文王矣。余訂正「伯」字、「文」字之誤，而詩意乃顯，作《平議》時未見及此也。

「庶人之摯匹」解

《禮記·曲禮篇》「庶人之摯匹」，《白虎通》引此文而説之曰：「匹，謂鶩也。」蓋據《大宗伯》文而云然耳。鄭康成注《曲禮》即用其説曰：「説者以匹爲鶩。」不云「匹當爲鶩」，是鄭意亦不以此説爲然，無以易之，姑從其説耳。「匹」無鶩義，亦無鶩音，而陸氏《釋文》竟云：「匹，依注作鶩，音木。」失鄭意矣。自漢儒有此説，後世乃造爲「鳴」字，更爲不古。竊謂此與《大宗伯》文不必從同。彼云「以禽作六摯」，故羔、雁、雉、鶩、雞皆取禽屬；此云「凡摯」則是廣言天子至庶人之摯。「天子鬯，諸侯圭」，非禽也；「野外軍中以纓、拾、矢」，亦非禽也，然則「庶人之摯匹」何必定是禽乎？且庶人亦有不同，《周禮》賈疏云：「庶人府史胥徒新升之時。」是彼「庶人」以庶人在官者言。《曲禮》孔疏無此説，則此「庶人」直是《孟子》所稱「市井之臣」「草莽之臣」。「不傳質爲臣」者，其亦有時而用摯，乃是親戚故舊相與往來，非見於君也，故不與在官之庶人一律用鶩。漢儒必以鶩釋之，「匹」與「鶩」形聲皆遠，無從通假，宜滋後人之疑矣。

然則「匹」者何物也？余疑是「匸」字之誤。學者多見「匹」字，罕見「匸」字，因誤改作「匹」

耳。愚作《古書疑義舉例》，有「不識古字而誤改」例：《國語・吴語》「伯父多歷年以没其身」，「其」字從古文作「亓」，學者不識，因改爲「元」；《大戴禮記・王言篇》「服其明德也」，「服」字從古文作「艮」，學者不識，因改爲「及」；《周書・官人篇》「愚魯人也」，「魯」字假「旅」字爲之，又從古文作「⿱止𧘇」，學者不識，遂改作「衣」，又改作「依」；《管子・地員篇》「山之垂」，「垂」字從古文作「𠂹」，學者不識，因改作「才」，又改作「材」。如此類甚多，詳見《第一樓叢書》五之七，兹不具説。「匸」之誤作「匹」，亦猶是也。《説文》：「匸，衺徯有所夾藏也。從乚。上有一覆之。」蓋庶人不能備禮，所執之摯不必有一定之物，但取可懷挾而至而已。以一覆乚，庶人之摯如此。故曰「庶人之摯匸」。其物惟何？《戰國策》曰：「夫鼎者，非效醯壺醬甀耳，可懷挾提挈以至齊者。」然則「庶人之摯」其諸「醯壺」「醬甀」之類歟？

「棘門」解

《周禮》「掌舍爲壇壝宫，棘門」，鄭司農云：「棘門，以戟爲門。」杜子春云：「棘門，或爲材門。」愚按：「棘」之與「戟」，字固可通，然戟無可以爲門之理。惠氏士奇《禮説》引隋唐之制「三品以上，門皆列戟」爲證。無論後世之制未足説經，且列戟於門，非以戟爲門也，與司農説固不合，且與上文「轅門」、下文「旌門」亦不一律矣。愚謂當從杜子春作「材門」，賈疏引《閔二年》齊桓公共門材爲證，意雖近之，而未得其制。材者，《説文》云「木挺也」。《太宰》「材貢」司農注「木材也」。材門者，以木之本質，編次爲門，即所謂柵也。《説文》：「柵，編樹木也。」《釋名》云：「柵，賾也。以木作之，上平賾然也。」《一切經音義》引《通俗文》云：「柴垣曰杝，木桓〔一〕曰柵。」蓋皆以木材爲之，其不可開闔者曰「木垣」，其可以開闔者曰「材門」。材門猶言木門，不言木門而言材門者，凡門皆以木爲之，然皆已斲之木，此則木之未斲者，故但可謂之材，不可謂之木也。壇壝宮本是築壇委土，起埒以爲宮。既築土爲宮，即樹柵爲門，正相稱矣。《晉語》「駕而乘材」，韋注曰：「材，横木也。」《詩·衡門篇》毛傳曰：「衡門，横木爲門。」然則「材門」其猶衡門乎？又以柴垣、木垣之説推之。《襄十年左傳》杜注云：「篳門，柴門也。」材門與柴門，或亦一類乎？夫横門爲隱者所居，柴門亦賤者居之。天子壇壝宮何以有此？然古者上下通稱，往往有之。天子偶爾居處，不嫌苟簡，且有掌舍一官爲之營造，則與儒者圭篳必當有異。清廟中之茅屋固不至與杜少陵爲秋風所破之茅屋同一飄摇也。《禮記·儒行篇》「篳門」注

〔一〕據《一切經音義》，「桓」當爲「垣」。

曰：「荆竹織門也。」「蓬户」疏曰：「編蓬爲户也。」材門之爲棘門，或亦織竹編蓬之例，然太苟簡矣，是宜從杜子春作「材門」爲得也。

「從母之夫舅之妻二夫人相爲服」解

《禮記·檀弓篇》：「從母之夫舅之妻二夫人相爲服。」高郵王氏《經義述聞》以「二夫人」爲「夫二人」之誤。余著《羣經平議》以「夫」爲衍字。及今思之，則皆爲鄭注所誤也。鄭注曰：「二夫人，猶言此二人也。時有此二人同居，死相爲服者，甥居外家而非之。」鄭以「二夫人」爲「此二人」，則宜王氏欲倒其文爲「夫二人」，而愚并欲删「夫」字矣。其實鄭注萬不可通。鄭言：「此二人同居，死相爲服。」所謂「此二人」者，從母之夫一人、舅之妻一人也。夫既有一人先死，而一人爲之服矣，則彼死者必不能更爲生者服。記文何以言「相爲服」乎？經神乃有此失照之言，何也？

愚謂此一節内所包不止二人，「二二」字當自爲句，並承上「從母之夫、舅之妻」而言，有二從母則有二從母之夫矣，有二舅則有二舅之妻矣，故曰「從母之夫、舅之妻二」，是此句中已有四人矣。又從母之夫、舅之妻皆依甥以立名，則言從母之夫、舅之妻已包有甥在。從母之夫、舅之妻所服者非甥而何？如《儀禮·喪服篇》「小功五月」章：「從母，丈夫婦人，報。」「緦麻三月」章：「從母之長殤，報。」既言「從母」，則所謂「丈夫婦人」者不問而知，爲姊妹之子女；所謂「長殤」者，亦不問而知，爲姊妹之子女也。故此記從母之夫、舅之妻既依甥立名，則不言甥而甥在其中矣。疑此甥篤於母黨，一從母之夫死而爲之服，一舅之妻死而爲之服，及此甥死，則從母之夫尚有一人存，舅之妻亦尚有一人存，皆曰：「是不可不報也。」於是從母之夫、舅之妻又爲此甥服，服者非一人，故曰「夫人」。「夫人」者，非一人之辭也。《考工記》「夫人而能爲鎛也」「夫人而能爲函也」「夫人而能爲盧也」「夫人而能爲弓車也」，鄭注曰：「言其丈夫人人皆能作是器。」則讀「夫」爲「丈夫」之「夫」。賈疏云：「如鄭此讀，則與君之夫人同號讀之也。」然鄭讀實非是。《釋文》曰：「夫人，徐方無反，沈音扶。」則徐從鄭讀，沈不從鄭讀也。《襄八年左傳》「夫人愁痛」，杜注曰：「夫人，猶人人也。」《釋文》曰：「夫，音扶。」《考工記》四言「夫人」及此記「夫人相爲服」，並當依此讀之。

「作者七人」解

《論語·憲問篇》「作者七人矣」，包注謂：「長沮、桀溺、丈人、石門、荷蕢、儀封人、楚狂接輿。」然此七人散見於《論語》，乃孔子殁後門弟子所記，孔子未嘗合而論之也。雖其數適符，然太師摯等八人何嘗非避地之人，乃不得與石門、儀封人並列乎？包注非也。正義引王弼説，以爲伯夷、叔齊、虞仲、夷逸、朱張、柳下惠、少連。然「逸民」一章，孔子已有定論，何又出此一言？且趙岐注《孟子》「古之賢士」云：「若伯夷非其君不事，伊尹樂道堯舜，不致敬盡禮，可數見之乎？作者七人，隱各有方，豈可得而臣之者乎？」伯夷與「作者七人」分别言之，可知漢人舊説固無是也，王弼之説安足爲據？又引鄭康成説：「伯夷、叔齊、虞仲，避世者；荷篠、長沮、桀溺，避地者；柳下惠、少連，避色者；荷蕢、楚狂接輿，避言者。」增七人爲十人，以意去取而配合之，雖出經神，未敢苟同。至後儒又出新意，以「作者之謂聖」解此章「作」字，與上下章文義不倫，更不可從矣。

按：此章古本與「賢者避世」合爲一章，則此「作」字乃「見幾而作」之「作」，即所謂「避」也。七者，虛數也。天下之數，始於一終於九，至十則復爲一矣。自一至九，以五爲中；自一至五，以三爲中；自五至九，以七爲中。故古人之辭，言至少則曰一，言至多則曰九，舉其中則曰五，舉其小半則曰三，舉其大半則曰七。《孝經》曰：「天子有争臣七人，諸侯有争臣五人，大夫有争臣三人。」此以三、五、七言也。《詩》云「其實三兮」「其實七兮」，《孟子》曰「三里之城，七里之郭」，又曰「有三年之病求七年之艾」〔一〕，此以三、七言也；又曰「大國五年，小國七年」，此以五、七言也。《論語》中「比及三年」「教民七年」，皆非實數。嘗論古書言七者，如《易》之「七日來復」「七日得」，《書》之「七旬，有苗格」，皆不必實舉其數。《詩》云「鳲鳩在桑，其子七兮」，又云「跂彼織女，終日七襄」，此豈有可指之數哉？「從先生者七十人」，非必果七十人也。自周以來七百有餘歲，非必果七百歲也。孔子「七十説而不遇」，非必實有七十説也。《荀子》稱「孔子相魯七日而誅少正卯」，《吕氏春秋》稱「孔子窮於陳蔡之閒，七日不食」，孔子此二事，何以皆七日乎？《左傳》稱「申包胥立依於廷牆而哭，日夜不絶聲，勺飲不入口七日」，《淮南子》稱「申包胥七日七夜，至於秦廷」，申包胥自楚至秦，及立秦廷而哭，何以適皆七日乎？《莊子》稱「南榮子七日七夜，至老子之所」，何以與申包胥至秦同是七日七夜乎？可知言「七」者皆非七也。推之《左傳》，稱「士季使鞏朔、韓穿設七覆于敖前」，又稱「子重、子反一歲七奔命」，又稱「畢萬，匹夫也，七戰皆獲」。《戰國策》稱「淳于髡一日而見七人於宣王」，又稱「鄰人之女設爲不嫁，行年三十而有七子」，又稱「秦將武安君、公孫起乘七勝之威」，以及養由基之穿七札，宋蘭子之弄七

〔一〕有三年之病求七年之艾，《孟子注疏》作「猶七年之病求三年之艾」。

劍。諸言「七」者，皆類此矣。《書·蔡仲之命篇》「因蔡叔于郭鄰，以車七乘」，枚傳曰：「從車七乘，言少。」蓋不以爲實數。魏晉閒人其猶達古語乎？《左傳》曰「天以七紀」，《漢書·律曆志》曰：「七者，天地四時人之始也。」故古人言數，往往稱「七」。《禮記·祭法篇》「七代之所變易者」，據上文，則五代而非七代也。《管子》有《七臣七主篇》，據下文，則六臣六主而非七臣七主也，可知「七」乃古人常言也。枚乘作《七發》，發止於七，不六不八，蓋亦此意。踵是而作者，傅〔一〕毅《七激》、張衡《七辯》、崔駰《七依》、張協《七命》、曹植《七啓》、陸機《七徵》、王粲《七釋》、謝靈運《七濟》、桓麟《七説》、左思《七諷》、徐幹《七喻》、崔瑋《七蠲》、蕭統《七契》、劉梁《七舉》、劉廣世《七興》，指不勝屈，遂成文章之一體。選家至題之爲「七」，而七爲古語，轉無知者矣。孔子慨辟世、辟地、辟色、辟言者之多，故曰「作者七人矣」。後人不達古語，異議横生，並非孔子語意。《論語》「三思」「三黜」，《釋文》皆以「息暫反」爲正音，讀者知其非實數也。乃於「七人」必求其實，可謂知二五而不知十矣。

〔一〕傅，原訛「傳」，據《後漢書·傅毅傳》改。

「咨女二十有二人」解

《堯典》「咨！女二十有二人。」馬、鄭舊説並不數稷、契、皋陶，馬則以四岳、十二牧及九官中之六人爲二十二；鄭則不數四岳，而以殳斨、伯與、朱虎、熊羆爲四人，合十二牧及九官中六人爲二十二。僞傳襲馬而不襲鄭，其意殆以鄭不數四岳爲非也。愚謂四岳在堯時已極隆重，舜之登庸亦由四岳所舉，及舜爲天子，四岳之望愈崇。舜但詢于四岳，宅百揆，典三禮，朝廷重任皆與謀之，而未嘗特於四岳有所敕命也。是四岳在朝已儼然處不純臣之列，是故命官既畢，而總敕之，四岳不與焉，尊之也。鄭注不數四岳，其見高於馬矣；惟不數四岳，而數殳斨、伯與、朱虎、熊羆，則又失之。殳斨、伯與、朱虎、熊羆爲四人乎？爲七人乎？無從臆斷。且其人不過垂、益之佐耳。垂、益雖讓，而舜固不從，安得在二十二人之列？乃殳斨等猶且及之，而稷、契、皋陶轉屏不與，斯爲舛矣。是故數四岳者，馬之失也；數殳斨等者，鄭之失也；不數稷、契、皋陶，馬、鄭同失也。夫數稷、契、皋陶，則九官全矣。

九官、十二牧，其數止二十有一。今云「二十有二」，何也？曰：太史公不云乎：「《書》缺有閒，其佚乃時時見於他説。」吾觀《史記·五帝紀》，禹、皋、契、稷、伯夷、夔、龍、垂、益之下，又有彭祖之名。然則二十二人而缺一人，必彭祖也。彭祖何以不見於經？曰：史公叙述固甚明矣。其文曰：「禹、皋陶、契、后稷、伯夷、夔、龍、垂、益、彭祖，自堯時而皆舉用，未有分職。」是此十人者，堯舉之以遺舜，而未嘗命以官也。舜命禹、命棄、命契、命皋陶、命垂、命益、命伯夷、命夔、命龍，而九人者皆有分職矣。惟彭祖則尚未有分職，蓋猶有待也，此帝典所以不見也。及命官既畢而總敕之，使曰二十一人，則是彭祖竟不得與，是堯以十人遺舜，而舜受其九卻其一也，大不可也。故仍總數之曰二十二人，則彭祖亦在其中。見此時雖無分職，而不久即將及之。故「時亮天功」，亦與有責也。此必孔安國相傳之舊説，史公與聞之，故特著之於史。不然，史公豈於禹、皋等九人外無故增益此不見於經之彭祖乎？後世經生但知解經，而不知參之於史，故使《尚書》舊説淹没不著耳。

國朝劉申受作《尚書今古文集解》已見及此，余説本之劉也。然劉以彭祖及皋陶、禹、伯夷爲四岳，則亦失之。推劉氏之意，蓋以四岳不可不數，而四岳、九官、十二牧則爲二十五人，又不欲從宋儒之説以四岳爲一人。乃以彭祖爲一岳，而以禹、皋、伯夷爲三岳，則四岳止有一人，而九官中銷去三人，適合二十二之數，可謂巧矣。然彭祖在堯時未有分職，而舜又未之命焉，則彭祖何時得爲四岳乎？《國語》王子晉言：「共工從孫爲四岳，賜姓曰姜。」而伯夷固姜姓也，則伯夷爲四岳之一，尚可附會。然據王子晉之言，亦當佐禹成功之後，此時必非其人也。若禹、皋，則更臆説無徵矣。唐虞四岳，實不知爲何人。「帝：『咨！四岳，有能典朕三禮？』僉曰：『伯夷。』」使伯夷即四岳之一，豈容自舉？故劉説亦不能無失也。苟知四岳可以不數，而於禹、皋九人之外，據《史記》增彭祖一人，則合之十二牧，適符二十二之數矣。

「九門」解

九門，古制也。十二門，非古也。鄭注《月令》「迎春東郊」引《王居明堂禮》以爲殷禮，而注「仲秋，天子乃難」又引《王居明堂禮》曰：「仲秋，九門磔禳，以發陳氣。」則天子九門自殷已然矣。周公營洛邑爲東都，使其改九門爲十二門，必有可考之文。乃《周書・作雒篇》但言城方若干里，郭方若干里，而不言有若干門，則亦仍殷制九門而已。《僖二十年左傳》正義曰「魯城南面三門」，《定八年傳》有「上東門」，東門有上下，則西門、北門亦有上下，合之南面三門，是魯城九門也。「隱公元年開一門，故南有四門」亦見《僖二十年》正義，是十門矣。《齊策》蘇秦説齊閔王，稱「昔者趙氏襲衛，八門土，二門墮」，則衛亦十門，疑亦如魯之有新門一門也。魯、衛之封，《左傳》皆稱「疆以周索」，杜注謂：「疆理土地以周法。」乃魯之始止九門，衛之始亦當是九門。可知周法固九門，非十二門也。《吴地記》云：「闔閭城，周敬王六年，伍子胥築。西，閶、胥二門；南，盤、蛇二門；東，婁、匠二門；北，齊、平二門。」是其門凡八。蓋古制以九門爲正，增其一則爲十門，魯、衛是也；減其一則爲八門，吴是也。宋城門見於《左傳》者不一，杜注亦錯互難考。惟《襄十七年》「澤門」，注以爲東城南門，與《定八年》注以魯之上東門爲東城北門者一律，疑宋城亦與魯同矣。《史記·趙世家》云：「王出九門，爲野臺，以望齊、中山之境。」注者以「九門」爲邑名，此蓋因漢以後於其地置九門縣，故云。然在當時則止是出國門而爲臺於野外耳，不然何言「出」也。《水經注》：「祁夷水東北流，逕代城西。盧植言：『初築此城，板幹一夜自移此，結葦爲九門，於是就以爲治城。周四十七里，開九門。』」以是言之，趙代之閒亦皆九門，猶古制也。言十二門者，始見於《三輔黄圖》，云：「長安城，面三門，四面十二門。」此自漢制，或仍秦舊。《考工記》本秦漢閒之書，其云：「匠人營國，方九里，旁三門。」蓋參後世之制言之耳。《西都賦》云：「披三條之廣路，立十二之通門。」《西京賦》云：「旁開三門，參塗夷庭。」以漢人言漢制，固宜爾矣。薛綜注《西京賦》云：「一面三門，門三道，故云『參塗』。」然則道路之制必準城門，古九門故九衢，《拾遺記》云「蘧伯玉焚師涓樂器於九逵之衢」〔一〕是也；漢十二門，故十二衢，鮑照《詠史》云「京城十二衢」是也。觀古制九衢，可證古制九門矣。《月令篇》：「田獵罝罘、羅網、畢翳、餧獸之藥，毋出九門。」又曰：「命國難，九門磔攘，以畢春氣。」兩文皆合古制。說者爲《考工記》所誤，皆謂天子有十二門。於是鄭康成注《禮記》則不以爲城門，而高誘注《吕氏春秋》則又曲爲之說，皆不可通。愚謂古制實是九門，十二門乃後世之制，似得其實。《茶香室經說》以九門、十二門爲天子、諸侯之别，猶未見及此也。

「圻父」「農父」「宏父」解

《酒誥篇》：「矧惟若疇圻父，薄違農父？若保宏父，定辟。」此當從舊讀。王荆公讀「矧惟若疇」四字爲句，解爲「汝之疇匹」，不可從也。上云「汝劼毖殷獻臣」，下云「矧汝剛制於酒」，皆言「汝」不言「若」，此何以不言「汝疇」而言「若疇」乎？上文「兹亦惟天若元德」，又云「予不惟若兹多誥」，兩「若」字不訓「汝」也，下文「若保」，雖荆公亦不訓「汝」也，而獨於「若疇」之「若」訓

〔一〕逵，《太平廣記》卷二百三《師涓》引《拾遺記》作「達」。

「汝」，何歟？故此三句當從舊讀。

惟圻父、農父[一]、宏父之義則自來未有得者。枚傳云：「圻父，司馬。農父，司徒。宏父，司空。」按：司徒、司馬、司空見於《牧誓》，見於《梓材》，皆直舉其官名。《酒誥》與《梓材》固同時之書也，何以忽易其名曰圻父、農父、宏父，幾等於廋詞隱語乎？

愚謂此三者即所謂「三監」也。《王制》曰：「天子使其大夫爲三監，監於方伯之國，國三人。」康叔爲方伯，宜有三監，而三監皆天子大夫，故尊之曰「父」。父猶甫也，男子美稱也。枚傳訓「宏」爲大。以是例之，「圻」也、「農」也殆亦美大之稱。「圻」《詩》作「祈」，不必作「圻封」解。《洪範》「農有[二]八政」，枚訓爲「厚」，亦不必泥本字爲訓也。「三監」即《禮》所謂「孤」，鄭康成注《燕禮》曰：「諸公者，大國之孤也。孤一人，言『諸』者，容牧有三監。」是三監亦有孤稱。《漢書・百官公卿表》云：「太師、太傅、太保，是謂三公。少師、少傅、少保，是謂孤卿。」雖在周初未有定名，今準班氏此説而言，「若疇圻父」，少師也；「薄違農父」，少傅也；

[一] 父，原作「夫」，據上下文及《尚書正義》改，下「農父」「宏父」同。

[二] 有，《尚書正義》作「用」。

「若保宏父」，少保也。「保」之名明見於經。「薄」與「傅」並從尃聲，聲近者義即相通。是固保、傅之權輿矣。

惟「疇」與「師」難於比附。據《詩》正義，知「疇」本作「壽」。《詩》釋文又云「馬、鄭音受」，不知本義云何，安能曲爲之說？乃愚於《詩・圻父篇》而竊有以得其義也。傳云：「圻父，司馬也。職掌封圻之兵甲。」鄭箋即引《書》爲證，并云「祈、圻、畿同」。夫毛、鄭說《詩》皆然，則舊說疑不可易矣。然愚謂如毛、鄭義，則《詩》與《書》不可通也。《職方氏》曰：「方千里曰王畿。」是畿之名非侯國所宜稱。《詩》之「圻父」，周司馬也，是可稱「圻」。《書》之「圻父」，衛司馬也，何亦稱「圻」乎？故如毛、鄭說，可說《詩》，不可說《書》。愚則以《詩》之「圻父」爲太師，《書》之「圻父」爲少師。太師、少師皆師也，故圻父之名可通稱也。何以知《詩》之「祈父」爲太師乎？夫司馬制軍，自有常法。天子六軍，出於六鄉，王之爪牙之士，司馬固不得役之。則所謂「圻父」者，非司馬也，乃大師也。有周中葉，往往以太師而專國政。《節南山篇》之刺師尹也，曰：「尹氏太師，維周之氐。」彼斥「太師」，此呼「圻父」，一也。又曰：「不宜空我師。」傳云：「空，窮也。」而此云：「胡轉予于恤？有母之尸饔。」亦可云窮矣。宣王時，太師不知爲何人，位高權重，人所指目，亦當與尹氏同，故呼圻父即斥太師也。周祈父爲太師，是三公之官；衛祈父爲少師，是三孤之官。以此爲説，《詩》《書》庶可通矣。

「騋牝三千」解

《定之方中篇》「騋牝三千」，箋云：「國馬之制，天子十有二閑，馬六種，三千四百五十六匹；邦國六閑，馬四種，千二百九十六匹。衛之先君兼邶、鄘而有之，而馬數過禮制。今文公滅而復興，徙而能富，馬有三千，雖非禮制，國人美之。」按《詩序》言：「文公始建城市，而營宫室，得其時制，百姓悦之。」今如箋説，則國馬一端已踰制如此，尚何得其時制之有乎？箋説非是。然非鄭君説《詩》之不善，實鄭君考《禮》之未精也。《周禮·校人》云：「駑馬三良馬之數。」鄭説駑馬是，説良馬非。駑馬之數，經云：「麗馬一圉，八麗一師，八師一趣馬，八趣馬一馭夫。」鄭注謂：「『八』皆宜爲『六』，字之誤也。師十二匹，趣馬七十二匹，馭夫四百三十二匹。」三之則爲一千二百九十六匹，此説不誤。至良馬之數，「乘馬一師四圉。三乘爲皁，三皁爲繫，六繫爲廄，六廄成校」。乘者，四匹也，則皁一十二匹也，繫三十六匹，廄二百一十六匹，校一千二百九十六匹，適與駑馬之數符合。良馬五種，每種一千二百九十六匹，共六千四百八十匹，再加駑馬，共七千七百七十六匹，分爲六校，校有左右，是爲十二閑。

天子十有二閑，馬六種，數極分明。鄭於「六廄成校」之下未得其解，於是五種良馬止二千一百六十匹，合駑馬三之，亦止得三千四百五十六匹，於天子十二閑之數少其大半矣。下文言「邦國六閑，馬四種。家四閑，馬二種」，「六閑」爲「八閑」之誤。蓋以馬計，則六種、四種、二種，降殺以二；以閑計，則十二閑、八閑、四閑，降殺以四。若作邦國，六閑非其差也。馬四種則五千一百八十四匹，馬二種則二千五百九十二匹，其校各有左右，與天子同。故四種八閑，二種四閑。以是言之，衛爲侯國，當有馬五千一百八十四匹。文公時，喪亂之後，苟合苟完，未足八閑之數耳。鄭君少算天子之馬，因亦少算邦國之馬，乃反譏其過於禮制，疏矣。幸其説良馬誤，而説駑馬不誤，猶可據其所説駑馬之數以推知良馬之數，而天子諸侯國馬之制可得而言，此詩亦可得而通矣。其鄭注之誤，余已於《俞樓襍纂》第八《鄭駁三禮考》内糾正之矣，兹不具説。

又按：「騋牝」者，乃當時之俗語，非詩人之造言也。蓋八尺以上之龍不可多得，故駕車必以七尺以上之騋。若一車四馬而皆是六尺以上之馬，懼其不勝矣。《校人》又云：「凡馬，特居四之一。」鄭司農云：「三牝一牡。」疏家所説未得其旨，所以不容兩牡者，懼其爭耳。故一車四馬，必先問其有騋馬與否，無騋馬將不勝也；又必問其有三牝馬否，若無三牝馬，將不調也。

有騋馬又有三牝馬，則此車可以安行而致遠矣，故以「騋牝」連言。古制如此，人人習言之也。毛公生六國時，猶見古制，猶通古語，故曰「騋牝，騋馬與牝馬也」，語不煩而意已解。後人不見古制，因不通古語而説此二字，亦不勝其紛紜矣。

「行邁」解

《黍離篇》「行邁靡靡」，傳曰：「邁，行也。」則「行邁」猶行行矣，義不可通矣。箋云：「行，道也。道行，猶行道也。」則從毛訓「邁」爲「行」，而經文「行」字轉訓爲「道」，遂倒其文作「道行」，彌不可通矣，此箋疑有誤。正義曰：「今定本文當如此。」可知唐初本有不如此者也。鄭君於他經皆作注，而《詩》獨作箋。案《六藝論》云：「注《詩》宗毛爲主。其義若隱略，則更表明。」故往往有即毛語而加訓釋者，如《牆有茨篇》傳曰：「讀，抽也。」箋云：「抽猶出也。」《籜兮篇》傳曰：「籜，槁也。」箋云：「槁謂木葉也。」《盧令篇》傳曰：「偲，才也。」箋云：「才，多才也。」《駟驖篇》傳曰：「輶，輕也。」箋云：「輕車，驅逆之車也。」並其例也。此箋「行，道也」，乃釋傳文非釋經文，蓋毛用《爾雅·釋言》文訓「邁」爲「行」，鄭恐後人以「行邁」爲「行行」近於不辭，故又用《釋宫》文釋傳文「行」字爲「道」，乃順經文而説之曰：「行邁，猶行道也。」其義甚明。

後人誤以鄭箋爲釋經文，遂改作「道行，猶行道」，迂曲甚矣。

「又缺我銶」解

《豳風・破斧篇》「又缺我銶」，毛傳：「木屬曰銶。」《釋文》云：「《韓詩》云：『銶，鑿屬也。』」據上章「又缺我錡」毛傳：「鑿屬曰錡。」《釋文》云：「《韓詩》云：『木屬。』」然則錡、銶二義毛、韓互易，毛則鑿屬曰錡，木屬曰銶；韓則錡木屬，銶鑿屬。不知何者爲是。孔疏竟不置一説。近人胡氏承珙《毛詩後箋》則以「木屬」爲「⿱丫木屬」之誤，與「鑿屬」相對，頗似成義。愚則疑「木屬」不誤，上傳「鑿屬」乃誤耳。與其於「木」上加「丫」字作「⿱丫木屬」，不如於「鑿」上去「𣪘」字作「金屬」。蓋毛傳本作「金屬曰錡」「木屬曰銶」，兩文相對成義。《説文》無「銶」字，字本作「梂」，則其爲木屬可知矣。金屬、木屬所包者廣。毛、韓詩互易者，疑《韓詩》上章作「椅」、此章作「銶」，《毛詩》則上章作「錡」、此章作「梂」，傳本不同，故説解亦異。今毛本「梂」字亦從韓作「銶」，上傳「金屬」又誤作「鑿屬」，乃并《韓詩》之「金屬」亦改作「鑿屬」，遂不可復正矣。《説文》「梂」下云「一曰鑿首」，此即韓義。故《釋文》云：「一云獨頭斧也。」《廣雅・釋器》曰：「梂，柎也。」王氏《疏證》云：「器足謂之柎。」此或毛義與？

《燕禮》「鍚」字音余章反説

《儀禮·燕禮篇》「冪用綌若鍚」，《釋文》：「鍚，悉歷反，劉音余章反。」夫余章反則音羊矣。據《韓弈篇》「鏤鍚」，《釋文》「音羊」。豈劉本作「鍚」乎？疏云：「夏宜用綌，冬宜用鍚。葛之粗者曰綌。《喪服傳》曰：『鍚者何也？麻之有鍚者也。』」是疏意謂此「鍚」字即「鍚衰」之「鍚」。而《喪服傳》「鍚衰」音思狄反，無他音。《周禮·司服》「鍚衰」則並無音，何以此「鍚」字有奚歷、余章兩音乎？《少牢饋食禮》「主婦被鍚」，注曰：「被鍚，讀爲髲鬄。今文鍚爲緆。」《釋文》作「緆，音羊」。夫鄭注既讀鍚爲鬄，則其所引今文必當作「緆」，而陸所見本乃作「緆」，從昜不從易。然則鄭何以讀作鬄乎？

以愚論之，《儀禮》三「鍚」字不同：《少牢》之「被鍚」，鄭讀作「髲鬄」，則以髮爲之者也；《喪服》之「鍚衰」，傳曰「麻之有鍚者也」，則以麻爲之者也；《燕禮》「綌若鍚」，綌是葛之粗者，鍚當是葛之精者，則以葛爲之者也，三者本不同類。賈疏引《喪服》之「鍚」説《燕禮》之「鍚」，誤矣。劉昌宗讀余章反，此經師相承舊讀，以别於《喪服傳》之「鍚」也。《少牢》之「鍚」乃「鬄」之假字，自不相混。惟《燕禮》之「鍚」、《喪服》之「鍚」，一麻一葛，實異而似同，經師恐其相混，故

《燕禮》之「錫」讀余章反以別之也。「錫」字何以得讀余章反？蓋錫字從易得聲。《廣韻·二十二昔》「易」字音羊益切，是「羊」與「易」本雙聲字，故從易聲者得讀如羊也。其本字並當作「緆」。《説文》「緆」下有重文「緆」，此後出字，乃經師特製此字，不從糸而從麻，以別於《燕禮》之「錫」也。劉昌宗於《燕禮》讀作羊，以別於《喪服傳》。而經師又於《喪服傳》特製「緆」字，以別於《燕禮》。蓋古人讀經精審，不欲疑誤後學如此。然「錫」字既有羊音，遂與「錫」字形聲俱近而不可別。《文十一年左傳》「錫穴」，《釋文》：「音羊，本或作錫，星歷反。」《哀十二年》「喦、戈、錫」，《釋文》：「音羊，一音星歷反。」兩皆地名。爲錫，爲錫，義無可説，則亦姑存其異讀，可勿論也。惟《少牢》今文自是「緆」字，若別本有誤作「錫」者，已與鄭讀不合，然猶有是字也。陸本乃作「緆」，徧考字書，不見有「緆」字，其誤顯然，是則必宜糾正也。

「子畏於匡」章韓李《筆解》辨

《論語·先進篇》：「子畏於匡，顔淵後，子曰：『吾以女爲死矣。』曰：『子在，回何敢死？』」韓李《筆解》曰：「『死』當『先』，字之誤也。上云『顔淵後』，下云『回何敢先』，義自明。」愚謂此説似有理，故程子亦從之，其實非也。對「後」字言，似「先」字爲長；對「在」字言，終以

「死」字爲是。且「子在，回何敢死」，其意甚深，若作「子在，回何敢先」，則尋常師、弟子皆能之，何足以爲孔、顔乎？嘗論「顔子後」與「子路從而後」不同。彼是從容無事之時，所以後者，偶然相失在後耳；此章「顔子後」，孔注亦以爲「與孔子相失」。若果相失，則倉皇戎馬之中，顔子且不知孔子存亡矣，何以言「子在」乎？故欲知「顔淵後」之故，必先明「子畏於匡」之義。

《子罕篇》包注但載其事，不釋「畏」字。邢疏則爲之説曰：「以衆情言之，故云『子畏於匡』。其實孔子無所畏也。」朱子則云：「有戒心之謂。」此皆不解「畏」字也。古語以爲人拘執謂之「畏」，故《檀弓》以「畏、厭、溺」並言。《史記》載此事言「匡人於是遂止孔子」，又曰「拘焉五日」，又曰「拘孔子益急」。此「止」字即《隱十一年》「戰於狐壤，止焉」之「止」，杜注曰：「内諱獲，故言『止』。」《莊九年》「秦子、梁子以公旗辟於下道，是以皆止」，注亦云：「止，獲也。」「拘」之義與「止」同，《説文》曰：「拘，止也。」《易》有「拘係」之辭，《書》有「執拘」之語。史公敘事，用字不苟，曰「止」、曰「拘」，則孔子當時實爲所拘矣。包注云「匡人以兵圍之」，蓋邏守以兵，是即拘執。宋人〔一〕之止魯隱公亦是如此，非必加以桎梏、縲絏也。在古語即謂之「畏」，故曰：「子

〔一〕宋人，疑當爲「鄭人」，見《左傳·隱公十一年》。

畏於匡。」此記其實，非以衆情度孔子不畏而謂之畏也。《檀弓》鄭注解「畏」字曰：「人或時以非罪攻己，不能有以説之死之者。」又引「孔子畏於匡」爲證。鄭解「子畏於匡」，深得古義。何晏《集解》不引鄭注，故至今失解耳。處畏之法，當有以説之。孔疏謂「卑辭遜禮」，此又不然。説之者，直明告以非罪耳。匡人之圍孔子，以爲陽虎也，宜明告以非陽虎，則自解矣。孔子之得出，必已告知是孔某而非陽貨也；顔淵之得出，亦必告知是孔氏之徒，而非陽貨之徒也。惟孔、顔雖同時被拘，而未必同在一處，故其出也有先有後，而孔子遂有「死矣」之疑。顔淵曰：「子在，回何敢死？」明必不輕身與鬬而死，至同死於畏者之不弔也。當日情事，以意推測，猶可想見，而韓李《筆解》改爲「先」字，彌覺其無理矣。

《家語》云：「子路彈劍而歌，孔子和之，曲三終，匡人解圍而去。」《琴操》云：「孔子和琴而歌，音曲甚哀，有暴風擊，軍士僵仆。於是匡人自解。」夫孔子在圍中，不懾不悚，琴劍自娱，理固宜然。但曲終圍解，及感召暴風，意欲神異孔子而反小之，不如鄙説轉合古人處畏之禮也。

經課續編卷六

古「河圖」「洛書」究是何物説

世傳五十五點之河圖，四十五點之洛書，漢唐儒者從無此説，可勿論也。古説以「河圖」爲八卦，「洛書」爲洪範九疇。若然，則《易》有八卦，無九疇，孔子繫《易》何以並言「河出圖，洛出書」乎？《尚書》但云「天乃錫禹洪範九疇」，不言「洛書」。《漢・五行志》以「初一曰五行」至「威用六極」六十五字，皆是洛書本文。或以「初一曰」等字爲禹所加，或以「敬用」「農用」等字亦皆禹所加，言人人殊，迄無塙據。故愚謂俗説固非，古説亦未必是也。國朝焦理堂氏著《易章句》，於「河出圖，洛出書，聖人則之」下注曰：「未詳。」夫「河圖」「洛書」，古今論説不勝其繁，而焦氏乃以「未詳」二字盡掃而空之，可謂卓絶千古者矣。

然則「河圖」「洛書」果不可詳乎？曰：是又不然，孔子《繫傳》固已有明解矣。《繫辭》上篇曰：「天垂象，見吉凶，聖人象之；河出圖，洛出書，聖人則之。」下篇曰：「古者包犧氏之王天下也，仰則觀象於天，俯則觀法於地。」夫「仰觀象於天」即「天垂象，見吉凶，聖人象之」也，然則「俯觀法於地」即「河出圖，洛出書，聖人則之」矣。以孔子之言推之，「河圖」「洛書」皆言地理者也。《尚書·顧命篇》「天球、河圖」，愚以爲天球言天文，河圖言地理，説詳《茶香室經説》。據班固《典引篇》蔡邕注云：「河圖洛書在東序。」段氏《撰異》疑出今文《尚書》。蓋二者並言地理，乃是同類之物。故言「河圖」兼言「洛書」可也，言「河圖」不言「洛書」亦可也。孔子歎「河不出圖」，不及洛不出書。若一爲八卦，一爲九疇，則不容偏舉其一矣。枚傳以天球爲玉，余著《經説》，不以爲然。乃今又思之，出自河、洛，疑皆是玉。《山海經·南山經》：「箕尾之山，汸水出焉，其中多白玉。柜山，英水出焉，其中多白玉。」《西山經》：「竹山，丹水出焉，其中多水玉。時山，逐水出焉，其中多水玉。」然則圖出於河，書出於洛，亦必是玉可知矣。圖者，玉有圖畫；書者，玉有文字。任昉《述異記》〔一〕云：「帝堯在位，聖德光洽。河洛之濱，得玉版方尺，圖天地之形；又獲金璧之瑞，文字炳列，記天地造化之始。」「河圖」「洛書」正是此類。雖小説家

〔一〕任昉《述異記》，當爲「王嘉《拾遺記》」。

言，不足爲典要，然孔穎達《洪範》疏云：「《中候》及諸緯多説黄帝、堯、舜、文、武受圖書之事。」雖復前漢之末始有此書，以前學者必相傳此説。是則《述異記》所言亦必漢世學者所傳。取以證「河圖」「洛書」，不得謂其無據矣。

「體信足以長人」解

《易·文言傳》「君子體仁足以長人」，《釋文》曰：「體仁，京房、荀爽、董遇本作『體信』。」夫《易》自商瞿受於孔子，五傳而至田何，又由田何三傳而至京房。京房之本自是孔氏相傳之真本。京房本作「體信」，則自唐石經以下相承作「體仁」者，吾未之敢信矣。鄭康成注《中庸篇》曰：「木神則仁，金神則義，火神則禮，水神則信。」以是言之，仁者木德，信者水德。論人事則宜以木爲首，「帝出乎震」是也；論天道則宜以水爲首，「天一生水」是也。

元、亨、利、貞四德，首繫於乾卦之下。孔子爲乾、坤二卦特作《文言》，而此是乾卦之《文言》，則宜以天道論。「天一生水」，水之德信，故以「體信」爲元也。《洪範》正義曰：「十一月，一陽生，爲水數。六月，二陰生，爲火數。《易説》稱乾貞於十一月子，坤貞於六月未。」然則就乾元而言，其位在子，其數屬水，是宜言「體信以長人」，不當言「體仁以長人」矣。《白虎通》

曰：「水訓準，是平均法則之稱也。言水在黄泉養物，平均有準則也。」夫有準則即所謂「信」也。水可以養物，則信可以長人矣。長人猶言養物，長、養一義也。且以《易》理言之，自乾、坤以下，屯、蒙、需、訟、師、比六卦皆有坎。坎爲水，是天地開闢之初，水爲最大，故以水之德爲乾之元也。《洪範》五行，一曰水。信爲四德之元，猶水爲五行之一矣。《春秋公羊傳·隱元年》疏引《春秋説》：「『元爲氣之始，如水之有泉，泉流之原，無形以起，有形以分。』有形、無形皆生乎元氣而來，故言造起天地，天地之始。」惟天地之始屬水，故乾元宜屬信。《周易》之「元」與《春秋》之「元」，一以貫之矣。

「卒偏之兩」「兩之一卒」解

《宣十二年左傳》「廣有一卒，卒偏之兩」，《成七年傳》「以兩之一卒適吴，舍偏兩之一焉」。此二傳杜注均以「百人爲卒，二十五人爲兩。車九乘爲小偏，十五乘爲大偏」。雖依《周禮》及《司馬法》爲説，然文義糾繚難明。孔疏於《成七年傳》并以傳文「蹇澀」而疑其有誤。不知非傳之誤，由注家失其解也。高郵王氏《經義述聞》駮杜注之誤，是矣。然其自爲説於《宣十二年》可通，於《成七年》不可通；乃謂「兩之」二字是衍文，傳本作「以一卒適吴」，則是削足以就屨矣。今按：《夏官·敘官》「大司馬」疏引服氏舊注解《宣十二年傳》曰：「百人爲卒，言廣有卒爲承也。五十人曰偏，二十五人曰兩。廣既有一卒爲承，承有偏，偏有兩，故曰『卒偏之兩』。」此解「偏」字不以「車十五乘」爲言，勝於杜注；而解「兩」字仍以「二十五人」爲言，則與杜同失。有偏有兩，何以云「偏之兩」？豈果如孔疏所云「成辭婉句」乎？且「一卒爲承，承有偏，偏有兩」，是兩小於卒也；而《成七年傳》云「兩之一卒」，則兩又大於卒矣。以此爲說，萬不可通，宜王氏於《成七年傳》欲删「兩之」二字矣。

愚謂解「卒」字，服、杜皆是；解「偏」字，服是而杜非；解「兩」字，服、杜並非。王氏《述聞》云：「『卒偏之兩』者，百人爲卒，五十人爲偏，兩偏則一卒，故曰『卒，偏之兩』，言一卒之數乃偏之兩。」此説至簡而明矣，乃其解《成七年》則又失之。蓋求其解而不得，輒删去「兩之」二字以成己説，不得謂非曲説也。愚謂此傳二句並有「兩之一」三字，而下句「兩之一」屬偏言，上句「兩之一」屬卒言。使易其文曰：「以卒兩之一適吴，舍偏兩之一焉。」則其義便瞭然矣。今上句曰「兩之一卒」，下句曰「偏兩之一」，錯綜成文，亦猶「迅雷風烈」「吉日辰良」之比，古人自有此文法也。何謂「兩之一卒」？蓋一卒百人，兩卒二百人，兩卒而以其一，則是一卒百人也。以下句文法準之，當云「卒兩之一」也。何謂「偏兩之一」？蓋一偏五十人，兩偏一百人，兩偏而舍其一，則是一偏五十人也。以上句文法準之，當云「兩之一偏」也。質而言之，止是以一百人適吴，留五十人於吴耳。

然則何不云「以一卒適吴，舍一偏焉」，豈不明白易曉？而顧蹇澀其辭如此，必有義在矣。蓋此「偏」字非《司馬法》之「偏」。司馬穰苴，齊景公時人。此時未有穰苴，安有《司馬法》？諸家以《司馬法》之「偏」説此兩傳之「偏」，誠爲大誤。《周禮》又無「偏」名，然則「偏」之名始於何時？考《桓三年傳》「鄭爲魚麗之陣，先偏後伍」，軍陣之有「偏」名，始見於此。夫曰「魚麗」，必有兩相附麗之義。《詩·干旄》疏引王肅説「夏后氏駕兩謂之麗」，魚麗之義必取此也。疑當時諸侯兵制皆然，楚二廣二卒固相麗矣。晉制未必即同於楚，然卒、偏之名不異，其制亦或相同。故就兩卒之中以其一卒適吴，又就兩偏之中舍其一偏於吴。當時固合兩卒兩偏，簡其精鋭，非漫然將一卒而往、舍一偏而歸也。孔疏疑傳文蹇澀，不知此正其曲盡事理，言簡而該也。

「無所取材」解

材者，桴材也。《集解》引鄭注曰「無所取於桴材」，已得其解矣。又出一説云：「『無所取哉』，言唯取於己。古字材、哉同。」夫「材」字雖可通作「哉」，然「無所取哉」文義未足，且「唯取於己」亦與此章義無涉，必非孔子語意也。愚謂此章之旨，馬、鄭皆得之，而何氏《集解》采掇不全，疏家遂失其旨。

按：邢、皇二疏並引「居九夷」爲説，此大誤也。「子欲居九夷」，猶「公山弗擾召，佛肸召，子欲往」，實有其意也。「乘桴浮於海」，不言「吾欲」，乃譬況之辭也。蓋孔子一生，道大而無所試。其仕於魯，位不過下大夫，官不過中都宰，以此區區而欲道濟天下，譬猶浮於大海而僅籍此竹木之桴，豈有可濟之理乎？故曰：「道不行，乘桴浮於海。」猶周公言「若涉大水，其無津涯」也。又曰：「從我者，其由與？」子路平日欲得千乘之國而爲之，視冉有輩不同。乃仕魯僅爲季氏宰，仕衛僅爲蒲大夫，是亦未得行其志也，則亦猶乘桴而浮海也，故曰：「從我者，其由與？」皆所謂微言也。馬季長知之，故解「桴」字曰：「桴，編竹木也。大者曰筏，小者曰桴。」夫以海之大而欲浮之，筏且不可，何況於桴？馬固知孔子之言非實矣。鄭云：「以子路不解微言，故戲之耳。」「微言」謂譬況之言也。是馬、鄭皆達此旨也。子曰：「由也好勇過我，無所取材。」言安得此大材成此大桴，以浮於大海乎？此言雖戲，亦即微示己意。《龜山之操》曰：「手無斧柯，奈龜山何？」無斧柯不能通龜山，無桴材不能浮大海，其語意一例也。欲解「無所取材」之義，必先解「乘桴浮海」之義，故具説之。然非愚之創解也，《論語》家舊説固有之，皇侃

《義疏》引「又一家云：孔子爲道不行爲譬，言我道之不行，如乘小桴入於巨海，終無濟理也。非唯我獨如此，凡門徒從我者道皆不行，亦並由我故也。子路聞我道由，便謂『由』是其名，故便喜也。孔子不欲指斥其不解微旨，故微戲曰：『汝好勇過我，我無所更取桴材也。』」此解於「乘桴浮海」及「無所取材」均得其義。惟「從我者，其由與」「子路聞之喜」二句實爲誤解，淺陋可笑。後儒因屏而不取，而此章晦矣。

「甲午晦」公穀異義說

《春秋》書「晦」者二：《僖十五年》「己卯晦」，《成十六年》「甲午晦」。《公羊傳》並曰：「晦者何？冥也。」《穀梁傳》於《僖十五年》則曰：「晦，冥也。」與《公羊》同；《成十六年》則曰：「日事遇晦曰晦。」與《公羊》異。《左傳》無說，蓋以爲值朔書「朔」、值晦書「晦」，無義例也。後人以曆求之，是二日皆值月盡，於是僉謂《左氏》爲長，《公》《穀》爲短；《穀梁》後說爲是，前說謂非。

愚謂《左氏》國史，以事爲主，《公》《穀》經師，以例爲主。謂《公》《穀》異於《左傳》則可，謂《公》與《穀》異亦可，謂《穀梁傳》前後異說則不可，未有一家之書而前後各爲一義者也。何以明之？《漢書・五行志》曰：「景、武之世，董仲舒治《公羊春秋》，始推陰陽爲儒者宗。宣、元之後，劉向治《穀梁春秋》，數其旤福，傳以《洪範》。至向子歆治《左氏傳》，言《五行傳》又頗不同。」然則董仲舒，《公羊》家也；劉向，《穀梁》家也；至劉歆，則《左傳》家也。考《志》所引三家之論，「董仲舒以爲夷伯，陪臣不當有廟，晦冥，雷擊，明當絶去」，《公羊》家說固然矣。劉向於《僖十五年》以爲「晦，冥也」，於《成十六年》以爲「正晝皆暝，陰爲陽，臣制君」，又以爲「此皆所謂夜妖者也」，則亦同乎《公羊》之說。夫仲舒治《公羊》，而劉向治《穀梁》，其說無異，則可知《公》《穀》之無異說也。其下文云：「劉歆以爲《春秋》及朔言朔，及晦言晦。」此則《左傳》家說，非《穀梁》家所有，正班氏所謂「又頗不同」者也。使《穀梁》果有「日事遇晦曰晦」之説，劉向何得蔑棄之乎？然則《成十六年穀梁傳》明有「日事遇晦曰晦」之説，何也？竊謂非《穀梁》原文，傳者誤也。蓋《公》《穀》之學大旨不異。《春秋》不書「晦」，兩家之通例。《公羊》則於《僖十六年》發傳曰：「朔有事則書，晦雖有事不書。」《穀梁》則於《僖二十二年》發傳曰：「日事遇朔曰朔，遇晦不曰晦。」兩傳文異義同，其後著之竹帛，則誤將此二句分著於「朔」「晦」之下：於《僖二十二年》「己巳朔」則曰：「日事，遇朔曰朔。」於《成十六年》「甲午晦」則曰：「日事，遇晦不曰晦。」明此所謂「晦」即《僖十五年》「晦，冥也」之「晦」，而非「晦朔」之「晦」。雖割裂其文，於《穀梁》本旨未失也。承學之士不達其旨，以爲上既書「甲午晦」，何得云「不曰晦」，乃删去「不」字，遂成「遇晦曰晦」，而《穀梁》之義同於《左氏》矣。經師家法豈可混亂？此不可以不正也。

《論語》引《詩》「誠不以富」二句解

《論語·顏淵篇》「子張問崇德辨惑」章末引《詩》「誠不以富，亦祇以異」。鄭注曰：「言此行誠不足以致富，適足以爲異耳。取此《詩》之異義以非之。」正義曰：「案《詩》『誠』作『成』。鄭箋云：『女不以禮爲室家，成事不足以得富也。女亦適以此自異於人道，言可惡也。』此引《詩》斷章，故不與本義同。」愚謂鄭此注與彼箋字句小異，大旨不殊。正義謂「引《詩》斷章，不與本義同」，非也。但如鄭注「取此《詩》之異義以非之」，實不可通。下文樊遲問辨惑，子曰：「一朝之忿，忘其身，以及其親，非惑與？」此章子張問辨惑，子曰：「既欲其生，又欲其死，是惑也。」語意相似。「非惑與」之下不綴一語，則「是惑也」之下亦不容綴一語，故知此二句必不與「問辨惑」相屬。宋儒疑爲錯簡〔一〕，信爲有見。程子曰：「此錯簡當在第十六篇『齊景公有馬千駟』之上。」然相隔絶遠，古書錯簡未有如此之遠者也。程子謂：「因此下文亦有『齊景公』字而

〔一〕 簡，原訛「間」，據上下文改。

誤。」乃朱子又從胡氏説，移至「其斯之謂與」之上，則又不因「齊景公」而誤矣。

愚謂「齊景公有馬千駟」上無「孔子曰」字，自與上「見善如不及」章連屬爲一。「齊景公」云云必當時有此語，而孔子引之，但重伯夷、叔齊，不重齊景公。孔子以隱居求志、行義達道者未見其人，故引此語以見，如伯夷、叔齊者，庶足當其人也。「隱居」「行義」二句，近解者分隱、見二義，古説固不如此。正義曰：「『隱居以求其志』者，謂隱遁幽居，以求遂己志也。『行義以達其道』者，謂好行義事，以達其仁也。」然則此二語非伯夷、叔齊之定評乎？故夫子引之而曰：「其斯之謂與？」若加「誠不以富」二句，將謂景公富而夷齊異乎？然則夷、齊者，乃詩人所謂「自異於人道而可惡」者也。引《詩》之意與《詩》意大悖，雖引《詩》斷章，然悖不至此也。故錯簡之説雖若可信，而程朱之説實未敢從。

余從前著《茶香室經説》，欲移「齊景公有馬千駟」三十七字於《衛靈公篇》「君子憂道不憂貧」之下，此亦太遠，與宋儒説無異，不可用也，附此正之。然則「誠不以富」二句究爲何章之錯簡？愚謂此即在「齊景公問政」章之末，因傳寫失此二句，而補者誤著之「齊景公」上，遂成此誤。杜預注《左傳》所謂「傳寫跳此」也。今移至章末，其文云：公曰：「善哉！信如君不君、臣不臣、父不父、子不子，雖有粟，吾得而食諸？『誠不以富，亦祇以異。』」富即有粟之謂也。雖有粟，而以不君、不臣、不父、不子自異於人道，則不得而食之矣。此與《詩》意豪不相背，而「誠不」云云與上文「信如」云云語氣亦復一貫，然則此二句在此無疑矣。考古簡策之制，賈公彥云：「簡據一片而言，策是編連之稱。」然則簡策同物，分之爲簡，合之爲策也。鄭君説：「《論語》八寸策，三分居一，又謙焉。」是古經籍策長二尺四寸。鄭注《尚書》又云「三十字一簡」，二尺四寸容三十字，則八寸僅容十字。然策既謙而從小，則字亦宜小，或倍之爲二十字一簡，亦未可知。自「齊景公問政於孔子」至「吾得而食諸」其四十六字，兩「孔子」字不疊書，止於字下作「＝」以別之，「君君、臣臣、父父、子子」亦止於字下作「＝」以別之，則可省六字，適得四十字，或正合兩簡之數。其「誠不以富」八字别以一簡書之，而編連於後，乃編者誤綴於前，則此八字移至「齊景公」上矣。致誤之由，猶可推見也。

「壹戎衣」解

「壹戎衣」見《禮記·中庸篇》，「殪戎殷」見《尚書·康誥篇》。鄭康成以《尚書》讀《禮記》，故曰：「戎，兵也。衣，讀如殷，聲之誤也。齊人言『殷』聲如『衣』，虞、夏、商、周，氏者多矣。今姓有衣者，殷之胄與？『壹戎殷』者，壹用兵伐殷也。」其説頗涉迂曲。《廣韻》於殷姓言：「武王滅紂，子孫分散，以殷爲氏。」而於衣姓但言「出《姓苑》」，不言「殷後」，可知譜牒家初無此説也。鄭君以此爲證，亦臆説耳。此二句但中間同一「戎」字，「壹」與「殪」異，「衣」與「殷」異，其文既不相同；《中庸》言武王事，《康誥》言文王事，其事又不相涉，似不必并爲一談，宜隨文解之。《宣六年左傳》：「使疾其民，以盈其貫。將可殪也。《周書》曰：『殪戎殷。』此類之謂也。」則鄭注所謂「壹用兵伐殷」以解《康誥篇》，自合古義。至《中庸》「壹戎衣」之文，僞古文竊以入《武成篇》曰：「壹戎衣，天下大定。」此必禮家舊説有以本字解之者，故作僞者襲用之也。則朱子注《中庸》云「一著戎衣以伐紂」，亦正合古義，不必因其出於宋儒，病其不古而曲徇鄭注也。惟朱注云「戎衣，甲冑之屬」，此則未得古義。《周官・司服職》：「凡兵事，韋弁服。」注曰：「韋弁，以韎韋爲弁，又以爲衣裳。《春秋傳》曰『晉郤至衣韎韋之跗注』是也。今時伍伯緹衣，古兵服之遺色。」然則戎衣自是韋弁服。《襄二十五年左傳》：「鄭子産獻捷於晉，戎服將事。」正義引《周禮・司服》「凡兵事，韋弁服」爲説。唐人説經，自較宋人爲得也。

「不麾蚤」解

《禮器篇》「不麾蚤」，注曰：「麾之言快也。祭有時，不以先之爲快也。齊人所善曰麾。」愚按：以下文「不樂」「不善」「不美」例之，鄭訓「麾」爲「快」，似得其義。然「不以先爲快」，義殊未安。祭不可先，亦不可後。今獨戒其蚤，豈後時無嫌乎？「齊人所善曰麾」，亦無證據。即果有之，鄭君齊人，豈記禮者亦齊人乎？近人知鄭説難通，因麾有指麾之義，蚤有抑搔之義，解爲手容必恭。然與全節語意不倫，實非塙詁。

竊謂此語不與下文四句一例，而於[一]上文「不祈」爲一類。麾者，何也？在《郊特牲篇》謂之「辟」，其文曰：「有由辟焉。」鄭注曰：「辟讀爲弭，謂弭災兵，遠罪戾[二]也。」《釋文》曰：「辟，依注作弭，亡妣反。」在《周禮》謂之「彌」，《小祝職》云：「彌災兵，遠罪戾[三]。」鄭注曰：「彌讀曰敉。敉，安也。」而此文則謂之「麾」。據《釋文》知陸氏所見本作「摩」，音「亡妣反」，是其音如靡。弭、彌、摩並一聲之轉也。蚤者，何也？在《周禮》謂之「招」。《女祝職》云：「掌以時招、梗、禬、禳之事。」鄭大夫解爲「招善」，疏云：「招者，招取善祥。」在楚人謂之「醮」，《文選》宋玉《高唐賦》云：「醮諸神，禮太乙。」注曰：「醮，祭也。子肖切。」漢時醮祭金馬、碧雞之神，即其

[一] 於，疑當爲「與」。
[二] 戾，《禮記正義》作「疾」。
[三] 戾，《周禮注疏》作「疾」。

遺法也。而此文則謂之蚤。招、醮、蚤亦一聲之轉也。古文無一定之字，聲有侈斂，文即有殊，使此文作「不弭不招」，則自無疑義矣。因變其文爲「麾蚤」，又省一「不」字，故雖鄭君不得其解也。

「髡者使守積」解

古法止有「髡」，漢法則兼有「耏」，字或作「耐」。《漢書·高帝紀》：「令郎中耐以上，請之。」應劭注云：「輕罪不至於髡，完其耏鬢，故曰耏。」蓋髡者全鬄其髮，耏者止去其鬢。若完則古無此法，漢亦無此法。《漢·刑法志》曰：「當完者，完爲城旦舂。」此當從臣瓚之説，作「當髡者，完爲城旦舂」。「完」字止作「免」字用，言免其髡而使爲城旦舂也。不謂之「免」而謂之「完」者，下文自有「免爲庶人」之文。是免者竟免其罪，此則尚使之役，非免也，直不髡其髮而已，故不謂之免，而謂之完也。乃臣瓚泥於此文，竟謂「文帝除肉刑，以完易髡」，則又失之。下文云：「罪人獄已決，完爲城旦舂，滿三歲爲鬼薪、白粲。」是凡罪人皆有「完爲城旦舂」之例，非獨以之代髡也。惟「當髡者，完爲城旦舂」著於令甲，漢世當髡而完爲城旦者必多，遂相傳有以完代髡之説。於是髡、完遂并爲一談矣。

《漢志》引《周禮》「髡者使守積」作「完者使守積」，此漢人漢語也。沿習既久，經生亦循用之。鄭司農解《周禮·掌戮》「髡者使守積」云：「髡，當爲『完』。」習於漢語而誤也。鄭君謂：「此出五刑之中而髡者，必王之同族不宮者。宮之爲翦其類，髡頭而已。」是後鄭不從先鄭讀爲「完」，而仍依經文作「髡」。髡頭之説，明破先鄭「不虧體」之説，其説是也。惟因五刑無髡，恐不足以折先鄭，乃就五刑推求，諸刑皆無可代，惟宮刑則《禮記·文王世子篇》有「公族無宮刑」之説。公族如此，王族亦宜然。宮刑雖免，不可竟免，乃以髡頭代之，此傳涉曲説也。五刑中大辟之外，墨、劓、宮、刖皆損傷其肢體，故謂之肉刑。髡者，但鬄其髮，於肉無傷，故不謂之肉刑。其刑至輕，故亦不入於五刑，《吕刑》所以無髡刑也。鄭康成既創爲公族以髡代宮之説，而禮又有「刑於隱者」之説，乃云：「守積，積在隱者宜也。」按《大司徒》云：「大賓客，令野修道委積。」疏云：「令遺人於野路之上，修治道塗及委積芻薪米禾之等。」是守積不在隱處明矣。鄭説豈復可通？然其從經文作「髡」，不從先鄭讀作「完」，則實爲卓見。苟知髡非肉刑，不入五刑，古《吕刑》無之，而《周禮》有之，則順文解釋，明白易曉。先鄭不煩改讀，後鄭亦無須辭費矣。

「以杞包瓜」解

「以杞包瓜」之「杞」，當從張説，訓爲「苟杞」。王注云：「杞之爲物，生於肥地。」疑亦以「苟杞」説之。馬云「大木」，薛虞《記》云「杞柳」，並非也。《小雅・四牡篇》「集於苞杞」，毛傳云：「杞，枸檵也。」即苟杞也。凡言「苞」者，皆叢生之物。《四牡篇》「苞栩」「苞杞」，《鴇羽篇》「苞棘」「苞桑」，《晨風篇》「苞櫟」「苞棣」，《下泉篇》「苞稂」「苞蕭」「苞蓍」，傳或訓「稹」，或訓「本」，其實皆叢生之義。《爾雅・釋言》：「苞，稹也。」孫注曰：「物叢生曰苞，齊人名曰稹。」《詩》中「苞」字皆當從此解。瓜亦可言苞。《大玄・達》「次三：蒼木維流，厥美可以達於瓜苞。」蓋瓜亦叢生也。

「以杞包瓜」者，言有瓜生於苞杞之中也。此「包」字非「包裹」之「包」，實即「苞」字而活用之，故《子夏傳》作「苞」。上文「包有魚」「包無魚」，或作「庖」、或作「胞」，無作「苞」者，可知此「包」字與「包有」「包無」兩「包」字不同也。瓜生苞杞之中，是謂「以杞包瓜」。若杞生瓜苞之中，亦可云「以瓜包杞」矣。爻之取象既明，則爻義可得而言。瓜者乾象，虞翻言「乾圓稱瓜」是也。九與二爲正應，而二三四皆陽爻，互乾成瓜。九五乘之，故有包瓜之象矣。叢生之物，不止有杞，「苞棘」「苞桑」，指不勝屈。獨言杞者，《易》之爲書，以聲音、文字發揮義理，不可泥其文以求，所謂「其辭文，其旨遠」也。近人惟焦氏循深得其義，謂「豹」則取於「約」，「鮒」則取於「附」，「鶴」則取於「確」。如此之類，皆高郵王氏所謂「鑿破混沌」者也。杞從己聲，「以杞」即「以己」。己者，九五自謂也，即虞注所謂「己得乘之」也。是故「以杞包瓜」猶《需》九三《象傳》之「自我致寇」。寇以人言，故可言我；瓜以物言，不可言己，故變言「杞」，「杞」即「己」也。若言「自己致寇」，則不必作「杞」；若言「以我包瓜」，則亦必爲「莪蓼」之「莪」，而不爲「物我」之「我」矣。此《周易》一經屬辭之例也。

「夔曰於予擊石拊石百獸率舞」十二〔二〕字兩篇重見説

《堯典篇》：「夔曰：『於！予擊石拊石，百獸率舞。』」《皋陶謨篇》亦有此文，下多「庶尹允諧」一句。蔡傳引蘇氏曰：「舜方命九官，濟濟相讓，無緣夔於此獨言其功。此《益稷》之文，簡編脱誤，復見於此。」近人方樸山則謂：「數語斷非脱重，蓋非自言其功，乃自任其事也。

〔二〕 二，原訛「四」，據正文改。

必若有疑，可疑《益稷篇》，不當疑《舜典》，以《益稷篇》上文已有『夔曰』，不應重贅『夔曰』也。」

愚按：此數語之爲脱簡，漢唐諸儒無言及者，惟宋儒有此説。今以《史記》考之，《舜紀》云：「『以夔爲典樂，教稺子，直而温，寬而栗，剛而無虐，簡而無傲；詩言意，歌長言，聲依永，律和聲，八音克諧，無相奪倫，神人以和。』夔曰：『於！予擊石拊石，百獸率舞。』」全録《尚書》文，是《堯典篇》固有此十二字也。《夏本紀》云：「皋陶於是敬禹之德，令民皆則禹。不如言，刑從之。舜德大明。於是夔行樂，祖考至，羣后相讓，鳥獸翔舞，《簫韶》九成，鳳皇來儀，百獸率舞，百官信諧。帝用此作歌曰云云。」其文雖不載兩「夔曰」，然兩節之辭皆撮舉之，則亦無以見《皋陶謨篇》之無此十二字也。《漢書·宣帝紀》：「《書》不云乎？『鳳皇來儀，庶尹允諧。』」師古曰：「《虞書·益稷》之篇曰：『《簫韶》九成，鳳皇來儀，擊石拊石，庶尹允諧。』」何休《公羊·哀十四年》注同此，亦撮舉之辭。雖無「夔曰於予」四字，然明有「庶尹允諧」一句，則不足以證《皋陶謨》之無此一簡，適足見《皋陶謨》之有此一簡也。

夫孔子論爲邦，於有虞氏獨取其《韶》，可見舜之德盛化神，一於《韶》寓之。《樂記篇》曰：「昔者，舜作五弦之琴，以歌《南風》。夔始制樂，以賞諸侯。」是舜樂與夔共成之。虞史屢載夔言，非夔自誇，亦非夔自任，且非夔對舜之言，乃平時贊美《韶》樂之言也。史臣於舜命夔後，即綴以「夔曰『於！予擊石拊石，百獸率舞』」十二字。美《韶》即美舜也。使其爲夔答帝之言，則必如上文之「禹拜稽首」「益拜稽首」，下篇之「皋陶拜手稽首」，何止「夔曰」二字乎？《皋陶謨篇》於「皋陶方祗厥叙，方施象刑，惟明」下載「夔曰」云云，此有深意。見皋陶之刑，所治惟人。夔之樂，則幽而鬼神，蠢而鳥獸，皆能感通，其爲用尤深遠矣。舜之無爲而治，蓋在於此。太史公撮舉其辭，作「皋陶於是敬禹之德」「於是夔行樂」，兩用「於是」字，竟作叙事之辭，不出「夔曰」字，所謂心知其意者也。

孫氏星衍《今古文注疏》謂史公讀「夔曰」爲「夔爰」，猶未免拘牽文字矣。然則一人之語兩書「夔曰」，何也？曰：此古書附載異文之例也。《周禮·大司樂》注引下「夔曰」爲「夔又曰」，段懋堂謂「又」字鄭以意增。愚謂「夔」字鄭以意增，《尚書》本作「又曰」，不作「夔曰」。今作「夔曰」，乃爲鄭學者所改也。《尚書》每有「又曰」之文，《康誥篇》「又曰劓刵人，無或劓刵人」「又曰：『要囚，服念五六日，至于旬時，丕蔽要囚。』」《多士篇》：「又曰時予，乃或言，爾攸居。」《君奭篇》：「又曰：『天不可信，我道惟寧王德延，天不庸釋于文王受命。』」《多方篇》：「又曰：『時惟爾初，不克敬于和，則無我怨。』」余嘗作《尚書又曰解》一篇，援《管子·法法篇》之「一曰」、《大臣篇》之「或曰」爲例，謂古人博采異文，附之簡策也。惟《君奭篇》「又曰『無能往來』」，則別爲之説。至此文之「夔曰」，不知其本爲「又曰」，故説不及焉。今因鄭注而得之，蓋「方施象刑，惟明」之下古本有異同，一本作「夔曰戛擊鳴球」以下四十六字，一本作「夔曰於予擊石拊石」以下十二字，文有詳略，義則無殊。「戛擊鳴球」即「擊石拊石」，「羣后德讓」即「庶尹允諧」，斷無一本重載之理，是必兩本之異同也。傳者以其並有所受，故附載之，標以「又曰」二字，遂開古書附載異文之一體。《周書》諸「又曰」從《虞書》例也。後人不識古書體例，見有「夔曰」即以爲對帝之言，疑其自誇，又諒其爲自任；見有兩「夔曰」，即以爲衍文。以後世文法讀古書，祇見其窒礙也。

「貴遊」「貴由」解

段氏《經韻樓集》有《某讀爲某誤易説》一篇，謂「先用注説改正文，又用已改之正文改注」，遂成斯誤，引《周禮》「葅」「蜮」諸條爲證。此誠獨得之見，可爲治經者掃去一重翳障矣。乃以余觀之，更有用注説改正文，遂削去注文，以就已改之正文者。此等幾無可推尋，幸有一綫遺迹尚存者，是宜表出之，爲治經者告也。《周禮·師氏職》「凡國之貴遊子弟，學焉」，注云：「貴遊子弟，王公之子弟。遊，無官司者。杜子春云：『遊當爲由〔一〕，言雖貴猶學。』」疏云：「鄭既以遊爲無官司，又引子春『遊當爲由』，義得兩通，故引之在下也。」

愚按：經文言「貴遊子弟學焉」，不言「子弟貴遊學焉」，則杜子春説萬不可通，何必引之？其引杜説者，當以己所説「遊」字之義亦未爲塙解也。考之《夏官・諸子》之職明有「國子存遊倅」之文，則鄭解「遊」字正非無據，勝杜遠甚，何鄭意尚有未安乎？竊疑經文「遊」字本是「由」字，鄭以「由」字難通，據「遊倅」之義改讀爲「遊」。自鄭改讀後，「貴遊」二字遂成恒言，詩文沿襲，習以爲常。然在鄭君時，則此二字頗覺不倫，於他書亦無所見，且「由」之與「遊」，求之經典，絶無通用之證。《文選・詠懷詩》「素質遊商聲」，沈約注云：「遊字應作 由。」《檄吴將校部曲文》「將軍蘇游」，注云：「遊與由同。」然皆非古書，鄭所不見，雖云聲近義通，頗慮無徵不信。若「由」之通作「猶」，則見於經典，不可勝舉，《易・豫》九四「由豫」，馬本作「猶豫」，此由、猶通用之明證。《孟子・公孫丑篇》「由反手也」，《離婁篇》「我由未免爲鄉人也」，《音義》並云：「由，義當作猶，古字借用耳。」此借「由」爲「猶」也。《禮記・檀記篇》「猶是附於王父也」，又

〔一〕 由，《周禮注疏》原作「猶」，下同。

曰：「猶是與祭也。」鄭注云：「猶當爲由。」此借「猶」爲「由」也。然則「由」「猶」二字古書相亂久矣。鄭意杜義雖若未安，而杜讀則殊有據，故雖易其說而仍存其説也。鄭注此經必有「由當爲遊」四字，爲鄭學者輒因鄭讀改易正文，竟作「貴遊子弟」，遂删去注中「由讀爲遊」四字，而所引杜注尚有「由當爲猶」四字，與已改之經、已删之注皆不合，則并將杜注「由當爲猶」改作「遊當爲猶」，以合已改、已删之本，而《周禮》原本之作「由」遂泯然無迹矣。夫使經文果作「遊」，杜子春必不改讀爲「猶」，鄭康成亦必不存此不可通之一義。展轉推求，知《周禮》原本作「由」，杜以由、猶古通用字，故讀爲猶；鄭以「雖貴猶學」與正文不合，改讀爲「遊」。後人以注改經，又因經文而删改注文。此愚於段氏所説「某讀爲某誤易」一説之外，又得此一説也。乃愚因經文是「由」字而竊有疑焉。疑此「由」字固不當讀爲「猶」，亦不當讀爲「遊」，乃「冑」之假字也。據《説文》冑從由聲，古文以聲爲主，則借「由」爲「冑」，亦猶以「哥」爲「歌」、以「臤」爲「賢」之比耳。「貴冑子弟」文義甚明，後世亦多沿用之者。《陳書·江總傳》：「丹陽尹何敬容開府，置佐史，並以貴冑充之。」《唐書·温庭筠傳》：「與貴冑裴諴、令狐滈等狎昵。」《王龜傳》：「性高簡，無貴冑氣。」貴冑之義，視「貴猶」爲安，視「貴遊」亦勝。疑杜、鄭之讀均未得也。

「明日以其班祔」解

《士喪禮》下篇「明日，以其班祔」，鄭注曰：「班，次也。祔，卒哭之明日祭名。祔猶屬也。祭昭穆之次而屬之。」其語簡而無病。《士虞禮》「明日，以其班祔」，注曰：「卒哭之明日也。班，次也。」《喪服小記》曰：『祔必以其昭穆，亡則中一以上。』凡祔已，復於寢，如既祫，主反其廟，練而後遷廟。」則增出「祔已復寢」之文。《坊記》云：「喪禮每加以遠。」子游亦曰：「喪事有進而無退。」若「祔已復寢」，則遠而復近，進而復退矣，豈禮也哉？

愚謂祔祭本無主也。《左氏》說「卒哭而祔，祔而作主」，是作主在祔祭之後。祔祭之時，主且未作，何主之有？即從《公羊》說，「虞主用桑，練主用栗」，卒哭在三虞之後，祔祭在卒哭之後，雖無栗主，已有桑主。然《穀梁傳》曰：「喪主於虞，吉主於練。」是桑主乃喪主，非吉主，而祔祭則吉禮也。其稱「孝子某」，鄭注曰：「稱孝者，吉祭。」今奉喪主而行吉禮，吉凶混襍，不亦乖舛之甚乎？即用殷練而祔之禮，祔在練後，有栗主矣。然曾子問曰：「廟有二主，禮與？」孔子曰：「天無二日，土無二王。嘗、禘、郊、社，尊無二上，未知其爲禮也。」若祔主於祖廟，是廟有二主矣。《左氏》說云：「祔而作主，特祀於主，烝、嘗、禘於廟。」今廟有祖之舊主，又有孫之新主，嘗、禘之日，不幾於尊有二上乎？以此言之，不特鄭注「祔已復寢」不合禮意，即祔祭有主，亦不可信。

竊謂祔者屬也，以新死者之神魂附屬於昭穆相當之祖也。卒哭之後，仍有朝夕之哭。自此以後，祥禫之祭皆行於寢，則主之在寢無疑。惟孝子之心，不知神之所在於彼乎於此乎，將以人道事之，則於寢宜；將以神道事之，則於廟宜。孝子不忍死其親，不欲遽事以神道，而亦不敢竟廢。夫神道故主雖在寢，而有祔廟之禮。其祝辭曰：「適爾皇祖某甫，以隮祔爾孫某甫。」兩告之而不分別其辭，蓋使新死者之神即祔於皇祖之主，所謂「隮附爾孫某甫」也。《禮》曰：「君子抱孫不抱子。孫可以爲王父尸，子不可以爲父尸。」其生也，祖可以抱孫，父不可以抱子。故其殁也，子不得祔於父之主，而孫可以祔於祖之主。祔之前，有餞尸之禮。爲之尸者，必死者之孫行也。以死者之神上祔於祖之主，猶以死者之神下祔於孫之身，古人制禮之精義，固如此也。然則竟無所以祔乎？曰：是亦有之，衣服是也。何以徵之？徵之《大戴禮·諸侯遷廟篇》矣。其文曰：「徙之日，君玄服，從者皆玄服。從至於廟。」盧注以廟爲殯宫。此説非是。廟即所祔之廟也。篇首曰「成廟將遷之新廟」，夫曰「成廟」，則廟成而主入矣。是必別有其篇，今亡佚無考矣。因前此有祔廟之禮，疑死者之神容或在廟，故又有遷於新廟之禮，所謂「成廟將徙，敢告」也。其下曰：「奉衣服者皆奉以從祝。」又曰：「奉衣服者降堂，君及在位者皆辟也。」又曰：「奉衣服者至碑，君從。」又曰：「奉衣服者升車，乃步。」又曰：「有司皆先入，如朝位。祝導奉衣服者乃入，君從。奉衣服者入門左，在位者皆辟也。奉衣服者升堂，皆反位。君從升。奠衣服於席上。」凡言「奉衣服者」七，言「奠衣服者」一，而不一言及主，可知祔廟有衣服無主也。衣服於何時藏此？其必在始祔時明矣。故曰亦有所以祔也。盧氏誤解宫爲殯宫，則自殯宫遷廟何以無主？因爲之説曰：「不言奉主而稱奉衣服者，以毁易祖考，誠人神之不忍。」斯曲説也。新主入廟，别有明文，此特其告遷於祔廟之一節。不然，入廟自以主爲重，豈以衣服爲重乎？故《諸侯遷廟篇》之義明，則祔廟可決其無主，而鄭注「祔已反寢」之説更不足辨矣。

「疕瘍」解

《周禮·醫師》「疕瘍者」，鄭注云：「疕，頭瘍，亦謂秃也。」賈疏云：「案下《瘍醫》腫瘍等不言疕，此特言疕者，腫瘍等可以兼之，故云『疕，頭瘍』。」愚謂下既不言疕，何知疕爲頭瘍？賈疏未得鄭意。今按《曲禮》云：「頭有創則沐，身有瘍則浴。」鄭意此「瘍」即《曲禮》所謂「身有瘍」，因以此「疕」當《曲禮》之「頭有創」，故有「疕，頭瘍」之説。其實「頭有創」「身有瘍」，變文以成辭，創、瘍一也。非生於頭者必謂之創，生於身者必謂之瘍也。以創與瘍分别頭與身，尚非塙詁，况此經言疕不言創，安得以《曲禮》説此經而强以疕爲頭瘍乎？是故賈疏未得鄭意，鄭注亦未得經意也。按《靈樞·癰疽篇》曰：「諸癰疽之發於節而相應者，不可治也。發於陽者百日死，發於陰者三十日死。」是癰疽並有陰陽之分。今俗謂陽爲癰，陰爲疽，非古義也。此經所言「疕瘍」即癰疽之發於陽、發於陰者。瘍字從昜，昜即陽之本字。古陽字止作昜，其作陽者，乃山南水北之名，故又從𨸏，非陽之本字也。瘍從昜，則爲發於陽者明矣。瘍發於陽，疕當發於陰，其字從匕者，與牝字從匕、「妣」籀文作「㚸」亦從匕同意也。癰疽之發，名類不一，而陰、陽二義盡之，故以疕瘍並言。「有疾病者」「有疕瘍者」兩句對文，當據唐石經補「有」字，阮校勘記已及之矣。又按籀文「㚸」字，小篆作「妣」，則從「比」即從「匕」也。《靈樞·癰疽篇》「發於肩及臑名曰疵癰」，又曰「發於膝名曰疵癰」，疑疕、疵同字，彼兩「疵癰」或皆發於陰者與？

説「耋」

耋當以八十爲定。《秦風·車鄰篇》毛傳：「八十曰耋。」夫説經之書，莫古於毛傳。毛公以爲八十，則八十矣。而《板篇》毛傳又云「八十曰耄」，此必「九十」之誤。不然，一人之書，一家之學，未有前後異説者也。按《曲禮》自「十年曰幼」至「百年曰期」，皆十年一易其名，而八十、九十同名爲耄，此非古本也。古本蓋作「七十曰耋」「八十曰耄」。陸德明猶及見此本，而反以爲後人妄加。愚謂此二字非後人妄加，乃後人妄删。其所以删者，亦自有故，蓋遵時王之制也。古制悼與耄有罪，不加刑，而耄必九十，則八十者猶不免焉。後王寬大，以爲年至八十猶不免刑，不仁之甚，於是八十之人從九十之例，有罪皆不加刑。《漢書·刑法志》載景帝後三年下詔：「著令年八十以上，八歲以下，當鞠繫者，頌繫之。」古制九十而推至八十，古制七歲而展至八歲，皆漢制之厚於古者。《周禮·司刺》：「壹赦曰幼弱，再赦曰老耄。」鄭司農云：「若今律令，年未滿八歲、八十以上，非手殺人，他皆不坐。」引「今律令」，明以漢制説周制也。於是禮家遵循時制，於「八十曰耋」句删「曰耋」二字，使八十、九十同被「耄」名，並邀寬典，而「耋」之名遂無所專屬。於是有推而屬之七十者，馬注《周易》、服注《左傳》並有此説。然「七十曰老」，《禮》有明文，不得改更爲「耋」。鄭康成依違其間，故注《周易》謂「年餘七十」。蓋不敢以爲七十，又不得以爲八十，乃曰「年餘七十」，見七十有餘、八十不足也。《曲禮》十年一易其名，未有於中間别爲名目者。此鄭君調停之見，不可用者也。若《公羊傳》何劭公注、《爾雅》舍人注並以耋爲六十，此疑「八十」之誤，可置勿論。

愚嘗以六十曰「耆」、七十曰「老」、八十九十曰「耄」說「三壽作朋」詳第三卷。今此說與前異。鄭康成注《詩》《禮》有兩歧者，其答弟子問必有以自解，余不敢然，兩存其說而已。

「裘」「求」辨

許氏《說文》以「裘」「求」爲一字。至亭林顧氏作《唐韻正》，乃始分別其音，「裘」音渠之反，「求」音巨鳩反，且謂「『裘』字自魏文帝《善哉行》『被我輕裘』始與『憂』爲韻」。然則古讀「裘」字不與「求」字同也。夫字義不同，字音又異，則許君合爲一字，誤矣。且「裘」篆說解既曰「从衣，求聲」，又云「一曰象形」，是許君於此字非有定見，以爲諧聲字，又以爲象形字，頗涉騎牆，宜段注之以意删改矣。

愚謂「裘」字實非從「求」得聲，許所謂「一曰象形」者，必古說相傳如此也。考古「裘」字作（見蚤卣），其外即「衣」字。古「衣」字作（見盂鼎），又加者，象裘之毛也。許君說「表」字曰「古者衣裘，故以毛爲表」是也。外加，正裘之象矣。其中之即手也。振裘者必挈領，故以象之，猶「皮」字亦從，象以手剥取也。此與「求」字初不相涉。因古今裘制不同，古者

衣裘毛在外，後世衣裘毛在内，於是將仌形移入衣中，其字不爲□而爲□，字體之殊，因裘制之異也。許君所收小篆已如此，遂若其中從「求」者，而誤仞爲從「求」得聲矣。

「求」者「干求」之本字，求必以手，故從又。其從仌者，《説文·八部》有仌字，曰「分也」。《曲禮》曰：「分毋求多。」蓋求必求人之分物與我，故從仌也。求以手求，從手，從仌，猶分以刀分，從刀從八。重八爲仌，從仌猶從八矣。此與「裘」字亦不相涉。《詩·大東篇》鄭箋云：「舟當作周，裘當作求，聲相近故也。」是鄭意以「裘」之與「求」，猶「舟」之與「周」，乃聲之相近而非字之相同也。愚故辨别其字，不從許而從鄭。

「聘諸侯非正」説

《隱九年穀梁傳》：「聘，問也。聘諸侯，非正也。」范氏《集解》曰：「《周禮》：『天子時聘以結諸侯之好，殷覜以除邦國之慝，閒問以諭諸侯之志，歸脤以交諸侯之福，賀慶以贊諸侯之喜，致禬以補諸侯之災。』許慎曰：『禮：臣病，君親問之，天子有下聘之義。』傳曰：『聘諸侯，非正也。』甯所未詳。」

愚按：鄭康成注《周禮》，明以「時聘」「殷覜」二者爲王見諸侯之臣使來者，以「閒問」以下四者爲王使人於諸侯之禮。是天子於諸侯曰「問」，諸侯於天子曰「聘」，分别甚明。范氏乃混而一之，其殆讀《周禮》未讀鄭注乎？近人已有糾正之者，可勿論矣。惟「聘諸侯，非正」，則《春秋》何以書「聘」？蓋《春秋》固託王於魯者也。《春秋》託王於魯，故於天王書「來聘」，於小國書「來朝」，隱然以魯當新王矣。公羊子深知《春秋》之義者也，《春秋》之義，以魯當新王，則上受天子之聘，下受小國之朝，固其分之所當然矣，故《公羊傳》無説也。穀梁子未達此義，乃據周公之典以律《春秋》，先正其名曰「聘，問也」，此與《論語》「對曰：『有政。』子曰：『其事也。』」一例，非因聘問通稱以「問」詁「聘」也。乃即斷之曰：「聘諸侯，非正也。」穀梁子蓋淺於《春秋》而深於《禮》矣，故謂穀梁子未達《春秋》託王於魯之義則可，謂穀梁子不考《禮經》則不可。彼何氏者固不知《春秋》，且不知《禮》。其所以誤者，則以「聘，問也」一語爲以「問」詁「聘」，遂謂「聘問」通稱，「閒問」亦聘也。并引「臣病君問」之禮爲説，疏舛甚矣。夫使《穀梁》誠以「問」詁「聘」，則齊、晉諸侯來聘於魯者多矣，何以「聘，問也」一語必發之於天王之使哉？要而論之，《公》《穀》皆與聞聖門之緒論，各有師承。公羊不發《傳》，以《春秋》託王於魯，聘固禮所當然也。然非穀梁子特發「聘諸侯，非正」之説，又誰知《春秋》書「來聘」之以新王待魯哉？然則二傳正互相成也。

經課續編卷七

「高禖」解

《月令》「高禖」，《大雅·生民》傳、《商頌·玄鳥》傳均作「郊禖」。《詩》正義引《鄭志》焦喬答問，以爲「先契之時，有禖氏祓除之祀，位在於南郊，以玄鳥至之日祀上帝。娀簡狄吞鳦子之後，後王以爲禖官嘉祥，祀之以配帝，謂之高禖。」是高辛以前爲郊禖，高辛以後爲高禖。曲成鄭說，殆不可信。高誘注《吕氏春秋·仲春紀》曰：「《周禮·媒氏》以仲春之月合男女，因祭其神於郊，謂之郊禖。郊音與高相近，故或言高禖。」此説通達，王氏《經義述聞》從之，似可爲定論矣。

乃愚則又有説焉。竊謂「郊禖」「高禖」蓋是二祭，一而二者也。《月令》兩「高禖」字，其實當一作「郊禖」，一作「高禖」。乃吕不韋作《仲春紀》均作「高禖」，毛公作《生民》傳均作「郊禖」，則在六國時已不得其説。漢時入之《禮記》，即用《吕氏春秋》之本。鄭康成箋《詩》注《禮》，亦不知其所以然矣。然則「郊禖」「高禖」之異安在？曰：記文「是月也，玄鳥至。至之日，以太牢祠於高禖，天子親往」，此當作「郊禖」；下云「后妃帥九嬪御，乃禮天子所御，帶以弓韣，授以弓矢，於高禖之前」，此則作「高禖」者是也。蓋郊禖之禮失傳久矣。《周官·天府職》：「若祭天之司民、司禄而獻民數、穀數，則受而藏之。」是古者民與穀並重。王者撫有四海，固望年穀之豐登，亦望人民之蕃育。《月令》：「孟春之月，天子乃以元日祈穀於上帝。」注曰：「謂以上辛郊祭天也。」此祭天以祈年穀之豐登也。「仲春之月，玄鳥至之日，以太牢祠於郊禖。」蓋祭天而以先媒配焉。先媒不知爲誰，孔正義以伏羲當之。伏羲始制嫁娶，義或當然，此祭天以祈人民之蕃育也。古帝王制此祭爲天下求，非爲一己求，若爲一己求，則小矣。且如堯、舜在位，皆近百歲，周穆王亦然，垂暮之年，豈當更求子嗣乎？謂之郊禖者，郊祭天而配以先媒也。變「媒」言「禖」，鄭君所謂神之也，故其字當作「郊禖」也。至下文「后妃帥九嬪御，乃禮天子所御，帶以弓韣，授以弓矢，於高禖之前」，此則因天子有郊禖之祭，而后妃即往而求子。郊禖之禮，必立上帝之位，而立先禖之位於其旁。后妃無祭天之禮。《内宰》「大祭祀」，鄭注：「謂祭宗廟。」賈疏云：「以其天地、山川、社稷等外神，后夫人不與。」故知大祭祀據宗廟而言，是上帝位前，后妃不得行禮。后妃所得行禮者，惟先禖位前而已。是以不云「郊禖」而變文曰「高禖」。《續漢·禮儀志》引蔡邕説：「高者，尊也。」是其義也。乃記禮者不知「郊禖」「高禖」之所以異，《呂覽》則皆作「高」，毛傳則皆作「郊」，蓋古制湮而古義亦晦矣。

「西旅獻獒」解

「西旅獻獒」，如枚傳之説，其文甚順，乃馬、鄭必讀爲「豪」，而訓爲「酋豪」。蓋此篇雖逸，而馬、鄭固及見其書，故知「獒」之當爲「豪」也。然逸書藏在祕府，不立學官，絶無師説，且或文字剥落，不可辨識，馬、鄭雖見之，未必盡曉。馬但云「酋豪也」，未知其説如何。鄭云：「西戎無君，名强大有政者爲酋豪。國人遣其酋豪之長，來獻見於周。」此義殊有難通。酋豪獻見，當云「豪獻」，不當云「獻豪」。且西戎無君，名强大者爲豪，則豪即其君矣，豈國人所能遣乎？鄭説如此，宜後人之信枚、不信鄭矣。

惟西戎名强大者爲豪，此則可信。王氏鳴盛《尚書後案》引《漢書·趙充國傳》：「先零豪名封煎，罕、开豪名靡當見〔一〕，又有大豪、中豪、小豪之别。羌戎稱豪，訖漢猶然。」此誠塙證也。

〔一〕 據《尚書後案》卷三十，「見」當爲「兒」。

《後漢書·西羌傳》云：「春秋時，陸渾、蠻氏戎稱子。戰國世，大荔、義渠稱王。及其衰亡，餘種皆反舊爲酋豪。」可知「酋豪」之名固春秋、戰國以前之舊號也。

愚謂周初西旅獻豪，即可以漢事解之。《西羌傳》云：「永平中，以竇林領護羌校尉爲諸羌所信，滇岸遂詣林降。林爲下吏所欺，謬奏上滇岸以爲大豪，承制封歸義侯，加號漢大都尉。明年，滇吾復降，林復奏其第一豪，與俱詣闕獻見。」此即所謂「獻豪」也。以漢事證周事，漢時以西戎第一豪詣闕獻見者，乃漢之護羌校尉，則周時以西戎之豪獻見者，亦必周之邊吏也。鄭君乃謂其國人遣之，誤矣。枚傳不從鄭讀，而陰用鄭義，其解「西旅」曰「西戎遠國」。孔疏即從而爲之辭曰：「西方之戎有國名旅。」試問旅國果安在乎？亦可見其爲臆説矣。然則「西旅」當作何解？曰：此周師之戍西陲者也。《毛詩·采薇》序曰：「《采薇》，遣戍役也。文王之時，西有昆夷之患，北有玁狁之難。以天子之命，命將率遣戍役以守衛中國，故歌《采薇》以遣之。」此事雖在文王時，然《六月篇》序云：「《采薇》廢，則征伐缺矣；《出車》廢，則功力缺矣；《杕杜》廢，則師衆缺矣。」正義謂是「厲王廢之」，可知厲王以前固不廢也。況武王克商，天下初定，西北兩戎豈可撤乎？故曰「西旅」者，周師之戍西陲者也。謂之旅，何也？紀其實也。周制五百人爲旅，旅帥皆下大夫，其時西北兩邊年年遣戍，則固不可以動大師，一旅足矣。以五百人戍北，以五百人戍西，而將之者皆一下大夫也。漢制護羌校尉比二千石，亦足當周制下大夫乎？當時西方旅帥，以其酋豪詣闕獻見，史略其名，故曰「西旅獻豪」。太保作《旅豪》，必有不勤遠略之意，惜今不可見矣。

其二

枚氏所傳《旅獒》一篇，僞古文也。近世通儒説「旅獒」者，皆從馬、鄭而不從枚，洵爲定論，余既爲證成其説矣。乃今又思之，枚書雖僞，然亦非無本也。《藝文類聚》載晉傅玄《狗賦》云：「何世來貢，作珍皇家。」考枚傳至晉元帝時始出，而傅鶉觚卒於西晉初，未見枚書，則貢狗之説自古有之；又載賈岱宗《大狗賦》云：「越彼西旅，大犬是獲。」賈岱宗未詳何時人，依《類聚》列於傅玄後，則爲元魏人；而《初學記》又列於傅玄前，則爲曹魏人。曹魏時未有枚傳，北魏時枚傳止行於江左，未行於河朔。河朔學者，《尚書》並主康成，賈岱宗以北人爲北學，其治《尚書》固從鄭氏而不從僞孔。孔穎達《尚書正義》序云：「近至隋初，始流河朔。」是北魏時未見僞孔傳也。何以賈岱宗賦已云「西旅大犬」乎？故愚謂枚説亦有所本，必自漢以來有此一義，枚氏據之，以自異於馬、鄭耳。

嗟乎！枚書之僞，且置勿論，乃余於此篇則深有慨焉。孔子讀《鴟鴞》之詩而歎曰：「爲此詩者，其知道乎？」若僞古文《旅獒》一篇，亦可云「知道」矣，其言曰：「不作無益害有益，功乃成。不貴異物賤用物，民乃足。犬馬非其土性不畜，珍禽奇獸不育於國。不寶遠物，則遠人格；所寶惟賢，則邇人安。」斯言也豈非千秋金鑒哉？夫周初所謂通道者，不過九夷、八蠻而已。若近世則舟車所至，無遠弗屆，豈止如周初所通已哉？而人情厭故喜新，矜奇炫異，房室舟車無不用玻璃，衣服帷幙無不用呢羽。他如什物器具，則洋銅也、洋甆也、洋漆也、洋紙也、洋錦洋布也、洋青洋紅也、洋扇洋繖也，布滿市廛，悉數之不能終其物。外洋奇巧之物日以貴，民間布帛菽粟益賤，豈所謂「不貴異物」「不寶遠物」者哉？嗚呼！僞古文《旅獒》一篇可謂「知道」矣。余故又爲此説，證明其亦爲古義，非敢自背師法也。

《商書》曰「祖甲返」解

《説文·辵部》「返」下引《商書》曰「祖甲返」，段氏《訂正》謂即《西伯戡黎篇》「祖伊返」之誤。以此説經，亦太易矣。然則「祖甲返」當作何解？曰：祖甲見《無逸篇》，枚傳謂是太甲。然其文曰「自殷王中宗及高宗及祖甲及我周文王」，先後秩然，祖甲非太甲明甚。當從鄭注，鄭云：「祖甲，武丁子帝甲也。有兄祖庚賢，武丁欲廢兄立弟，祖甲以此爲不義，逃於人間，故云舊爲小人。」鄭説雖不知所本，然以本經按之，則固如鄭説也。蓋祖甲以有兄在，倫序當立，故援舜避南河、禹避陽城之例，逃之人間，處嫌疑之際，終祖庚之世，竟不一返。及祖庚立十一年而崩，於是諸大臣迎祖甲歸國而立之，祖甲之返即在是時，《書》所謂「作其即位」也。惟《商書》自《高宗肜日》《高宗之訓》兩篇之下，止有《西伯戡黎》《微子》二篇。此二篇不及祖甲，然則「祖甲返」之文見於何篇？愚謂即見於《高宗之訓》也。今《高宗之訓》與《高宗肜日》同序，枚傳云「所以訓也」，蓋謂是祖己訓高宗者。夫祖己訓高宗，則其名篇當如《伊訓》之例，豈得云《高宗之訓》？若《高宗之訓》是訓高宗，豈《康王之誥》是誥康王乎？竊疑《高宗之訓》當别有序，篇亡而序亦失，寫者遂連屬於《高宗肜日》之下耳。高宗之欲立祖甲，必有成言。諸大臣迎立祖甲，必追述高宗遺命以訓祖甲，史録其文，是爲《高宗之訓》，而「祖甲返」三字則史臣紀載之詞也。或疑《高宗之訓》是亡篇而非逸篇，馬、鄭諸儒皆不得見，許君安得見之？是亦不然。如《帝告》亡篇也，而《尚書大傳・殷傳》明有引《帝告篇》之文；《湯誓》亦亡篇也，而《史記・殷本紀》載《湯征》文至五十七字之多，安見《高宗之訓》一篇遂無殘章賸句之存乎？

附「祖甲」辨

段氏作《撰異》，謂《無逸篇》今古文不同，蓋據《漢書》王舜、劉歆之説，又據《隸釋》所載漢石經「高宗之饗國百年，自時厥後」緊接不隔一字爲證。其説不爲無見，然云今古文不同可也，謂「今文實勝古文，帝甲非賢王，雖鄭君之注不得不失之誣」，此則不然。夫「帝甲亂之，七世而隕」，此《周語》所載衞彪傒之言也。以周公之聖，生於商周之間，去祖甲尚近，魏彪傒〔一〕之賢其不及周公，不可以道里計，而其言又發於周敬王之十年，去周初遠，去祖甲更遠，後之人將信周公之説乎？將信魏彪傒之説乎？且「帝甲亂之，七世而隕」，此亦自有説，乃周人臣子之辭也。蓋周之王業始於太王，而太王居邠，適當祖甲之世。周之興基於是，則殷之亡亦基於是矣。即《詩》所謂「實維太王，實始翦商」也，故有「七世而隕」之説。其初不過以時世相當耳，至衞彪傒乃實其罪曰「亂」，至太史公又甚其罪曰「淫」。而周公所謂「能保惠於庶民」者，判若兩人矣。今文家移易其次，改屬太甲，未必不以此也。

《孝經》「先王」中鄭注義

《孝經》鄭注雖未必出於康成，然要是鄭氏之緒言。《開宗明義章》「先王有至德要道」，《釋

〔一〕 魏彪傒，《國語·周語下》作「衞彪傒」，下同。

文》引鄭云：「禹，三王最先者。」陸德明言「禹始傳子，爲教孝之始」，殆非鄭意。鄭不云「先王，禹也」，而云「禹，三王最先者」，此自有説。《春秋繁露·三代改制質文篇》：「王者之治〔一〕，必正號，絀王謂之帝，存二王之後，同時稱帝者五，稱王者三，是故周人之王，尚推神農爲九皇，而改號軒轅謂之黄帝，因存帝顓頊、帝嚳、帝堯之帝號，絀虞而號舜曰帝舜，録五帝以小國。下存禹之後於杞，存湯之後於宋，以方百里爵號公。皆使服其服，行其禮樂。」然則九皇、五帝、三王之名，隨世代而迭遷。其下文云：「《春秋》作新王之法〔二〕。殷周爲王者之後，絀夏改號禹謂之帝。」若此者，《春秋》之制也。孔子志在《春秋》，行在《孝經》。其作《春秋》，爲後王立法。若夫行在《孝經》，則生周之世，爲周之人，固不得從《春秋》之義矣。故以《春秋》之義而言，則禹已絀爲帝，而湯爲三王之最先。以《孝經》之義而言，則三王之先猶是禹也。鄭注云「禹，三王最先者」，正以明《孝經》家説異乎《春秋》家説也。《曲禮》曰：「必則古昔，稱先王。」竊謂凡稱「先王」皆可以此説之。蓋同時稱王者三，既存其王之名，即不得盡泯其王之實，故禮樂衣服猶有

〔一〕治，《春秋繁露》作「法」。
〔二〕法，《春秋繁露》作「事」。

相沿襲者。《春秋》書「王二月」「王三月」以存三統，是其義也。孔子曰「周監於二代」，不及唐虞。唐虞，帝而非王，非周所得而監也；又曰「夏禮吾能言之，殷禮吾能言之」，夫魯備四代之服、器、官，豈孔子不能言唐虞之禮乎？唐虞之帝制，非所用於王者之世也。顔淵問爲邦，孔子不以虞《韶》冠夏時之前，而退列於後，亦以其帝焉而遠之也。孟子猶知此義，故言性善必稱堯舜，而論取民則夏貢、殷助、周徹，論建學則夏校、殷序、周庠，不及堯舜也。夫皇尊於帝，帝尊於王。尊之正所以遠之，故有稱先王無稱先皇、先帝者，譬猶親盡而祧矣。董子言周制則曰「絀虞」，明商之世虞猶爲王，周則絀而帝矣；言春秋之制則曰「絀夏」，明周之世夏猶爲王，春秋則絀而帝矣。得鄭注一言，可知《春秋》《孝經》之異，即可明孔子志在《春秋》、行在《孝經》之旨。蓋孔子之志在立素王之法以遺後世，而行則從周也。鄭義閎通，信矣。

「所俠也」解

《穀梁·隱九年傳》：「俠者，所俠也。」集解曰：「俠，名也。所，其氏。」疏又引糜信説，以爲所非氏，所謂斥也。按：「所」無斥義，糜説難通。至所之爲氏，亦有可疑。《廣韻·八語》「所」下云：「所，亦姓，漢有諫議大夫所忠。」《廣韻》説姓氏，皆本當時譜牒家。是當時譜牒家不知有「所俠」也，不然「所俠」見於《春秋傳》，乃所氏之最古且最顯者，何不言「所俠」而言「所忠」乎？《後漢書・劉茂傳》注引《風俗通》云：「所，姓。宋大夫華所事之後。」是後世所氏如西漢所忠、東漢所輔，皆出於宋，非出於魯也。然則以所爲氏，當別有説。余嘗命詁經諸子説之，迄無定論。漫爲二説，聊質諸君，要亦不得謂之塙解也。

其一曰：「所」疑「所」字之多〔一〕。傳者多見「所」，少見「所」，故誤爲「所」耳。《説文・斤部》：「所，二斤也。闕。」是許君不得其音，然「質」字實從所得聲，「所」音疑與「質」同。大徐音語斤切，非也。古文蓋借「所」爲「質」，以「所」爲「質」猶以「臤」爲「賢」耳。「所俠」者，質俠也。魯之有質氏，雖不可考，然《漢書・貨殖傳》曰：「質氏以洒削而鼎食。」按《考工記》曰「魯之削」，是魯人以削得名，而質氏即以削起家，則質氏當爲魯人。此經所書之「俠」即質氏之先。子孫微弱，無位於朝，故遂不復見。然魯人習於魯俗，至漢世猶得以一技自雄，則其遺澤亦遠矣。

其二曰：周初以殷民六族分，魯有蕭氏、索氏，皆與「所」爲雙聲，古書所傳地名、人姓名皆

〔一〕多，疑當爲「誤」。

無一定，蓋既無義理之可尋，即不能保其聲音之不變。《三國志》注云：「簡雍本姓耿，幽州人語耿爲簡，故隨音變之。」又《廣韻》云：「唐叔虞封於韓，江、淮閒音以韓爲何，字隨音變，爲何氏。」據此則姓氏變易，往往有之。齊之陳氏，俄而爲田氏矣；楚之蔿氏，俄而爲薳氏矣。他如庸職之即閻職也，軒虎之即罕虎也，禽敖之即黔敖也，徐點之即序點也，后稟之即項稟也，郭偃之即高偃也，慶卿之即荆卿也，先施之即西施也，提彌明之即祈彌明也，迷子瑕之即彌子瑕也，微生高之即尾生高也，褚里疾之即樗里疾也，布滿經傳，不可悉數。要而論之，皆雙聲也。所與蕭、索並是雙聲，則未知此所俠之爲蕭俠與？爲索俠與？隱公之世，初入春秋，故家遺族猶有存者，蕭氏、索氏必尚有位於朝，故俠之卒也書於《春秋》。其後三家鼎盛，六族子孫夷於皁隸，而此二氏皆不復見。公羊子齊人，已不知俠之出於何族。穀梁魯人，猶及知之，乃傳之後世，著之竹帛，音隨時變，轉而爲「所」。尹更始之徒傳習師説，但知其爲氏，而不知其爲蕭氏，爲索氏矣。

「汝作朕虞」解

《堯典》「汝作朕虞」，傳曰：「虞，掌山澤之官。」正義曰：「此官以虞爲名，帝言作我虞耳，朕非官名。鄭云：『言朕虞，重鳥獸草木。』《漢書》王莽自稱爲予，立予虞之官。則莽謂此官名爲朕虞，必不然也。」愚謂王莽此制正可證明西漢舊説。鄭君亦以「朕虞」連言，則兩漢經師相承，初無異義。枚氏獨以「虞」一字爲官名，此不足據。惟如鄭説，義亦未安。鳥獸草木豈能重於禮樂，何以命典禮、命典樂皆不言朕，而獨於虞言朕乎？宜後人之信枚、不信鄭矣。

然則「朕虞」名官，必當有説，蓋以此虞爲天子之虞官也。《周禮·鍾師》疏引《異義》：「今《詩》韓、魯説，騶虞，天子掌鳥獸官。」賈子《新書·禮篇》云：「騶者，天子之囿也。虞者，囿之司獸者也。」是亦以騶虞爲天子之囿之虞。韓、魯《詩》説正可爲《尚書》「朕虞」塙解。考《周禮·地官》：「山虞，每大山，中士四人，下士八人；中山，下士六人；小山，下士二人。」《澤虞職》大澤、大藪及中澤、中藪，小澤、小藪，亦同此數。此雖周制，非唐虞之制，然周辛甲《虞人之箴》首云「芒芒禹迹，畫爲九州」，則九州山藪自必各有虞人。舜命九官，正在禹平水土之後。虞人之官必非止益一人，益作朕虞，蓋命其爲天子之虞，以統屬天下之虞，故名其官曰「朕虞」，親之也，亦尊之也。王莽所立「予虞」之官，在漢制謂之水衡都尉，《漢書·百官公卿表》曰：「水衡都尉，武帝元鼎二年初置，掌上林苑。」所屬有上林令、甘泉長，上林、甘泉皆古所謂天子之囿也。漢設水衡都尉以掌上林苑，正本唐虞「朕虞」之制，故莽即名之曰「予虞」。以莽之官名、漢之官制證明「朕虞」之義，不得舍古説而從枚傳矣。

「舜歌南風」解

《禮記·樂記篇》：「舜作五絃之琴，以歌南風。」「『南風』者何也？」按：《襄十八年左傳》：「吾驟歌北風，又歌南風。」正義引服注曰：「卯酉以北律吕爲北風，以南爲南風。」《周禮·保章氏》疏又引服注曰：「『北風』，無射、夾鍾以北。南風，姑洗以南。」蓋十二律分十二月，故十月應鍾亥也，十一月黄鍾子也，十二月大吕丑也，正月太簇寅也，二月夾鍾卯也，三月姑洗辰也，四月中吕巳也，五月蕤賓午也，六月林鍾未也，七月夷則申也，八月南吕酉也，九月無射戌也。以服義推之，九月無射至二月夾鍾皆爲北風，自戌至卯也。三月姑洗至八月南吕皆爲南風，自辰至酉也。分十二律而二之，爲南風，爲北風。此必自古相傳之説，幸存於服氏之注者。舜歌南風，即以姑洗、中吕、蕤賓、林鍾、夷則、南吕六律歌之。古制失傳，不可考矣。

然則舜何以歌南風不歌北風？此則孔子嘗言其義矣。《説苑·修文篇》：「子路鼓瑟，有北鄙之聲。孔子聞之，曰：『先王之制音也，奏中聲爲中節。流入於南，不歸於北。南者，生育之鄉；北者，殺伐之域。故君子執中以爲本，務生以爲基，故其音温和而居中，以象生育之氣。

憂哀悲痛之感不加乎心，暴厲淫荒之動不在乎體。夫然者，乃治存之風，安樂之爲也。彼小人則不然，執末以論本，務剛以爲基。故其音湫厲而微末，以象殺伐之氣。和節中正之感不加乎心，温嚴恭莊之動不存乎體。夫然者，乃亂亡之風，奔北之爲也。昔舜造南風之聲，其興也勃焉，至今王公述而不釋。紂爲北鄙之聲，其廢也忽焉，至今王公以爲笑。』」其後太史公即本孔子之意，以作《樂書》，其文曰：「舜彈五絃之琴，歌南風之詩，而天下治；紂爲朝歌北鄙之音，身死國亡。夫南風之詩者，生長之音也。舜樂好之，樂與天地同意，得萬國之驩心，故天下治也。夫朝歌者不時也，北者敗也，鄙者陋也，紂樂好之，與萬國殊心，故身死國亡。」然則舜歌南風，孔子早有定論矣。鄭康成注此曰：「南風，長養之風也。」此乃相傳之古義。又曰：「以言父母之長養己。」則自爲説而轉失之隘矣。又曰：「其辭未聞。」夫歌南風者，乃舜之鼓琴，以姑洗至南吕六律爲律，非有辭也。且如「子路鼓瑟，有北鄙之聲」，子路亦何嘗有辭哉？鄭云「其辭未聞」，熊氏遂欲以《凱風》當之，而王肅又援據《尸子》襍説，謂南風自有辭，皆鄭注啟之也。然《説苑》載孔子語，止作「南風之聲」，而史公述之，則以爲「南風之詩」。徧考古書，如《韓非》《淮南》皆言「南風之詩」，然則古義之湮久矣。

《僖二十年》「西宮」解

《僖二十年》「西宮災」，《公羊傳》曰：「西宮者何？小寢也。小寢則曷爲謂之西宮？有西宮則有東宮矣。魯子曰：『以有西宮，亦知諸侯之有三宮也。』」此乃《春秋》家相傳之古義，而《公羊》得之。然則諸侯三宮奈何？此見於《説苑·修文篇》，其文曰：「『壬申，公薨於高寢。』傳曰：『高寢者何？正寢也。曷爲或言高寢，或言路寢？曰：諸侯正寢三，一曰高寢，二曰左路寢，三曰右路寢。高寢者，始封君之寢也。二路寢者，繼體之君寢也。其二何？曰：子不居父之寢，故二寢。繼體君世世不可居高祖之寢，故有高寢，名曰高也。』」

按：劉向傳《穀梁》之學，而此所引傳文則非穀亦非高，豈鄒、夾之遺説，劉子政猶有聞乎？愚即以此説《公羊》。《公羊》曰「西宮者，小寢也」，蓋以西宮即右路寢也。路寢何以言小寢？對高寢而言則爲小寢矣。子孫不得居始封君之寢，則惟居二路寢；而子不得襲居父寢，則每一代必虚一寢。魯自伯禽以下，除伯御誅死不數，至閔十六君，伯禽爲始封君，居高寢。自考公以下，世世左右迭居，即兄弟相繼，亦以父子論，考左、煬右、幽左、魏右、厲左、獻右、真左、武右、懿左、孝右、惠左、隱右、桓左、莊右，則閔公宜居左路寢。然魏公弑幽公自立，未必循爲人後之例，視幽如父。則魏公自謂繼煬公者，煬右則魏左矣。由是遞推，至閔公宜居右路寢，即所謂西宫也。不謂之右路寢而謂之西宫，蓋宫之所包者廣，不止一寢而已，君與夫人之正寢、小寢及妾媵之所聚處，子姓之所别居皆在焉。西宫、東宫乃其正名，以其有君之路寢，故謂之左路寢、右路寢。以對高寢言，故謂之小寢，實則東、西二宫耳。閔公之世，東宫爲虚宫；僖公之世，西宫爲虚宫。《春秋》書「西宫災」，言舉宫皆災也。《穀梁》以爲閔宫，蓋猶知爲閔之故宫。《左氏》無傳，而《漢·五行志》載「《左氏》以爲西宫，公宫也。言西則有東」，此亦無異《公羊》之説；又曰「東宫，太子所居」，則不知父子遞居之義，而誤以太子所居東宫説此「東宫」，不知太子所居東宫，東、西二宫皆有之，蓋太子所居在公寢東偏，故有東宫之名。無論在東宫，在西宫，皆謂之東宫，非此「東宫」也。《漢志》所載董仲舒説爲《公羊》之學，劉向説爲《穀梁》之學，以及何休之注《公羊》、范甯之解《穀梁》，則皆并《公》《穀》之義而未之得。嗟乎！三宫之説，《公羊》已言之不詳，況其外諸家乎？賴有劉向《説苑》所引傳文，可見三宫大略。安得博考此等古傳以發明《春秋》古義哉？

《孟子》「北狄」「北夷」説

《孟子·梁惠王篇》《滕文公篇》《盡心篇》並有「南面而征，北狄怨」之句。臧氏琳《經義襍記》云：「前明翻刻北宋版趙注本作『夷』字。」并引趙注及正義證明《孟子》本文是「東面而征，西夷怨；南面而征，北夷怨」：「魏晉間采《孟子》作《尚書》，始改『北夷』爲『北狄』，以與『西夷』儷句。南宋以來，反從晚出古文竄改《孟子》，可謂舍本而逐末也。」余嘗以此命詁經精舍諸子説之，皆以臧説爲然，并云北若言「狄」則西當言「戎」，西不言「戎」知北亦不言「狄」，其説甚正。然則今本作「北狄」者誠誤矣。

乃余則又有説焉。東夷、西戎、南蠻、北狄，雖有定名，而古人往往以「夷狄」連言，如孔子言「夷狄之有君」，《孟子》言「周公兼夷狄」。所謂「夷狄」者，非謂東夷、北狄也。《僖三十三年穀梁傳》曰：「秦之爲狄，自殽之戰始也。」秦在西，不在北，則秦非狄也。《襄二十九年公羊傳》曰：「許夷狄者，不一而足也。」此傳爲吴公子札而發，吴在南不在東北，亦非夷，亦非狄也。可知分言之，則東夷、西戎、南蠻、北狄；若統言之，則曰「夷」可，曰「狄」可，故言「四夷」，亦言「四狄」。「四夷」之名，人所習聞；「四狄」之名，經亦有之。《周官·師氏職》云「帥四夷之隸」，《司隸職》則云「帥四翟之隸」，「翟」即「狄」也，知「四翟」之即「四夷」，則知「夷狄」乃古人之恒言，非必其爲東、爲北也。《孟子》此文作「西夷」「北夷」可，作「西狄」「北狄」亦可；或取儷句，則作「西夷」「北狄」可，作「西狄」「北夷」亦可。北宋時所見《孟子》信古本矣，魏晉時所見《孟子》不更古乎？·魏晉人采《孟子》入《古文尚書》，作「西夷」「北狄」，則其所見《孟子》是「西夷」「北狄」可知矣。必舍魏晉人所見之《孟子》，而從北宋時所見之《孟子》，吾未知其孰爲本，孰爲末也。

「享覿有璋」解

《昭五年左傳》「享覿有璋」，杜注曰：「享，饗也。覿，見也。既朝聘而享見也。臣爲君使執璋。」然「饗禮既亡，執璋無文」，孔疏亦疑之。但疏不破注，故又引《詩》之「奉璋」、《書》之「秉璋」曲成杜義，實非塙詁。《釋文》云：「鄭、服皆以享爲獻。」孔疏引：「鄭氏先儒以爲朝聘之禮，使執玉以授至[一]國之君，乃行享禮，獻國之所有。覿，見也，謂行享禮以見主國之君。」鄭氏

〔一〕據《春秋左傳正義》，「至」當爲「主」。

先儒當是鄭興。但釋享而不及璋，其文未備。孔氏據《小行人》鄭注「五等諸侯享天子用璧，享后用琮。用圭璋者，二王之後」，因謂「上公享王，圭以馬；享后，璋以皮」。夫鄭注言「二王之後」，而孔氏乃推之於「上公」。公、侯、伯、子、男，是爲五等諸侯。鄭以五等諸侯、二王之後分別言之。孔乃謂上公亦享后用璋，與鄭義已小異矣。且其説亦不可通：既舉享禮，何不言享王之圭，而言享后之璋？即以享后言，何不言五等諸侯通用之琮，而言二王之後獨用之璋乎？且杜破享爲饗，鄭訓享爲獻，其義固殊。而「覜」則同訓爲「見」，此一字但以足句耳，與上文朝聘對文，殊不相稱矣。

竊謂朝有朝禮，聘有聘禮，享有享禮，覜有覜禮，不必以享覜之禮并入朝聘之禮。考之《周官》，覜之禮有二：《大宗伯職》「殷覜曰視」，注曰：「殷覜，謂一服朝之歲，以朝者少，諸侯乃使卿以大禮衆聘焉。一服朝在元年、七年、十一年。」此以諸侯覜天子也。《大行人職》亦云：「殷覜以除邦國之慝。」而又云：「王之所以撫邦國諸侯者，歲徧存，三歲徧覜，五歲徧省。」注曰：「存、覜、省者，王使人於諸侯之禮，所謂閒問。」此以天子覜諸侯也。薳〔一〕啟彊因晉使之來而陳

〔一〕薳，原訛「薳」，據《左傳·昭公五年》改。

古禮，當是殷覜，而非「三歲徧覜」之「覜」。準此以言，享禮蓋亦諸侯使人於天子之禮也。《曲禮》云：「五官致貢曰享。」注曰：「貢，功也。享，獻也。致其歲終之功於王謂之獻也。」頗與服、鄭舊注訓「享」爲「獻」相同。五官，疏有二説，一云「后一，天官二，地官三，六府四，六工五」，一云「五官，司徒以下」。釋經釋注，兩義歧異，未知何從。愚按下文「五官之長曰伯」，注以周、召分陝説之，則五官所包者廣。疑内而司徒以下五官、外而五服諸侯，凡致其歲貢於王，皆謂之享。《詩·殷武篇》「莫敢不來享，莫敢不來王」，箋云：「享，獻也。世見曰王。」可知古諸侯於天子有享禮也。《書·洛誥篇》：「汝其敬識百辟享，亦識其有不享。享多儀，儀不及物，惟曰不享。」枚傳曰：「奉上謂之享。言汝爲王，其當敬識百君諸侯之奉上者。」正義曰：「享謂獻也。獻是奉上之辭，故『奉上謂之享』。鄭氏專以朝聘説之，理未盡也。」可知享亦朝聘之類，故鄭即以朝聘説之。享與朝聘實非即一事，故孔疏譏其「未盡」。明乎此，可説此經「享覜」之義矣。諸侯使人致其歲功於王，謂之享；諸侯遇一服朝之歲，使卿聘於王，謂之覜。享也，覜也，亦即朝聘之類，故此文以「朝聘」「享覜」對言。然享覜實非即朝聘，故此文曰「朝聘」、曰「享覜」。别而言之，朝聘事重，故使者執圭；享覜之禮殺於朝覲，故使者執半圭之璋。此蓋古禮如此，今禮文不具，故莫得其説矣。

「繶爵」解

《士虞禮》：「主人洗廢爵，酌酒酳尸。」又云：「主婦洗足爵於房中，酌，亞獻尸。」又云：「賓長洗繶爵，三獻。」注於「廢爵」云：「爵無足曰廢。」於「足爵」云：「爵有足，輕者飾也。」於「繶爵」云：「口足之間有篆文，彌飾。」是廢爵無足，足爵有足，繶爵口足間有飾，以是爲主人、主婦及賓長重輕之辨。鄭注固甚明矣，惟不言「繶爵」得名之義。賈疏云：「案《屨人》，繶是屨之牙底之間縫中之飾，則此爵云繶者，亦是爵口足之間有飾可知。」愚竊疑之，爵之與屨固不倫矣，何必取象於屨中之繶。《屨人》注曰：「繶，縫中紃。」《内則篇》「織紝組紃」，注訓「紃」爲「絛」，曰〔一〕：「薄闊爲組，似繩者爲紃。」是紃即組之小者。凡組之小者皆得謂之繶。《襍記》下篇説韠制曰「紃以五采」，韠亦有繶，非獨屨然矣。繶之義既明，而繶爵之制仍不可考。

謹按：《圖書集成》卷一百九十三有《商繶爵圖》，其説云：「爵之所飾在口之下、足之上。正鄭玄所謂『口足之間有篆文，彌飾』也。雖然，諸爵非無文也，以是謂繶者，舉一隅可以類見

〔一〕引文是孔疏，非鄭注。「曰」前當有「疏」字。

矣。」是雖以爲繶爵，亦未嘗決以爲繶爵也。觀其圖則前喙後尾，兩柱三足，與他爵無異，中間有篆文爲夔龍形，其文甚闊，可謂之組，不可謂之紃，則不足以爲繶爵矣。因以《圖書集成》所載諸爵觀之，爵皆有足，無無足者，則主人所用之廢爵竟不可見。而有商父乙爵七，其第六爵三足完具，竟體無文，疑即主婦所用之足爵，有足以别於主人之廢爵，而無文則異於常爵，正主婦所宜用也。又有高祖乙爵，無他飾，惟中間有一道纏束之文，其形絶細，正孔疏所謂「似繩」者，疑即繶爵也。又有商父戊爵，中間有纏束文二道；又有商子孫巳爵、商素爵，中間並有纏束文三道，皆細似繩。又有商巳舉爵二，其第二爵亦然。疑此等爵皆可以爲繶爵，故有素爵之名，士虞禮用之，固其所也。此外諸爵則莫不有雲雷、夔龍、饕餮之文，文亦甚濶，組也，非紃也，則皆非繶爵也。愚因《圖書集成》所載諸爵而得足爵、繶爵之制，竊自幸生值右文之世，考求古制視昔人爲易也。

「蒼兕」解

今文《泰誓》有「蒼兕」。「蒼兕」之文，見《史記·齊太公世家》。《集解》〔一〕引馬融注：「蒼兕，主舟楫之官。」按：下文「總爾衆庶，與爾舟楫」，若蒼兕專主舟楫，何得「總爾衆庶」乎？且主舟楫官謂之青兕，於古無徵。馬因下有「舟楫」字，望文生訓，不足據也。《論衡·是應篇》云：「倉兕，水中之獸。」又云：「河中有此異物，一身九頭，人畏惡之。尚父因以威衆。」其説怪誕，且必舉人所畏惡者以駭人聽聞，亦非人情。

然則「蒼兕」當作何解？曰：蒼兕者，尚父所建之旗也。《周禮》「司常掌九旗之物名，交龍爲旂，熊虎爲旗，鳥隼爲旟，龜蛇爲旐」，皆以所畫之物名之。《曲禮篇》「前朱鳥而後玄武，左青龍而右白虎」，孔疏亦謂「畫此四獸於旌旗」，然則蒼兕之旗必畫蒼兕於旗也。於古制雖無可徵，然《唐書·儀衛志》云「第四兕旗隊」，是固有兕旗矣，殆亦因乎古也。《志》所載諸旗，如赤熊、白狼之類，皆言其色。兕不言色者，兕無異色也。《説文》云：「兕似野牛，青色。」是兕之色

〔一〕　集解，當爲「索隱」。

青。《禮記·月令篇》「駕蒼龍」，正義曰：「蒼亦青也。」《詩·出其東門〔一〕》傳「蒼艾色」，正義曰：「蒼即青也。」然則蒼兕即青兕，正合其色矣。《曲禮》曰：「前有水，則載青旌。」鄭注曰：「青，青雀，水鳥。」此恐不然。果如鄭注，何不云「前有水，則載青雀」，與下「載鳴鳶」「載飛鴻」一律，而但曰「青旌」乎？疑所謂「青旌」者，但取青色，不拘其物。尚父以師當渡河，故使人以蒼兕之旗指揮其衆，而誓之曰：「蒼兕蒼兕，總爾衆庶，與爾舟楫，後至者斬！」後人不知蒼兕爲旗名，而異義横生矣。

其二

余既以「蒼兕」爲蒼兕之旗，乃《史記索隱》云「本或作蒼雉」，何也？曰：此亦有説。按《周官·司常》：「全羽爲旞，析羽爲旌。」注曰：「全羽、析羽，皆五采繫之於旌旞之上，所謂注旄於干首也。」疏云：「按《序官》『夏采』注云：『夏采，夏翟羽色。《禹貢》：徐州貢夏翟之羽。有虞氏以爲緌，後世或無，故染鳥羽，象而用之。』」然則全羽、析羽，本應用翟。翟，雉名也。後世染鳥羽，象而用之，則雖是他鳥之羽，既以象翟，亦即謂之翟矣。「或本作蒼雉」者，殆尚父當日使

〔一〕 門，原訛「方」，據《毛詩正義》改。

人以析羽之旌指麾軍士乎？何以知其爲旌也？《説文》曰：「旌，析羽注旄首，所以精進士卒。」尚父斯時方有「後至者斬」之命，故用旌以示「精進」之意。《禮記·曲禮篇》「士雉」正義曰：「雉取性耿介，唯敵是赴。」然則疊呼「蒼雉」與情事正合矣。雖然，蒼者青也，夏翟固具五色者，何以謂之蒼雉？曰：夏翟有二種。《周官》「夏采」疏云：「案《爾雅》：『伊洛而南，素質，五采皆備成章，曰翬。江淮而南，青質，五采皆備成章，謂之鷂。』此則夏翟之羽色也。」然則夏翟固有素質、青質二種。此云「蒼雉」則青質之鷂，而非素質之翬也。其必用青質之鷂，亦「前有水，則載青旌」之義也。

余兩説，一作兕，一作雉，皆以旗言，當日發揚蹈厲之風，猶可想見矣。

《成十七年春秋》書「壬申」日解

《春秋·成十有七年》：「壬申，公孫嬰齊卒于貍軫。」《公羊傳》曰：「非此月日也，曷爲以此月日卒之？待君命，然後卒大夫。」《穀梁傳》曰：「十一月無壬申，乃十月也。致公而後録，臣子之義也。」按：下文書「十有二月，丁巳，朔」，從丁巳上推至壬申，四十六日，則壬申必在十月而不在十一月，《公》《穀》兩家所説小有不同。《左氏》無傳，杜注則云：「日誤。」嗟乎！是未免易視聖經矣。夫公、穀二子作傳時已如此，則必孔門相傳之舊本也，《公》《穀》所説亦必孔門相傳之舊説也。此非自漢之後傳寫之誤，可以任意校正者也。上文「十有一月，公至自伐鄭」，何劭公云：「月者，方正下壬申，故月之。」徐疏云：「凡致例時，故此解之。欲正壬申爲十月之日。」此皆能得經意者。

按：《桓二年》「冬，公至自唐」，不書月，此致例書時之所自始。然《春秋》書「公至」亦有書月者，此必各有義存，而傳家亦不能悉得之。若此書「十有一月」，則明爲「正下壬申」張本矣。蓋移「公孫嬰齊卒」於「公至自伐鄭」之後，乃聖經之特筆。下有「十二月，丁巳，朔」，則壬申可決其爲十月，而書在於「十有一月」之後。是以有《公》《穀》兩家之説，雖未知孰得經意，必皆有所本也。《春秋》之文，游、夏不能贊，一字一句皆有深意。七十子亡而微言絶，方苦其無可窺測，幸有此顯然之跡，可以推求聖人筆削之義，忍以「日誤」一言鹵莽滅裂、付之不論不議乎？然則如日月舛錯何？曰：《春秋》固非記事之史也，且即記事之史，亦有不能拘者。《左氏傳》固紀事者也，《成十六年傳》先書「甲午晦」，後書「癸巳」，癸巳乃甲午前一日，左氏欲追叙戰前之事，不嫌其倒置也。紀事且然，况聖經乎？杜氏所推《長曆》，於《春秋》經文月誤、日誤校正甚多，而《公》《穀》皆無説焉，則二子作傳時皆不誤也。他處日月後世見爲誤，而《公》《穀》作傳時皆不誤，可知孔門舊本固無日誤、月誤之文，此經「壬申」不得輕議爲誤矣。

「五官致貢曰享」解

《禮記篇》：「五官致貢曰享。」鄭注於「五官」無説。孔疏則有二説，其釋經云：「『五官』即前自后以下之五官，后一，天官二，地官三，六府四，六工五。」其釋注云：「今謂『五官』，則上天子五官司徒以下。」前後歧異。然觀後一説「今謂」云云，則此乃孔氏自爲説，而前一説必賀循、賀瑒、徐遵明等舊説也。孔氏駮之曰：「若以五官爲后以下，則下云『五官之長』豈有長於后乎？」然則舊説不可用矣。惟據舊説「后一，天官二，地官三」，則上文「天子之五官」，舊作「天子之地官」。孔氏所據本作「天子之五官」，此必傳述之誤。未可舍古本而從誤本，則孔説亦不可用也。「熊氏以爲五等諸侯」，疑當從之。惟熊以五等爲五官，則亦非也。豈公一官，侯一官，伯、子、男各爲一官乎？

今謂五官者，四方諸侯也。古者五德代興，故制度一以五行爲準。設立官職，亦準五行。《昭十七年左傳》服注曰：「春官爲木正，夏官爲火正，秋官爲金正，冬官爲水正，中官爲土正。」是其證也。封建諸侯亦準五行，《禹貢》：「徐州，厥貢惟土五色。」枚傳云：「王者封五色土爲社，建諸侯則各割其方色土與之，使立社。燾以黄土，苴以白茅。」孔疏云：「《韓詩外傳》云：『天子社廣五丈，東方青，南方赤，西方白，北方黑，上冒以黄土。將封諸侯，取其方色土，苴以白茅，以爲社。』蔡邕《獨斷》云：『天子大社，以五色土爲壇，皇子封爲王者，授之大社之土，以所封之方色，苴以白茅，使之歸國以立社，謂之茅社。』是必古書有此説，故先儒之言皆同。」按：蔡邕之説即本漢制，《史記·三王世家》：齊王策曰：「受兹青社。」燕王策曰：「受兹玄社。」廣陵王策曰：「受兹赤社。」蓋用古法也。是故東方諸侯即天子之木官，南方諸侯即天子之火官，西方諸侯即天子之金官，北方諸侯即天子之水官。官止四而云「五官」者，土，寄王也。諸社皆燾以黄土，則土即寓焉矣，故云「五官」也。褚先生補《史記》云：「封於上方者取黄土。」不知「上方」何方，斯臆説也。下文「五官之長曰『伯』」，鄭注引《春秋傳》：「自陜以東，周公主之；自陜以西，召公主之。」此乃周制，非古制也。唐虞之世，始爲四伯，後爲八伯。《周禮正義序》引鄭説云：「始羲、和之時，主四岳者謂之四伯。至其死，分岳事，置八伯。」蓋四伯者，每方一伯；八伯者，每方二伯，皆所謂五官之長也。後世分天下而屬之二伯，是以《康王之誥》云：「太保率西方諸侯入應門左，畢公率東方諸侯入應門右。」是但有二伯，無四伯，無八伯。疑其時不復有「五官」之名矣，故説五官之長不當依周制爲説也。「五官」之説既定，則「致貢曰享」

之義亦明。貢者，四方諸侯各貢其方物，即《禹貢》所載「厥貢」是也。各貢其方物，名之曰「享」。蓋古有此名，《書》曰：「汝其敬識百辟享。」《詩》曰：「莫敢不來享。」皆即此「享」字之義也。鄭注：「貢，功也。致其歲終之功於王。」蓋由於「五官」未得其解，故并「致貢」之義而失之。《僖七年左傳》「諸侯官受方物」，注云：「諸侯官司，各於齊受其方所當貢天子之物。」其即古者「五官致貢」之遺意與？

「繞朝贈之以策」解

《文十三年〔一〕左傳》「繞朝贈之以策」，杜注：「策，馬檛。臨别授之馬檛，並示己所策以展情。」按：杜注非是。上云「秦伯師于河西，魏人在東」，下云「既濟，魏人譟而還」，則繞朝贈策之時，正壽餘臨河欲渡之時，已將舍車而舟矣，何須乎馬檛而以此爲贈乎？自當從服注爲是。正義引服云：「繞朝以策書贈士會。」策書之文，傳雖不載，以意度之，即下文所謂「吾謀」者是也。蓋繞朝既知壽餘之詐，則必力言於秦伯，或請執壽餘以伐魏，或請縱壽餘歸，而潛師從之，

〔一〕文，原訛「成」，據《左傳》改。

以襲取魏，皆不可知。秦伯不從，故繞朝書其辭以策，臨行以贈。繞朝所以發其復而示秦之不受其欺也。宋初，吴越王錢俶來朝，太宗[一]賜以一黄袱，使歸而發之，則皆朝臣請留錢俶之章也。繞朝贈策，其用意正類此。正義謂「事密，不宜以簡贈」，此未知其意者也。杜注既改訓「馬檛」，而又云「並示己所策」，則仍陰用服義矣。

「不從力政」「不與服戎」解

《王制篇》：「五十不從力政，六十不與服戎。」許氏《異義》因疑《周禮》「六十有五皆征之」爲非。鄭《駁異義》乃謂：「皆征之者，使爲胥徒，給公家之事。」此與《周禮・鄉大夫》本職言「服公事者皆舍」義已不合。孔疏申鄭言：「力政[二]、田役爲重，五十免之。戎事差輕，六十不與服戎。胥徒又輕，野外六十五猶征之。」夫戎事至重，反謂輕於田役，其踳甚矣。説此記者總由誤謂此二語是庶人之事。孔疏曰：「上文歲制及杖於家之屬，兼言大夫、士及庶人之老。此

[一] 太宗，當爲「太祖」，見《續資治通鑑長編・太祖開寶九年》。
[二] 政，原訛「役」，據《禮記正義》改。

不從力政，不與服戎，惟據庶人之事。」

愚按：上下所言，皆大夫、士之事，無一屬庶人也。如上文「八十杖於朝，七十不俟朝」諸事，庶人有之乎？即下文「七十不與賓客之事，八十齊喪之事弗及也」，亦以大夫、士言，安得中間此二語獨爲庶人言乎？請即以《周禮》説此記之義。《周禮·夏官·司勳職》云：「王功曰勳，國功曰功，民功曰庸，事功曰勞，治功曰力，戰功曰多。」是古大夫、士立功有此六等。《内則》曰：「五十命爲大夫。」爲大夫者，於王功、國功、民功、事功皆當任之，若治功則可不與矣，至六十則戰功亦可不與矣，皆所以優老也。鄭解「治功」曰：「制法成治，若皋陶。」此義非是。愚謂治功者，有所治作之功也。如《周官》「量人掌營國城郭，營后宫，量市朝道巷門渠。造都邑亦如之」，又「掌固掌修城郭、溝池、樹渠之固」，又「司險掌設國之五溝五涂，而樹之林」。凡此諸官皆有所攻治，「治功曰力」，蓋謂此也。考量人，下士二人；掌固，上士二人、下士八人；司險，中士二人、下士四人。其官皆以士爲之，不以大夫爲之。五十爲大夫，則不復爲此等官矣，故曰「五十不從力政」也。然師帥皆中大夫，旅帥皆下大夫，則軍旅之事大夫猶有事焉，必至六十始免，所謂「六十不與服戎」也。但所謂「不與服戎」者，亦止師帥、旅帥之屬。若上而軍將皆命卿，則尚父八十而鷹揚，「方叔元老，克壯其猷」，當不以此爲限也。

毛傳解「方叔元老」曰：「五官之長，出於諸侯，曰天子之老。」不以其年而以其官，或因古者不使老人主軍旅故乎？鄭注《王制》曰：「力政，城道之役也。」其義可通。但不以大夫、士言而以庶人言，故其《駮異義》云：「力政，挽引築作之事；服戎，從軍爲士卒。」致與《周禮》義違，後人多方申說而不可得。若知此二句皆大夫、士之事，則與《周禮》本不相涉，許、鄭辨論均可不必矣。

《燕燕篇》申魯詩説

《燕燕》之詩序云：「莊姜送歸妾也。」不言歸妾何人。毛公作傳，以戴嬀實之。然據《史記》，則完之母早死，莊姜所送必非戴嬀。毛傳未必得小序之意，今不可考矣。《列女傳》云：「衛姑定姜者，衛定公之夫人，公子之母也。公子既娶而死，其婦無子。畢三年之喪，定姜歸其婦，自送之，至于野。乃賦詩云『燕燕于飛』云云。送去，歸泣而望之，又作詩曰『先君之思』云云。」説者以此爲《魯詩》之説。然按之詩義，亦有未安。子死婦歸，則義已絶矣，尚何望其「先君之思，以畜寡人」乎？且篇名《燕燕》，明是雙燕，「頡之頏之」與「參差其羽，下上其音」是雙燕飛鳴之象。若公子既死，則其婦亦孤燕矣，尚何「頡之頏之」之有乎？疑《魯詩》師説但以此爲定姜送婦之詩，猶《毛詩序》但言「莊姜送歸妾」，未嘗實指其爲何人。「公子既娶而死」云云，乃爲《魯詩》之學者所説，亦猶毛傳以歸妾爲戴嬀，未必得其本意也。

今以詩義求之，定姜所送之子婦，其公子鱄之妻乎？定公諸庶子中，鱄爲最賢。《成十四年左傳》載定姜之言曰：「吾不獲鱄也，使主社稷。」是定姜於諸庶子中，亦最愛鱄。鱄與獻公爲同母昆弟，從獻公出亡，又從之歸國。其後不義獻公，出奔於晉，終身不反。《公羊傳》言：「公子鱄挈其妻子而去之。」是鱄之奔晉與其妻俱。定姜送婦，實兼送其子。故其詩云：「燕燕于飛，頡之頏之。」以燕燕之雙飛喻夫婦之偕行，婦從其夫，故仍以「歸」言，曰「之子于歸」也。卒章「仲氏任只」謂公子鱄也。獻公爲庶長，故鱄爲仲氏。其下三句皆美鱄之詞，而終之曰：「先君之思，以畜寡人。」言鱄以念父之故，克盡嫡母之孝，而言外亦微寓獻公不孝之意。《禮記·坊記篇》引此二句，鄭注曰：「畜，孝也。獻公無禮於定姜，定姜作詩，言獻公當思先君定公，以孝於寡人。」此亦《魯詩》家説。蓋美鱄之孝即是責獻之不孝，意固可通也。

或曰「公子鱄奔晉」。晉在北，不在南，而詩言「遠送于南」，其義何居？不知就天下大勢而言，則晉在北，不在南。若郊關之内，塗徑所由，則不可概論矣。《昭十八年傳》「子産辭晉公子、公孫于東門」，正義曰：「自晉適鄭，當入西門，而辭之東門者，鄭城西臨洧水，其西無門，蓋從東門入爲便，故辭于東門。」夫晉公子西來而入東門，則衛公子北去何妨出南門乎？或又謂「變風終於陳靈」，何以得有衛定姜之詩？不知變風訖陳靈，鄭《詩譜序》之説也，《魯詩》家未必同之，此不足辨。

經課續編卷八

「君子幾」解

經言：「君子幾，不如舍，往吝。」而傳曰：「君子舍之，『往吝』，窮也。」不及「幾」字，則此「幾」字自所不重。鄭康成以弩牙説之。「幾」爲實字，必有實義，孔子作傳何以不及？則鄭説不可用也。王輔嗣有見於此，故訓爲辭。「幾」爲語辭而非實字，宜傳文之不及矣。無如「幾」爲語辭，屬上屬下皆不可通。《釋文》又出「近也」「速也」二義。「君子近」「君子速」，亦不成義。此數説皆非也。

竊謂「幾」當作「嘰」。《淮南・繆稱篇》「紂爲象箸而箕子嘰」，高注曰：「嘰，唬也。」「唬」疑「唬」字之誤。「箕子嘰」，猶言「箕子唬」也，此經「君子嘰」義亦同此。蓋「即鹿無虞」，徒深入乎林中，此乃危道，故君子爲之嘰也。作「幾」者，古字通耳。六三言「嘰」，上六言「泣血」，意有淺深而義則同。蓋五與二應，與三上兩爻皆不相得，故三以往不見納而嘰；上則處險難之極，甚且至於泣血也。

經文有「嘰」字，傳文不及者，此例甚多。如《同人》九五「先號咷而後笑」，傳但曰「同人之先」；《旅》上六「旅人先笑後號咷」，傳但曰「以旅在上」，均不及「號咷」與「笑」；又如《離》六五「出悌沱若，戚嗟若」，傳則但曰「六五之吉」；《夬》九二「惕號」，傳則但曰「有戎勿恤」；《萃》初六「若號，一握爲笑」，傳則但曰「乃亂乃萃」；又六三「萃如，嗟如」，傳則但曰「往无咎」；《中孚》九三「或鼓或罷，或泣或歌」，傳則但曰「或鼓或罷」。然則此經言「君子嘰，不如舍」，而傳但曰「君子舍之」，固不嫌其不備矣。又此經引見《淮南·繆稱篇》，其文曰：「君子非仁義無以生，失仁義則失其所以生；小人非嗜欲無以活，失嗜欲則失其所以活。故君子懼失仁義，小人懼失利。觀其所懼，知各殊矣。《易》曰：『即鹿無虞，惟入于林中。君子幾，不如舍，往吝。』」則《淮南》正讀「幾」爲「嘰」，故以「君子嘰」證「君子懼」也。若但言「不如舍」，則安見失之無以生乎？疑西漢經師舊義固如此，高誘不知而訓「幾」爲「終」，大失《淮南》之意，且於義亦殊不可通也。

其二

《易經》中「幾」字屢見。《繫辭傳》曰：「幾者，動之微。」孔子蓋以此一語總釋全經「幾」字。所謂「見幾」者，見此「動之微」者也；所謂「知幾」者，知此「動之微」者也。惟以字義求之，《説文·丝部》：「丝，微也。」「幾」篆説解曰：「幾，微也、殆也。從丝從戍。戍，兵守也。丝而兵守者，危也。」是「幾」字但有微義及危殆義，而無動義。孔子何以言「動之微」乎？

今按：漢人書「幾」字或作「𨗨」，《費鳳别碑》「庶𨗨昔子夏」是也。《説文》無「𨗨」字而有「趩」字，「𨗨」即「趩」也。從走、從辵通耳。「趩」與「嘰」同意，《説文》：「嘰，小食也。」從口从幾爲食之小者，則從走從幾亦當爲走之小者。《説文》但訓「走」，義未備也。從「幾」有微義，從「走」有動義，是謂「動之微」。全經「幾」字皆此「趩」字，而相承皆作「幾」，惟此經「幾」字則必當作「趩」，於義方明。蓋「即鹿无虞，惟入于林中」，君子必有戒心，足將進而趑趄，有趩之象，故曰「君子趩」，與初九言「盤桓」、六二言「邅如」一例。然與其欲進不進，遲疑不決，不如決然舍去之爲愈，故曰「不如舍」也。愚因漢隸「庶幾」有作「𨗨」者，因悟《易經》「幾」字之義，而即以説此經，與前義未知孰得也。

「其形渥」解

《鼎》九四「其形渥」，王注淺陋，不足論也。宋呂氏《音訓》云：「形，九家、京、荀、虞作『刑』。」以《繫辭》孔子贊此爻語意證之，自以作「刑」爲是。惟「渥」字之義，《集解》引虞云：「渥，大刑也。」《九家易》曰：「渥者，厚大。言罪重也。」並非塙詁。《漢書·叙傳》「底剭鼎臣」，注引服虔曰「《周禮》有屋誅，誅大臣於屋下，不露也」，引此爻爲證。此則與鄭義合。《釋文》曰：「鄭作剭，音屋。」《周官·司烜氏》「邦若屋誅」，鄭注：「謂讀如『其刑剭』之『剭』，『剭誅』謂所殺不於市而以適甸師氏者也。」疏引鄭《周易》注云：「三公傾覆王之美道，屋中刑之。」是服、鄭義同，似可爲此經之塙詁。竊疑亦有未安。

夫《易》爻辭但取象而已，非指實事。鄭以爲「三公傾覆王之美道」，然爻則但曰「覆公餗」而已。以小見大，則所覆者僅爲公之餗，而覆之者非公明矣。《士喪禮》「士盥舉鼎」，注不言士爲何人。至《既夕篇》「士受馬以出」，注云：「此士謂胥徒之長，有勇力者。」然則舉鼎之士亦必同之。公餗之覆，舉鼎者之咎。其咎甚微，未足深誅。即欲誅，亦竟誅之而已，胥吏之長何足辱屋誅乎？據《掌囚》《掌戮》兩職，殺於甸師氏者惟王之同姓及有爵者，胥徒之長固無屋誅之例。上文但取象公餗，此不宜實按三公，故服、鄭之義亦未足信也。

按《玉篇·刀部》：「剭，乙角切，刑也。」或作「𪑾」，《黑部》：「𪑾，乙角切，刑也。」是「剭」字又有作「𪑾」者。《廣韻·一屋》有「剭」「𪑾」二字，不相連。「剭」下云「鄭注《周禮》謂『不殺於市而以適甸師氏者』」，「𪑾」下云「墨刑名」，是陸法言不以爲一字。愚疑《周禮》「屋誅」當作「剭」，《周易》「其刑渥」當作「𪑾」。何謂𪑾？則墨刑之説是也。呂東萊《音訓》引晁氏曰：「九家、京、虞作『剭』，音屋。京謂刑在頄爲剭。」按：「刑在頄」必墨刑矣。《周官·司刑》注曰：「墨，黥也。先刻其面，以墨窒之。」《説文·黑部》：「黥，墨刑在面也。」京房有「刑在頄」之説，即指墨刑無疑。蓋墨乃五刑之最輕者，覆餗小過，懲以墨刑，情罪允當。《易》固無虚設之象也。《廣韻》「墨刑名」三字必《周易》家舊説矣。

「兑爲常」解

陸氏《音義》於「兑爲羊」下引《荀爽九家易》「兑後有二，爲常，爲輔頰」，注云：「常，西方神也。」然西方之神無名「常」者，殊不可曉，疑必有誤。《莊子·秋水篇》「五常之所連也」，《釋文》曰：「本亦作『五帝』。」愚謂「兑爲常」亦當作「帝」。凡《易》言「帝」者，如「帝乙歸妹」「王用享于帝」「履帝位而不疚」「聖人亨，以享上帝」「先王以享于帝」，虞注皆曰：「震爲帝。」惟《説卦傳》「帝出乎震」虞注不傳，不知其説如何。若亦曰「震爲帝」，則是震出乎震也，豈可通乎？崔憬注曰：「帝者，天之王氣也。」然《易》之言「帝」者皆有主名，何得漫無所主而虚設一帝名？是又爲輔嗣之野文矣。蓋説《易》者知震之爲帝，而不知兑之亦爲帝。「帝出乎震」之「帝」以「兑」言也，此即納甲之説。納甲之説本京房，《易傳》謂「震巽之象配庚辛」，陸績注云：「庚陽入震，辛陰入巽。」此京氏得之焦延壽，而傳自孟喜者，必《易》家相承之古義也。魏伯陽竊以作《參同契》，以驗鑪鼎之火候，則以月之生死爲説，謂月三日生明，始受一陽之光，昏時見西方，爲震納庚。故曰：「三日出爲爽，震庚受西方。」則又非孟喜之古義矣。今以古義言之，《震》初九納庚子，六二納庚戌，六三納庚申，九四納庚午，六五納庚辰，上六納庚寅。是震爲東方之卦，而納西方六庚之氣。西方則兑位也，以震言之，則謂之納；以兑言之，則謂之出。故帝出乎震，以兑言也。震爲東帝，是東方之神；兑爲西帝，是西方之神。古注所云亦是古義，誤「帝」爲「常」，則不可通矣。《月令》秋三月皆云：「其日庚辛，其帝少皞。」兑爲西方之帝，即帝少皞也。五方皆有帝，離當爲南方帝，坎當爲北方帝，而不言者，《易》無其象，故不著也。《九家易》於「兑」補「爲帝」一語，正以解「帝出乎震」之「帝」。不然，此「帝」字無著矣。

其二

陸氏《釋文》於「兑爲羊」下引《荀九家易》，羅列逸象。然據阮校勘記，則文字頗有錯誤闕失。「兑爲常」亦疑有闕文也。「爲常」當作「爲常羊」。舊注亦當云：「常羊，西方神也。」淺人不解「常羊」之義，疑「兑爲羊」已見本文，故删去「羊」字，而「常」字遂不可解矣。

今按：常羊者，西方山也。《山海經・海外西經》云：「刑天與帝爭神。帝斷其首，葬之常羊山。」即此山也。亦作「常陽」，《大荒西經》云：「大荒之中有山，名曰常陽，日月所入。」常羊、常陽，蓋同一山，古字通耳。「兑爲常羊」，當釋爲西方之山。而注云「西方之神」者，蓋山必有神。《山海經》每言某山至某山凡幾山，其神狀或鳥身而龍首，或龍身而人面，可知一山有一神。海外荒遠，秩祀不及，故畧之耳，其有神同也。常羊，西方之山，故注以爲西方之神，其義固不相背。然《易》之取象，實以山而不以神。《隨》上六曰「王用亨于西山」，虞注曰：「兑爲西，艮爲山。」必取艮象言之，此虞一家説耳。隨卦震下兑上，本無艮也。何取艮象？《荀九家》逸象，震爲王。然則王爲下震，西山即爲上兑矣。不如從王注，兑爲西方山，義較直捷。王注云：「隨之爲體，陰順陽者也。最處上極，不從者也。隨道已成，而特不從，故『拘係之乃從』也。『率土之濱，莫非王臣』，而爲不從，王之所討也，故『維之，王用亨于西山』也。兑爲西方山者，途之險隔也。處西方而不從，故王用通于西山。」按：輔嗣此注甚合經意。隨道已成而有不從者，必不在邦域之中。《九家》「常羊」之文，正説此經「西山」之義。常羊之山，日月所入，其處極西可知，明必通于極西之山，而後可言隨道大成也。輔嗣云「險隔」，但虛狀其境；《九家》以爲常羊，則并實指其處矣。其實「常羊」二字亦所不拘，任舉《大荒西經》之山，亦無不可以見義。但常羊之山爲日月所入，必極高大，故舉以言之耳。程朱之説皆以西山爲岐山，此則非是。岐山在周之境内，不啻户庭之閒。隨道既成，豈户庭之閒猶有不通者乎？

「華蟲」説上

《尚書・益稷篇》古本合於《皋陶謨》，實一篇也。上文云：「天命有德，五服五章哉！」言五章不言十二章，是虞無十二章之服。《尚書大傳》曰：「天子衣服，其文華蟲、作繢、宗彝、藻火、山龍；諸侯，作繢、宗彝、藻火、山龍；子男，宗彝、藻火、山龍；大夫，藻火、山龍；士，山龍。」正説「五服五章」之義，引見陳祥道《禮書》。然《隋・禮儀志》引《大傳》云：「山龍純青，華蟲純黄，作會、宗彝純黑，藻純白，火純赤。」則又以山龍冠首，次序不同。而《禮書》又引《大傳》云：「山龍青也，華蟲黄也，作繢黑也，宗彝白也，藻火赤也。天子服五，諸侯服四，次國服三，大夫〔二〕服二，士服一。」則又分作繢、宗彝爲二色，合藻、火爲一色，與前所引又不同。

愚謂《大傳》一書久無完本，諸家掇拾，展轉傳寫，謬誤甚多。竊意伏生原文當云：「山龍青，華蟲黄，宗彝黑，藻火赤，粉米白，是謂五章。」而「作會」不數，亦當如鄭説，以「作會」與「絺繡」對文成義也，傳寫者誤連「作會」數之，轉遺「粉米」不數，失伏意矣。其上有日、月、星辰，其下有黼黻，亦不數者，日、月、星辰，人所瞻仰也；黼取斷割，黻取背惡向善，自天子至士皆同，故此五者不以爲差也。天子服山龍、華蟲、宗彝、藻火、粉米，諸侯自華蟲至粉米，子男自宗彝至粉米，大夫藻火、粉米，士粉米。以爲等差者有五，不以爲等差者亦有五，皆五數也，故曰「五章」也。然則華蟲雖未詳爲何物，其是一非二，則可知矣。及周之世，并日、月、星辰等而亦數之，則爲十章。天之大數十二，十非數也。乃分山龍爲二，分藻火爲二，而成十二章，天子備有之。公九章，自山、龍起；侯伯七章，自華蟲起；子男五章，自藻、火起；卿大夫三章，自粉米起。與虞制亦大判相同。山與龍既分爲二，而九章從山、龍起，謂之衮冕，不謂之山冕者，以古山龍本一章，雖分爲二，仍循古義也。鄭君不明此義，乃有「登龍於山，登火於宗彝」之説，以意爲之，自我

〔二〕夫，原訛「大」，據《禮書》卷三改。

作古矣。是故虞制五章，華蟲爲一章；周制十二章，華蟲亦爲一章，則華蟲是一非二益明。

「華蟲」説下

華蟲果何物歟？僞孔傳曰：「華象草華。蟲，雉也。」其意不瞭。孔正義以「雉五色，象草華」説之，則以孔意華蟲爲一物。《昭二十五年左傳》「爲九文」，杜注曰：「謂山、龍、華、蟲、藻、火、粉米、黼、黻也。華若草華。」則以華爲一物，蟲爲一物。孔正義引孔傳而説之，曰：「日也，月也，星辰也，山也，龍也，華也，蟲也，七者畫於衣服。」則又以孔意華、蟲爲二物。蓋由傳語本不分明，故疏家亦爲之疑誤。《書》正義又引顧氏取先儒等説「華取文章，雉取耿介」，而以爲「取象則同」，是亦疑孔傳以「華蟲」爲二也。夫分華蟲爲二，而以蟲爲雉，萬不可通。止一「蟲」字，安知爲雉？《左傳》正義已自破之矣。伏説華蟲爲黑，不知何物。古事茫昧，付之蓋闕。

言華蟲者，當以鄭説爲正。《周官·司服》注曰：「華蟲，五色之蟲。」此一語可爲「華蟲」塙解矣。其下云「鷩畫以雉，謂華蟲也」，則以正文言鷩冕，故以雉説之，非以雉爲華蟲之定名也。何以知之？《考工記》「畫繢之事，鳥獸蛇」，鄭注曰：「所謂華蟲也。在衣，蟲之毛鱗有文采者。」如鄭果以雉爲華蟲，則何以鳥獸蛇又爲華蟲乎？而於《司服》注又何必引《考工記》「鳥獸蛇」之文以亂之乎？蓋蟲之類非一，《月令》四時皆言其蟲，則羽毛鱗介皆蟲也。華蟲亦非一，羽之族若鸞鳳，毛之族若虎豹，皆華蟲也。但言華蟲、不言何物者，意當日所會實非一物。天子之服其蟲宜何物，諸侯之服其蟲宜何物，卿大夫之服其蟲宜何物，在其時必有條例。而年代久遠，載籍無聞，故學者不能言也。鄭康成心知其意，故既一言以蔽之曰「五色之蟲」，而又以雉爲華蟲，以鳥獸蛇爲華蟲，正見其華蟲之不可以一物盡也。不知古制，請以今制明之：今品官補服，文自仙鶴以至鵪鶉、黄鸝，武自獅子以至熊與彪，若此者，其諸即古所謂華蟲與？

「綴衣」解

《尚書》「綴衣」凡四見。枚傳於《立政》釋爲「掌衣服」，於《顧命》釋爲「幄帳」。夫幄帳何得謂之衣？而掌衣服者何以謂之綴衣？枚傳皆不可通。《周禮·幕人》疏引鄭注曰：「連綴小斂、大斂之衣于庭中。」此説不可通於下文之「設黼扆、綴衣」。至《立政》「綴衣」，鄭義云何，更不可考矣。

愚謂馬、鄭舊注雖散佚無存，而漢人舊説則固有可考。《文選》班孟堅《西都賦》云：「虎賁贅衣，閽尹閽寺。陛戟百重，各有典司。」《古文苑》載崔瑗《北軍中候箴》云：「赫赫將帥，典總虎臣。鷹揚旅武，闞然奮震。贅衣近侍，常伯之人。」贅衣即綴衣，與虎賁、常伯並言，即本《周書》。然則綴衣乃侍衛之武臣，故《立政篇》前言「綴衣、虎賁」，後言「虎賁、綴衣」，可見其與虎賁聯官也。《夏官》「虎賁氏掌先後王而趨以卒伍」，綴衣之官雖不見於《周官》，亦必同之。枚傳以爲「掌衣服」，真望文生訓矣。原綴衣命官，蓋以甲得名。甲有上旅、下旅，《考工記·函人》鄭司農注「上旅謂要以上，下旅謂要以下」，故必連綴之，《戰國·秦策》所謂「綴甲厲兵」是也。甲必以綴而成，因有「綴衣」之名，蓋古語也。此「綴衣」則是官名，以其衣綴衣而名之曰「綴衣」，猶士被甲者即名之曰「甲」也。綴衣之官，被甲而衛王官，亦王左右之人，故周公與「虎賁」並言。及作《周禮》，則裁并入《虎賁氏》，故《周禮》無之也。《立政》之綴衣既明，則《顧命》之綴衣亦可得而言。其云「出綴衣于庭」，亦即此官也。《虎賁氏》云：「國有大故，則守王門。」綴衣之官，尤近於王。此時成王將崩，防有非常，虎賁氏必已列於門外，綴衣則陳於庭中。其曰「出」者，蓋此官在平時必有直宿之廬，《西都賦》所謂「周廬千列」也。至是時乃出而陳列庭中，故曰「出綴衣于庭」也。下文又云「狄設黼扆、綴衣」，此五字非叙述一事，乃是與下經爲目。自「牖間南嚮」至「次輅在右塾之前」，皆承「設黼扆」而言，蓋設黼扆訖而次第設之也。自「二人雀弁執惠」至「立于側階」，皆承「設綴衣」而言。蓋此執惠二人，執戈四人，執劉、執鉞、執戣、執瞿、執鋭各一人，共十一人，皆即所謂「綴衣」也，設之者定其所立之位也。此十一人言弁言冕，而不言何衣。據下文「王麻冕黼裳」「卿士、邦君麻冕蟻裳」「太保、太史、太宗麻冕彤裳」，未有不言裳者。此十一人不言，正以其皆衣綴衣，故可不言也。有弁有冕，則十一人中有士有大夫，亦猶《虎賁氏》有下大夫有中士矣。經不目言其爲士、爲大夫，而但言二人、四人、一人，正以上文已明見「綴衣」字，則此十一人即就綴衣言，文義甚明。初不知後世古制失傳，并綴衣之官無知者，於是此經「二人」「四人」云云，轉覺突如其來矣。

《將仲子篇》古義説

《將仲子》一篇，後人以爲淫奔之辭，此不可從。自當從序説，以爲刺莊公而作。然如箋義，通篇皆莊公拒蔡[一]仲之言，恐非詩旨。夫欲刺其人，而反述其人之言以拒人之言，是推波而助瀾，縱風而止燎也。然則當作何解？曰：仲爲蔡仲，此自來無異説者也。《桓十一年左

〔一〕蔡，《毛詩正義》作「祭」。下同。

傳》云：「蔡〔一〕封人仲足有寵於莊公，莊公使爲卿。爲公娶鄧曼，生昭公，故祭仲立之。」是祭仲受莊公之知，由封人而爲卿，娶君夫人，立太子，皆得主之，則蔡仲在莊公時得寵專權可以概見。而太叔封京，蔡仲亦嘗言其不可，是亦不以此事爲然者，特不能如公子呂之一再進諫耳。故詩人刺鄭莊公，不呼莊公而告之，特呼仲子而告之，蓋猶望仲子能回莊公之意也。刺莊公而呼仲子，猶刺宣王而呼圻父，此乃詩人用意之深、立言之厚也。「踰我里」「折我杞」，見太叔必將爲亂，國家將爲所傾覆也；「畏我父母」「畏我諸兄」「畏人之多言」，「父母」指族屬中尊行者，「諸兄」泛謂同姓，「人」則統國人言之，見無論親疏貴賤皆曰不可也，刺之之言可謂切矣。

余竊疑此詩乃公子呂所作。鄭箋云：「仲初諫曰：『君將與之，臣請事之。君若不與，臣請除之。』」按：《左傳》此四語乃公子呂之言，鄭康成非不讀《左傳》者，何謬誤若此？正義謂「仲亦當有此言」，此則想當然語，非可說經矣。愚謂此必說詩者舊說，疑西漢經師猶知此詩爲公子呂作，故即引公子呂之語以發明詩意。公子呂兩次進諫，此正其初諫語也。蔡仲並未再

〔一〕蔡，《春秋左傳正義》作「祭」。

諫，何言初諫？觀「初諫」二字，知其引公子呂語矣。後世師説失傳，莫知爲公子呂作，以公子呂與此詩無涉，遂誤作蔡仲之言。鄭君承襲舊文，不覆按《左傳》，此其疏處。然緣此猶可考見作此詩者爲公子呂也，亦鄭箋之功也。

《覲禮》「受舍于朝」中鄭注義

《覲禮》：「諸侯前朝，皆受舍于朝。」注云：「受舍於朝，受次於文王廟門之外。」按：經言「舍」、注言「次」，經言「朝」、注言「廟」，注與經不同。鄭云：「言舍者，尊舍也。」疏云：「此〔一〕以帷爲次，非屋舍，尊天子之次，故以屋舍言之，是尊舍也。」愚謂注與疏所言「尊舍」並「尊次」之誤，蓋本是「次」而謂之「舍」，以尊天子之次之故。是宜言「尊次」，不宜言「尊舍」，寫者誤耳。若然，則變「舍」言「次」，鄭已自釋其義矣。

惟「朝」則未有説。鄭云：「此覲也。言朝者，覲、遇之禮雖簡，其來之心猶若朝也。」此釋「前朝」之「朝」，非釋「于朝」之「朝」。蓋以諸侯之心，雖覲猶朝，故不曰「前覲」，而曰「前朝」。

〔一〕《儀禮注疏》「此」後有「賓」字。

若下「于朝」字則實言其地，豈得徇諸侯之心，而變先王之廟曰「朝」乎？竊疑經文「于朝」本是「于廟」。《曲禮》注云：「諸侯春見曰朝。受摯於朝，受享於廟，生氣文也。秋見曰覲，一受之於廟，殺氣質也。」鄭知覲禮一受之於廟而不於朝，正以《覲禮篇》首即云「受舍於廟」，後又云：「事畢乃右，肉袒于廟門之東。」前後皆言「廟」，不言「朝」，故決其在廟耳。經文「于廟」涉上文「前朝」字而誤作「朝」，於是經與注兩文歧異，後人不能是正，而徒斷斷於「朝」之爲治朝、爲外朝。然無論治朝、外朝，總不得謂之文王廟門外。此雖爲之繪圖立説，終迂曲而不可通也。

然則鄭何知廟之必爲文王廟乎？蓋周之王業始於文王，文王以前無朝諸侯之事。自虞芮質成，六州歸附，文王乃始受諸侯之朝。古者天下歸往即謂之王。文王有其實，不得辭其名。受命改元之説，亦禮之所宜有矣。《書序》：「十有一年，武王伐殷。」鄭康成謂并文王受命而數之，是文王既没，武王猶襲其年數。故諸侯有來朝者，仍於文王廟受之，此周初之故事也。周公制禮，謹從其舊。是時文王爲王考廟，武王爲考廟，未有祧名。其後定文、武二廟爲不祧之廟，於是有文世室、武世室之名，而後世祧廟之主皆入焉，遂相承以兩世室爲二祧。諸侯無世室，則祧主皆入于太祖廟，因相承以太祖之廟爲祧。《聘禮》所謂「不腆先君之祧」是也。其實周受覲于文王廟，諸侯受聘於始祖廟，均非以祧廟爲尊。鄭注《聘禮》曰：「言祧者，祧尊而廟親，待賓客，上尊者。」此已非制禮之意。賈疏於此篇引「不腆先君之祧」以證其宜在文王廟，又以祧廟有二，何以獨在文王廟，因以父尊子卑爲説。此皆不達古制者也。周制，宗祀文王於明堂以配上帝，而周公攝政六年朝諸侯於明堂。蓋以諸侯皆思文王之德，故既定宗祀文王之大典，即於其地朝諸侯，亦即此義也。

「均服」解

《僖五〔一〕年左傳》「均服振振」，杜注曰：「戎事上下同服。」按：《周禮・司几筵》疏云：「『均服振振』，賈、服、杜君皆爲均。均，同也。」是杜説固賈、服舊義，且其字皆爲「均」，無異字異義也。乃《文選・閒居賦》注引《左傳》作「袀服振振」，引服虔曰「袀服，黑服也」，則字異義異矣。賈不足怪。服君一家之言，何自歧異如此乎？

愚謂字則必當作「均」。「袀」乃後出字，《選》注雖引《説文》有此字，然二徐本皆無之。唐

〔一〕五，原訛「六」，據《左傳》改。

人多誤以《字林》當《説文》，未足盡信。賈公彦云「賈、服、杜皆爲『均』」，是三家同也，其義則一義之引申。服既訓「同」而又有「黑服」之訓，此必有説。惜後人引服注不備，無以明之耳。今按：《周禮・司服》「凡兵事，韋弁服」，注曰：「韋弁，以韎韋爲弁，又以爲衣裳。今時伍伯緹衣，古兵服之遺色。」疏云：「鄭取韎爲赤色韋，故舉漢時爲説〔一〕。」愚按：《詩・瞻彼洛矣篇》「韎韐有奭」，正義曰：「奭者，赤貌。以其用茅蒐之草染之，其草色赤故也。」然則韋弁服自是赤色。惟《司服職》所云凡某事某服，皆不兼庶人言。觀下文「凡弔事，弁絰服」，注引《喪服》舊説而破之，疏申其説云：「士與庶人服同，冠弁則異。」可知所云某事某服皆士以上之服。軍事韋弁服亦惟士以上如此，卒伍固不得服也。卒伍之服，古無可考，鄭注引「伍伯緹衣」證其爲赤色，然漢制去古遠矣。《趙策》曰：「願備黑衣之數，以衞王宫。」此較漢制不尤爲近古乎？然則卒伍之服，蓋黑色也。

古者軍旅之中，將帥衣赤，卒伍衣黑。至春秋時，又以均服爲戎服。賈、杜得其義而未知其色；服知其色而竟以爲黑，則亦有所未盡。均服之色蓋玄色而非黑色。《説文》曰：「黑而

〔一〕 時爲説，《周禮注疏》作「事以爲況」。

有赤色者爲玄。」《詩·七月篇》「載玄載黄」，毛傳曰：「玄，黑而有赤也。」此古義也。《大戴〔一〕記·夏小正》「玄校」傳曰：「玄也者，黑也。」則混而一之矣。其後相承，謂玄色即黑色。《禹貢篇》枚傳曰：「玄，黑繒。」《僖三十一年穀梁傳》注曰：「玄端，黑衣。」《後漢·班彪傳》注曰：「玄秬，黑黍。」《山海經·中山經》注曰：「玄豹，黑豹。」然則服注所謂「黑服」者，亦即玄服矣，蓋均服之製，正取其黑而有赤色。所以然者，以古者將帥衣赤，卒伍衣黑，而後世以爲軍中宜上下一心，不宜上下異服，故上下一律改用玄色。玄之爲色，黑而有赤，將帥衣之，則猶古韋弁服之遺意，以其黑中有赤也；卒伍服之，則猶古黑衣之遺意，以其赤而實黑也。上下皆可服，是爲「均服」。賈逵等以「均，同」釋之，得其義矣。服訓爲「同」，又明其爲黑服，不特得其義，并得其色。但不曰「玄」而曰「黑」，此其小疏耳。

「鄭伯男也」解

《昭十三年左傳》：「鄭伯，男也。」正義引服注曰：「鄭伯爵在男服。」《詩譜》正義引賈曰：

〔一〕戴，原訛「載」，據《大戴禮記》改。

「鄭伯爵在男畿。」男畿即男服，是服、賈同義。賈又有「南面君」之説，孔疏已駁之矣。惟「男服」之説，實亦非是。據《周禮·大行人》，男畿距邦畿千五百里。鄭之初封以及遷國，距王畿皆不及此數，安得云「男服」？韋昭以爲周衰，土地省減，故鄭在南服。斯曲説也。乃鄭康成又引而近之，以爲畿内諸侯。《詩》正義引《鄭志》曰：「先鄭之於王城，爲在畿内之諸侯。雖爵爲侯伯，皆食子、男之地。故云『鄭伯，男』。」此尤違傳義。上文云：「卑而貢重者，甸服也。」子産之意，方欲自别於甸服。鄭乃以畿内爲言，失之遠矣。以上諸説，皆不可通。王肅云：「鄭，伯爵，而連男言之，足句辭也。」則「男」字可删。杜注云：「鄭國在甸服之外，其爵列于伯、子、男。」則又增入一「子」字，皆非塙解。

愚按：「鄭伯男也」亦見於《周語》。彼文作「南」者，古字通耳。伯、男皆爵也。伯自爲伯，男自爲男，而鄭必以伯、男連文，鄭人自言如是，王朝稱之亦如是，他國未有也，此必當有説。按：《白虎通·攷黜篇》云：「七十里伯始封賜二等，至虎賁百人。後有功，賜弓矢。復有功，賜秬鬯，增爵爲侯，益土百里。復有功，入爲三公。五十里子男始封賜一等，至樂，後有功，稍賜至虎賁，賜爵爲伯。復有功，賜至秬鬯，增爵爲侯。」是古制諸侯有賜爵之事，疑鄭始封本男爵，後以有功賜爵爲伯。《史記·鄭世家》云：「宣王二十二年，友初封于鄭。封三十三載，百姓皆便愛之。幽王以爲司徒。」疑始封在宣王時，止爲男爵，至幽王時始賜伯爵。據後賜之爵爲伯，溯始封之爵爲男，故有「鄭伯男」之稱也。惟鄭始封男爵，古書皆無可證，竊以一事證之。《桓元年》：「鄭伯以璧假許田。」《左傳》正義曰：「諸侯相交，有執圭璧致信命之理。今言以璧假，似若進璧以致辭然。」按：《鄉黨篇》「執圭」包注曰：「爲君使，聘問鄰國，執持君之圭。」皇疏曰：「圭，瑞玉也。公桓圭九寸，侯信圭七寸，伯躬圭七寸，子穀璧五寸，男蒲璧五寸。若自執朝王，則各如其寸數；若使其臣出聘鄰國，乃各執其君之玉，而減其君一寸。」此説申明包注甚善，較邢疏之暗破包注者殊勝，説詳《茶香室經説》。據此而言，鄭爲伯爵，宜執躬圭。若使人執以致命，當用六寸之躬圭。乃不以圭假許田，而以璧假許田，蓋始封本男爵，故亦得兼用男之蒲璧也。以此證成「鄭伯男」之説，或亦一義乎？

「明其伍候」解

《昭二十三年左傳》「明其伍候」，杜注云：「使民有部伍，相爲候望。」古本則皆作「五候」。賈、服云：「五候，五方之候也。敬授民時，四方中央之候。」王云：「五候，山候、林候、澤候、川候、平地候也。」董云：「五候，候四方及國中之姦謀也。」並見正義。夫古本皆作「五」，獨杜本作

「伍」，固不得舍古本而從杜矣。惟「五候」之義，究無塙解。董説甚淺，必非古義。王説於山、林、川、澤四者外增出平地，亦屬皮傅之談。賈、服云「五方之候」，意稍近之，而亦未得其説。近人李氏貽德引《書大傳》：「主春者張，昏中，可以種稷。主夏者火，昏中，可以種黍。主秋者虚，昏中，可以種麥。主冬者昴，昏中，可以收斂。」以本傳上下文義按之，甚爲不倫；且是四候，非五候矣。

今按：「五候」之義見於《管子·幼官篇》，云：「若因夜虚守静，人物人物則皇。」尹注曰：「言欲候氣聽聲，以知凶吉，必因夜虚之時守其安静，以聽候人物。此時人物則皇暇，故吉凶之驗不妄。」其下歷舉「五和時節，君服黄色，味甘味，聽宫聲，治和氣，用五數。八舉時節，君服青色，味酸味，聽角聲，治燥氣，用八數。七舉時節，君服赤色，服苦味，聽羽聲，治陽氣，用七數。九和時節，君服白色，味辛味，聽商聲，治溼氣，用九數。六行時節，君服黑色，味鹹味，聽徵聲，治陰氣，用六數」。每一時節之下其文甚繁。《管子》既備著之於書，而又爲《幼官圖》，中方及東、南、西、北每方各有本圖，有副圖。此必古來「候氣聽聲」之法。管子用之以治齊，而楚人亦嘗聞之，故沈尹戌亦有「明其五候」之説。惜此説止見於《管子》之書，而《管子》此篇又多訛脱，不易讀。經師但知以經治經，不能博求之子書，遂使古人「候氣聽聲」祕法不傳於後，甚可惜也。賈、服「中央四方」之説於義稍合，但以「敬授民時」爲主，義有未備。愚以《管子》説之，殆塙解矣。

「請隧」解

晉文「請隧」，杜注云：「闕地通路曰隧，王之葬禮也。諸侯皆縣柩而下。」此本賈侍中舊説。然《檀弓篇》「公室視豐碑」，注云：「豐碑，斲大木爲之，形如石碑，於槨前後四角樹之，穿中，於間爲鹿盧，下棺以綍繞。天子六綍四碑，前後各重鹿盧也。」然則天子之葬，何嘗不縣柩而下乎？至葬之有隧道，非以下棺。《史記・衛世家》「共伯入釐侯羨自殺」，《索隱》曰：「羨，音延，墓道。」此即所謂「闕地通路曰隧」也。其道必甚隘，未足容棺、塗車、芻靈之類於此入耳。天子、諸侯類然，何足請乎？韋昭知此説不通，改爲之説曰：「隧，六遂也。天子遠郊有六鄉，外有六隧。惟天子有隧，諸侯則無。」然「三郊三遂」明見《費誓》，誰謂諸侯無「遂」乎？即云有三、六之別，然則當云「請六隧」，不當但云「請隧」，是故韋説亦不可通也。

愚謂「隧」當讀爲「壝」。從𠂤即從土也，「阯」之爲「址」，其例也。遂聲即遺聲也，「𣄴」之爲「旞」，其例也。「壝」字見《周禮》，《大司徒》云：「制其畿疆而溝封之，設其社稷之壝。」《封人》云：「掌詔王之社壝，爲畿封而樹之。」「壝」字並與「封」字相連，乃悟後世所謂封禪即本古壝封之遺意。鄭注《鬯人職》曰：「壝，謂委土爲壇墠，所以祭也。」而《風俗通・正失篇》論封禪曰：

「禪謂壇墠。」然則禪之初義止是墠耳。齊桓公欲封禪，因管仲之言而止。晉文公居齊久，必習聞之。故因有勤王之勞而有「請隧」之言，蓋欲舉行封禪，實亦效法齊桓也。《史記·封禪書》曰：「古者封泰山禪梁父者七十二家。皆受命，然後得封禪。」故曰：「未有代德而有二王，亦叔父之所惡也。」其拒之也嚴矣。《晉語》所載與《左傳》略同，《周語》則加多至數百言，或後人增益之詞。然曰「縮取備物」，又曰「茂昭明德，物將自至」，所謂「物」者，或即管仲所稱「鄗上之黍，北里之禾，東海致比目之魚，西海致比翼之鳥」者歟？

「司士屬焉」解

《成十八年左傳》「荀賓爲右，司士屬焉」，杜注曰：「司士，車右之官。」正義曰：「《周禮》『司士掌羣臣之版，以詔王治』，其職非車右之類，不得屬車右也。《周禮》有『司右』，上士也，『凡國之勇士之力能用五兵者屬焉』。司士蓋《周禮》司右之類。服虔以爲司士主右之官，謂司右也。」

按：杜注但言「車右之官」，不知何官。服注以司右當之，孔疏即用以說杜注。然此官名「司右」，何以改爲「司士」，一可疑也。司右之官，據《周禮》雖止上士，然其職云：「掌羣右之政令。」鄭注云：「羣右，戎右、齊右、道右。」則此官雖卑，而戎右中大夫，齊右下大夫，道右上士，政令皆爲其所職掌，蓋官輕而職甚重也。此傳云：「弁糾御戎，荀賓爲右。」則荀賓即是戎右。戎右政令方掌於司右，豈可以司右爲戎右之屬乎？二可疑也。然則司士之官必非司右，必欲以《周禮》説之，固矣。愚謂士者，車士也；司士者，車士之長也。《吕氏春秋·簡選篇》云：「晉文公造五兩之士五乘，鋭卒千人，先以接敵。」高注曰：「在車曰士，步曰卒。」然則晉固有此車士。據高注，每乘七十五人，則五乘之士得三百七十五人，固不可不立一人以爲長，是以有司士之官也，晉制也。又《淮南子·本經篇》曰：「武王甲卒三千，破紂牧野。」高注亦曰：「在車曰士，步曰卒。」則周初已有此制。以晉五乘卒千人計之，周卒三千，當有十五乘。一乘七十五人，則有車士一千一百二十五人，是尤不可無以司之矣。但《周禮》之司士則非此耳。愚以此司士爲車士之長，則宜屬戎右，而與下文訓「勇力之士」義亦一貫，殆塙詁也。

「蒲宫有前」解

《昭元年左傳》「蒲宫有前」，杜注曰：「公子圍在會，特葺蒲爲王殿屋屏蔽，以自殊。」按：上文但言「楚公子圍設服離衛」，不言其「爲王殿屋」，且王殿屋亦非可以蒲爲之。果其葺蒲爲屋，則是鄭子産所謂草舍而已，何足以爲王殿屋乎？又何至來諸大夫譏乎？是故杜説非也。服虔云：「蒲宫，楚君離宫。言令尹在國已居君之宫，出有前戈，不亦可乎？」正義曰：「諸侯大夫見其在會之儀，不譏在國所居。伯州犂云『辭而假之寡君』，言行而借戈以衛，非在國借宫以居也。」其駁服説亦甚切中。然則「蒲宫」將何解？愚謂服説以蒲宫爲公子圍在國所居，此説是也。但不當以爲王之離宫，且不當言居王之宫。「令尹子元欲蠱文夫人」，亦不過「爲館於其宫側」而已。公子圍何能竟居王宫乎？

愚按：《宣十四左傳》云：「屨及於窒皇，劒及於寢門之外，車及於蒲胥之市。」此傳「蒲宫」疑即以「蒲胥之市」得名。據彼傳，蒲胥之市即次寢門之外而言，是必與王宫甚近。蒲宫築於其地，蓋即在王宫之外，乃楚國王子所居者。築宫蒲胥即謂之蒲宫，猶桐墓立宫即謂之桐宫也。楚王子居蒲宫，即目楚王子爲蒲宫，猶齊世子居東宫，即目齊世子爲東宫也。「蒲宫有前，不亦可乎」猶云「王子有前，不亦可乎」，下文云：「當璧猶在，假而不反，子其無憂乎？」以當璧目公子棄疾，以蒲宫目公子圍，語正一律。蔡子家之言，乃寬假之詞，非譏切之語。故子羽謂子皮曰「子與子家持之」也。服注以在國所居言，自較杜爲得，但所説亦未盡合。愚取服注而小變之，或如正義所謂「無所案據，要愜人情」者乎？

「於斯爲盛」解

《論語·泰伯篇》：「唐虞之際，於斯爲盛。」孔注曰：「言堯舜交會之間，比於此周，周最盛，多賢才。」是謂周才盛於唐虞也。經文明言「唐虞之際，於斯爲盛」，而注乃言斯盛於唐虞。揆之文義，實有未安，不但如季彪所難而已。皇疏載季彪之説：「言唐虞之朝盛於周室。周室雖盛，不及唐虞。」自合孔子語意。但疏家例不背注，故又述師説，以申安國之義耳。朱子《集注》言「唐虞之際乃盛於此」，自是正解；又益一句云「降自夏、商，皆不能及」，則增成其義，而反失之。蓋此章之旨，自來皆未之得。

孔子此言，非歎美周才，乃抑周才也。武王誓師之辭曰：「予有亂臣十人。」在武王當日固自喜人才之盛，即後人讀《書》至此，亦孰不歎周室人才之盛？乃孔子獨不以爲然，故先虚發一歎曰：「才難，不其然乎？」又曰：「唐虞之際，於斯爲盛。」見得就一時而言，周才固盛矣；合千古而論，則唐虞之際，更有盛於此，周才不如唐虞也。又曰：「有婦人焉，九人而已。」則又更進一義，見得所謂十人者，實不足十人。不必合千古而論，即就斯論斯，亦美猶有憾也。其下云：「三分天下有其二，以服事殷。周之德，其可謂至德也已矣。」見周才雖不爲盛，而周德則可謂至。抑周之才，正以揚周之德，孔子之意固如此也。或疑舜之五人何能盛於周之十人？不知孔子因武王之言而發此論，「舜有臣」句乃記人所記。孔子意中止有十人，無五人也。皇疏述季彪之説曰：「舜之五臣，一聖四賢。八元八凱，抑亦其次。周公一人可與禹爲對，太公、召公是當契、稷，畢公以下恐不及元、凱。」其論周才不及唐虞，至爲明快。記者因孔子有「唐虞之際」一言，先記「舜有臣五人」一句，畧見大意。後人泥於五人、十人之數，而此章之義終古不明矣。

「南人有言」解

《論語》「南人有言曰」，孔注但云「南國之人」。邢、皇二疏皆無所説，而《禮記》孔疏則以「南人」爲「殷掌卜之人」，此必古疏相傳有此説，非孔氏臆造。惜乎！今之無可考也。

愚謂孔子引南人之言乃周初訓方氏之遺語也。《周官》「訓方氏掌誦四方之傳道」，注云：「傳道，世世所傳説往古之事。」然則周初訓方氏以四方所傳説誦之王前，當時必記載成書。以其得自四方，不可繫以州國之名，故但以東、西、南、北爲别，此在他書亦有可證。《國語・晉語》姜氏語晉公子引《西方之書》曰：「懷與安，實疚大事。」韋注曰：「西方謂周。《詩》云『誰將西歸』，又曰『西方之人』，皆謂周也。」按：此説不然。上文引《周詩》曰：「莘莘征夫，每懷靡及。」斥言「周詩」，不言「西方之詩」。此何以不曰「周書」而曰「西方之書」乎？蓋姜氏所引亦出訓方氏，本以四方爲别，而無一定之名，故曰「西方之書」可也，曰「西人有言」亦可也；曰「南人有言」可也，曰「南方之書」亦可也。乃後人因西方之書附會其説，謂出佛氏。此固不足信。然西域「化人」已見《列子》，《魏書·釋老志》言久已流播，遭秦湮没，容或有之。且以「懷與安」爲戒，亦頗合「浮屠氏不三宿桑下」之旨，疑當時佛家之説自西域傳來，秦、晉諸邦皆與相近。訓方氏輶軒周歷，閒有所聞，義在可取，亦所甄録，當時固不知其爲異端也。

愚因是而推之，「南人之言」必出自楚、越。《列子·説符篇》云：「楚人鬼而越人禨。」《淮南子·人閒篇》云：「吴人鬼，越人䰻。」然則巫醫方技固吴越之閒風俗然也。古之醫即古之巫，《世本》稱「巫彭作醫」，《山海經·海内西經》曰：「開明東有巫彭、巫抵、巫陽、巫履、巫凡、巫相。」郭注曰：「皆神醫也。」可知醫、巫通稱，醫即巫耳。南方崇尚巫醫，而故老相傳有此二語。《淮南子·汎論篇》曰：「因鬼神禨祥而爲之立禁。」此意近之矣，訓方氏所以亦有取也。

至以爲殷掌卜官，亦自有説。《禮記·表記篇》曰：「殷人尊神，率民以事神，先鬼而後禮。」是殷人亦崇尚巫醫者。《史記·封禪書》曰：「帝太戊，有桑穀生於庭，一暮大拱。伊涉〔一〕曰：『妖不勝德。』太戊脩德，桑穀死。伊陟贊巫咸，巫咸之興自此始。」此殷人重巫之明證。而巫咸固吴人也，今江南常熟縣猶有巫咸冢。以吴鬼越禨之舊俗，而又得大賢爲之提唱，其時南人之精於此術必如燕函、粤鎛，名著四方。疑殷時巫者率是南人，巫、卜理通，故使主巫，兼使主卜。《論語》曰「不可以作巫醫」，而《禮記》曰「不可以爲卜筮」，可知巫、卜一理。然則以南人爲殷掌卜之人，或亦古説之可信者與？

「西王母」考

《爾雅》「西王母」，郭注但言「昏荒之國」，不言所在，注經之體宜然也。疏引《山海經》《穆天子傳》，亦略而不詳。《漢書·西域傳》云：「安息長老傳聞條支有弱水、西王母。」是漢人亦不能質言其所在，故相承以爲女仙。相如《大人賦》、楊雄《甘泉賦》皆嘗及之，至今而傳爲美談，流爲圖畫矣。以愚考之，西王母非他，實即亞西亞州之西迷拉美斯也。余博觀海外各國之

〔一〕涉，《史記》作「陟」。

史，知我中國居亞西亞洲。亞西亞爲五洲最大之洲，泰西人言天下人類實始於此。其初有曰亞蘇爾者，其子曰尼弩，雄武善用兵，征服四鄰，而西迷拉美斯則尼弩之后也。尼弩立國於巴比倫，西迷拉美斯實佐之，築城周圍五十里，街衢井然，結構壯大。其國有兩大河，曰低格里，曰幼發拉的。乃傍兩河爲園林，大木巨石，一切花草，無所不備。爲閣道，跨兩河而過，名曰飛園。世傳西王母所居有玉樓十二，左帶瑤池，右環翠水，殆即謂此飛園矣。及尼弩死，而西迷那美斯襲其位，遂有大志，經營萬國，欲建無前之勳。伐波斯，奪其地，又嘗驅駱駝以敵印度之象陣，蓋亦一時之傑也。累言之，曰「西迷拉美斯」；約言之，則曰「西迷」。譯者無定，又爲「西母」。「母」古音米，與「迷」同音也。中土之人不知其爲譯音，而誤從「母」字之實義，以其爲西戎之王，遂尊之曰「西王母」云爾。自古帝王每以西戎爲憂，《禹貢》之終曰「西戎即敘」，蓋重之也。《小雅·出車篇》曰「薄伐西戎」，而下文但言「玁允于夷」，不及西戎，可知西戎在周初固未大定，故《周官》有「四翟之隸」，而西戎不與焉。穆天子知中國大患必發於西戎，故往見其女王。蓋欲懾伏其君臣，羈縻其種類，有深意焉，非以盤游爲樂也。及穆王崩，周德益衰，不能及遠，遂以荒遠置之矣。其後，西迷拉美斯竟爲其子尼尼亞士所弑，蓋雖强盛而不善其終。後世乃猶以女仙尊之，不亦大可笑乎？

據西國之史，西迷拉美斯似猶在穆天子之前，與舜時獻玉環之西王母年代相當，與穆天子所見之西王母年代不相當。然古史紀年不盡可據，中國且然，況荒遠之國乎？竊謂古書所言西王母皆即西迷拉美斯一人，可以爲在舜時，亦可以爲在周穆王時，猶太師摯等八人，或以爲殷人，或以爲周人；周有八士，或以爲成王時，或以爲宣王時也。此與黎〔一〕山女説同爲余創見，然黎山女可爲定論，此則姑存其説耳。

〔一〕黎，《經課續編》卷四《「有婦人焉」解》作「酈」。

四書文

四書文

序

余自幼所作四書文不下千餘首，成輒爲人持去。今搜篋中，止存十餘篇耳。格律卑下，意義淺薄〔一〕，誠無足觀。姑録爲一編，不足言文也。

不患莫己知，求爲可知也

知不知，無預於己，爲己求其可而已。夫人莫之知，己何預焉？但求在己者有可知耳，又

〔一〕薄，原訛「簿」，據蔡啓盛《校勘記》改。

何至誤用其患也哉？今使人而不欲自見乎？矯矣；又使人而必欲自見乎？淺矣。雖然，勿謂其矯也、淺也。君子以不欲自見之心忘乎人，以必欲自見之心勵乎己。不然而人之不足以見我也，我且病之矣；不然而我之無可以見人也，我且安之矣。然而天下乃有不計己之可不可，而惟計人之知不知者。蓋深豔夫人世之聲華，而欲以無具之身相市。我不貺人以實也，而謂人且贈我以名也，則不勝欣欣自喜之意，而冀望殊深；乃願附名流之宏獎，而徒以淡漠之見相還。人或正以藏我短也，而我以爲没我長也，則抱此鬱鬱誰語之懷，而初衷殊拂。此患之所由起也。而不知吾精神所注之區，非即人耳目所注之區，何必索其解於形骸之外？異日人所共賞之處，即在此日吾所獨賞之處，正宜致其功於闃寂之中。且夫事之在人者，知與不知是也。人而知我，特其相賞之有真，而於己何與？人不知我，特其相觀之未審，而在己何傷？不必患、不暇患也。且夫事之在我者，可與不可是也。我有可知，即人不知我，而自有見真之地；我無可知，即人欲知我，而先無問世之資，欲勿求、敢勿求也。流俗之品評，而不足據也；賢豪之矜賞，而亦何足憑也？我惟求爲有可告人者耳。夫知與不知，驗之大廷猶後焉，而惟清夜爲最先。士有磊落一二端，可以質之當世，則雖文章見輕於流輩，姓氏不出於里門，而要於素所挾持者何損乎？不求千載之名，遑問一時之譽？但使後之人攬其餘徽，而深以士不易知者，致無窮之感慕，所以慰藉我者不已多歟？翕然附和，而不足爲榮也；闇然無稱，而亦何足爲辱也？我惟求爲有可對我者耳。夫知與不知，寄之他人皆泛焉，而惟當躬爲最切。士苟辛苦數十年，有可愜諸寤寐，則雖九重來特達之褒，千里動聞風之慕，而豈如自爲賞識者尤真乎？立名不必在人先，砥行不敢居人後，正使世之人極其窺測，而終以知己則未者，留不盡之高深，所以位置我者不更尊歟？人亦求己之可知而已，人之不知，又何患哉！

「無意不搜，無語不雋。」此先大夫評語也。余自十五歲從先大夫讀書，所點定文字不下數百篇，今惟存此及下二篇矣。

子曰「過而不改，是謂過矣」

過成於不改，聖人勉人以改過焉。夫能改則復於無過，而奈何不改乎？是謂之過，爲不改者深惕之。夫子曰：「今將謂一節之愆，終身之累也。」則宜世之自棄於過者多矣。士不必無忝於初衷，而但觀晚節。人果能自全於末路，而猶是完人；途不終迷，則復殊未遠。夫固爲人留其餘地也，而何人之自杜其轉機也？今天下孰是能粹然無過乎？然而有未可遽謂之過者。古人之過，其名可定；今人之過，其名未可定。夫過而隨人俱往，補救之路誠窮，一息尚存，則猶可輓回也，所宜退而觀其歸焉。在我之過，可以我斷之；在人之過，不可以我斷之。夫過苟緣己而滋，懲創之情宜急，他人有心，則豈能懸度也？所宜徐而俟其悟焉。雖有過也，安知其不能改哉？夫使其果能改也，則微論細故可捐也。即使啓大難之端，事關家國；乏曲全之術，憾在倫常。而人之見其過者，要共諒其苦衷也，則欲謂之過而不安矣。夫使其果能改也，則不特前愆可滌也。且覺姑與周旋，正鋤奸之妙用；曲爲將順，正悟主之深心。而人之議其過者，并相驚以不測也，則欲謂之過而不得矣，而奈之何竟不改乎？是怠而不知修也，是昏而不知檢也。是以過爲無傷，而愆尤從此積也；是以過爲可飾，而掩著自此工也。而欲不謂之過，過將焉匿乎？夫一端偶失，朝廷尚有寬典之邀；而畢世蒙愆，子孫難爲尊親之諱。是一吝其改之力，而過之微者已從而實之，過之暫者已引而長之也。縱匿其瑕疵者，尚欲加之文飾，而迹已燎原之莫遏，則名亦欲蓋而彌彰矣。斯亦本衷所不及料矣，而欲不謂之過，過不益深乎？夫其始偶違乎常度，或是非之界未明；而其終甘蹈於匪彝，并羞惡之良亦泯。是一推其不改之心，而過尚可原，此意不可原；過猶可問，此情何可問也？縱意存忠厚者，或亦代爲湔除，而心難託於先迷，則事已窮於晚蓋矣。斯又旁觀所無如何矣，是謂過矣。有過者其急於自改，而無使過之遂成也哉！

「横厲無前，仍復細意熨貼，非浪使才情者比。」亦先大夫評語也。

世子自楚反，復見孟子

記儲君之復見，異乎未之楚之時矣。夫世子而自楚反，則既見楚之人，聞楚之言矣。其復見也，與過宋而見得無異耶？且夫人景仰高賢，而一再至焉，以致其求教之誠，此正吾黨所深喜者也。然而其所閲者已非一時，其所至者亦非一國，吾安知聞所聞而去者，不又見所見而來耶？如滕世子過宋而見孟子，斯時世子猶未之楚也。而孟子與之言性善，言堯舜，則世子固奉孟子之教以至楚矣。驅車而望荆山，可以觀性體焉；方舟而浮漢水，可以驗性天焉。入其國而鬻熊、蚡冒之治尚存焉，皆堯舜之餘風也；觀其府而典墳、丘索之書具在焉，皆堯舜之緒綸也。然則世子在楚，固無日不與孟子周旋矣。雖終身不復見孟子，亦何不可之有？乃無何而孟氏之門復有滕世子之跡焉。問其所以來，曰自楚反也。噫！世子居深宫之中，長阿保之手，大抵見宦官宫妾之日多，而接賢士大夫之日少，一旦奉尺書使異國，攬山川之鉅麗，覩人物之瑰奇，此日之世子殆非復昔日之世子乎？雖然，楚之爲國，僻陋在夷，當堯舜之隆，而苗民逆命，意其性固與人殊焉。矧孟子時楚益不競，沅有芷而澧有蘭，屈子鳴其幽怨；魚有鯤而鳥有鳳，莊生肆其寓言。彼其人類皆悠謬其辭，荒唐其説，以自詭於吾徒之教，視中原文獻之地風教固殊矣。世子而自楚反，則既見楚之人，聞楚之言，此日之世子與昔日之世子，同不同未可知也。夫孟子之告戴不勝也，曰「一齊人傅之，衆楚人咻之」。吾不知世子至楚，固爲楚人所咻否。然而世子奉孟子之教以至楚，則固無日不與孟子周旋，雖終身不復請見可也。而何以孟氏之門復有滕世子之跡也？噫！世子殆見楚之人，聞楚之言矣。吾黨於其始見也，書其「將之楚」；而其復見也，書其「自楚反」。他日許行之徒亦自楚而之滕，然則世子於孟子所以不能無疑者，殆爲許行之言所惑乎？

萬藕舲前輩視學吾浙時出此題，并有擬作。或寄以示余，余因作此。孟子於滕世子來見，先書其「將之楚」，又書其「自楚反」，此自有意。余幼時曾作《滕文公論》一篇，今存集中。

我非愛其財而易之以羊也，宜乎百姓之謂我愛也

非愛而似愛，無以自解於百姓矣。夫齊王誠非愛其財也，而既已易之以羊矣，百姓之言不轉覺其宜哉？今使人挾人之意以來，而我挾我之意以往，則人與我兩相距於其間。而我轉得以自解，萬不料相距者適以相迎。而人不能如我之意，而我乃適如人之意，夫至適如人之意，

而又安禁蚩蚩者不各以其意而意我也。如我今者不自識其何心矣，乃如百姓之言，則直以爲愛其財耳。當師旅之方興，非不丹漆以供軍中之用，然而在滁猶多矣。以萬乘而愛一牛，猶九牛而愛一毛也。治體誠所未諳，斷不至降乘輿而問道塗之喘。方土膏之初動，又代耰鋤而爲隴上之耕，然而干阿不少矣。彼庖人之目無牛，豈寡人之心有牛也？敝邑雖云不腆，尚不至命祠官而減宗廟之牲。非愛其財，寡人可以自決也。而事有難言者矣。藉令當日者聽哀鳴之可慘，而悉囿中之異獸珍禽付大官，以貸須臾之命，則雖衆議沸騰，何難頒尺一之書懸國門以清輿論？無如其易以羊也。夫牛之瘠猶且勝於豚，何爲乎降以相求，而充選者惟兹犢首也？而迹有可異者矣。藉令當日者憫一物之不辜，而如昔人之侵肌斷爪，借朕躬以伸請代之誠，則雖浮言蜂起，何難命稷下之士著正論以破羣疑？無如其易以羊也。夫牛之後或宜繼以馬，何爲乎細之已甚，而越俎者竟此柔毛也？則宜乎百姓之卑無高論也。民間鬬雞走狗，珍惜素深，乃挾此意以窺測朝廷，轉覺宵旰數十年，衹是持籌而握算也。今使以牛與羊而命諧價於有司，則一牛可兼數羊之值矣。草茅豈足與深言，而百物之低昂頗悉，則雖載筆之臣微窺風旨，不能不留爲史策之疑辭也，而寡人又何從置喙哉！則宜乎百姓之嘖有煩言也。國中驅牡從狼，豪華自喜，倘恣其口以菲薄朝廷，竊恐臨淄七萬户，末由家喻而户曉也。今使以牛與羊而供餼牽於賓客，則數羊不若一牛之用矣。軍國豈爭此細故，而一時之形迹難明，但使輿人之論流及雲仍，或且附會爲祖宗之儉德也，而寡人又何必深論哉！特未知夫子能爲一雪此言否耳。

將「非愛其財」句讀斷，以「而」字作轉筆，則「宜乎」二字如土委地矣。此與下篇並客授新安時作以示及門諸子者。

所識窮乏者得我與

終示豪舉，受之者意更侈矣。夫所識貧乏者而果能得我，亦豪舉也。受萬鍾者不又意在斯乎？且欲富者大〔一〕抵皆爲己也，乃有時爲己之見轉出于爲人之見，而爲人之見又本于爲己之見。人知其爲己也，而不知其亦爲人；人知其爲人也，而不知其即爲己。我試由宮室之美、妻妾之奉而例推之。扇巍巍顯翼翼，輪奐極其壯觀矣。顧因此日之高門而念昔時之陋巷，豈無人焉？風瀟雨晦，共此淒涼也；飄輕裾曳長袖，佳麗充其下陳矣。顧入則已備專房之寵，出

〔一〕大，原訛「皆」，據蔡啓盛《校勘記》改。

則猶虚長夜之筵，必有人焉。墜履遺簪，同其眷戀也。夫所識者何窮乏者之多乎？今而後庶幾得我矣。雖然，竊觀于末世之人情，而于所識者不能無慨也。其始也，所識者不知何自而來，方其落寞窮途，曾不得其挽推之力。而一致青雲，則事盟白水，不以爲十年總角之交，即以爲千里班荆之友。甚至并微時之一話一言記憶焉，以爲此日談心之助，不識而以爲相識，何世態之工也！其繼也，所識者不知何自而往，方其身居要路，誰不託爲車笠之盟？而金盡牀頭，即屨空户外，游其墓者不識爲誰氏之松楸，遇諸塗者安知爲故人之子弟？甚至即平日之所聞所見挾持焉，以爲他年下石之資，相識而竟如不識，何世情之幻也！然則所識窮乏者之得我，徒豪舉耳。而推受萬鍾之心，則必出于此。蓋快意之途，以相形而倍見。苟徒與貴顯者遊，無以鳴其家温而身寵也。故必所識而爲窮乏者，仰下風而望餘光，其語言皆獻媚之資，其面目亦取憐之具，斯真狎客矣。夫沉酣醉夢之中，豈必雅抱庇寒之願，而士之風塵奔走者，偏自託於感恩知己，冀稍分其鷄鶩〔一〕之餘糧。此亦情之極可憫者也，我乃挾以自豪與？且炎涼之味，乃夙昔所親嘗。苟非有周旋之素，無以表其前沈而後揚也。故必窮乏而爲所識者，因今情而追

〔一〕鶩，原訛「鶖」，據蔡啓盛《校勘記》改。

昔款，其于我有德者，固報之以厚施；其于我寡恩者，亦愧之以大度，乃真快事矣。夫翻覆雨雲之後，豈必尚存念舊之心，而向之里巷過從者，或夤緣其親戚交遊，冀自附於馬牛之下走。此亦態之大可憐者也，我乃因以自侈與？夫亦失其本心而已。

君子賢其賢而親其親

驗「止善」於後之君子，賢親其明效矣。夫賢其賢焉，必其有可賢；親其親焉，必其有可親。觀于君子，不已見其「止善」之效哉？且善作者不必善成，成于前之君子而敗于後之君子者，夫豈少哉？然此非獨後君子之咎也。道不足以示後人之法，其法不尊；德不足以留後人之思，其思不永。識者不病乎祖述之多疏，而病乎孫謀之未裕矣。然則欲觀前王，請觀君子。今夫君子者，非承其流即蒙其業者也。賢也親也，宜無足難者，乃吾以驗之君子矣。人主膺圖受録，乃聖乃神，乃文乃武，坐收臣子之揄揚。即彼草茅著述，亦不敢以非堯舜、薄湯武之辭，顯寓乎匡居之簡牘。夫孰不賢其賢也？所難者在前王耳。且夫後之君子豈必有意以揜其賢哉？天子虛懷若谷，有言神武似先朝者，輒不勝謙讓未遑之意。乃登名山而眺望，紀功德者，不知何代之殘碑；薦馨香者，不識何王之廢址。而鏤金鐫玉，動有後來居上之思。其甚者以五德之傳，而閏位列之也；以一統之主，而僞史目之也。縱山川之呵護有靈，其如當王者貴何？又不幸而後生小儒欲歸美於本朝，必追咎夫先代，往往鋪張盛美，以顯昔之人君臣苟簡之非，尚得謂賢其賢哉？而要亦其制度之本未優耳。《詩》詠前王，則異是矣。高曾有規矩之貽，孫子無紛更之治。即令世有奇材，而異論高談不能易舊章於故府，況乎朝無異説、家無殊學也哉？人主端冕垂旒，自南自北，自東自西，均屬天家之臣妾。即彼窮荒絶域，亦或且以奉冠帶、祠春秋之例，願比乎中國之屏藩。夫誰不親其親也？所難者在前王耳。且夫後之君子豈必無故而廢其親哉？國家典制詳明，即以旁支承大統者，亦未忘身爲人後之文。乃入太室而周觀，藏弓劍者，遠或千年；遊衣冠者，近將十世。而秋霜春露，漸以遣官攝事爲常。其甚者謂廟可從祧，命祠官裁以古制也；謂謚宜核實，命有司削其繁稱也。縱陵寢之神靈猶赫，其如功成者退何？又不幸而闇主驕君不知開國之難，反笑傳家之陋，往往手澤所存，徒供後之人宫掖傳觀之具，尚得謂親其親哉？而要亦其精神之本不厚耳。《詩》詠前王，又異是矣。陵谷有可遷之日，烝嘗無或替之時。即使中更板蕩，而神孫聖子仍能還舊物於前人，況乎俎豆不移、鐘虡未改也哉？

此丁未會試題。余時客新安，輿到作此，與時下花樣了不合也。

子曰「苟志於仁矣，無惡也」

仁與惡不並立，聖人以人心維世道也。夫但曰「志於仁」，未必其即爲仁者也，而無惡則可必矣。人心之有裨世道如此，今將從生人之始而觀，天下無惡人也。自夫人失其本有之善，而流入於惡，遂使天下後世妄有性惡之疑，而人心愈以漓，而世道亦愈以壞。夫子曰：「欲維世道，先正人心。」夫亦仍恃此本有之善而已矣。萬古一有情之宇宙，而放曠者出焉。君臣父子視爲相遇之適然，而刻薄將伊於何底？此道德之窮所以遂流爲名法也。六經皆憂患之文章，而材智者出焉。異論高談止取當前之快意，而朘削已中於天和，此《詩》《書》之禍所以更酷於兵刑也。其有惡也，由其不知有仁也。且夫世道之日非也，吾不敢謂世之必有仁者也；然而人心之不泯也，吾不敢謂世之竟無志於仁者也。苟其懸仁以爲的，而不奪於他端，則其志之也專；苟其望仁以爲歸，而不衰於末路，則其志之也固。此其人而竟謂之克盡夫仁乎？不可也。克伐怨欲，難絶者萌芽；視聽言動，易乘者罅隙，日月之至未足恃也。此其人而尚慮其未免於惡乎？不必也。得罪千古者，千古之忍人；稱善一鄉者，一鄉之良士，言行之間大可見也。無惡也，吾於是而歎人心之可以維世道也。患氣之所乘，莫先於性情心術，而民物其後焉者也。

夫正其本者，自不至枉其末；厚其源者，自不至薄其流。存此一綫之天良，而民物之保全不少矣。苟使孩提之真性未絶於懷來，則趙盾可以爲忠臣，許止可以爲孝子。撥亂反正，吾是以有《春秋》之作也，人其知我乎？亂萌之所伏，莫大於飲食男女，而兵戎其小焉者也。夫不敢汨其性，自不敢戕物性；不忍縱其情，自不忍拂人情。即此崇朝之感觸，而兵戎之消弭已多矣。苟使天地之祥和長留於方寸，則麟何必游於郊，鳳何必集於囿？親親長長，天下其復覩昇平之象乎？予日望之矣。

仁之功甚深，其效甚大。此章但曰「志於仁」，但曰「無惡」，聖人原只是粗淺説。孟子欲塞邪説、距詖行、放淫辭，而先之以正人心，亦是此意。推之則人人親其親，長其長，而天下平矣。比來草竊姦宄所在多有，豈天生蒸民盡化爲豺虎乎？推先聖之微意，則正人心爲急務矣。浙闈題目至蘇，静山中丞飛騎傳示，適有感觸，燈下走筆成此，但取達意，不足言文也。

太宰

書官而不繫於國，知其爲王臣也。夫太宰者何？周太宰也。於何知之？於其不書國知之。嘗考《春秋》書列國之大夫，或以名，或以字，或以人，而要必以其國冠之。獨劉卷、王子虎皆周之卿士也，而不繫之以周，蓋王室之重臣，不容儕于列國。而《魯論》之書法，亦竊比乎《春秋》，如所書太宰是。夫《魯論》所書，如陳司敗，則繫之陳；如魯太師，則繫之魯，未有書其官而不書其國者。何爲乎獨以太宰書哉？吾於是知其爲周太宰也。周太宰者何？冢宰也，實司邦典而爲六官之長，諸侯之國不得立焉。魯自羽父請爲太宰，而卒不果，魯秉周禮，其在斯乎？維時吴楚諸僭國皆有太宰之官，楚則太宰伯州犂，見于鄢之戰；吴則太宰嚭，見于繒之會。以陪臣而冒王官之號，猶晋之有太師太傅也。而宋亦有太宰華督、太宰向帶。區區之宋未必敢顯紊王章，或先代之後，固得備王朝官制耶？且也吴亡而嚭入越，復以太宰嚭稱，未知仍其故稱耶？抑自東侯畢賀以來越亦駸駸乎帝制自爲耶？傳者又謂吴伐陳，陳使太宰嚭如吴師。後之作史者論次古今之人，有吴太宰嚭，復有陳太宰喜，豈蕞爾陳亦有太宰之官耶？要之，魯之太宰雖不果立，陳之太宰或屬傳訛。而太宰一官，楚有之，吴有之，宋有之，即越亦宜有之，則固不獨周有之也。且夫冠遵章甫，於宋猶留先世之廬；曲譜迷陽，於楚亦駐周流之轍，而況良矛有賜，束錦請行，吾黨之風流更藉藉吴越間也。《魯論》所書，何以知其爲周太宰？曰：以其不繫以國也。不繫以國，則非宋也，非楚也，非吴與越也，周也。周之太宰何以不言周？王者無外之辭，《春秋》尊王之義也。當日者一車兩馬，自魯適周，問禮則有老子，論樂則有萇弘，太宰其亦於斯時仰下風而望餘光乎？且也觀圖像於明堂，讀金銘於太廟，太宰所震而驚之者，有自來矣，故曰周太宰也。

此下七篇，皆辛丑歲與壬甫兄在家讀書時作，多游戲之筆。

今之從政者殆而

孔亟且殆，爲從政者正告也。夫今之從政者，孰敢以爲殆乎？一言以蔽之，天將以接輿爲木鐸。若謂我見世之享大名、擁高位者，非不巍巍乎可畏、赫赫乎可慕也。乃曾幾何時，而問其官，曰奪矣；問其族，曰微矣；問其子孫，曰皁隸矣。大者僇耶？小者辱耶？將富貴難保耶？抑豐悴有時耶？皆非也。夫自世之盛也，君明於上，臣恭於下，清和咸理，中外無虞。當此時而總百官，佐萬幾，斯固臣主俱榮，身名交泰，生可享榮名於竹帛，没可流福祚於鍾虡，而非所論於今之時也，而非所論於今之勢也。今何時乎？今何勢乎？爾不見田野蕪矣，哀鴻遍乎？爾不見疆埸蹙矣，戎馬遊乎？爾不見學校荒矣，城隅蕩乎？爾不見武夫怨矣，河上驕乎？君責爾繭絲，民期爾保障；爾中夜起，當食歎，人不爾憐；爾智計竭，心力疲，人不爾諒。然則今之從政者難乎不難乎？危乎不危乎？而況嫉爾者多，乘爾者衆，中爾者巧，伺爾者微。爾進則譁爾前，爾退則議爾後；爾欲有言則緘爾口，爾欲有爲則掣爾肘；爾安坐而旁或睨之，爾徐行而後或跡之。君可信而可疑，臣可功而可罪。是故國事則蜩螗也，人情則燕雀也，朝議則築室也，政府則傳舍也。然則今之從政者難乎不難乎？危乎不危乎？故雖據乎崇高之位，而實行乎憂患之塗。朱紱來乎，白衣歸矣；輿馬都哉，檻車徵矣。人徒見爾手可炙，而不知爾心如焚；人徒見爾羹方調，而不知爾餗已覆。甫登仕版〔一〕，已列爰書；朝入國門，夕投荒服，富貴乎浮雲耳，身家乎朝露矣。嗚呼！噫嘻！不其殆而？夫何不去而耕於山，釣於水，理亂不問，黜涉不知，庶幾哉人在末世而我游於黄羲。顧乃與今之從政者爭尋常、較毫釐，蹔志得而意滿，終名辱而身危。謗書滿篋，摘爾非也；讒口盈廷，抉爾微也。地或不治，固爾憂也；天或告災，亦爾尤也。輕則譴訶，請室辱也；重則誅夷，朝衣戮也。成非爾功，敗則爾罪；患難爾共，安樂爾忘。嗚呼！仕路險巇，一至於此。是以九州之長不如巢居之安，萬乘之相不如灌園之適。古之人豈癖烟霞、仇軒冕哉？誠畏之也。

〔一〕版，原訛「板」，據蔡啓盛《校勘記》改。

及其至也，雖聖人亦有所不能焉

道又窮於行，而其費益見矣。夫聖人宜無不能者，乃即夫婦所能之道，及其至，而聖人又詘焉。道不誠費哉！且人各有能、有不能之説，此可以論中材以下之人，而非所以論聖人也。於是天下有能有不能者羣聚而謀，謂吾安得世有聖人，而百世之功、千秋之業，於一朝觀厥成乎？然而聖人窮矣。夫婦之不肖，可以能行，如此者，非道之至也。及其至也，不肖者無能爲矣；及其至也，并非徒不当者無能爲矣。而或且曰：有聖人在，夫亦思道之費也。有前聖人所能，而後聖人不能者，有後聖人所能，而前聖人不能者。前聖人仰觀俯察，取諸《涣》，而舟楫之利始；取諸《睽》，而弧矢之利始；取諸《小過》，而臼杵之利始。後聖人非無創造，不能不守前聖人之範圍。然而此其小焉者也。兩代定傳賢之局，何至禹而遽以神器私其子孫？中天高揖讓之風，何至湯而竟以干戈取人天下？且也錬媧皇之石，知古有數千年傾陷之乾坤，何後世區區洪水横行，遂令數聖人導之不從，塞之不可？讀黃帝之書，知古有七十戰成功之天子，何後世僅僅苗頑逆命，遂令數聖人撫之不服，伐之不威？時爲之耶？勢爲之耶？道之費使然也。及其至，而後聖人不已窮哉！後聖人因時制宜，易明水而爲酒醴之和，易疏布而爲文繡之美，易蒲越而爲筦簟之安。前聖人雖有神靈，不能不聽後聖人之損益。然而此其顯焉者也。渾敦、窮奇，一廷聚不才之族，何必待受終文祖而流放始嚴？《關雎》《麟趾》，二南即治世之書，何必待負扆明堂而《雅》《頌》始定？且也一畫開自包羲，《連山》《歸藏》，其學不絶於二代，何以必俟羑里之君始顯，而繫詞并有賴乎尼山？九疇錫之文命，上炎下潤，其理不外乎五行，何不即與皇祖之訓俱傳而陳範，乃遠需乎箕子？材不及耶？力不及耶？道之費使然也。及其至，而前聖人不又窮哉！是以放勳著於書，而書所羅列，不越南訛朔易之恒；成功告於頌，而頌所形容，轉在日就月將之細。何也？聖人所能者止此也。三代以下不知此義，而操觚者務爲揄揚，勒石者明示得意，乃無不與聖人爭能矣。

雖有智慧，不如乘勢

智慧不足深恃，當觀其勢之所在矣。夫謂智慧可以集事者，英雄欺人之語也，何如乘勢之便乎？且自三代之季也，論者謂天下可以力征經營，而畎畝之間有太息而起者矣。然而鴻名不可以謬假，神器不可以力爭，伊古以來，未有一無憑藉而崛起在此位者也。粤自五霸迭興，而惟晋世長敦槃之會，非必其君無失德也，據表裏山河之勝，小侯自無不襝袵而朝。迨至七雄並列，而惟秦獨成帝王之基，非必其代有賢王也。席崤函天府之雄，天下其孰敢叩關而進？雖有智慧，不如乘勢，齊人洵知言哉！且夫三代以降，事變益多，而智慧之不如勢，則前後有同符，古今無異理。中原角逐之秋，不知天命竟將何屬。乃或挾百戰百勝之鋒而卒歸於〔一〕敗，則巍然膺受命之符者，果何如聖武也？而無他也，用思歸之士，則兵力自强；借討賊之名，則人心自服。大業中衰之後，幾疑一姓不復再興。乃或負爭帝爭王之意而終以無成，則赫然稱中興之主者，殆别有神明也。而無他也，順百姓之謳思，自能傳檄而定海内；據上游之形勝，自能折箠而走羣雄。若乃一隅立國，其君有總覽英雄之略，其臣有鞠躬盡瘁之心，而究之故鼎不能復還，彈丸惟堪坐困，豈智慧之有所不足哉？勢爲之也。若乃兩帝爭强，此或厲兵秣馬以興師，彼或幣重言甘以伺隙。而究之南人自南不能取中原而痛飲，北人自北不能越天塹而飛來，豈智慧之並處有餘哉？勢爲之也。故有畫疆自王，非常之號，若可竊以自娱，而貢獻不敢闕於朝，正朔亦復遵於國。及真人之出，則遂奉表而來歸，此亦審乎其勢耳。如以智慧論，此膝豈爲人屈哉？且有繼體守文，端拱之餘，未嘗有以自見。而閫外重臣，百城專制；軍前宿將，三

〔一〕於，原訛「以」，據蔡啓盛《校勘記》改。

世知名。及一詔之頒，則皆投戈而聽命，此亦因乎其勢耳。如以智慧論，海内豈無健者哉？所以興王之起，必有驅除，或鋒未可犯，或力未可圖，常屈節以奉之。原夫王者之意，豈以揭竿斬木之徒可共大計乎？而致書必備極其尊崇，舉事或俯遵其約束，勢在故也。明乎智慧之不如乘勢，帝王所以有養晦之思也。而且開創之臣半由草莽，或耕于某山，或釣于某水，每多方以求之。至於承平之世，豈其深山大澤之中遂無奇士乎？而亭中醉卧，皁隸來呵；市上佯狂，兒童聚笑，勢去故也。明乎智慧之不如乘勢，豪傑所以有無命之歎也。故知勢有可乘，不必其果智慧也。國家當無事之秋，遺腹委裘，亦得開明堂而受籙；勢無可乘，不必其不智慧也。英雄無用武之地，奇材異俠，僅堪入海島而稱王。吾蓋上下千古，而益歎齊人之言不謬也。

舜南面而立，堯帥諸侯北面而朝之

君臣易位，中天一奇景也。夫舜固南面而立者，而謂北面而朝者有堯也。噫！奇甚。嘗考舜起布衣而爲天子，嘗事堯爲太尉之官。當是時，南面而立者堯也，北面而朝者舜也。曾幾何時，時異勢異。則且仰而窺之，松牖依然也，雲楝如故也，而巍巍乎被山龍藻火以臨朝，而爲諸侯主者，伊何人？伊何人？其堯也耶？噫！非也。夫即向者絺衣雅琴以賜之者也，舜也。

則且俯而矚之，九官無恙也，四嶽猶存也，而皇皇乎駕玄馬素車以赴闕，而爲諸侯先者，伊何人？伊何人？其舜也耶？噫！非也。夫即向者訪桐稽莢以臨我者也，堯也。且夫前此南面而立者，不先有摯乎？是固堯所宜率諸侯而朝之者也。自沖齡踐祚，此膝久不屈於人，而此日者則又居舜之下矣。曩以親藩入繼深宮，未聞脩昆弟之歡；今以甥館受終貳室，難復講主賓之禮。北面而朝，堯固不嫌貶節也。且夫後此南面而立者，不更有禹乎？是又舜所當率諸侯而朝之者也。自治水告成，此座亦不久將屬，而此日者則固踞堯之上矣。雄陶故友，尚抗志而高不事之風；衢室故君，反靦顔而效拜颺之禮。北面而朝，堯殊未免降尊也。況殿陛森嚴，瞽子既極當陽之貴；則宫闈整肅，英皇亦分敵體之榮。設二女歌《葛覃》而告歸，將擁篲迎門，恐未敢講家人之禮。且其子以通侯就國，尚得邀賓禮之隆，而乃父薄天子不爲，反屈在臣鄰之列。設丹朱奉介圭而入覲，將比肩事主，且與同爲當殿之趨。以堯之事舜者例之，《訪落》之沖人，真可使北面而附畢榮之數。夫面之位者，顧亦虚位已耳。夫負扆在明堂，後世有以人臣而居南面之位者，顧亦虚位已耳。以堯之事舜者例之，《訪落》之沖人，真可使北面而附畢榮之數。夫《春秋》歸筆削，後世有以匹夫而假南面之權者，顧亦虚名已耳。以堯之事舜者例之，守府之孱主，真可使北面而陪游夏之班。堯且有然，何有於瞍哉！

「百里奚自鬻於秦」至「以要秦穆公」

以自鬻誣伯佐，亦事之所或有也。夫奚嘗自言以食牛干王子頹矣，或者之説豈必無所本乎？聞之孔子嘗爲委吏矣，曰牛羊茁壯長而已矣。然則士方窮時，亦何地不堪託足哉？若乃委身牛口，寄跡人奴，忍辱一時，流榮千載，以予所聞，有百里奚一事。百里奚，窮人也。風雲未偶[一]，抑塞無聊，往往布衣蔬屩，從二三牧豎，嬉游於山巔水涯閒。見其鞭策有時，飲食有節，喟然曰：「牧天下不當如是耶？」因盡其術以歸。是時齊人甯戚以飯牛見齊桓公，叩角一歌，天下傳誦之。奚聞而慕焉，語所識牧豎曰：「大丈夫終不以牛衣中老。吾從此逝矣！」聞秦穆公賢，乃買符西入函谷關，請以褐衣見，論天下事。謁者以其貧，勿爲通。養牲者，秦鉅族也。諸公要人皆與遊，秦穆公亦時枉車騎焉。奚因其舍人，願自鬻門下。養牲者曰：「客何好？」曰：「客無好也。」「客何能？」曰：「客無能也。顧少從牛醫兒遊，善食牛。」養牲者笑而受之，曰：「諾。」是時貂蟬滿座，狐貉成行，而奚衣故衣，擁敗絮。養牲者曰：「客何一寒至此

[一] 偶，癸巳本作「遇」。

乎？」因出五羊之皮與之。奚再拜，謹受賜。居無何，養牲者戒其舍人曰：「明日吾君當來。」奚時立廡下，竊聞焉。及明日，穆公果來。武夫前呼，從者塞途，持矛而操闟戟者，旁車而趨。養牲者伏謁惟謹，奚故執鞭筴睨而嘻。穆公怒，詰問誰何。養牲者免冠叩頭曰：「臣家食牛者也。」穆公於是召而見之曰：「子豈有說乎？」奚曰：「臣不佞，知食牛而已。雖然，亦自有說。今夫敗羣必去，義也；游牝必時，禮也；麾之以肱，勇也；飲之以池，仁也。故微之可以得〔一〕養生之主，而大之可以驗調燮之功。君何不以崤函爲闌，以岐豐爲牿，以秦國之衆爲牛，而令臣得以政刑爲鞭箠，以禮教爲芻秣，百年之後，關東諸侯皆牛後也。」穆公大悦，曰：「秦之先本以牧馬啓封，寡人得子，以牛繼馬後，秦其遂兼諸侯乎？」延之上坐，拜爲相國。奚從容出五羊之皮謝養牲者，服冕乘軒而去。

西子

西子者，國色也。夫色如西子，茂矣美矣，蔑以加矣，亦千古奇女子哉！且自螓首、蛾眉一

〔一〕得，癸巳本作「爲」。

詩爲千古賦麗人者之祖，自此以往，彤管爭芳，緑衣競寵矣。然而佳人難再，亦如國士無雙。彼美人兮，不御鉛華，自成馨逸。一朝選在君王側，今日并爲天下春，其惟西子歟？今夫天下多美婦人，自昔云然矣。褒姒在周，抑何善笑；驪姬入晉，更乃工啼。麗矣乎？曰麗也。然而芳塵已遠，不知胡帝胡天。楚王幽夢，幸神女於巫山；屈子遠遊，聘宓妃於洛浦。豔矣乎？曰豔也。然而詞客寓言，未免疑雲疑雨。夫美之至者，孰如西子哉！方其生於越也，若耶溪畔，秀氣獨鍾；苧蘿村中，豔聲早播。荆釵蓬鬢，便若畫圖；皓齒明眸，不煩膏沐。固已趙女羞顔，燕姬減色；冠佳人於南國，笑鄰女於東家。及其歸之吴也，溪邊舊侶，送出天仙；屏内夫人，教成歌舞。迎來石室，豔兮如花；載去香車，從之如水。則又捧心添媚，傳粉助嬌；紅顔洗貧女之妝，翠袖習深宫之禮。於是吴王悦之，迎以雲軿，藏之金屋；香水溪邊共浴，錦帆涇裏同遊。頓使三千人之粉黛，讓爾專房；遂將數千里之山河，買其一笑。於是越師至矣。鶴方舞市，鹿已遊臺，辭六宫之花草，泛一棹之烟波。方愁采蕺山荒，從此浣紗終老；豈料語兒鄉熟居然泛宅爲家。嗟乎！盛姬往矣，誰問穆天子重璧之臺；帝子來兮，徒留湘夫人遺褋之浦。大半風流歇絶，金粉飄零。而如西子者，宫冷館娃，餘芳可挹；廊空響屧，幽會能通。幾令天下有情人，都成眷屬。獻於晋者二八，策等和親；教於吴者三千，事同遊戲。不過眉様爭新，腰肢鬭細。而如西子者，朱顏綽約，親爲烏喙功臣；白首倡隨，更作鴟夷佳偶。始信人間清淑氣，不在鬚眉。然而不潔一蒙，相對無色。噫嘻！丹青被玷，徒留塞外之燕支；鞠域見囚，長罷宮中之楚舞。由是而嫫母、無鹽居然后矣。

曲園四書文

自序

余《春在堂全書》刻《四書文》十四篇，皆少作也。其後有《課孫草》之刻，則皆小題文字，取便童蒙誦習耳。今年鄉試，余於順天、江南、浙江、福建、河南、湖北六省闈題皆有擬作，得文七篇，盛行於世。因之鼓動文興，以爲四書文即經義也。今學者治經，自矜樸學，而四書文則薄爲時文而不屑爲，何其歧而二之哉？乃就四書中平時於常解外别有創解者，得二十題，各作一文，以發明之。其義則説經也，其章法句法、開合反正，則仍時文面目也。《太玄·更》之「次五」曰「童牛角馬，不今不古」，斯之謂與？題曰《曲園四書文》，以别於舊刻之《春在堂四書文》云爾。光緒戊子十一月，曲園居士自記。

徐琪序

制藝爲聖賢立言，與經義實相表裏，非僅取科第、博青紫也。故自有明以來，好高之士建言欲廢科舉，而終不可得。大哉高廟引朱子之言曰「居今之世，雖孔子復生，亦必應舉」，則制藝之爲時切要所關，豈淺鮮哉？蓋不明乎書理，不可與論制藝；不綜貫乎萬卷，亦不可與作制藝。玩味深矣，瀏覽博矣，而識略不足以及之，筆力不足以遣之，經濟不足以副之，皆不可與談制藝。惟上下千古，驅走百家，而又以忠愛纏綿之心、慷慨壯厲之節、洞達時宜之智，往來於胸，而借書於手，故題無剩義。但有一題，即有題中必有之文，即有他人必無之語。作者出於不自知，而讀者恍然悟此題之尚有斯境者。蓋其根柢深厚，右有左宜，故取攜自適，而如數家珎也。然後不必遽見經史，讀一文而羣經諸史皆在其中。雖體會一二語，有終身用之不盡者。此其妙於時文臻之，亦惟吾師曲園先生文足以括之。先生舊時有《四書文》十四篇，復有《課孫草》，均已刻入《春在堂全書》。戊子又擬各直省闈題，得文七篇，風行海内。後又就四書中有創解者爲文二十篇，梓以行世，名曰《曲園四書文》，以别於前作。余上年刻先生《茶香室經説》於粤，而粤人之經學日盛。因念《四書文》爲程試正場所必需，且先生之文仍經訓也。爰請於先生，稍稍編次，以戊子所刻《四書文》爲上卷，而以舊作十一篇及近科擬墨次之，仍前之名，題曰《曲園四書文》。凡按試所到，遇高才生則授以一册。蓋尋途而入，可藉知經義之所在。雖誦時藝，猶箋經也。且即以科第論，余少時不解帖括，及誦先生文，輒思如泉湧。雖通籍後，凡殿廷考試，於前數月必取先生文而温習之。及進御後，輒邀宸賞，必膺恩命。憶戊子因病未及讀而就試時文，思頗澀，比脱稿，已日晡，是年遂未與征軺。其可憑又如此。諸生與余有一日之知，問途已經，余固不敢以生平得力之處秘不示人也，因梓先生文而告知如此。至由此以恢其學識，出身加民，以仰答夫國家造士之意，則諸生之能自得師有可隨時觸發者，尤日望之矣。

光緒十有九年，歲次癸巳，七月既望，粤東督學使者仁和徐琪謹序并書。

曲園四書文

致知在格物

揭致知之所在，物不可不正也。夫格之言正，恒訓也。欲致其知，先正其物，是可終言其所在矣。昔孔子之謀衛政也，曰「必也〔一〕正名乎」。正名者，正百事之名也。此在吾黨之士，已有竊笑其迂者。而不知名與義相因，欲究夫百出不窮之義，必先定夫一成不易之名。故雖以古《大學》之教人，亦必自正名始。誠意在致知，而知所以致安在哉？夫恍恍惚惚之鄉，豈有端倪可見？故必切按其森然昭布者，而蟲魚草木皆助成絢爛之文章。然色色形形之賾，幾於更僕難終，故必審定其確然不移者，而天地方圓早設一整齊之規矩。爰有物焉，所宜正也。格也

〔一〕也，原訛「焉」，據癸巳本改。

者，正之之謂也。欲致其知，必在乎此。天下之理，莫大乎人倫。君義臣行，萬方之則；父慈子孝，百行之原。以此言知，致之不勝致矣。而在乎孩抱提攜之日，必先示以孰爲父、孰爲母、孰爲弟兄姊妹，爲他日敦倫飭紀之基。天下之理，莫繁於人事。天高地厚，巧算不能推；古往今來，柱史不能識。以此言知，致之更不勝致矣。而在乎勝衣就傅之年，必先示以孰爲一、孰爲二、孰爲南北東西，爲異時平地成天之用。《詩》《書》乃見道之資，必先正其句讀；文字乃通經之本，必先正其形聲。致知之在格物也，體之吾儒而自見。粗而爲軍旅之事，鼓鐸鐲鐃必先正其器；微而爲工師之事，輪輿車梓必先正其官。致知之在格物也，推之世務而皆同。黄帝知其然也，於是有正名百物之功，俾致知者不至茫無所據。自此作宫室，作舟楫，作杵臼、弧矢，有一器必有一名，燦然成章。而異俗之侏離，不足傲中原之文獻。周公知其然也，於是有《爾雅》一經之作，俾致知者不必舍此他求。其中釋訓詁，釋言語，釋草木、鳥獸，每一篇各爲一義，犂然悉當。而後儒之附益，不能外古訓之體裁。乃後世有誤以格物爲禁止物欲者，夫外物日接於吾前，概從屏棄，是絶物也。其始不過高曠之士借作清談，拘謹之儒喜於静坐。而其甚也，杜聰塞明，見聞盡滅；絶聖棄智，載籍可燒。極其獘而以清净爲宗，遂文字語言之不立，以形骸爲幻，并耳目鼻口之皆無，此豈吾儒之道哉？明乎致知之所在，庶不以切實工夫遁入異端之説。後世有誤以格物爲窮至物理者，夫萬物不可以勝計，畢力研求，是玩物也。其始不過曲藝之士自作聰明，射匿之家偶然游戲。而其甚也，矜奇炫異，人偷造化之機；測遠求深，士挾窺天之管。充其獘而戰陣之閒，借祝融以肆毒，大傷天地之和；舟車之用，憑列缺以争先，盡失華戎之限，此豈生民之福哉？明乎致知之所在，庶不以成均名目譯成化外之書。格者正也，此格物之正解也。

格物乃大學教人之始，非可求之過高。「格」字止當訓正。欲致其知，先正其物。物之不正，知不可致也。《内則》曰：「六年，教之數與方名。」此即格物之始事。不然，認一作二，指東作西，顛倒眩惑之不暇，何知之有乎？今人於孺子衣則告之曰衣，冠則告之曰冠，粱肉則告之曰粱肉，此亦即是格物。是故格物之義自漢以來失解，而其事則實未之有易也。爲作此文，以發明之。曲園自記。

見賢而不能舉，舉而不能先，命也

見賢而如不見，姑諉之命焉。夫見不舉、舉不先，失此賢、負此見矣。諉之以命，寬之也。承仁人放流而言，故於不能舉者從寬耳。且傳者因仁人之能惡人，而并及其能好人，因推而言之，以及天下知好而不能好之人。夫此知好而不能好之人，已爲仁人所不許也。然此知好而不能好之人，猶非仁人所深責也，則姑諒其無如何之意，歸之不可知之天，曰是有數存焉爾。夫今天下競言命矣。顧在草茅之士，終身不偶，固宜以命自安，勿因富貴利達之私心，叩帝閽而瀆問；而在朝廷之上，大柄獨操，豈容以命爲解，轉以聖主賢臣之知遇，假瞽史而持權？雖然，執是説也，何以處夫見賢不能舉、舉而不能先者？衡鑒之未精，吾無責焉。若既見矣，良金美玉，豈宜棄置而如遺，如何弗舉？明揚之未及，吾無譏焉。若既舉矣，景星慶雲，方且早覩以爲快，如何弗先？此而責以不能舉、不能先之失，則百端莫解，已無辭乎因循怠緩之譏；此而原其不能舉、不能先之由，則一綫可原，姑爲諉之天閼紛綸之數，亦曰命而已矣。古者聖神御宇，而左鳳右麟之佐，早應運而生，斯氣數之獨隆也。今何爲乎？郡國已貢爲賢良之士，祖宗且留爲宰相之才，而徒以微賤姓名，煩天家之記注，殆彼蒼猶未假之緣乎？古者山岳降生，而訪桐稽莢之君，已馨香而祝，此遭逢之極盛也。今何如哉？朝廷無歲不下求賢之詔，公卿何人不修薦士之書，而徒以風塵奔走，老天下之英雄，殆造物猶未作之合乎？人君端拱垂裳而坐，讀一士之文章，廢書而大息曰：「吾安得此人而與之同時哉？」乃其始也，魯哀公慕周豐之名，踵門而請；其繼也，晉平公入亥唐之坐，興盡而回。後之人披尋史册，尚論古人，謂舊臣宿將平時或未交歡，謂宮妾宦官當日必多搆釁，而不知非也，命爲之也。命之所有，商巖之霖雨乘一宵之幻夢而來；命之所無，魯國之鳳麟因三日之清歌而去。君臣遇合之閒，吾熟計之矣。人臣擔簦躡屩而游，邀九重之盼睞，中夜而傍徨曰：「吾因是感激而許以馳驅矣。」乃其初也，管夷吾之囚虜，見用於仇敵之朝；其終也，柳下惠之高賢，不容於父母之國。後之人仰其遺風，爲之浩歎，謂痛哭流涕之談太無忌諱，謂誠意正心之説未免迂疏，而不知非也，命使然也。命與之合，渭濱之漁父一朝邂逅，應熊虎而登朝；命與之違，緜上之故人廿載艱難，歌龍蛇而去國。天人感應之理，吾深信之矣。知其爲命，而當局可以無恨也，窮通有定數，正可飽讀吾有用之書；知其爲命，而他人亦可無言也，厚薄總君恩，何必憑弔於無情之水？若見不善而不能退、不能遠，則是過也，不得謂之命矣。

「命」字鄭讀爲「慢」。然「命」「慢」非同聲字，未合假借之例，仍當讀如本字。魏李康《運命論》曰：「聖明之君，必有忠賢之臣。其所以相遇也，不求而自合；其所以相親也，不介而自親。授之者天也，告之者神也，成之者運也。」可以發明此章「命」字之義。不能舉，不能先，雖賢君亦或有之。謫賈誼於長沙，非無聖主；竄梁鴻於海曲，豈乏明時？故曰「命也」。下文「見不善不能退」〔一〕，則不得諉之命矣，故曰「過也」。二者並列，而語有輕重，上承「仁人放流」而言，下又極言小人爲國家之禍，固重在能惡人耳。曲園自記。

傳不習乎

有必專之於己者，不習不可得而專矣。夫傳之言專也，魯讀然也。事固有當以一己專之者，曷其奈何不習？曾子若謂：吾於聖門之中，其質最魯。質之魯者，凡事必當求助於人矣。然天下事有可以求助於人者，有不可以求助於人者，如之何以必躬必親之事，而竟置之不論不議之科也？吾之省吾身也，爲人謀固其一矣。然爲人謀，則人之事也，非我之事也。身居局外，其情尚處於旁觀。與朋友交，又其一矣。然與朋友交，則朋友之所同也，非我之所獨也，分屬他山，其勢猶存乎對待。而如有一事焉，既不可謀之人，亦無人爲之謀。閉户自修，大有踽踽涼涼之懼；而如有一事焉，既非以我交於朋友，亦非以朋友交於我。出門無益，誰効偲偲切切之功？是所謂專也。吾嘗讀《周禮》矣，官府之六屬舉邦治，大事從長之外，凡有小事則專

〔一〕退，原訛「舉」，據《大學》改。

之，此專之一説也；吾嘗治《春秋》矣，大夫受命不受辭，出竟之後，有可以安社稷、利國家則專之，此專之又一説也。夫既專之矣，奈何不習，伏處而事權不屬，不過宗族鄉黨之周旋，不習焉猶之可也。若夫内參密勿，外曜台衡，則且秉鈞而專國矣。乃揮清談之麈，惟聞名理之空言；銜樂聖之杯，常見賓朋之雅集。文章禮樂，既未嘗延訪於師儒；錢穀簿書，又未嘗講求乎僚掾。一旦坐廟堂，裁機務，用人行政，不過仰承夫風旨，而宦寺乃得竊其權；發號施令，不能悉協乎典章，而胥吏轉能持其柄。至乎風裁大減，言路交攻，始歎早十年而作相，不如遲十年而讀書也，何不謀之於早乎？平居而變故不生，不過偃仰栖遲之歲月，不習焉亦無傷也。若夫騰威閫外，宏總上流，則且杖鉞而專征矣。乃雅歌投壺，博儒將風流之譽；竹頭木屑，費有司瑣碎之心。鵝治風胡之兵法，既未嘗目覩其書；龍頭天竈之地形，更未嘗躬親其處。一旦鑿凶門，臨大敵，平原恃車戰之長，而古制未諳，反至一軍之俱盡；横海逞樓船之利，而重洋莫測，豈能萬里而長征？至乎戎馬倉皇，師徒撓敗，始歎製神弩之千鈞，不如受素書之一卷也，何不審之於初乎？專不習乎？此曾子之意，而魯讀得之者也。或因魯讀傳爲專，而附會於六寸簿之説，則不如仍讀爲傳矣。

鄭注曰「魯讀傅爲專」，惜其義不傳。今作此，以發明其義。曲園自記。

孟懿子問孝 一章

孝在無違，告一人與告萬世異也。夫以無違告孟懿子，欲其不違僖子之遺訓耳。然告懿子一人，非所以告萬世，故又語樊遲，而歸之以禮乎？且昔樊遲之問仁、問知而未達也，夫子則申告之以「舉直錯諸枉，能使枉者直」，是夫子之於人苟有未達，必有以達之；未有無以達之，而轉使人達之者也。夫我不能自達其意，人何能代達我意？人不能求達於我，又安能求達於人？然則孟懿子問孝可異矣。日者夫子使樊遲御，而之孟孫氏，懿子乃以孝問。懿子者奉其父僖子之命，學禮於夫子者也。夫子果欲其奉禮以周旋，則正告之曰禮乎禮如是可矣，乃不曰「無違禮」而僅曰「無違」，微寓其意，而深没其文，將使人尋繹其言外之意，如當時之隱語、後世之清談乎？非也。夫子之意，直欲其不違僖子之遺訓而已矣。蓋在僖子當易簀之時，猶爲二子詒謀之計，則以愛子之深心，立傳家之善法，必有以樹南山觀橋、北山觀梓之型；而在懿子屆服官之始，正值三家鼎盛之年，則以少年之心性，席世族之高華，恐不能守良冶爲裘、良弓爲箕之業，此夫子「無違」之言所爲發也。雖然，天下之人豈皆如懿子之得僖子以爲父乎？而皆曰無違可乎？夫子爲樊遲述之，而樊遲果以「何謂」請。子歷歷語之曰：「生，事之以禮；死，葬之以禮，祭之以禮。」然後知夫子之言有爲一人發者、有爲萬世發者。爲一人發，則所謂「無違」者不違父命而已。且夫三代之世族，直與封建相維持。本支百世，周所以興也。俄而皇父之後爲皇父卿士矣，蹶父之後爲蹶維司馬矣，尹吉甫之後爲尹氏太師矣。子孫不能紹其祖父之美，而周室遂衰。即如吾魯，以季孫行父之賢，而其後不能繼也；以叔孫昭子之忠，而其子不能嗣也。懿子聞夫子之言，誠知孝在無違，而謹守終身，則政皆其父之政，何至鄙夷其故物，轉使乃翁蒙田舍之譏？臣皆其父之臣，何至疏忽於賓筵，致使遺老抱鉗奴之懼？喬木世家，其與國終始乎！爲萬世計，則所謂「無違」者不止不違父命而已。且夫百世之風俗，每隨時勢爲轉移。經曲三千，世所共守也。俄而廟之有二主，自齊桓公始矣；大夫之奏《肆夏》，自趙文子始矣；宦於大夫者之爲服，自管敬仲始矣。天子不能持其禮樂之柄，而世變益繁。即如吾魯，朱干玉戚，諸侯而干天子之典也；朝服縞衣，大夫而僭諸侯之制也。樊遲聞夫子之言，誠知無違在不違禮，而昭示來兹，則所守者先民之矩矱，何敢喪祭冠昏創一家之説，以愚賤而妄操考文制度之權？所遵者昭代之典章，何至宫室衣服從一時之宜，以華夏而自同絶域異荒之俗？明堂制作，斯爲大一統乎！

此章自來失解。夫子不能直達於孟孫，樊遲安能轉達於孟孫？孟孫不能復問於夫子，安能更問於樊遲？果如舊説，則聖人行事迂曲甚矣。愚謂夫子告懿子以無違，正欲其從親之命。蓋懿子是僖子之子，僖子魯賢大夫，懿子嗣立，必有不能謹守僖子之教者，故以「無違」告之。然此爲懿子一人言耳，聖賢垂訓必爲萬世計。天下之爲人子者豈能皆有賢父乎？故又語樊遲而發以禮之訓，非使之轉達孟孫也。曲園自記。

哀公問社於宰我　一章

魯君以私意論社，聖人微諷之也。夫問社而舉三代以對，宰我無他説矣。「使民戰栗」古説謂是哀公之言，夫子所爲以微辭諷之乎？昔哀公以「年饑」問於有若，有若以「徹」對，公有「二猶不足」之言，有若既以正論折之矣；哀公以「社」問宰我，宰我以三代之制對，公有「使民戰栗」之言，宰我不能以正論折之，夫子乃以微辭諷之。夫哀公者承魯國積弱之餘，念昭公出亡之辱，未嘗一日不思自强也。故嘗問政於夫子，又曰「何爲則民服」。蓋以四分公室以來，季氏擇二，孟孫、叔孫各一。公無民矣，不先服民，無以制三家。故其問「民服」也，欲制三家，而强公室也。日者又挾此意，而問社於宰我。蓋在哀公，勤諮訪於儒臣，非欲居今而稽古，早挾一「不用命戮於社」之私意，爲哀朝振起其聲靈；而在宰我，考典章於故府，非欲援古以諷今，不過以「樹其土所宜木」之成規，由昭代溯源於子姒。夏松殷柏，周則以栗，宰我之言止此也。乃哀公聞「周人以栗」之言，即臆決之曰「使民戰栗」。噫！情見乎辭矣。斯時哀公勃然，宰我默然。夫子聞之，爲憮然也。稠父喪勢之恥，中隔定公十五年矣。長府之舊跡久淹，壞隤之遺臣盡散，安得起一國之衆復動其惓惓之思？季孫專政以來，下逮桓子凡四世矣。内有叔季爲之鼎立，外有齊晉爲之奥援，安能以守府之君坐奪其炎炎之勢？成事也可説歟？遂事也可諫歟？既往也可咎歟？子歷言之，爲哀公諷也。由哀公之見，挾不忍其詢之意，求逞於一朝，是欲以强政濟弱勢也。極其弊而言之，吏逞武健嚴酷之風，士習法術刑名之學，將使民不見德，惟戮是聞，適爲賢者驅除之地；鋌而走險，急何能擇，遂啟英雄草澤之心。雖曰發憤爲雄，而元氣之傷痍，其受病更深於⿰足彖盩。由夫子之言，本相忍爲國之常，共安於無事，所謂有遠效無近功也。遵此意而行之，君惟存百年勝殘之心，臣不進九世復讐之議，將見豁達大度，反側自安。而拔扈强臣、兵符坐握者，杯酒可以奪其權，清静無爲，獄市不擾；而蠻夷大長、帝制自娱者，尺書可以削其號，勿謂操刀必割。而聖賢之韜略，其作用遠過乎兵刑，故曰魯君以私意論社，聖人微諷之也。古説不明，而世以「使民戰栗」之言爲出於宰我。然則是宰我失言也，夫子何不直指其失，而若此之迂緩其辭哉？

皇侃疏云：「依注意，即不得如先儒言『曰使民戰栗』是哀公説也。」然則先儒舊説固以「使民戰栗」爲哀公語。不知何人之説，竊謂殊勝今説。「曰使民戰栗」，與問有若章「曰二，吾猶不足」，皆哀公語，而不更出「哀公」字，兩章一律也。嘗論哀公爲君，當魯國積弱、三家方張之日，頗有振興之志。蓋以昭公舊事爲恥，而欲一雪之也，故屢問於孔子，而聞宰我「周人以栗」之言，即有「使民戰栗」之説。然魯以相忍爲國久矣，昭公在晉霸未衰之日，猶不能借其力以去季氏，況哀公時乎？其後欲以越伐魯而不能，其效可覩矣。宰我既不能匡正，孔子亦未便明言，但以「成事不説」三語微諷之，見得禄去政逮，爲日久矣，未可求勝於一朝也。自注家以「使民戰栗」爲宰我語，并夫子之語亦不可解。故作此文，本舊説以正之。曲園自記。

冉有曰：夫子爲衛君乎 一章

聖人於衛君，父與子均非所取也。夫伯夷仁，則蒯聵不仁矣；叔齊仁，則輒不仁矣。夫子殆兩不爲乎？且春秋之變，至父子争國而極矣。父子争國，其罪在子。然子所執者，王父之命也。子誠不可執王父之命，以拎其父之臂，父亦不得奪王父之命於其子之手。然則是父是子，皆聖人所不取也。今將謂蒯聵無罪乎？蒯聵惡得無罪？既自絕於母，即自絕於父，豈宜援世及之例，而仍奉宗祧？今將謂輒無罪乎？輒惡得無罪？父雖不子，子不可不父，豈得挾嫡孫之尊，而躋承祖統。夫子居衛，爲蒯聵乎？抑爲輒乎？冉子不知也。問之子貢，子貢亦不知也。入而問之夫子，乃不問衛事，而以伯夷、叔齊問何居？蓋伯夷以父命爲尊者也，念吾父以愛憐少子之故，彌留之際實有成言。伯夷自宜奉身而退，豈可使墨胎片壤淪爲天下無父之邦？叔齊以天倫爲重者也，念吾兄已久尸家督之名，少長之倫不容或紊。叔齊自宜抗手而辭，豈可以孤竹清風釀成小白殺兄之釁？嗟乎！夷、齊何人哉？使伯夷而非賢也，賢矣而不能無怨也，則蒯聵猶可爲也；使叔齊而非賢也，賢矣而不能無怨也，則輒猶可爲也。乃夫子曰：「是求仁而得仁者也，何怨之有？」而衛事定矣，是何也？伯夷知有父命，蒯聵不知有父命也。且夫伯夷之於父也，本無開罪之端；蒯聵之於父也，實有不韙之跡。乃一則曰玉几之遺言具在，一則曰金縢之祕册難憑也。仁與不仁，懸如天壤矣。叔齊知有天倫，衛輒不知有天倫也。且夫叔齊之於伯夷也，不過同氣之弟兄；輒之於蒯聵也，實屬異宮之父子。乃一則曰弟東鄉而兄不可北鄉坐，一則曰子南面而父不妨北面朝也。仁與不仁，判如水火矣。則請爲蒯聵解曰：是殆爲夏后啓乎？溯文命倦勤之日，薦益於天，乃費侯空走箕山，長子竟膺神器，似亦無父命矣。

不知禹雖薦賢，未嘗廢子；姒王之後，舍啟而誰？不過以謳歌獄訟之所歸，遂爲海内共主耳。當日之涕泣而拜受，猶是受之父也。則揆之父命而無違，豈蒯聵所能藉口？又請爲輒解曰：是殆爲周季歷乎？考太王翦商之日，泰伯不從，乃長君有采藥之行，介弟無采薇之節，似亦無天倫矣。不知伯既遐征，已同長逝；仲雍偕往，惟季獨存。苟不援兄終弟及之成例，將使宗祊無主乎？當日之以倫序而得立，不啻後其兄也。則按之天倫而無愧，豈輒也可與同科？夫子不爲也，蓋皆不爲也。如謂但不爲輒耳，豈知此義哉？

是時蒯聵父子爭國，時人疑夫子必有所助，故冉子問「爲衛君乎」。衛君兼謂蒯聵父子，非獨指輒夫子。以伯夷爲賢，賢其重父命也；以叔齊爲賢，賢其重天倫也。蒯聵不知有父命，輒不知有天倫，則皆夫子所不爲矣，故曰「夫子不爲也」。使其時上有天子，下有方伯，則必更立賢君。以伯夷處蒯聵，以叔齊處輒，而人倫正，衛事定矣。子貢引夷齊爲問，正與衛事塙切，後人未達其意也。曲園自記。

加我數年，五十

聖人假年之請，以五十爲期也。夫年之得假與否，不可必也。故既渾言之曰「數年」，又申言之曰「五十」，言或五年或十年也。此「五十」之義自來未有得之者。夫子若曰：吾追溯志學之年，蓋自十有五始。歲月如流，入此歲來，已將七十矣。老冉冉其將至，悵未立乎修名。余渺渺其有懷，私有干乎大造。竊願以童時所謂十有五者分而二之，而庶幾或得其一也。今夫人之不可必者非年乎？豪情未暮，崦嵫之日先沈。雖帝王長駕遠馭之雄才，不能攀若木、扶桑，稍駐羲和之駕；壯志未灰，逝水之波已竭。雖英雄旋乾轉坤之大力，不能驅天吴、罔象，再迴滄海之瀾。我也知修短之有數，不能取攜之任便，而姑以假我爲名；念稱貸之難償，不敢久遠之相要，而姑以數年爲斷。則有如假我以五年乎？帝王五載一巡方，又見乘輿之出；宗廟五年一殷祭，重逢大事之行。兼參兩而爲五焉，就數年中約言之也，吾不嫌其少也。則有如假我以十年乎？消息盈虚，天道十年而變；生聚教訓，人事十年而成。合二五而爲十焉，就數年中極言之也，吾甚喜其多也。此在達觀身世之流，執一視彭、殤之説，歸真不定何時，吾惟飾巾而待；埋骨不知何地，吾將荷鍤以從。生寄死歸，付淩雲之一笑。須臾之頃，勿與蟪蛄、朝菌而爭長也。而何有於五年、何有於十年也？我豈有此曠懷乎？自惟車殆馬煩，虚擲長途之日月，返鄉閭而訪舊，故交淪落，不存陋巷之賢；老境凄涼，并失趨庭之子。即我髮秃齒危之情狀，亦知來日之無多。假我五年，而吾意足矣；假我十年，而吾意更足矣。此在服氣鍊形之士，得長生久視之。方五百年之故物，吾往時及見其新；三千年之靈根，吾今日再嘗其實。天長地久，抱明月以長終。瞬息之閒，已看海水、桑田之屢易也。更何有乎五年、何有乎十年也？我豈有此神術乎？自惟門衰祚薄，空留故國之衣冠，撫家乘而流連，先大夫之神勇，未享高年；吾伯氏之夭亡，僅留弱息。以我瞻前顧後之蒼茫，冀緩須臾之無死。假我五年，而我欣然矣；假我十年，而我更欣然矣。則惟以之學《易》，幸免大過而已矣。

「五十」作「卒」之説，於古無徵，萬不可信。若從何氏説，謂是知命之年，亦不可通。夫子假年之歎，必發於暮年。若年未五十，猶在强仕之年，安得自謂來日無多，而思更假數年也？愚舊作《羣經平議》謂「五十」二字乃「吾」字之誤，與「五十」作「卒」同一無稽。此當以「假我數年」爲一句，「五十」爲一句，「五十」二字承上「加我數年」而言。蓋不敢必所假者幾何年，故言或五年，或十年也。使足其文，曰「假我數年，五年十年，以學《易》」，則文義了然矣。因上句已有「年」字，故「五十」下不更著「年」字，愚著《古書疑義舉例》所謂「蒙上文而省」也。因作此，發明其義，且正余舊説之誤。曲園自記。

子在川上曰一節

川上之歎，感逝也。夫因川流之不舍晝夜，而歎逝者之如斯，夫子亦感逝耳。必以道體言，求深而反失之。且論者謂日往則月來，寒往則暑來，此道體也，夫子觀水而有悟焉。竊謂不然。日月寒暑，有往而有來者也，固可以見道體。水一往而不復來者也，何足以見道體？夫川閲水以成川，世閲人而爲世。聖人亦猶是人情，正不必高言微妙也。昔孔子嘗觀於東流之水，語子貢有「君子見大水必觀」之説，然則子在川上亦屢矣。兹乃感之而有言焉，曷故？蓋有見夫朝宗萬派，長此滔滔，雖河源遠出昆崙，而滄海尾閭竟不能復鼓迴瀾之氣力。因有慨夫彈指百年，何其苒苒？雖天地不能瞬息，而王侯、螻蟻竟無人得免隨例之銷沈。因概然曰「逝者如斯夫」，又申之曰「不舍晝夜」。洪荒其太古乎？自堯舜至於湯五百餘歲，自湯至於文武五百餘歲，自文武至於今五百餘歲。今來古往，竟有江河日下之形，其遷流固如斯也。堯、舜、湯、文猶晝夜也，浮生一大夢耳。昭、定以來，爲吾所見之世；文、宣以來，爲吾所聞之世；隱、桓以來，爲吾所傳聞之世。日異月新，不勝東海揚塵之感，其變幻亦如斯也。隱、桓、昭、定猶晝夜也。有習鍊形之術者，恃坎離吐納之功，合精氣神而守吾三寶，庶幾不知有晝，不有知夜，人皆逝而我獨存乎?然而山中雖有長生之猿鶴，世外仍無不散之煙霞。爲問空同訪道之士，尚有幾人也?則亦如斯之悠然[一]長往也。夫有執轉世之説者，保心性虚明之體，歷去來今，而總此一身，庶幾晝而復夜，夜而復晝，逝於此又生於彼乎?然而方寸雖有自閟之靈臺，咫尺每有難投之覺岸。爲問恒星不見以來，又經幾世也?則亦如斯之浩然大去也。夫烈士暮年，壯心不已，撫斯而自奮，曰吾其乘時而有爲乎?旂常鐘鼎垂千載之聲，於斯可無負矣。乃龍虎之風雲未已，而蜉蝣之歲月無多，一晝夜閒而竹帛猶新，松楸已暮也，亦一川流也。達人大觀，物無不可，因斯而自解，曰吾其及時而行樂乎?鐘鼓園林極一時之勝，於斯亦良足矣。乃酒坐之賓朋未散，而墓門之翁仲先迎，一晝夜閒而昔時華屋，今日山丘也，亦一川流也。噫!前不見古人，後不見來者。對此蒼茫，未免百端之交集，一死生爲虚誕，齊彭殤爲妄作。後之覽者，亦將有感於斯文。必以道體爲言，泥矣。

朱注之説妙矣。然經文止言「逝者如斯」，言往不言來，無往過來續之理，與注意大悖。舊注謂「凡往者如川之流」，皇疏云「川流迅邁，未嘗停止。人年往去，亦復如斯」，深

[一] 然，癸巳本作「悠」。

得聖人發歎之意，不得以爲淺近而從後人淵微之論也。曲園自記。

魯人爲長府 一章

聖賢論長府，存舊君也。夫長府者，昭公所居，以攻季氏者也。欲改爲之，以泯其迹，故閔子微諷之，而夫子深然之歟？昔閔子之辭費宰也，曰：「如有復我，必在汶上。」汶上何地？閔子欲往何心？自來未有見及者。吾意汶上爲自魯適齊之道，閔子辭費之日，或正在昭公孫齊之年，故爲此言，示將從故君於齊乎？乃今又本此意，以論長府。夫魯人之爲長府，奚爲者也？謂如築鹿囿、築郎臺之故事，其意主乎盤游，則未聞飾府庫之觀，可以代臺池之樂；謂即作丘甲、作田賦之成謀，其事在乎加賦，則猶未下征輸之令，何先營儲積之區？噫！我知之矣。昭公之攻季氏，實先居於長府。後之過長府者皆睪然而望，浩然而思，曰：「此吾先君昭公所居，以攻季氏者也。」則季氏子孫不得安枕矣。改而爲之，欲泯其迹也，曰「魯人」者實季氏也。不欲目言之，姑曰「魯人」云爾。閔子騫於是誾誾然有言矣，不斥其新規之未善，但告以舊貫之當仍。維今之人不尚有舊，謂祖制不足法乎？往事分明，殊令人有舊國舊都之感；不責以興造之非宜，但詰以改作之何必。胡爲我作不即我謀，謂人言不足畏乎？羣情惶駭，殊令人有改玉改步之疑。斯言也曲而中矣，「夫人不言，言必有中」，夫子爲閔子嘉乎？爲季氏警也。而吾乃歎季氏無君之罪爲不勝誅矣。古人之惡其人也，見其所築之壘培，必從而毁之。季氏之於昭公，其有深怒積怨之存乎？吾觀後世權臣，假樂推之説，膺受命之符，舊都喬木，悉付摧殘；故國鐘簴，亦遭移徙。離宫别館，旋爲茂草之場；廢寢荒陵，不設樵蘇之禁。甚至因王氣之猶存，而鑿殘其山水；懼人心之未死，而翦滅其子孫。要使往蹟皆湮，而萬歲千秋永保我維新之運會。然則長府之爲，其事猶至小者也。而吾乃歎聖賢維魯之心爲大有造矣。古人之愛其人也，見其所憩之甘棠，猶從而思之。魯國於昭公，豈無往歌來哭之情乎？吾觀後世遺民，當鼎革之秋，感興亡之事，龍髯遥望，抱弓劍而悲號；馬鬣私營，葬衣冠而羅拜。故宫寂寞，偕父老以話先王；遺廟荒凉，率遺黎而上私謚。甚者歲時伏臘，仍存故國之春秋；歌詠篇章，不載興朝之日月。遂使人心激發，而一成一旅，重興此再造之河山。然則聖賢之論長府，所關豈淺鮮也哉？

《昭二十五年左傳》：「公居於長府，九月戊戌，伐季氏。」本此立論。余舊有《閔子騫論》一篇，即此意也。曲園自記。

而求也爲之聚斂而附益之

聖門有聚斂之臣，人聚而非財聚也。夫聚斂以附益季氏，求之罪也。然所謂「聚斂」者人聚非財聚也，是又不可不辨。聞之《禮》曰：「竹聲濫，濫以立會，會以聚衆。君子聽竽笙簫管之聲，則思畜聚之臣。」是畜聚之臣亦國家所宜有也。然畜聚之臣在公室，則公室强；在私室，則私室强，不謂聖門高弟乃誤以畜聚之才用之私室也。如季氏之富，富於周公矣。在聖人處此，於禄去政逮之時，而爲强幹弱枝之計，方將墮其名都，出其藏甲，稍奪其坐擁之資。乃吾黨有人，小試于私家之宰，而大用其治賦之才，遂使田疇日闢，户口日繁，益長其方興之勢，是附益之也。誰爲爲之？曰冉求也。冉求果何以附益之哉？則以聚斂聞。昔周公作《爾雅》，其《釋詁》曰「斂，聚也」。是聚與斂異字而同義，聚亦斂也，斂亦聚也。但曰「聚斂」，所聚斂者何物乎？其説有二：一爲財聚，有布縷之征，有粟米之征，有力役之征，榷算無遺，微及秋豪之末，而在上之錙銖必較，在下之杼柚將空。頭會箕斂，衰世之爲也，冉求所不屑也。一爲民聚，農夫耕其野，商賈藏其市，行旅出其塗，招徠有術，儼如流水之歸，而四境既無不治之污萊，九府自無不流之泉布。容民畜衆，大《易》之義也，冉求所優爲也。是其爲季氏計者有本有末。

辟草萊，薄賦税，此其本也。求也爲之，而歲惟守取千取百之常，家自有餘二餘三之慶。重農貴粟，真要圖也。而所以附益季氏者其源遠。來商旅，勸百工，其末也。求也爲之，而關市不必懸煩苛之禁令，市廛已早羅充牣之珍奇。通商惠工，真良法也。而所以附益季氏者其流長。蓋冉求聚斂之術如此。夫以財聚爲聚斂，則其爲季氏謀也左矣。雖使利擅魚鹽，禁嚴麴蘖，心計細及乎微茫，而天道惡盈，必無積而不散之理。多藏厚亡，亡無日矣。是以范宣子之貧，不可弔而可賀；齊慶封之富，不爲賞而爲殃。乃以民聚爲聚斂，則其爲季氏利也深矣。即此人民親附，生齒繁滋，賦粟倍加於平昔，而富强有兆，已是化家爲國之機。以義爲利，利莫大焉。是以徐偃王之仁義，可以朝諸侯；陳桓子之釜鍾，可以盜齊國。此夫子所以深罪之也。後之説者乃以聚斂爲急賦税，則又厚誣冉子矣。

舊説以「聚斂」爲急賦税，蓋本孟子「賦粟倍他日」之言，趙注云「多斂賦粟」。竊謂「多斂賦粟」非急賦税也，因冉子爲季氏宰，爲之容民畜衆，使季氏私邑民人親附，日益富庶，故所賦之粟倍於他日。孔子稱其「可使治賦」，正以此耳。若惟是急賦税而已，曾是以爲治賦乎？誣賢者矣。曲園自記。

虎豹之鞟猶犬羊之鞟

借物以喻，有存乎中者焉。夫虎豹犬羊，皮異而鞟同。然則文質亦異其外、不異其中也。此正申明文猶質、質猶文之意，非轉一解也。子夏若謂：吾不解人之徒相驚于其外也。夫以其外而論之，則隆殺之異等、豐約之異節、繁簡之異數、侈斂之異形，不可以道里計矣。而觀乎其中，則總不外此愛敬之至情與夫尊親之定分。即物以觀，有不煩言而解者。文猶質也，質猶文也，何以明其然哉？葢先王緣情制禮，因性作儀，不過取其内之所藴藏，畧加緣飾以玉帛冠裳之迹。即後世行之不著，習焉不察，乃一觀其天之所流露，無非率循乎日用飲食之常。不觀虎豹乎？彪然而成章者，莫虎豹若矣。而不知此其皮也，非其鞟也，虎豹固有虎豹之鞟存也。不觀犬羊乎？闇然而無色者，莫犬羊若矣。而不知此其皮也，非其鞟也，犬羊亦有犬羊之鞟存也。今試與子登朝廷之上，文物聲明，極炳炳麟麟之盛，是誠虎豹矣。即出而游通都大邑之中，觀巨室世家之内，子弟風流自賞，固多揚風扢雅之才；婦女舉止不凡，亦有悦禮明詩之譽。遂使尹吉之衣冠傳諸歌詠，姬姜之儀態播之丹青，不亦一虎豹乎？而不知其有文相接，有恩相愛，仍無加於父子、兄弟、夫婦之真。是虎豹之異乎犬羊者其皮也，而其鞟同也。今試與子觀草野之閒，因陋就簡，盡榛榛狉狉之形，是誠犬羊矣。更遠而至黑齒雕題之國，入青丘烏谷之鄉，其言語則侏離莫辨，重九譯而難通；其風俗則髽倮爲雄，入中原而不改。甚至羽人毛民之壤，不解冠裳；火山冰海之民，都忘寒暑，不尤爲犬羊乎？而不知其歌也有思，哭也有懷，仍不失乎孝弟、任恤、睦姻之意。是犬羊之異乎虎豹者其皮也，而其鞟同也。然則吾不可貴虎豹之文而賤犬羊之質矣。何也？犬羊之鞟猶虎豹之鞟也。獻酬之不習，自有笑言；拜跪之不知，非無恭敬。然則子亦何得取犬羊之質而舍虎豹之文乎？何也？虎豹之鞟猶犬羊之鞟也。黻冕美其名，亦猶卉服之聊資蔽體；奥窔隆其制，亦猶穴居之惟取容身。以此明文猶質、質猶文之旨，子尚曰「何以文爲」乎？

「文猶質也」四句一氣相屬。「虎豹」二句正申明「文猶質、質猶文」之意。蓋虎豹所以有文、犬羊所以無文者，以其毛也。若以鞟而論，則一而已矣。文質之異，異乎其在外者耳。至如中之所存，如君臣主敬、父子主恩，不以文而有加，不以質而有損也。舊解均失其義，遂使文義之直捷者變而迂曲矣。曲園自記。

兄弟怡怡

兄弟與昆弟異，怡怡所宜施也。夫所謂兄弟者婚兄弟也、姻兄弟也，視朋友加親，故怡怡爲宜乎？昔吾論士，有宗族稱孝、鄉黨稱弟之説。孝者孝於父母，弟者友於昆弟也。夫由父母而遞及之，則昆弟是矣。若朋友，以人合而非以天合，由朋友而遞及之，則不當爲昆弟，而當爲兄弟，亦論士者所不可遺也。切切偲偲，既與朋友宜矣。朋也者，同師之士也。乃有不必同師而視同師者，其周旋更密，則非朋而密於朋矣；友也者，同志之人也。乃有不皆同志而視同志者，其形跡更親，則非友而親於友矣，所謂兄弟非耶？且夫兄弟與昆弟異，昆弟則手足之親也。古人先生爲兄，後生爲弟，所謂兄弟其實昆弟也。此雖極其想像，不足形其洩洩而融融。兄弟則婚姻之誼也。古人以婦之黨爲婚兄弟，以壻之黨爲姻兄弟，所謂兄弟非即昆弟也。此宜浹以笑言，勿徒出以勤勤而懇懇。吾所謂「怡怡」者正爲兄弟設也。使其人而爲婚兄弟歟？則婦之黨也。蓋婦之父曰婚，言壻親迎用昏也。於是女氏稱昏，而相沿謂之昏兄弟。夫問名、納采以來，百兩將迎，獲覩盈門之爛。溯從前十年姆教，粗成麻枲之功；三月公宫，大習蘋蘩之禮。而後脯修棗栗，有此佳婦之承歡也，昏兄弟之嘉貺不已多乎？苟情意未孚，或啟參商之隙，我襁褓之童孫何以有外家也？怡怡如也，不媿爲昏兄弟矣。使其人而爲姻兄弟歟？則壻之黨也。葢壻之父曰姻，言女之所因也。於是壻氏稱姻，而相承謂之姻兄弟。夫結帨、施巾之後，一介嫡女，往修灑掃之儀。願自此三日羹湯，無失尊章之意；百年琴瑟，無乖伉儷之歡。而後喬木女蘿，遂我高門之攀附也，姻兄弟之雅懷豈可拂乎？苟風裁稍峻，或呈齟齬之形，我箕帚之弱息何以見大家也？怡怡如也，不失爲姻兄弟矣。由是引而近之，則同宗亦有兄弟之名，《傳》所謂「小功以下爲兄弟」是也。一以怡怡處之，而「豈伊異人？兄弟具來」，義可通於睦族。比而同之，則夫婦亦有兄弟之稱，《禮》所云「不得嗣爲兄弟」是也。一以怡怡將之，而「宴爾新昏，如兄如弟」，效并見於宜家。兄弟怡怡，所爲異於朋友也。若昆弟，當不止怡怡而已。

古人「兄弟」之稱，與「昆弟」有別。觀《爾雅》及《喪服傳》自見。《先進篇》與「父母」連言，則曰「昆弟」；此篇與「朋友」對言，則曰「兄弟」，可知其異矣。至如「魯衛之政，兄弟也」、司馬牛言「人皆有兄弟，我獨亡」，不必盡泥此解。而其章則似從此解爲是。曲園自記

東里

有以東里氏者，而東里傳矣。夫東里者，鄭東門外里名也。何以傳？葢有以東里爲氏者

在，且吾歷言鄭國爲命諸臣於子羽係之行人。行人者其官也，乃或謂古有行人氏，其始出於行人之官，以官爲氏。陳有行人子儀，衛有行人燭過，皆其裔也。然子羽實以官傳，不以氏傳。而當日固自有以氏傳者，則曰東里。東里者何？里名也。其里安在？在鄭東門之外。鄭城西臨洧水，形勢偪仄，故惟東門爲最著。其在《詩》曰：「東門之栗，有踐家室。」又曰：「出自東門，有女如雲。」可知東門之外道路平易，人物繁昌，士大夫咸聚居焉。因有東里之名，而亦遂有以東里爲氏者。然則何以知其爲氏？曰：當時鄧析亦居東里，然世之稱之者曰鄧析，不曰東里析。兹乃以東里冠之，故知爲氏也。古有西方氏矣，燕之西方虔是也。古有西鄉氏矣，宋之西鄉錯是也。以至西陵氏、西閭氏，以西氏者不一矣。西可氏，東亦可氏也。古有南宫氏矣，周之南宫适是也。古有南郭氏矣，齊之南郭偃是也。以至南伯氏、南公氏，以南氏者不一矣。南可氏，東亦可氏也。古有北郭氏矣，齊之北郭佐是也。古有北宫氏矣，衛之北宫括是也，以至北海氏、北人氏，以北氏者不一矣。北可氏，東亦可氏也。若夫伏羲之後，則有東方氏焉；周公之後，則有東野氏焉；齊桓公之後，則有東郭氏焉；魯莊公之後，則有東門氏焉。東里之爲氏，猶之乎東方氏、東野氏、東郭氏、東門氏也。若夫周之東閭子，其後氏東閭焉；杞之東樓公，其後氏東樓焉；齊之東宫得臣，其後氏東宫焉；宋之東鄉爲人，其後氏東鄉焉。東里之爲氏，猶之乎東門氏、東樓氏、東宮氏、東鄉氏也。亦有專以東爲氏者，虞舜之友不有「東不訾」乎？茲乃東而係之以里，則入里而必式之，想見里仁之爲美。亦有專以里爲氏者，晉文之僕不有「里鳧須」乎？茲乃里而屬之於東，則匪車之不東也，誰爲東道之主人？聞之鄭有西門氏。蓋鄭大夫〔一〕有居西門者，因以爲氏焉。夫居西門者既氏西門，則居東里者宜氏東里。同在鄭國之中，一東一西，遥遥相望，亦譜牒之美談矣。其人爲誰？子産也。後世有東里昆，又有東里衮、東里冕，蓋皆子産之後云。

皇疏云：「子産居鄭之東里，因爲氏姓。」此作本此，較勝馬氏舊注「因以爲號」之説。曲園自記。

子曰：直哉史魚 一章

兩論衛臣，惜之也。夫同處無道之邦，而一則如矢，一則卷而懷之，皆不能行其道矣。「直哉」「君子哉」，殆深惜之哉！且《春秋》責賢者備，而聖人之論人亦於賢者責之備。即其論衛臣

〔一〕夫，原訛「大」，據癸巳本改。

也，於仲叔圉、祝鮀、王孫賈無不節取其長，而獨於史魚、蘧伯玉則於贊美不置之中寓惋惜無窮之意，非淺人所能識也。蓋孔子不見用於魯，猶思見用於衛，驅車三至，固自有無窮之期望，而非徒偶爾停驂。孔子無望於衛之君，猶有望於衛之臣，衡論兩賢，何以有不盡之低徊，而轉若未能滿志？史魚之直也，無人不知其直也。夫子乃慨然曰「直哉」，喜其直乎？惜其直也。謂夫邦有道而如矢，可也；邦無道如矢，則不能行其直矣。蘧伯玉之爲君子也，無人不知其爲君子也。夫子喟然曰「君子哉」，美其爲君子乎？惜其爲君子也。謂夫邦有道，則仕可也；邦無道，卷而懷之，則惟自成其爲君子矣。吾是以知兩賢之皆不能有爲於衛也。士君子生郅隆之世，立不諱之朝，特立獨行，終身一節，固其宜耳。若乃君非受諫，臣盡行私，吾雖不以浩浩之本懷同乎汙俗，而讒人高張之日，未可一意孤行。古直臣之處此也，君可亦可，君否亦否，曲爲將順，正以運其悟主之深心；所左亦左，所右亦右，姑與周旋，正以行其鋤奸之妙[一]用，豈必曰至死不變乎？乃如史魚者，處無道之邦，而仍守其如矢之素，攀君門而痛哭，以人臣犯人主之顔；入政府而忿爭，以小臣觸大臣之怒，遂至釀衣冠之禍，而朝中之善類爲空；開朋黨之風，

[一] 妙，癸巳本作「微」。

而海内之清流同盡。後之人讀其疏稿，拜其遺祠，未嘗不肅然而起敬，曰古之遺直也。而元氣已受其摧傷，國運亦隨之傾覆矣，則何如委曲求全者尚小有補救哉！士君子負公輔之才，事聖明之主，賡歌颺拜，千載一時〔一〕，誠可慕也。若乃時值其屯、運逢其否，吾雖不因區區之禄位殉以微軀，而受恩知己之身何忍決然舍去？古君子之處此也，時而宦官宫妾播弄其威權，則正色立朝，以折羣小鴟張之氣；時而敵國外患憑陵我社稷，則鞠躬盡瘁，以勵三軍忠義之心，豈徒曰明哲保身乎？乃如蘧伯玉者，遇無道之邦，而即存一卷而懷之之意，英雄之事業坐銷於婦人醇酒之中，耿介之胸襟釀成其泉石膏肓之疾，遂至扁舟游煙水之鄉，舊日之姓名盡改；策蹇覽湖山之勝，平時之賓從皆疏。後之人過其山居，玩其翰墨，未嘗不睪然而高望，曰斯其爲隱君子乎？而朝野之安危已以山中謝，君臣之名義亦以方外忘矣，則何如徘徊不去者尚賴以維持哉！衛多君子，而不能興邦，殆以此乎？吾故曰：兩論衛臣，惜之也！

門下士蔡＊耀客謂：蘧伯玉使來，孔子問以「夫子何爲」，蓋望其有爲，而懼其不能有爲也。使者對以「寡過未能」，則伯玉但求無過，不求有功。而其不能有爲與衛之不可爲，皆

〔一〕「負公輔」至「時」，癸巳本作「以箕潁之身，際唐虞之世，山高水長，别有天地」。

見於言外。其相知甚深，其措辭甚婉，故孔子歎美之。余深韙其言，已采入《茶香室經説》中。觀伯玉兩次從近關出，置身事外，疑其爲黄老之學者。因悟此章兩論衛大夫亦有微旨，見兩人皆非撥亂反正之才也，作此發之。曲園自記。

子之武城五章

聖有戲言，以正論附之也。夫「牛刀」之戲，子游既以所聞對矣。公山、佛肸之欲往，皆戲也。故又記告子張、告子路者以正之。昔詩人之美睿聖武公也，曰「善戲謔兮」，誰謂聖人必無戲言乎？乃聖人之戲不獨見於言，亦且若將見於事。在聖人與道大適，無所不可。而吾黨必以莊論繼之，此立教之道也。蓋夫子平日皆雅言也。雅之義爲正，舉足爲法者，亦吐詞爲經。而夫子有時亦戲言焉。戲之聲同虛，所以飾怒者，亦所以飾喜。於何見之？見之於武城。子之武城，而聞絃歌之聲。蓋子游奉夫子學道、愛人之教，以治武城，此其明效也。乃夫子有「焉用牛刀」之説，何其與子游所聞者異乎？曰「戲」也，「莞爾而笑」，夫子其善戲矣乎？然則「公山弗擾以費畔，召，而子欲往」，亦戲也。子路不知其爲戲，以「何必公山」作色而争。子曰「夫豈徒哉？吾其爲東周乎」，蓋戲而爲大言也。然則「佛肸以中牟畔，召，而子欲往」，亦戲也。子路又不知其爲戲，以「不善不入」正容而告。子曰「堅乎、白乎，吾豈匏瓜也哉」，葢戲而爲微言也。此在聖人「從心不踰」之後，因以爲積靡，因以爲波流，正可以變動不居見聖功之神化。而在學者「束脩自好」以來，議之而後言，擬之而後動，豈敢以正言若反壞名教之防閑？使不知其爲戲，則疑公山真可以爲東周矣。後世必有王佐之才，誤投奸人之手，既不能與之争，又不能引而去。至於異典驟膺，陰謀益露，始以一死而自明，晚矣。故吾黨又記夫子之告子張者，知必有恭、寬、信、敏、惠之心，而後有恭、寬、信、敏、惠之效，東周可爲，其以此也。而何至以亂世奸雄爲治世良臣，遂欲攘狄尊周，共建桓、文之大業。使不知其爲戲，則疑佛肸果不足以磨涅矣。後世必有文章之士，輕受權要之徵，既不能却其聘，遂不免立其朝。逮乎忠良仗義，元惡伏誅，反爲失聲而一歎，誤矣。故吾黨又記夫子之告子路者，使知仁、知、信、直、勇、剛之美，猶有愚、蕩、賊、絞、亂、狂之蔽，堅白之質，其可恃乎？而何至以身之察察受物之汶汶，徒使身敗名裂，并虚南、董之良材。此《魯論》類記之旨也，夫如是，戲而不戲矣。

「公山不擾」及「佛肸」兩章，學者疑之。但以事出聖人，不敢議耳。愚謂此兩章係之「武城」章之後，自有深意。「割雞」之喻，夫子之戲言也；公山、佛肸之欲往，亦夫子之戲言也。於武城見大道之不可小用，於公山、佛肸示無地之不可以行道。聖人與道大適，異趣而同歸，非子游、子路諸賢所能喻矣。然「武城」章中載子游之正論，「公山」章後即次以「子張問仁」一章，「佛肸」章後即次以「六言六蔽」一章，明欲爲東周，必具恭、寬、信、敏、惠之德。而「不磷」「不淄」，在聖人則可；在學者則雖仁知猶防其蔽，未可輕試之磨涅也。斯又記人之深意也，此意千古無人見及。余既著其説於《茶香室經説》，又作此文，以發明之。曲園自記。

微子全篇

明可去之義，見聖人之道大也。夫以「微子去之」發端，歷記孔子行蹤，終以太師摯諸人，皆明可去之義也。故又紀周事，以寓盛衰之感云。昔周之興也，以忠厚開基，濟濟多士，生此王國，盛乎哉！千載一時乎！王迹熄，周轍東，不獨王靈不振，即魯爲宗國亦日以衰矣。乃百餘年閒生兩聖人焉：一爲柳下惠，一爲孔子。柳下惠、孔子皆聖人也，而柳下惠之道小，孔子之道大。其道小，則爲一身去就計，故終老於宗邦；其道大，則爲一世治亂計，故周流於天下。吾黨謹記孔子行蹤，乃發端於《微子》。微子者，去殷者也；箕子奴，比干死，不去殷者也，孔子並稱之爲仁。仁與不仁，固不係乎去與不去矣。而柳下惠何以不去乎？直道事人，焉往不黜？是爲一身去就計也，未若吾孔子爲一世治亂計也。齊景公不能用，孔子行矣；季桓子受女樂，孔子行矣。自是南游楚、蔡閒，遇楚狂於車下，悽涼歌鳳之音；諮沮、溺於田閒，潦倒辟人之士。即從游如子路，已知道之不行，猶欲以仕行其義，斯亦丈人所深悲、二子所竊笑也。然則柳下惠之言亦大有見乎？乃備舉古逸民，伯夷、叔齊之後，柳下惠與焉。而夫子斷之曰：「吾則異於是。」若是乎孔子之與柳下惠，不可得而同矣。爲一身去就計，則父母之邦不可去也。故都可念，遺佚何傷？其後湘水之上遂有憔悴而行吟者。一和一介，異曲而同工乎？爲一世治亂計，則君臣之義不可廢也。遇合無期，轍環不倦，其後鄒、嶧之閒又有栖皇而終老者。一聖一賢，異世而同揆乎？有隱君子出而笑之曰：「是尚有人之見者也。」吾觀魯國諸伶，潔身遠引，齊楚蔡秦，非一邦也；或河或漢，非一水也。至若陽、襄兩賢，乘桴海外，別有天地，非復人閒，漠然徒見山高而水長，其人游於方之外矣。有舊史氏聞而憮然曰：「是殆衰世之意也夫！」吾觀元公遺訓，故府所傳，親故之誼，有加厚焉；大小諸臣，無異視焉。其時達括諸士，接武朝中，國運昌明，人材輩出，讀者爲之撫卷而流連。吾儻亦躬逢其盛乎？

此篇以微子發端，微子去之，似視箕、比有愧，而孔子並許爲仁，見仁不仁不係乎去不去也。下載柳下惠之言，主乎不去。然其下兩書「孔子行」，則孔子固去矣。後三章皆孔子去後之事，而以「逸民」章繼之。逸民中柳下惠與焉，而孔子曰：「我則異於是。」明孔子異於柳下惠。前後相應，幾如無縫天衣矣。於是又載太師諸人之去，終以陽、襄入海，殊有江上峰青之歎。而曲終奏雅，又附載周公之言，終以周之八士，與殷三仁遥遥相對。乃真一篇如一章者。作此以代義疏。曲園自記。

天下有道，丘不與易也

天不變，道亦不變，無所用其易也。夫天下自有常道，不必與易，此折桀溺「誰以易之」之言也。世俗乃謂無道當易，豈聖意哉？夫子若曰：吾甚不解夫桀溺之言也。其以我爲辟人之士，吾既以人非鳥獸辨之矣。即其言天下滔滔，誰以易之，亦雅非吾意也。吾既未嘗以高舉遠引者絶斯人，吾又何必以除舊布新者矯一世？是又不得不與辨矣。如溺之言，殆以天下滔滔而惜其無以易之乎？蓋見夫九州之風氣，萬有不齊，王者巡方岳而合符，所宜立一代之規模而新其制。不知夫三代之損益，初無大異，聖人同民心而出治，不必塗斯民之耳目而改其觀。是何也？天下固有道在也。是道也其原出於天，太極生兩儀，兩儀生四象，乃分陰分陽，而有以立夫人紀人綱之極。是道也其法本乎古，堯舜傳禹湯，禹湯傳文武，雖尚忠尚質，而不能外此大經大本之常。然而有以易之説進者，豪傑之流，各有自作聰明之意，禮崩樂壞，適當姬籙之將衰，而變局成焉。封建者先王公天下之心，易之則罷諸侯，置郡縣，而神明裔胄降爲編氓矣；井田者先王制天下之法，易之則開阡陌，廢溝洫，而中土膏腴鞠爲茂草矣。作法於涼，其弊猶貪；作法於貪，弊將若之何？竊恐文武之謨烈所垂，反至若存若亡，而五帝三皇盡付祝融之灰燼，世事尚忍言哉？遷流之運，竟有不可思議之時，聖伏神殂，又值人心之好異，而怪民出焉。以先聖之書爲不足讀，易而尚清静寂滅之學，奉其人以立教，幾并儒術而爲三矣；以先王之制爲不足遵，易而争機械變詐之奇，挾其術以横行，遂合瀛寰而爲一矣。我生之初，尚無爲；我生之後，逢此百罹。竊恐天地之菁華將竭，不能生人生物，而千秋萬歲，仍遠混沌之乾坤，隱憂曷有極哉？章甫縫掖，吾遵本國之冠裳；小正坤乾，吾抱前朝之載籍，道在則然也。世之人立説著書，必欲自我而作古。吾則但願還天下以王道蕩平之舊，不欲炫天下以明堂制作之新。正月春王，吾奉本朝之正朔；夏時殷輅，吾遵故府之規模，道在則然也。世之人崇論閎議，妄思改絃而更張。吾則但知以直道而行之，意與天下同，不敢以生民未有之奇爲天下倡。故正告之曰：「天下有道，某不與易也。」後之説者謂以天下無道，故欲以道變易之，不大失聖人之意哉！

孔注不甚明了。皇疏申之甚暢，而揆之經文，語意亦有未安。如朱注則「天下無道」一意亦屬增益，經文但言「有道」，不言「無道」也。愚謂此節之意與桀溺之言相對，因桀溺言「辟人」，故言「非斯人，而誰與」，見人不可辟也；因桀溺言「誰與易之」，故言「某不與易」，見天下不待易也，皆是折桀溺之言耳。沮、溺之徒但見天下變壞已極，不可復爲，不知天不變，道亦不變，三綱五常百世不易，聖人治天下亦循其常道而已，豈必有所變易哉？曲園自記。

哀公問政 一章

引聖論以發端，重人道也。夫引孔子之言，特取「人存政舉」一語耳。「爲政在人」以下皆子思之言，明天道之不外人道也，此《中庸》之要旨歟？子思子曰：中庸之爲道，有天有人。人焉者，下學之功也；天焉者，上達之事也。述中庸者必以天道爲歸，而入中庸者必以人道爲始，所宜盡人以合天，未可舍人而言天也。昔吾祖承哀公之問，對以「人存政舉，人亡政息」，并以蒲盧爲喻。此雖專以政言乎，而吾思之爲政，既在乎人。甚矣！人之重也。顧取人必以身，修身必以道，修道必以仁，由仁而義而禮，以成爲修身之君子。而推而言之，又不可以不知天，似乎天更重於人矣。而不知有三達道、三達德焉，皆人事也。舉君臣、父子、夫婦、昆弟、朋友之倫，歸之知仁勇之内。知之途不同，行之途亦不同，而所以行者則惟一。而不知有九經焉，皆人事也。自修身、親賢爲始，至柔遠人、懷諸侯而止，并明言其事。又極言其效，而所以行者亦惟一。一者何也？誠也。凡事類然，自獲上信友遞推之可見也。然而誠則有人有天。何謂天？生而知之、安而行之者也，其中也不待乎勉，其得也不待乎思，而自能躋乎明善誠身之極。何謂人？學而知之、困而知之、利而行之、勉强而行之，皆是也。不勉即不能有中，不思即不能有得，而安可少此擇善固執之功？然則擇善固執，必有其道矣。學必極其博，問必極其審，思必極其慎，辨必極其明，行必極其篤，兢兢乎常存一「豫則立，不豫則廢」之心。然則學問、思辨與行宜盡其心矣。弗能不可謂學，弗知不可謂問，弗得不可謂思，弗明不可謂辨，弗篤不可謂行，皇皇乎務竭其人一己百、人十己千之力，夫而後愚者明、柔者强矣。此皆人事也，故吾引吾祖「人存政舉」之語以發端。而其中又引吾祖「好學近知、力行近仁、知恥近勇」之言，使愚者、柔者有所致力焉。後之儒者高言天道，恥言人道，非吾述中庸之雅意矣。

「哀公問政」一章，非皆孔子之言也。孔子之言，至「夫政也者蒲盧也」，其辭畢矣。「故爲政在人」以下則皆子思之言。蓋子思欲明爲政在人，取人以身，而特引夫子之語以發端也。下文「好學近乎知」三句，又著「子曰」字，則其上非孔子之言明矣。學者不察，謂上下皆孔子語，乃以此「子曰」爲衍文；王肅作《家語》，又因「子曰」字而僞造哀公問語於其閒，胥失之矣。作此正之。曲園自記。

必有事焉而勿正

以氣副道義，斯爲善養矣。蓋「事」當爲「福」，「福」讀爲「副」，與「正」相對成文。道義爲正，而氣副之，此養氣之要旨也。且自養氣之説發於孟子，而後之儒者遂以意氣之盛陵駕一時，自謂善養吾浩然之氣也。不知適所以暴其氣，此非孟子之言不善，而實由讀《孟子》者沿襲其誤文，而不知改。其誤安在？在乎「事」之一字。「事」本作「福」，「福」通作「副」，竟讀作「福」，古説固非；臆改作「事」，今説更非，而孟子養氣之要旨遂以不明於天下。孟子以爲吾言浩然之氣，必配道與義，而推原其爲集義之所生。然則氣可徒然乎哉？吾於是得「正」之説焉。孰爲「正」？道義是也。行而宜之爲義，由是而之爲道，皆吾身所賴以維持而不容偏廢。吾於是得副之説焉，孰爲「副」？氣是也。天地温厚之氣，天地嚴凝之氣，其於物皆有所附麗，而不可孤行。然則養氣可得而言矣，必有道以導乎其先，而後以氣副之，守此不倚不偏之準；必有義以存乎其內，而外以氣副之，赴此至精至熟之途。譬猶既立主賓，然後乃謀儐介。勿以氣駕乎道之上，而使道之爲正者失其天秩天叙之常；勿以氣襍乎義之中，而使義之爲正者淆其人紀人綱之序。譬猶爲人子弟，不可干我父兄，必有副焉而勿正。吾所謂養氣者如此，而世之迂謹自持者，則遂無以副之矣。微時伏處草茅，亦慨然有澄清之志；壯歲披吟載籍，亦油然生忠孝之思。及乎世務日深，壯懷頓減，牽率於家室妻孥之累，事莫急乎謀生奔走於富貴利達之場，學遂流於阿世。朝廷之上，惟主調停；軍旅之中，但工逗遛。其甚者俯仰於衰朝，而鐘漏將休，猶竊中庸之號；周旋於亂世，而市朝屢易，自居長樂之名，豈非名教之羞乎？則惟無以副之，而并失其正也。以如脂如韋之骨，而任以至重至遠之肩，吾懼其日暮途窮之不知所税矣。告之曰必有副，庶爲婞婳之輩一振其神哉！而世之賢豪自命者，則竟以之爲正矣。雅管風琴，本足涵養其和平之德；恭桑敬梓，亦足銷磨其兀傲之情。而事機所激，學問未深，進太息流涕之文章，年少之鋒芒太露；發嬉笑怒駡之議論，暮年之崛强如初。片言之忤，割席而居；小節之疏，拂衣而去。其甚者大禮之是非，一時莫決，羣僚乃痛哭於朝堂；大臣之進退，衆望未孚，多士亦紛紜於學校，此豈國家之福哉？則惟誤以爲正，而不知其本以副之也。以彈琴詠風之士，而變爲撫劒疾視之人。吾恐其君臣朋友之所傷實多矣。戒之曰勿正，庶爲倖直之流稍平其餤哉！

此章趙注自「必有福在其中」至「不當急欲求其福」，「福」字凡十見。是趙氏所據之本作「必有福焉」。「福」當讀爲「副」，《廣雅·釋詁》：「貳、福，盈也。」是「副貳」字古或作「福」也。後人不達「福」字之義，因趙注首云「言人行仁義之事」，臆改作「事」，而古義不可考矣。必有福焉而勿正，即必有副焉而勿正。何謂「副」？上文所謂「配義與道」是也。氣必配道義，然後可謂善養吾浩然之氣。若無所配，即無所副。而氣爲正，於是不問其縮與不縮，而但曰「雖千萬人吾往矣」，是孟施舍所謂「能無懼」者也。不知持志而但知守氣，是暴之也，終歸於餒而已矣。此説詳見《羣經平議》。今作此文，申舊説耳。曲園自記。

其閒必有名世者

名世之生，不與王者同時也。夫所謂「其閒」者，以五百年中分之而處其閒也。然則名世之生，豈與王者同時哉？且甚乎哉！蒼蒼者之爲生民計，至深遠也。既篤生王者，以開一代之治，而又以王者必五百年一興，前王者已往，後王者未來。其時既遠，而難知其事，必廢而不舉，則大懼已往者之無可考，而未來者之無可承，於是乎應運而生者又自有人在，如五百年既必有王者興矣。夫五百年者，就千年而分之者也。既分之爲前五百年，又分之爲後五百年，則論受命之符，亦藐然在介乎其中之列。而五百年者又以五十年而積之者也，積五五而爲前之二百五十年，又積五五而爲後之二百五十年，則處適中之地，亦儼然有與接爲構之形，所謂「其閒」也。其閒則前修渺渺，隨歲月而俱湮，守府之君，惟陳宗器；守藏之史，但抱遺書。大經大法之所存，竊恐將歸零落。其閒則後顧茫茫，盼風雲而未遇，五德之運，必有更張；三統之傳，豈無沿革？後聖後賢之繼起，其將何所師承？此名世者所以必有於其閒也。且夫中天下而立，以定四海，一人而兼德位之隆，是謂王者；守先王之道，以待後人，匹夫而任君師之重，是謂名世者。雖不必改正朔、易服色、殊徽號、定興王之規，而所過者化，所存者神，固已合一世之人而受治；雖不必刪《詩》《書》、定禮樂、修《春秋》、立素王之號，而所居在仁，所由在義，亦能胥一世之衆而歸心。是故自堯舜至湯五百餘歲，於此而求其閒，其在帝芒、帝泄、帝不降之朝乎？當其時，乘輿巡滄海之濱，荒服朝白夷之國，後先奔走，豈曰無人？而所謂名世者，遠而無徵，轉不如師門、嘯父之徒，得以事迹荒唐，流傳其名氏。顧念太康顛覆，羿、浞迭興，統緒之中衰垂四十年矣。而王府舊章，尚存典則，異時太史終古，猶得抱其圖籍以來奔，則其閒之承先而啟後者，不猶可想見於褒氏、費氏、斟尋氏、彤城氏之外哉？自湯至文武五百餘歲，於此而考其閒，其在帝中丁、帝外壬、帝河亶甲之世乎？當其時，彭伯之戎車屢駕，藍夷之叛服不常，智勇功名，豈無足紀？而所謂名世者史無可考，誰復於伊陟、巫咸之列，爲之流連贊歎，想像其風徽？顧念亳都舊壤，河水爲災，神京之重地凡五六遷矣。而湯孫遺矩，猶守高曾，先師竊比老彭，或猶悉其淵源之所自，則其閒之繼往而開來者，不猶可尋求於蕭氏、索氏、長勺氏、尾勺氏之中哉？嗟乎！自文武以來，七百餘歲矣。而孔子之生，適當周興五百年之後，天其以孔子爲無土而王之王者乎？由孔子至今二百數十年，名世之生，未知誰屬？吾雖不才，願承其乏矣。

趙注謂「名世，次聖之才，生於聖人之閒」。如趙氏之意，謂前之王者已往，後之王者未來，於其中閒必有名世者出焉。名世者與王者前後不相值，近解謂是王者之佐，如皐陶、稷、契、伊、萊、望、散之屬，則「其閒」當改作「其時」矣。王者五百年而興，名世生於前後王者之閒，則二百五十年必有名世者矣。下文云「由周以來七百有餘歲」，當五百歲時，竟無王者興，故曰「以其數則過矣」。除去五百歲，餘二百〔一〕餘歲，正應生名世之期，故曰「以其時考之，則可矣」。「其閒」二字失解，則下文之意亦皆不可解也。曲園自記。

〔一〕歲餘二百，癸巳本無。

是以《大學》始教，必使學者即凡天下之物，莫不因其已知之理而益窮之，以求至乎其極戊子擬墨〔一〕

即物而求其極，大學之始事也。夫物無窮也，而即所已明之理因而窮之，則可以至其極矣。《大學》之教，不以是爲始乎？朱子若曰：無極而太極之説，發於周子，謂一物各一太極乎？將分而求其極乎？謂萬物共一太極乎？將合而求其極乎？不知一物之極即萬物之極，由分而合，學者可知所從事矣。理未明，故知未盡。盡者何？求至其極也。請就《大學》之教而原其始。自孔子没，而有申子、韓子之教，引繩墨、切事情，綜天下之物，而核其名實是非之辨，非《大學》之教也。自孔子殁，而有莊子、列子之教，一死生、齊物我，同天下之物，而渾其大小輕重之差，非《大學》之教也。《大學》之教，其機在乎即，謂即物而具也。必如公孫龍子之説，左不可謂二，右不可謂二，左與右乃可謂二，泥矣。吾是以補一説曰：即凡天下之物。《大學》之教，其事在乎因，謂因物而推也。必如墨翟子之説，一人則一義，二人則二義，十人則十義，

〔一〕以下二十篇原載徐琪編《曲園四書文》下卷（《近科擬墨二十篇》）。

煩矣。吾是以補一説曰：莫不因其已知之理。《大學》之教，其功在乎窮，其效在乎至，謂窮乎物之委，至乎物之原也。必如老子之説，恍兮惚兮，其中有物；惚兮恍兮，其中有象；窈兮冥兮，其中有精，虚矣。吾是以補一説曰：益窮之以求至乎其極。吾嘗注《參同契》之文，而知彼道家者未嘗聞《大學》之教也。故假萬物以濟其術，爲龍虎、爲鉛汞，納陰陽於鑪鼎。其爲教也，不主順而主逆，則其於物也安能即之而善乎因？吾嘗學白骨觀之法，而知彼釋氏者未嘗聞《大學》之教也。故遁萬物而入於空，如夢幻、如泡影，泯色相於涅槃。其爲教也，不貴有而貴無，則其於物也安能窮之而蕲乎至？是知天下之理不外天下之物，吾已知者在此，吾未知者亦在此，不必别求其極也。先儒有邵堯夫者，以元經會、以運經世，立陰陽、剛柔之名，以盡飛走動植之數，吾未嘗不推爲絶學也。而學者正不必舍《大學》之教而喜觀康節之書。又知天下之物實具天下之理，在今日所已知，在他日又爲未知，不可不求其極也。吾友有陸子静者，謂吾耳自聰，謂吾目自明，恃無所欠闕之身，遂有不必他求之論。吾竊憂其流爲禪學也。而學者又安可棄《大學》之教而過信象山之説？貫而通之，必有此一旦矣。

制藝例不得用後世語。然此題出《補傳》，入紫陽口氣，則宋以前事宜無不可用矣。

余作此文，爲制藝别開生面。然在場屋中，仍恐非宜也。曲園自記。

「子曰可與共學」至「夫何遠之有」戊子擬墨

學貴達權，善反者斯不遠矣。夫由學而適道、而立、而權。權者，反經合道之謂也。子故引《唐棣》之詩，即偏反而明其不遠乎？且自堯舜至孔子，相傳以一中，而執中不可以無權。權者何？其始必由學而來，其繼必由思而得。思而不學，不足以行權。故探其原於學，所以植權之體；學而不思，不足以知權。故歸其功於思，所以妙權之用。昔孔子作《春秋》，使人處經事而知其宜，處變事而知其權。然則《春秋》一經，其聖人達權之書乎？乃三代以來，《詩》《書》所載未有言權者。夫子讀《唐棣》之詩而有會焉，曰：是詩也不言權而權道存焉。且夫權豈易言哉？吾見有孜孜於學者矣，朝而考焉，夕而稽焉，未始不收好古敏求之益；乃遺經獨抱，雖勤閉戶之修，而大路多歧，未合出門之轍，可與共學，未可與適道也，其去權尚遠也。吾見有循循於道者矣，周而規焉，折而矩焉，未始不徵循途漸進之功；乃亦步亦趨，雖有可遵之塗轍，而在前在後，仍無不易之範圍，可與適道，未可與立也，其去權亦遠也。若既可與立矣，其於權也宜不遠矣。乃曰「可與立，未可與權」，則又何說？蓋立焉者，一定不易之方也。譬猶室也，宅身則謂之安宅，居心則謂之廣居；無論神聖與庸愚，皆以此卜立命安身之地。而權焉者，百出不窮之具也。譬猶「唐棣之華，偏其反而」也，在華則後合而先開，在人則終同而始異；無論倫常與日用，皆以此酌待人接物之宜。由學而馴致乎權，權則反經而合道矣，何遠之有？而《詩》既曰「偏其反而」，是可與權也；又曰「豈不爾思？室是遠而」，豈可與權轉未可與立乎？夫子曰：是在乎思與不思。苟不能思，則反乎經而不能合乎道。所謂學而適道，適道而立者，皆茫然而失據矣，遠矣。狷狂妄行，不得率由之準，小者以阿世而貶爲曲學，大者以畸行而流入異端。苟其能思，則反乎經而無不合乎道。所謂學而適道，適道而立者，皆確乎其可憑矣，不遠矣。變通盡利，無傷中正之歸，深言之，則對時育物，可以劑兩大之平；淺言之，則酌理揆情，可以寡一身之過。三代下知權者鮮矣。非學也，何以植權之體？非思也，何以妙權之用？後世言權者，烏足知此？

古注合爲一章，故有反經合道之説，爲宋儒所訶。然江南闈中既以此命題，自宜宗漢儒舊説矣。且反經合道之説本無可議，朱子曰：「權而得中，是乃禮也。」非即反經合道之謂乎？惟何氏《集解》於夫子引《詩》之旨未得真詮，多模糊影響之談；邢皇兩疏依注敷衍，亦無所發明，宜後人之不信古注矣。余作此文，洗發古義，似尚明白，未知果有當否。曲園自記。

述而不作，信而好古戊子擬墨

聖雖作而述，信好深矣。夫孔子固作者之聖，而自居於述者，由信古而好古也。自謙乎？戒人妄作乎？且自文治隆，而學者皆思著一書以自見，亦世道憂也。夫有表襮後世之心，必有菲薄前人之意。始焉疑之，繼焉厭之，而文章日益盛，而師法日益衰矣。今夫人之從事乎古也，有作焉，有述焉。作則古人之事也，述則後古人者與有責也。上世神靈首出，多以開物成務爲功。故庖犧以一畫開天，而魚鳥龜龍皆出而佐百世文明之運會。後世典制詳明，惟以遠紹旁搜爲務。故樂正以四術教士，而蟲魚草木亦足以儆百年考索之精神。此作與述之異也。而世之人皆喜言作、恥言述，何也？一由於不信古，一由於不好古。古人之行事，非拘文牽義所能窺。文考終身藩服，何爲受命而改元？周公攝政明堂，何爲稱王而踐阼？此不信者一。古人之行文，非數墨尋行所能解。乾策二百，坤策一百，巧算難推；經禮三百，曲禮三千，大儒難讀。此不好者一。且目論之儒，不可以考古制。設官十四萬有奇，則疑畿内之田不足以禄之矣；建國千七百有奇，則疑海内之地不足以封之矣。不信者又其一。且章句之學，不可以讀古書。三代多能文之士，而《虞書》之「來始滑」、《商書》之「優賢揚」近於不辭矣；六經多有韻之文，而《車攻》之「調」與「同」、《谷風》之「嵬」與「怨」幾於不協矣。不好者又其一。不信如此，不好如彼，是以述者少作者多也。吾則異是：載籍之極博也，吾循循乎其有述焉，信之故也。知封建之天下與後世異，則湯武之放伐，不必深諱其文；知揖讓之天下與後世同，則堯舜之拘囚，不妨姑存其説。信之至而《禹本紀》之神奇、《穆王傳》之怪誕、《山海大荒》之悠謬、《乾坤鑿度》之支離，無不可爲臨文之佐證，吾猶懼不能述也。後之儒者，謂《周禮》可廢，謂《鄭風》可删，奚爲者也？名理之無窮也，吾謹謹乎述而不敢作焉，信而好之故也。知假借爲羣經所常有，則破假字而從本字，自無詰籀爲病之憂；知訓詁爲六藝所必資，則用今言而釋古言，自有觸類旁通之樂。好之至而新附之《爾雅》、後出之《考工》、「郭公」「夏五」之闕文、「豕亥己三」之誤字，從無可以割愛之文章，吾又將何所作也？後之儒者，著一經擬《周易》，頒一書摹《大誥》，奚爲者也？吾安得起老彭而從之游乎？

《論語》此二句爲我輩一生極好考語。浙闈以此命題，余因成此一篇，俟揭曉後，當質之主試馨伯同年，不知將飲我墨水否。曲園自記。

夏后氏五十而貢，殷人七十而助，周人百畝而徹戊子擬墨

取民之制，三代可考也。夫夏貢、殷助、周則以徹，爲五十、爲七十、爲百畝，在孟子時不猶可考哉？孟子若曰：昔與君言性善，必稱堯舜，堯舜遠矣，是故證心理之同。以堯舜爲主，而稽經制之異；以三代爲歸，請論三代取民之制。夏后氏以貢，九州方物之來，則以貢書於史；萬民粟米之征，亦以貢入於官。五十而貢，夏制也。殷人則以助，「助」之字或作「莇」，俗有從草之文；助之意通於耡，沿爲合耦之所。七十而助，殷制也。周人則以徹，徹有徹去之義，故歌於廟有徹詩；徹有徹取之義，故斂於田有徹法。百畝而徹，周制也。然而有可疑者一：信彼南山，維禹甸之，後王莫能易也。而何以或五十、或七十、或百畝？一王之始，必變其畛涂，移其溝洫，則匠人之規畫不勝其勞，而黄帝之成規遂無可考，可疑者一。魯用田賦，《春秋》譏之，古法不可變也。而何以爲貢、爲助、爲徹？一代之興，必改易其名，更張其制，則愚民將無所措其手足，而奸吏轉有以恣其重輕，可疑者二。而不知此未明乎三代田疇有爰易之法也。天下之地力不可盡，故必有休而不耕之田，使土膏衍溢而物産滋豐。夏分百畝之田而二之，今歲耕其半，明歲耕其半，則判之爲五十畝也。殷分百畝之田而三之，所休者三分之一，所耕者

三分之二，則約之爲七十畝也。然如夏之制，是胥天下而皆爲一易之田矣；如殷之制，是胥天下而皆爲再易之田矣。周人曰不有三易者乎？故在遂人之職，有田百畝、萊五十畝以及百畝、二百畝之差，都鄙之制與鄉遂不同，而以百畝爲率則同，此周人之所以百畝也。然則爲五十、爲七十、爲百畝同此先疇，何嘗變易哉？此又未明乎三代制度有變通之利也。天下之情僞不勝防，故必有神而明之之用，以去其積弊，而參以新法。貢者，酌乎輕重厚薄之一定，而立爲經常，垂之永久者也。助者，懼其肥磽雨露之不齊，而但資民力、不税民田者也。然如夏之制，則恐其時有年常在官，而無年常在民矣。如殷之制，又恐其民盡力爲己，而以其餘力爲上矣。周人曰盍亦權之於上也乎？故在司稼之職，有巡野視稼，以年之上下而出斂法之制，取民之數與二代無異，惟以臨時徹取爲異，此周人之所謂徹法也。然則爲貢、爲助、爲徹原其美意，不皆良法哉？其實皆什一也。

此浙闈三藝題也，傳至吴下，客有歎其難者曰：此大典制題矣。余曰：四書中惟《鄉黨》有一二真典制題，餘皆假典制題也。即如此題，夏五十、殷七十皆無可考，然則何典制之有？作者惟在自抒議論，以發明古人制作之意而已。客退，走筆成此。惟兩後比議論皆即拙著《羣經平議》中之説，固未敢信爲然耳。曲園自記。

子曰「孝哉閔子騫」兩章　戊子擬墨

類記兩賢，皆重其行也。夫閔子之孝，人無間言；南容慎言，子謂可妻，非皆重其行哉？蓋孔子之論人也，論其原在孝弟之際，而論其大在言行之間。有自孔氏之鄉來者矣，云其鄉有謠諺曰「孝哉閔子騫」，不知始自何人，而洙泗間盛傳之。推其所以來，實自其家始，其父母言曰「孝哉損」，其昆弟言曰「孝哉損」。及人言之，則不欲直斥其名，故氏之曰「閔」而字之曰「子騫」。嗟夫！世俗多不樂成人之美。閔子騫則父母昆弟言之，同時之人咸無間然。夫子聞之，爲歎息也。又有自孔子之家來者矣，曰：「子不爲夫子賀乎？」蓋夫子之兄孟皮，遺有一介女，今者以適南宮氏。夫以孔氏之淑媛歸魯國之公族，亦云盛矣。特不知夫子何取乎南容也？及與之游，聞其日誦《詩》，於「白圭之玷」一日之中三致意焉。南容，其古之慎言人乎？夫子取之，殆必以此。則試比其事而論之：百行皆屬尋常，惟此纏綿至性之真，乃可以感天地、通神明，而動人歌泣；百年豈無缺陷？有此謹慎小心之意，亦足以守宗祊、保禄位，而完我圭璋。蕭條風雨之廬，聲稱闃焉，豈有風流文采輝映一時者乎？乃入其家，長奉槃、幼奉水，一門之內，從無違言，則有當代名流雅負人倫之識鑒者，述其家庭瑣事，上而黃髮，下而垂髫，皆怡然自樂，是亦青史中一佳傳矣。士大夫讀書仕宦，盛名遠及乎蠻貊，而遺憾近在乎庭闈。如閔子騫者，不出户庭，而自成馨逸，「孝乎惟孝」，斯人之謂矣。縱横冠蓋之場，戈矛伏焉，蓋有酒食語言釀成大故者矣。乃如之人，夕也惕，朝也乾，一語可銘，陳之坐右，則雖終身謙退，有虚門第之高華乎？觀其俯仰從容，左對孺人，右弄稚子，有終焉之意，是亦濁世内一佳公子矣。士君子高論放談，其幸則以口舌得官，不幸則以文章賈禍。如南容者，無傷白璧，而克附青雲，「玉者自玉」，斯人之謂矣。是故當日傳《孝經》者則在曾子，而後世稱孝子者則在閔子。其事無可考，其言有自來也。若夫不根之語流布丹青，亦等之曾氏耘瓜之逸事矣。公冶長可妻，以其非罪；而南容可妻，以其可以無罪。聖人固一無所私，聖心實兩有所取也。異日孟氏之裔篤生亞聖，其猶屬孔氏門楣之餘慶乎？

此二章頗難以意聯貫，舟中走筆作此文，如題分還而已。想闈中五花八門，當不如此也。曲園自記。

冉有曰：「既庶矣，又何加焉？」曰：「富之。」曰：「既富矣，又何加焉？」曰：「教之。」戊子擬墨

既庶謀加，皆本務也。夫庶而不富，不如其寡；富而不教，不如其貧。冉子請加，告之以此，非皆本務哉？且後儒論治，至纖至悉，井田學校，世遂議其迂闊而不可行。大聖人撫殷繁之衆，商保聚之方，落落兩言，而千古治術括其中。然使舍其本而事其末，又雅非聖意也。子適衛，而有庶哉之歎，意在衛，而不僅在衛也。祖宗樂利之遺，尚存於今日；天地生成之責，實屬於吾徒。喜此庶乎？惜此庶乎？胥一國之人而聚而作，則一人之力寡，不如十人之力多也；胥一國之人而聚而食，則十人之費多，又不如一人之費寡矣。夫攘往熙來之衆，而囂然無以遂其生，固有國者之大患也。衆寠人聚而語，不過飢寒嗟嘆之聲，無他圖也；衆富人聚而語，必有淫泆驕奢之舉，不可問矣。夫暖衣飽食之餘，而漫焉無以善其後，亦有國者之隱憂也。彼冉有者，殆默窺夫子所未言之意，而乃爲之殷殷然一再請加乎？既庶何加？富之而已；既富何加？教之而已。然而富與教，正自有説。先王分上地下地以授民也，畫百畝之田以爲井，使之耕鑿乎其中，良亦勤勞而寡獲。至於逐什一之利，以操奇贏以來，珍異則多方以抑之，繁

其科條，苛其税斂，儳然使不得自列於齊民。若是者何也？富必富之以其本，重農貴穀，三代之所同也。後世則不然，良賈操居積之術，入以至賤之價，而出之以貴，則《貨殖》之傳成，而爲富之一途；計臣工龍斷之謀，立一至公之法，而行之以私，則《平準》之書出，而又爲富之一途，已使負耒之民輟耕而歎矣。又其甚者，求金巉巖，采珠深壑，礬兩間未出之儲；南通閩越，北走幽燕，立萬國交通之市。遂使販夫販婦之賤，挾其心計而與官争；異言異服之人，操其利權而爲我難，豈聖人所謂富之者哉？然則保庶之道，殆不在此。先王設《小學》《大學》以化民也，奉一先生以爲師，使之服習乎其訓，實亦平淡而無奇。或有創一家之説，異其訓詁，離其章句，則衆起而攻之，禁絶其學，焚毁其書，羣然皆相詫，而以爲異物。若是者何也？教必教之以其本，經正民興，百王所莫易也。後世則不然，谷神不死，託之黄帝；至人無爲，本之老聃，其説主乎清静，是爲異教一大宗。穆王之世，化人來遊；莊王之時，異人誕降，其説遁於空虚，是又爲異教一大宗，已使好古之儒抱書而泣矣。又其甚者，溯造物權輿之始，謂生天生地别有主宰之人，竊疇人子弟之傳，謂極遠極高皆有推求之法。於是以吾之舊術爲彼之新術，變其名目，遂擅神奇莫測之名；以彼之邪説奪吾之正説，廣其招徠，遂成盗賊逋逃之藪，豈聖人所謂教之者哉？然則保富之方殆不在此，吾故曰既庶謀加，皆本務也。

舟中無事，走筆成此，借酒杯澆塊壘而已。場屋中遇此等文，棄擲惟恐不速也。曲園自記。

舜有臣五人而天下治 戊子擬墨

敬記帝臣，意不在帝臣也。夫舜有五臣以治天下，何必記？記五臣，豈爲五臣哉？且《論語》一書記言也，非記事也。而《微子》一篇首及殷之三仁，終及周之八士。意此篇備載至聖行藏，故以勝國高蹤、興朝遐軌後先輝映乎？乃《泰伯》之篇大書「舜有臣五人而天下治」，則又何說？夫一年成聚，二年成邑，舜在耕稼陶漁之日，已具治天下之材，豈必籲盈廷而求襄贊？抑百揆時叙，五典克從，舜在賓門納麓之初，已包治天下之量，豈必集衆策而奏平成？且既言臣矣，則以舜命九官十二牧考之，一廷之上，二十有二人焉，何獨五人？且既言有臣矣，則以舜時州十有二師計之，九州之大，一百有八人焉，何有五人？噫！我知之矣。曰「舜有」者，後人尚論之辭，舜未嘗言之以自侈也；曰「有臣」者，史臣紀實之語，舜未嘗錫之以嘉名也。陳古以諷今，《小雅》之義也。曰「五人」者，約言之也，取其爲成數爲生數之兩兩相當，而不欲踰之也；曰「五人」者，又夸言之也，見其此一時彼一時之僅僅得半，而已足敵之也。比事而屬辭，《春秋》之法也。然則後世有以暮齒而鷹揚者，舜有之乎？無有也。乃陶子生五歲而佐文命，則彼也暮齒，此也神童。然則後世有以后父而從龍者，舜有之乎？無有也。乃大費娶姚姓而得玉女，則彼有后父之尊，此有館甥之美。昆弟而獨高輔弼之勳，後世尊爲家相。乃五人則禹稷以下，並出軒轅。一昆弟之寡，不如衆昆弟之多；父女而並在臣鄰之列，後世傳爲美談。乃五人則皋益兩人，相承堂構。父女之迹奇，不如父子之名正。後世之臣有誕保七年，躬踐天子之阼者，其聖矣乎？乃五人之首有禹焉，肇開王業，實爲三代盛王之祖，下啓商周；後世之臣有享年百八十，猶居太保之官者，其神矣乎？乃五人之末有伯益焉，大顯靈奇，至今百蟲將軍之碑，長留天壤。吾爲五人幸矣！他人治天下，干戈而不足；五人治天下，揖讓而有餘。吾又爲舜有五人異矣！後人不止有五，轉以偶而成奇；舜止有此五人，適以參而配兩。宜乎孔子讀武王之言而追溯唐虞之際也。然後知《魯論》大書「舜有臣五人而天下治」，爲孔子之言而記之也。不然，舜之五臣何爲書於《魯論》哉？

此題有西堂之作，崔顥題詩矣。余作此文，處處爲下節立竿見影。以題理論，似宜如此。未知與官錦行家花樣如何也。曲園自記。

有若對曰「盍徹乎」己丑擬墨

足國無他圖，法古而已。夫徹者，周之成法也。有子以是爲哀公勸，非欲其法古乎？且《論語》次章即載有子之言，重本也。顧人知其孝弟兩言爲爲人之本，而不知其徹之一言尤爲爲國之本。承一時一問，立百世之經，仍不外本朝之成法而已。其對哀公曰「君何患不足乎」，亦法古焉耳。頭會箕斂之法，豈其不足以贏餘？然後人苟且之謀，非先王正大之道；金玉錫石之藏，豈其不堪以采取？然計臣興利之術，非儒臣謀國之經。臣爲君計，莫如行徹。且夫徹之不行久矣，徹之爲説亦不一矣。則有謂畫九百畝爲一井，分一井於八家，除公田二十畝爲廬舍外，各以百畝爲私，而以十畝爲公。此非古法也。臣聞古法什之中税一，未聞什之外税一也。則有謂畿内用夏之貢法，邦國用殷之助法，而邦國郊内郊外亦如之，在民或九而税一，或十一而税一，在官則總爲十而税一。此亦非古法也。臣聞古法以十一爲定率，未聞以十一爲通率也。以臣所聞，周官司稼之職，有云巡野觀稼，以年之上下出斂法者。此周初取民之制，即所謂徹也。蓋俟三時既畢，百谷告成，命司稼巡而觀之，取其十之一以爲税，而命之曰徹，與宗廟之徹同義。耕畢而徹，取之祭畢而徹去之，其義一也。而臣因國用不足而勸君行徹，則自有說。夏后氏之爲貢法也，豈非不易之良規？然既懸爲定額矣，設遇水旱偏災，饔飧不給，有司如數以取盈，追呼在所不免矣。至於樂歲既逢，餘糧棲畝，而貽寡婦之利者，有無窮之穧秉；抱司農之籍者，無可益之錙銖，亦殊負此風雨之和甘也。何如周之徹法，朝與野同憂同樂乎？殷人之爲助法也，亦見急公之至意。然既借資民力矣，其在古初樸茂，上下交孚，公田無憂其不治，倉庾自可常充矣。至於大道既隱，六合皆私，則在下之田疇，無不勤之穮蓘；而在上之畎畝，有不辟之污萊，轉坐失此膏腴之沃衍也。何如周之徹法，公與私如取如攜乎？周先王鑒二代之弊，定一朝之制，法良意美，百世可師。魯今日乘災荒之後，籌樂利之方，法祖遵王，一言可蔽；「盍徹乎。」君誠行之，國計幸甚，民生幸甚！

順天己丑鄉試，以此命題。聖意深矣，草莽之臣不足窺測。謹就經義平日肄求所得者，作此一篇。曲園自記。

「君子有三畏」一節　己丑擬墨

君子有畏心，天人交勵也。夫君子所畏，首在天命，因天而及大人，因天之命而及聖人之言，是謂三畏。且以吾人之藐然中處也，夫不有昭昭焉森列於上者乎？夫不有諄諄焉宣布於下者乎？森列於上者不可忽也，而德位之兼尊者，不同其赫濯乎？宣布於下者不可誣也，而典謨之垂示者，不同此精詳乎？顯微一理而競業百年，吾思其心，吾見其人矣。其人何人？君子人也。君子之宅心也大，一呼一吸，皆與帝座相感通，而勢位固不受其挾持，文義亦不憂其牽制。鳶飛魚躍，隨在皆見優遊泮渙之休。君子之律己也嚴，一話一言，皆奉乾符爲準則，而在下則以倍上爲戒，居今則以述古爲難。虎尾春冰，何時不存震動恪恭之意？所謂畏也，爰有三焉。今夫皇穹之高高在上者，原有攀援俱絶之形，而君子則謂自地以上至於無窮皆天也，寢興食息一一在機緘運轉之中，而敢褻越承之乎？君子其畏天乎？今夫帝謂之落落難通者，已造聲臭皆無之域，而君子則謂受天之中以有此生皆命也，雨露風雷，時時有謦欬相聞之迹，而敢玩忽將之乎？君子之畏天，非畏其命乎？由天而推之，淵穆而無形者，在天之天；尊嚴而有象者，在人之天。大清之表，有天存矣。抑思一人首出，以臨莅我者，獨非天乎？是大人也。君子畏之，猶畏天也。由天命而推之，無文字而傳者，天之所以命我；不星雲而爛者，聖之所以命我。率性之初，天命之矣。抑思一言爲法，以啓廢我者，獨非命乎？是聖人之言也。君子畏之，猶畏天命也。是故君子有三畏。然而要其歸，則尤以聖言爲重。璇璣玉衡，上帝不能自齊其七政；夏時殷輅，匹夫可以上等夫百王。則有聖人之言，而天心覩其復，不徒陳符命之休徵；皇極建其中，不第拋球刀之虛器。然而原其本，則必以天命爲尊。五德代興之主，皆奉泰元之神筴而來；六經治世之書，亦根河洛之苞符而出，則有天命。而爵齒德達尊者，三分壇壝之馨香，而彌昭其嚴重；詩書禮雅言者，再發圖書之義藴，而益見其精微。君子畏之，君子蓋知之矣。

此題似易實難，初不敢下筆。而友人强使作之。麻衣如再著墨水真可飲矣。曲園自識。

此章「三畏」，古注疏本平列。後賢孶求文理，因下節一「也」字，謂小人不畏大人、聖言，由於不知畏天命。此以後世文法讀古書，其實未必然。「巍巍乎其有成功也，焕乎其有文章」，豈「文章」必以「成功」見乎？「故舊無大故則不棄也，無求備於一人」，豈「無求備」即就「故舊」言乎？然則此章「三畏」，自以從古注平列爲是。但科場功令務在遵朱。朱注此節已云「大人聖言皆天命所當畏」，則作文者稍稍側重天命亦似無礙。至文中將天字、命字拆開，究屬非是，姑趁一時筆機之順而已。幸尚有「君子之畏天畏其命」一句，不至説成四畏也。曲園又識。

「君子之道」至「區以别矣」己丑擬墨

道有先後，可譬之物矣。夫有後傳者，則見爲先矣；有先倦者，則見爲後矣，此本末之别也。不知君子之道，曷觀草木乎？且自有本末，而先後之説起。人皆知本之在所先，而末之在所後也，不知先本後末者天道自然之序，先末後本者人事强勉之功。吾不言天而言人，請不觀人而觀物，甚乎哉言游之過也！是徒知有本末而未知本末之别也，則未足與言君子之道也。君子之道，根乎心而發，自有一貫之功。故有教則無類可分，非如叢物宜原隰、皁物宜山林，竟成遷地勿良之勢。君子之道因其候而施，妙有因材之篤，故求益與速成相反。亦如鳥星中而種稷，火星中而種黍，務守一成不易之期。是有宜先焉。孰宜先？吾不論道而論傳道。今夫性道之微言，子貢聞焉，而歎其不得；幽明之至理，季路問焉，而謝以不知。是其傳之皆有待也。後焉者也，若夫數與方名之教，則習之於舞勺之前；順爾成德之辭，則戒之於加冠之始。孰謂君子之道無先傳者乎？先傳者，君子之小道也。又有宜後焉。孰宜後？吾不論我之傳與不傳，而驗人之倦與不倦。今夫童子箕帚之賤役，成人而不復躬親；文人鞶帨之浮詞，垂老而亦將唾棄。是其倦也蓋已久矣。先焉者也，若夫衛武公以自戒而賦《詩》，八十歲依然抑抑；我夫子思寡過而學《易》，七十年未改孜孜。孰謂君子之道無後倦者乎？後倦者，君子之大道也。吾譬之以草，草之爲物也，雨露甫加，已燒痕之盡活；根荄乍茁，俄秀色之可餐，是亦可謂先傳者矣。然而一經暑雨，已憂燒薙之無遺；再遇秋風，不免菸邑而同盡，吾是以知先傳者之歸於先倦也。吾譬之以木，木之爲物也，春秋緜邈，常存希世之大椿；霜雪淩兢，不改參天之古柏，是亦可謂後倦者矣。然而豫章之奇質，及九歲而後知；度索之靈根，歷千齡而初實，吾是以知後倦者之由於後傳也。故曰「區以別矣」，區者，品物之所藏也。草有草品，木有木品，而人能別之。君子之道，則賢者有不知，無怪乎厚誣君子，胥夫人而聖之矣。

「先傳」「後倦」之義，古注、今注均不明白。草木之譬，亦自來無人領會。作此以代義疏，然亦未知是否。曲園自識。

子曰「觚不觚，觚哉！觚哉」己丑擬墨

聖人寄慨於一物，存古也。夫觚而不觚，非古之觚矣。觚哉一歎，殆猶欲存古乎？聞之窮則變，變則通，是變焉者聖人所不得已也。自洪荒至唐虞而一變，故删書斷自唐虞。自唐虞至

春秋之季而又將一變，大聖人處不得不變之時，有不欲遽變之意，於一物之微三致意焉。夫子若曰：觚之爲物，小焉者也。然自喜新厭故之習深中於人心，藝事之微、工師之賤，皆欲出其新製，以奪制器尚象之功，而即於一觚乎試之；抑自毁方爲圓之風盛行於世俗，耳目所習、手足所便，皆將銼其廉隅，以明循環無窮之妙，而因於一觚乎發之。此觚之所以不觚乎？夫此不觚之觚，人之所喜也。必欲奪其所喜而予以所憎，於勢固有所不能；且此不觚之觚，人之所利也。必使舍彼之利而用我之鈍，於理亦似乎不必，則亦聽其不觚而已矣。雖然，竊有說：作車以行陸，作舟以行水，先王之制所以利天下者，以爲如是足矣。今乃以舟車之常式爲不足用也，駕崑崙之巨舶，歷滄海而如夷；借奇肱之飛車，干青雲而直上，遂使江湖之險，盡失其憑依；夷夏之防，終歸乎決裂，則何如循舟車之常式，而中外之大閑猶不至乎盡軼哉！此亦不觚之流弊遠也。弦木以爲弧，剡木以爲矢，先王之制所以威天下者，以爲如是足矣。今乃以弧矢之長技爲不足恃也，青天行辟歷之車，非復翔旝雲輣之利器；黑水鼓祝融之燄，遠過火牛燧象之奇謀。遂使奮一擊之勢，城池無可固之金湯；煽一炬之威，原野有長流之膏血，則何如守弧矢之長技，而天地之元氣猶不至乎大傷哉！此亦不觚之流毒長也。且夫宮室之安吾身也，衣服之章吾身也，此乃日用飲食之常，賢愚莫能外，非如觚之可以自我創之也，何有於不觚也？

而乃變易其衣冠，以男子而襲婦人之服；投棄其俎豆，以中夏而同異域之風，徒使老師宿儒抱其愚拙，而耳聞目覩竟無故物之留遺，慨然曰：我生之初尚無爲，我生之後逢此百罹也，而能無痛哭流涕於此觚也？且夫日月之照臨於下也，星辰之布列於上也，此乃造化陰陽之事，智力無可施，非如觚之可以自人爲之也，何有於不觚也？而乃移寅宫之星爲丑宫之星，列宿亦遵其新定；準北極之度測南極之度，方輿頓改而渾圓，遂使疇人子弟喜其新奇而極遠窮高，度宏規而大起，毅然曰「非常之原」，黎民懼焉。及臻厥成，天下晏如也，而誰其沉吟反復於此觚也？一觚也，而亦若隱寓夫不相沿禮、不相襲樂之微權，則人人有非堯舜、薄湯武之意。二帝三王之大法且從此而湮，而《詩》《書》亦憂其將廢。一觚也，而亦别運夫合矩爲方、環矩爲圓之妙用，則人人有鑿混沌破鴻蒙之意，五行百物之菁華將同歸於盡，而天地何恃以長存？嗟乎！至於今而變局成矣。吾觀《春秋》筆削之終，星孛於東而麟獲於西，知氣運必將一新矣。封建之天下，安知不郡縣之乎？井田之天下，安知不阡陌之乎？造物者别開一境，以自顯其生民未有之奇，而觚特爲之先也，是未可以口舌争也。然變之極而生民盡矣。吾觀乾坤屯蒙之後不爲火地晉而爲水天需，知理數皆宜有待耳。穴居野處，而猶足以爲安，聖人不必遽易以棟宇也；茹毛飲血，而猶足以爲養，聖人不必遽予以饔飧也。有心人遠計百年，冀稍挽其滄海横流之勢，而不觚何太驟也？曷亦爲之深長思哉！觚哉！觚哉！

借題發揮，實則以文章遊戲而已。曲園自識。

子貢曰「夫子之文章」兩章　庚寅擬墨

聖教由聞入，而智勇窮矣。夫智如子貢，而有得聞，有不得聞；勇如子路，而未之能行，惟恐有聞。甚矣聖道之大也！且吾人幸而得見聖人，孰不願尊其所聞哉？雖然，見之異，聞之難。智者挾其智以求其所未聞，勇者挾其勇以赴其所已聞。及未聞不可求，始愧所聞者之少也，而智者窮；及已聞不可赴，轉驚所聞者之多也，而勇者亦窮。然而天下之智者則且曰：吾已偏觀而盡識也，微論燦陳於耳目者，斷無不盡之藏。即胚胎未兆之先，聲臭俱無之表，亦莫不旁皇周浹，爲古今盡洩其苞符。然而天下之勇者則且曰：吾已心體而力行也，第恐珍祕於圖書者，容有未宣之藴。若一往無前之意氣，百年不敝之精神，又何至瞻顧咨嗟，爲名教稍留其缺陷？噫！是殆謂文章可聞，性道亦可聞乎？曷觀子貢乎？夫子貢可謂智者矣。然而《詩》《書》六藝可得習其文，禮樂百王可得詳其制，而性命之紛綸，天人之微妙，殊覺尼山精藴迥非凡俗所能窺，文章可聞，性與天道不可聞。智者如是，是殆謂有所聞即無所不行乎？曷觀子路乎？夫子路可謂勇者矣。然而一堂授受，有未悉之源流；一世步趨，有未窮之軌轍。而前所聞未去，後所聞又來，轉冀函丈哀矜，勿出新奇以相眩，有聞未能行，而惟恐有聞。勇者如是，然後知至理之無涯也。智者所得者半，智者所未得者亦半。彼自恃其智者，謂文章不足言也，則且進而言性，又進而言天道。始也跖、蹻異趣，品之而爲三；蒼、赤殊方，帝之而有六，猶或本其從古相承之師説。逮其後而張皇幽渺，家傳復性之書，窮極高深，士挾窺天之管，遂使異端之士自外其形骸，獨抱靈台之妙；化外之人自多其測量，盡違乾象之常。流弊尚可言乎？則何如《詩》《書》禮樂遵樂正之恒規，易象《春秋》秉宗邦之成憲，由文章而馴至性與天道，下學漸臻於上達，爲善用其智也哉！修途之至遠也，勇者所到者多，勇者所未到者亦多。彼自恃其勇者，謂於行無不能也，則且不求其能行，而務求其有聞。始也山巖屋壁搜輯遺書，絶代輶軒訪求異語，猶不失爲抱殘守缺之盛心。逮其後而循蜚疏仡，傳異聞於羲爻未畫之前；豎亥大章，紀新聞於禹跡所經之外。遂使朝廷之上日進更張之策，而高論風生；學校之中别行格致之書，而疇人雲集。隱憂不更甚乎？則何如日用飲食循循行習之途，子友弟臣勉勉倫常之地，未能行而不遽求有聞，温故以冀其知新，爲善用其勇也哉！夫智勇皆入德之門，而智勇究不加仁。子貢智也，子路勇也，顔淵其仁乎？《公冶長》一篇歷論諸弟子，而於顔氏子有不如之歎。

聞一知十，庶幾得聞性與天道乎？語之不惰，庶幾能行所聞乎？然則回也其庶乎？

會試題由電報傳來，於三月十一日到杭，余適在右臺仙館。鎮青中丞鈔録見示，交余親家宗湘文觀察傳遞山中，則子貢曰「夫子之言性與天道」一章也。次日潘嶧琴學使書來，勸作擬墨。余遂走筆成文三篇，正擬録寄學使，而湘文觀察又來言，滬上所傳會試題實是兩章而非一章，電報誤二爲一耳。則余所擬者非矣，因又成此一篇。山中筆墨不合時趣，文亦冗長可厭。麻衣如再著，墨水真可飲。山人亦自知之，幸毋笑也。曲園自識。

子貢曰「夫子之文章」一節

聖教無隱，聞不聞異焉。夫夫子之文章，即夫子之言性與天道。然而有可聞，有不可聞，學者審諸。且孔子之立教也，嘗自明無隱，而不知其至隱者即在乎至顯之中。學者苟能由至顯而推之至隱，則無隱而不顯也，亦即隱而即顯也。不然者，聖教顯矣，聖教又隱矣。子貢至是恍然若有會也，而又竊怪夫向者之何以未始有聞也，乃喟然而歎曰：「甚乎哉！夫子之與我者深也。甚乎哉！夫子之愚我者又甚久也。」今夫天道之無窮也，四時有所以行，百物有所以生，而芸芸者仰視穆清，則徒見其日月星辰之燦著。今夫聖教之無方也，仁者見之謂之仁，智者見之謂之智，而沾沾焉循求成迹，則徒驚其百官宗廟之森嚴。嘗試登其堂、入其室，周觀其衣服禮器之所存，夏時殷輅，羅四代於一堂；玉振金聲，集大成於羣聖，蓋莫不旁皇而周浹也，曰是夫子之文章。及乎誦其詩、讀其書，默體夫祖述憲章之微意，山梁偶爾登臨，而時哉之行藏具見；川上無端流覽，而逝者之意境可參，乃不禁俯仰而流連也，曰是夫子之言性與天道。然則性與天道固不在文章外矣。後儒淺陋自慙，摹擬古人而求其畢肖，學《周易》者，非圖畫而難明；傚《大誥》者，雖訓詁而莫解。夫子無是也，宫墻萬仞，何嘗絶斯世以攀援？儀邑之封人，一晉接而即深觀感；闕黨之童子，久周旋而亦受裁成，見文章即見性與天道也。而一話一言，何在不領魚躍鳶飛之趣？然而文章不必即以性與天道名也。後儒静觀有得，標舉數字而傳之其徒，道問學者，自矜其切實；尊德性者，自詡其高明。夫子無是也，删訂六經，不過導斯人以下學，《春秋》有終始元麟之妙，及門竟莫贊一辭；大《易》洩苞符河洛之奇，雅言乃未嘗一及。性與天道不離文章，文章非即性與天道也。而千秋萬世亦惟循誦《詩》《書》禮樂之文。蓋此其中有因人而異者，此一人聞之，見爲性與天道；彼一人聞之，則僅見爲文章，聞不聞存乎人也。未得其人，則漆雕傳《書》，西河傳《詩》，姑守爾專經之學而已矣。蓋其中有因時而異者，後一時聞之，見爲性與天道；前一時聞之，則僅見爲文章，故聞不聞視其時也。未值其時，則參乎一貫，回也屢空，亦俟其真積之久而已矣。夫子之文章，可得而聞也；夫子之言性與天道，不可得而聞也。子貢蓋至是而始恍然有會也。

曲園自記。此下三篇題目爲電局所誤。然既已作之，則亦録出，博同人一笑，所謂過而存之也。

其二

以可聞不可聞告萬世，學術即治術也。夫世有并文章而不聞者，有必欲聞性與天道者。學術壞而治術因之矣，子貢故爲萬世正告之。且孔子嘗言，民可使由，不可使知，此言治術也。吾謂學術亦然，其可使由者，而不使共由焉，則聖人之道不著；其不可使知者，而必使共知焉，則聖人之道不尊。聖道不著，而天下後世無孔子矣；聖道不尊，而天下後世皆孔子矣。學術之誤在是，治術之敝亦在是。子貢於是正爲萬世告焉，曰夫子之道，外焉者爲文章，而内焉者爲性與天道。何謂文章？見乎外者皆是，不獨《詩》《書》禮樂之文也；何謂性與天道？存乎内者皆是，不必精一危微之説也。然而文章可得而聞焉，性與天道不可得而聞焉，此夫子爲萬世計至深遠也。吾竊由子貢之説而推之：古者氣運昌明，而文治遂因之大啓。閭閻婦子亦嫺歌詠之詞，介胄武夫亦被《詩》《書》之澤，此先王所以柔天下之人，而隱以化萬方血氣之粗，亦顯以養兩大和甘之福，有妙用存焉矣。至於後世富國强兵之策，日上於廟堂，其始也不過以農桑爲務，不暇措意於絃歌；以法律爲先，不復留心於學校，猶不失爲補偏救敝之良規。逮其後而恣睢暴戾之君，挾自我作古之心，搜六藝之文，而盡投灰燼；法術刑名之學，懸以吏爲師之令，空諸儒之籍，而概付誅鋤。遂使千里之内絃誦無聞，大學之中荆榛不翦，而化外侏㒧之俗，轉得挾其心計之新，廢我圖書之古，豈非吾人所大懼乎？夫子若預知有此也，而示人以文章；子貢亦若預知有此也，而以文章之可得而聞者告天下後世，使知天以日星爲文，地以草木爲文，豈可以珮玉鳴鸞之彦，而下等椎埋屠狗之夫？將見國學分乎東西，鄉塾列於左右，朝廷之上雍雍乎多華國之才，庠序之中彬彬乎盡横經之士，先王樂淑禮陶之盛美，其尚可復覩乎？古者世風樸茂，而士習不涉於浮夸，日用飲食安其夫婦之愚，孝友睦婣守我師儒之教，此先王所以静天下之人，而上以渾噩存皇王之樸，亦下以中庸束豪傑之心，有微意寓焉矣。至於後世著書立説之儒，布滿於天下，其始也不過閉朋牖而養靈根，苟全其性命；小泰山而大豪末，自廓其胸襟，猶未至乎近似亂真之太甚。逮其後而太極之先推原無極，陰陽黑白，溯兩儀未判之形，後天之上别創先天，南北坤乾，易八卦已成之位。遂使名山壇坫各定規條，國史儒林區分支派，而方外材智之流，轉謂吾教中祕爲精微之説，皆彼教中視爲唾棄之談，豈非吾儒所深恥乎？夫子若預知有此也，而不輕視人以性與天道；子貢亦若預知有此也，而以性與天道之不可得而聞者告天下後世，使知言性者非一説，談天者非一家，豈可矜靈臺獨得之奇，而轉失素位而行之正？將見布帛菽粟守吾常，子臣弟友安吾分，窮而在下，則以風雅涵養其性情，不必高談微妙圓通之體；達而在上，則以政事挽回夫氣數，不必侈陳元會運世之書。後世明心見性之空談，庶幾其一掃乎？

隨園作「民可使由之」一節文，自注云：「觀此知秦人燔詩書、宋人講道學皆非治天下之道。」愚此作即本此。

其三

聖教有聞有不聞，經顯而緯隱也。夫六經皆夫子之文章，而性與天道則往往於緯明之。當孔子時，經出而緯未出，故有聞有不聞云。昔天命孔子，以制作定世符，而六經興焉。有經斯有緯，經也者天下之常道也。若夫性命之故，天闕紛綸；七政之占，變動不一，則於經無之而於緯有之。當孔子之時，經已傳播及門，緯猶深藏不出，於是有聞有不得聞，乃謹載端木氏一言以見例。子貢曰：我夫子六經成，告備於天，有虹玉之瑞。自是厥後，商瞿傳《易》，漆雕開傳《書》，卜商傳《詩》，言偃傳《禮》，左丘明傳《春秋》。盛乎哉！夫子之文章乎！至如性者生之質，木神則仁，金神則義，火神則禮，水神則信，土神則智，而於經無文焉。又如上帝爲北辰耀魄寶，主持天道者也。青帝靈威仰，赤帝赤熛怒，黄帝含樞紐，白帝白招拒，黑帝汁光紀，分司天道者也，而於經亦無文焉。若此者不見於經而見於緯，誰謂緯可廢哉？然而端門受命，立爲素王，既不敢以血書之詭異驚駭於凡人；圖籙既戊，垂爲赤制，又不欲以水精之典章試行於亂世。此當孔子之時，所以經出而緯不出也。於是乎有可得而聞者焉，夫子之文章之存於經者是也。樂正久傳爲正術，自尼山崛起，而經術益見其昌明，有《易》而《連山》《歸藏》無傳書矣，有《書》而《丘》《索》《典》《墳》皆虚設矣，有《詩》而大庭、軒轅之謳吟不堪存録矣，有《禮》而衢室、合宫之制度不必討論矣，有《春秋》而晉《乘》楚《檮杌》之流傳不煩筆削矣。後世之文章非無典麗裔皇之美，而夫子之託諸經以垂示來兹者，實與日月星辰並輝煌於宇宙。即問爲邦之顔氏子，亦能羅列夫夏時、殷輅、周冕、韶舞之全。於是有不可得聞者焉，夫子之言性與天道之存於緯者是也。聖教本妙於無言，至内學淵微，淺人更無從窺測。讀《易》不讀緯，而卦氣起中孚之古説、太一行九宫之舊法莫能通矣；讀《書》不讀緯，而帝堯同天之號、文王受命之年無能説矣；讀《詩》不讀緯，而大明水始、四牡木始、嘉魚火始、鴻雁金始皆駭爲異聞矣；讀《禮》不讀緯，而春分地正中、夏至地下游、秋分地正中、冬至地上游或竊爲新説矣；讀《春秋》不讀緯，而文王似元年、武王似春王、周公似正月均不知爲何語矣。後世之言性與天道，空有張皇幽渺之功，而夫子之藏諸緯而不爲宣布者，實與苞符、河洛同珍。閟其機械，雖傳吾書有董仲舒，亦且徐俟之蒼姬告謝、炎漢既興之後。此文章所以可聞，而聖與天道所以不可聞也，經顯而緯隱也。後世恣睢不學之主，乃并緯書而盡焚之，則性與天道不得聞於後世矣。吾安得蒐羅載籍、采輯緯書，而稍稍删其蕪穢，刺取其有涉於性與天道者，勒爲一書，使人知經與緯同爲夫子之文章也。是亦一盛舉也夫！

《禮・王制》疏引鄭康成説：「孔子雖有聖德，不敢顯然改先王之法。若其所欲改，陰書於緯，藏之以傳後王。《穀梁》四時田者，近孔子故也。《公羊》當六國之時，去孔子既遠。緯書見行於世，《公羊》既見緯文，故以爲三時田。」據此，則孔子之時經出而緯未出，愚即以説此章之義。讀者將賞其新奇乎？抑斥其詭異乎？均所不計也。山中無事，姑以筆墨自娱耳。曲園自記。

子曰「桓公九合諸侯」一節　辛卯擬墨

聖人深許霸佐之仁，知春秋之將爲戰國也。夫至春秋之季，而兵車之禍烈矣。有能如管仲之不以兵車者乎？故因子路之問而深許其仁乎？且聖人有萬世之計，有一時之計。爲萬世計期於無弊，爲一時計期於勝弊。期於無弊，則以尊王黜霸爲心。故管仲天下才，而孔子小其器；期於勝弊，則以休兵息民爲事。故管仲霸者佐，而孔子許其仁。如子路疑管仲爲未仁，夫子曰：「由乎，爾亦知今日之天下爲兵車之天下乎？」自材智之士出，而人喜談兵，陣法本諸黄帝，陰符託諸太公，直欲探兵車之原而張其説；自揖讓之局更，而世皆尚力，晉鄭皆有徒兵，吴楚兼工水戰，直欲極兵車之變而出其奇。管仲之相桓公不然，夷考桓公衣裳之會凡十有一，而吾謂兩會鄄可并爲一，兩會幽亦可并爲一，則衣裳之會凡九。九合諸侯，以衣裳而不以兵車，誰爲爲之乎？管仲之力也。且夫晉駕之有三也，楚廣之有兩也，舉世正當尚武之時，而管仲之在齊，乃以文德輔之也，如其仁！且夫前乎此則有僖公之小霸矣，後乎此則有莊公之代興矣，在齊亦非無事之國，而管仲之輔桓公，乃以柔道行之也，如其仁！而吾乃深惜當今之世之莫能爲管仲也。自晉霸既衰，蕞爾諸小邦皆有苞稂見傷之懼，而西陲之發憤爲雄者，毅然招八州而朝同列。其所尚則首功，非復賢能之選也；其所教則技擊，非復禮射之遺也。而兵車之害乃方興而未艾矣。即有伏軾樽銜之上客游説其間，排難解紛，亦或談言之微中。而要之縱人言縱，横人言横，仍不外乎蒼頭奮擊之兵威，争王争帝，延及既衰，竟使喑啞叱咤之武夫出而宰制乎六合。吾歎其時無管仲也。不然，鄭七子之賦詩，猶如昨日；吴公子之觀樂，獨絶千秋，風流儒雅尚有可觀，何至争地以戰、殺人盈野，争城以戰、殺人盈城，雍容壇坫之乾坤，一變而爲戰國哉！而吾乃深望天下後世之有能爲管仲也。自姬籙告終，遷流數百世，竟有江河日下之形。而遐荒之乘虚而入者，居然以鱗介而亂冠裳。其器械之精，弧矢不能制也；其心思之巧，韜畧不能該也，而兵車之利，乃迭出而不窮矣。即有勳高望重之老臣主持其事，形格勢禁，不免俯首以相從，而惟以外慙清議、内疚神明，隱示人以清夜撫膺之深痛。言富言强，迄無長策，仍借玉帛輶軒之膚使，從而維繫乎四夷。吾謂其人皆管仲也。不然，海内之膏腴日形其罄，中原之伏莽日見其多，兵凶戰危，談何容易？竊恐可以支一時者積久不能支，可以敵一國者猝至不能敵。堯舜三代之遺民，或者竟無噍類矣！此夫子所以仁管仲也。

「九合」之説不一，詳見《穀梁·莊二十七年》疏。余并兩會鄄爲一、兩會幽爲一，其數適九，或較簡捷也。曲園自記。

曾文正公辦天津教案，既蕆事，每與人書必云「内疚神明、外慙清議」，與余書亦云。然夫辦事必如彼者，公之爲一時計也；語人必如此者，公之爲萬世計也。烏呼！此所以爲文正公歟？此文後比隱用其意。曲園又記。

子曰「攻乎異端，斯害也已」辛卯擬墨

不攻異端，異端不爲害矣。夫攻者，攻擊之也。孰知攻擊異端，適以成異端之害乎？子故正告之。 言倉史製攻字，從攴工聲，而聲亦兼義，工師攴擊，此攻金攻木之説也。於是凡有所擊，皆謂之攻。 吾黨譔述《論語》，攻字屢見：曰攻其惡，無攻人之惡；曰小子鳴鼓而攻之，皆主攻擊之義。 攻乎異端，何獨不然？竊因攻字之本義，推闡聖人之微言。 若曰不爲已甚，吾之本懷也；有教無類，吾之大願也。 世之齗齗與異端辨者，吾惑焉。 古者道一風同，並赴盪平之路，會其有極，歸其有極。 雖有奇材間出，不過以日用飲食儕伍羣黎。 後世支分派别，各營門户之私，彼一是非，此一是非。 雖以天子考文，不能與律度量衡概歸一律，於是乎有異端焉。外而觀之，當世國異政、家殊俗，各奮其材力聰明，而徑途判焉： 陰陽家一流，名法家一流，縱横家一流，悉數難終，或且區之而爲九。 内而稽之，吾徒性相近、習相遠，並列於門墻几席，而

趨向歧焉：有顓孫氏之儒，有漆雕氏之儒，有仲良氏之儒，其餘不數，亦已判之而爲三。朝廷大度包容，方且就其宜而各爲政教，道並行而不悖，物並育而不害，萬國衣冠而下拜，不妨各適其天。師儒量材造就，方且因所近而曲予裁成。知者見之謂之知，仁者見之謂之仁，百家騰躍乎環中，適足自形其大。斯固不足爲害也，害則在乎攻之者。偏見之士，各護其私，以我爲正，必以彼爲邪；以我爲直，必以彼爲曲。始而以口舌爭，繼而以筆墨爭，於是異端之人懼其理之不足以勝也，侏離之説附會乎儒書，汗漫之游駕言乎天外。甚者謂生人生物惟我獨先，洪荒未判之前别有主持之真宰，而天地父母盡失其尊嚴。其理益不可究詰矣。斯亦攻之者所意不及料已。好勝之夫各營其黨，一君子興，衆君子附之；一小人出，衆小人和之。在朝廷則朝廷亂，在天下則天下亂。於是異端之人懼其力之不足以敵也，假讖緯之文，以聳動乎衆聽；施錐刀之惠，以收拾乎人心。甚者挾異服異言乘虛而入，主客相持之際稍成齟齬之微嫌，而玉帛兵戎兩窮於肆應，其勢益莫可挽回矣。斯又攻之者所力不能争已。噫！斯害也已。並吾世者，則有墨子。聞其説者，幾以爲神禹氏之遺教，吾意後世必有荒外之人拾其唾餘。其始以布衣蔬食，自别於冠帶之倫；其繼以善果福田，盡奪我農桑之利，斯亦墨子一端之爲害長也。而吾不攻也。觀其守城之方，或亦爲兵家所取，至《經説》上下，則姑存其旁行文字，以付諸若明若昧之中而已矣。與我游者，則有老子。見其人者，幾以爲陶唐氏之舊臣，吾意後世必有方外之士師其故智。愿者以吐納爲導引，修性命於山林；黠者以符籙逞神奇，弄威權於宫禁，斯亦老子一端之爲害大也。而吾不攻也。考其議禮之説，或亦於經義有關；至《道德》五千，則姑聽其流播窮荒，以化彼無父無君之衆而已矣。天生祥麟瑞鳳，而虎狼亦雜出乎其閒；地産壽木嘉禾，而荆棘亦叢生於其際。竊願世人之於異端視此。泰山之大，豈必與土壤争高？江海之深，豈必與細流争潤？竊願吾黨之於異端視此。彼有所言，而我付諸不聞；彼有所爲，而我付諸不見，竭么麽之伎倆立見其窮矣。不與角力，彼何所用其力？不與鬬智，彼何所施其智？游清净之乾坤，久而自化矣。敬以告攻之者。

何氏《集解》於此章云：「攻，治也。而攻其惡，無攻人之惡。」邢《疏》亦云：「攻，治也。」然則「攻乎異端」與「攻人之惡」兩「攻」字固同義。曲園自記。

「子張學干禄」一章　辛卯擬墨

賢者學《詩》而及干禄，聖人示以成周取士之制也。夫干禄之義，見於《周雅》。子張學《詩》而及之，非問之也。至以言行取士，則成周之舊制，故爲學干禄者告之。且吾讀《旱麓》之詩，有曰「干禄豈弟」；讀《假樂》之詩，又曰「干禄百福」。是知干禄者頌禱之美談、流傳之古語。學者諷誦其詩，因而講求其義，未始非爲學之道。然而先王懸禄以待天下士，則總不外乎言行之樞機。舍是而求焉，非所以來百福而成豈弟也。昔子張問行，夫子告以「言忠信，行篤敬」，意子張必能致謹於言行者，乃日者以學干禄聞。夫「白圭」一章，有爲之三復者矣。吾謂南容復白圭，保身之旨也；子張學干禄，用世之思也。抑《雄雉》兩言，有誦之終身者矣。吾謂子路誦「不忮不求」，以無求者守道也；子張學干禄，以有求者行道也。夫子曰：「禄者，先王所以待士也。」夫先王所求於天下士者無他也，言行而已矣；先王所求於天下士之言行者無他也，寡尤而已矣，寡悔而已矣。則且進天下士而誨之曰：爾毋陋。内史、外史，備五帝之遺書；形方、職方，羅四方之名物。見之多也如是，聞之多也如是。則又進天下士而戒之曰：爾無鑿。《八索》《九丘》，遠而無征者勿讀；八儒、三墨，歧而易惑者勿從。疑者闕之如是，殆者闕之如是。則又進天下士而勉之曰：爾毋縱。父言慈，子言孝，無馳騁之詞華；道弗徑，舟弗遊，有森嚴之矩矱。慎言其餘如是，慎行其餘如是。如是而言寡尤矣，如是而行寡悔矣，禄在其中矣。後世理學之餘怠於博覽，讀書稽古亦以玩物喪志爲虞，自標一宗旨，而六藝不能貫通；獨守一先生，而百家不能囊括。其甚者抱末辟之鴻濛，謂道之大原端由無極；捐有形之象數，謂心之本體即是真師。是未知見之宜多也，是未知聞之宜多也，非古者干禄之道也。先王養人材以爲天下用，斷不以明心見性，開異學清静寂滅之端。後世賢豪之士務爲宏通俯察仰觀，每以致遠鉤深爲事，先聖之書以爲平易而不足讀，先民之矩以爲淺近而不足遵。其極也恣荒唐之説，而文章之禍更烈於兵刑；習通脱之風，而衣冠之族遂淪於鱗介。是未知疑與殆之宜闕也，是未知言與行之宜慎也，非古者干禄之方也。先王建中和以爲天下先，斷不以弔詭矜奇敗本朝正直蕩平之路。《周書·官人》之篇曰：「復徵其言，以觀其精；曲省其行，以觀其備。」可知言行兩端乃周初官人之資格，即周初干禄之科條。后王本此意，以立成均之法，而干禄之途嚴；後儒用此説，以箋《大雅》之詩，而干禄之義備。子張誠有志於學干禄乎？所以來百福而成豈弟者，無不在其中矣。

旅酬下爲上辛卯擬墨

旅酬之禮有二説焉。夫旅酬使下者爲上，此一説也；以下者爲上，又一説也。是可具説之。且自經師有長言、短言之别，而音隨義轉之字益以多矣。即如一「爲」字也，長言之，則乾爲天之「爲」；短言之，則臣爲上、爲下之「爲」。蓋重輕之讀異，而虚實之義分。竊嘗本此以説旅酬之下爲上。「旅」者何？衆也；「酬」者何？勸酒也。凡飲酒，主人飲賓曰「獻」，賓飲主人曰「酢」，主人又飲賓曰「酬」。然酬也，非旅酬也，宗廟之禮亦然。至祭畢之時，使一人舉觶之後，乃始行旅酬之禮。自古相傳，有旅酬下爲上之説，而其説則有二：蓋即「爲」字長言之、短言之爾。短言之奈何？則使下者爲上也，卑之也。考《特牲》之篇，主人既獻，長兄弟、衆兄弟、衆賓弟子則於西階，兄弟、弟子則於東階，各舉觶於其長。蓋既使得襄夫盛典，即使得效其微忱，則是下者之各爲上也。先王若曰：爾弟子奉盤奉水，本有服勞奉養之常。今日奔走廟中，乃缺然無以自伸其情誼乎？洗爵而興，亦如歲時上壽之儀，而於弟子之心乃盡。異日萬鍾之奉、五鼎之陳，當不徒區區博長者歡也。此旅酬之禮使下者爲上也。就「爲」字而短言之也。長言之奈何？則以下者爲上也，尊之也。考鄉飲之禮，主人實觶酬賓，必先自卒觶，則弟子舉觶於長，亦必先自飲。蓋雖厠階除之末而得沾罍滌之先，則似下者而反爲上矣。先王若曰：爾弟子佩韘佩觿，本在隅坐隨行之列。今日恪恭祀事，曷嶄然稍見其頭角乎？引觴自酌，亦如飲食先嘗之例，而於弟子之分何嫌？異日子可克家，孫能繩祖，安知不赫赫迪前人光也？此旅酬之禮以下者爲上也，就「爲」字而長言之也。考《春秋》之義，名不若字，字不若子。而鄉射之禮，司正相旅作受酬者，曰某酬某字，稱酬者之字，而稱受酬者爲某子，是受酬者尊而酬者卑矣。此二説也，自以前説爲允。然如後説，則於逮賤之義尤有合焉，亦未始不可以備一説也。

鄭注但云「賓弟子、兄弟之子各舉觶於其長」，此即朱注所本。但朱注又增益「而衆相酬」四字，則因《鄉飲酒義》「終於沃洗」之文而誤。「終於沃洗」自兼「無算爵」言，非謂旅酬也。賈公彦《鄉飲篇》疏已糾正矣。至孔穎達此疏，則先引經文「旅酬下爲上，所以逮賤也」而釋之曰：「卑下者先飲，是下者爲上，賤人在先，是恩意先及於賤者，故云『所以逮賤』」。然後再依鄭注而釋之。其「卑下先飲，下者爲上」之義，實非鄭注所有，或自唐以前相傳之古説乎？余以鄭義爲一説，孔疏所云又自爲一説，未識闈中諸君有見及者否。曲園自記。

序者射也辛卯擬墨

以射詁序，古音也。夫序之爲射，與庠之爲養、校之爲教稍隔矣，而不知古音同也。非通古音者，孰知序之爲射乎？嘗讀《周禮》，至射人之職而有疑焉。夫以射人名官，宜乎專主射事，而乃以掌三公、孤、卿、大夫之位爲先，説者謂位即射位，殆非然也。蓋古人官聯之相繫，即古書字義之相通。射之爲言序也，故立射人之官，先使序諸臣之位。然則序之爲序，其義亦從可識矣。庠者養也，校者教也，請進而言序。《書》有序，《詩》有序，内、外史之體裁也，而兹非必襲其名；東有序，西有序，左右个之制度也，而兹非必同其義。意者序之爲言舒乎？教士以寬柔爲主，宜乎有取於舒徐；意者序之爲言抒乎？取士以通達爲期，或者無嫌於抒泄。乃稽之古訓，則曰「序者射也」，此何謂也？夫庠從羊聲，養亦羊聲，其聲本屬相同。庠之爲養，猶翔之爲祥、漾之爲瀁也。而序之爲射何居？抑校從交聲，教從爻聲，其聲亦非相隔。校之爲教，猶駮之爲駁、較之爲較也。而序之爲射何説？不知古音有異乎？今讀如慶之必讀爲羌，下之必讀爲户，在當時固耳熟而能詳。且轉音實本乎雙聲，如戎之轉而爲汝，調之轉而爲同，至後世猶推尋而可得。試以序而言，序通作叙矣，而《禹貢》「三苗丕叙」與「三危既宅」爲韻，序與射猶叙與宅也，又通作緒矣；而《魯頌》「太王之緒」與「於牧之野」爲韻，序與射猶緒與野也，此聲同之一證也。且以射而論，《詩》不云「叔善射忌，又良御忌」乎？射與御協，故射與序亦協也；《禮》不云「以燕以射，則燕則譽」乎？射與譽諧，故射與序亦諧也，此聲同之又一證也。嘗讀《崧高》，而有悟矣：「于邑于謝」或作「于邑于序」，夫序與從射聲之謝相通也，則序與射何不可相通乎？又嘗讀《爾雅》，而有會矣：《爾雅》「無室曰榭」，《儀禮》則云「豫鈎楹内」，夫從予聲之豫與從射聲之榭相假也，則射與從予聲之序何不可相假乎？孔門之「序點」或爲「徐點」矣，序亦有異文之錯出，而古讀皆同；《春秋》之「射姑」或爲「夜姑」矣，射非無別體之可參，而古音不別。今請推而言之：古伶倫之定律有「無射」焉，則讀如「亦」矣；今秦國之命官有「僕射」焉，則讀如「夜」矣。音隨義轉，本變動而不居。又請旁而證之：《豳風》以「七月在野，八月在宇」爲韻，宇與序類也，野與射類也；《小雅》以「四月維夏，六月徂暑」爲韻，暑與序同也，夏與射同也。觸類旁通，更隨取而即是。雖然，吾於射之爲義猶有疑焉。弧矢之制，固先王所以示威，然未聞誦《詩》讀《書》之士而責以挽强命中之能；禮射之容，固古人所以觀德，而士有百行必責其全，豈教以六藝止取其一？則或讀如「仰者射」之「射」乎？「仰者射」之「射」，其義爲繹。春夏禮樂，秋冬《詩》《書》，要使有尋繹無窮之妙；則或讀如「璋邸射」之「射」乎？「璋邸射」之「射」，其義爲剡。千人爲英，萬人爲傑，皆使成剡然上出之材。且絃誦之區，學者之所止舍也，則訓射爲舍，禮有明文，或亦可以互證；抑《詩》《書》之味，儒者所宜厭飫也，則訓射爲厭，雅有定詁，當亦可以旁參。夫序之舊制有可考，略如成周宣榭之規；而射之本義不必拘，非同後世曲臺之制。序者射也，以意説之如此，然而未敢質言矣。

「是故君子必慎其獨也」至「其嚴乎」癸巳順天題[一]

有所鑒而加慎，惟其嚴也。夫獨之宜慎，鑒於小人，而其故更可知矣。不然者，如十目何？如十手何？盍思曾子之言？今將謂幾微之慎，必借鑒於他途乎？則臨質之嚴，轉不存於爾室矣。顧境以對勘而明，《易》著震鄰之懼；機以相乘而迫，《詩》垂屋漏之箴，勿曰與我無關也。隱微予警已；勿曰與人未接也，天曰我臨已。如揜其不善而著其善，小人之嚴憚君子如是。君子曰：「吾惜其嚴憚之心，用之不早也。」人情好逸而惡勞哉！揜之勞，著之勞，不如慎之似勞而實逸也。人言暗室，我曰明廷，與其修容飾貌，爲無益之周章，不如杜漸防微，作無形

[一] 以下文九篇、詩四首原載徐琪編《曲園四書文》下卷附録。徐琪按語：右文九篇、詩四首，乃此書既成以後，吾師又就上年順天及各直省鄉試、今年會試題隨時寄興擬以見寄者。琪受而讀之，其中精義閎深，論斷透闢，實足與前刻諸作並傳不朽。因前刻已編次成帙，遂附次於此。而此數篇又皆隨到隨刻，故未以四書篇目爲第。蓋今年又當大比，倘吾師再有鉅製見示，似此則可隨時附益，以取簡易。至後附四詩，則以有關經義，不當作韻語觀，因亦録於後。猶孟堅賦《兩京》而明堂諸詩可處賦後，不必另以詩傳。琪刻此詩，亦衷之耳。癸巳五月十日，自羅定往試連州，識於清遠道中，琪。

之檢束，是故暗室焉而不啻明廷也。人情避難而就易哉！揜之難，著之難，不如慎之似難而實易也。人謂寢興，我云賓祭，與其百密一疏，作隨人之擾擾，不如百年一日，存在我之惺惺，是故寢興焉而如臨賓祭也。獨之必慎焉，其故何也？誠畏其嚴也。一室而嘯歌乎？一堂而宴樂乎？疇不曰不我覯也哉？未幾而鼓鐘聞外，於巷於衢也。昔閟藏於奧窔，今流播於垣墻，奈何安坐而旁或睨之？徐行而後或跡之？於此乎？於彼乎？吾防閑之力窮矣。聚處者妻孥歟？追隨者子弟歟？疇不曰莫余毒也哉？未幾而事變叢生，於觴於豆也。始談笑於嬉堂，終倉皇於瞰室，奈何咫尺而萬類環之？瞬息而百靈鑒之？吾師乎？吾師乎？其垂戒之意深矣。蓋嘗聞之曾子矣：「十目所視，十手所指，其嚴乎！」青史之昭垂，無憑之衮鉞也；丹書之森列，有限之科條也。最不可堪者，有目視我，有手指我耳。一爲所視，較唾面而更羞；一爲所指，比剥膚而尤痛。我衾耶？我影耶？衾影内之情形我史我監也。有形之目與手，在衆者猶可逃；無形之目與手，在獨者不可遁。俯仰非不從容，稍不慎而仰焉愧、俯焉怍也。何持吾之太急乎？師友之糾繩，拒之以不受也；鬼神之鑒察，諉之以不知也。最無如何者，此視我之十目，此指我之十手。耳目而有十，前與後受困無窮；手而有十，左與右側身無所。爾噸耶？爾笑耶？噸笑中之罪狀爾劓爾黥也。衆之中有十，十之數猶可亂；獨之中有十，十之數無可核。

天地豈真偪仄？偶不慎而天爲跼、地爲蹐也，豈於我而稍寬乎？其嚴如此。觀曾子之言，益知獨之不可不慎矣。

此等題，無可矜才使氣矣。勉爲此文，意在趨步時賢，恐仍非官錦行中花樣耳。曲園自記。

子曰「巍巍乎！舜、禹之有天下也」兩章　癸巳江南題

不有其有而有寓於無，可以觀帝王矣。夫不與焉者，舜、禹之不有其天下也。若則天之堯，於無能名之中而見其有，又見其無，有不更極其大哉！嘗於《易》而得「大有」之卦焉，惟其有也，所以大乎？顧人知有之爲大，而不知不有其有之爲大；人知不有其有之爲大，而不知不有其有而即無即有之更爲大，是可以論古帝王焉。今夫雲雷之事業即宵旰之精神也，日月之光華皆廟堂之制作也。有天下者，孰不曰「吾有成功，吾有文章」，然而泥矣。巍巍乎！其惟舜乎？二十功之建立，悉歸元愷之儔；十二章之昭垂，不耀山龍之色。其有天下也，自循其被袗鼓琴之素焉。巍巍乎！其惟禹乎？功莫隆於兩大平成，而猶若有未安之昏墊；文莫盛於兩階干羽，而猶若有未格之苗頑。其有天下也，自率其胼手胝足之常焉。所謂「有天下而不與焉」，

然而未足以配天也，則猶未足以言大也。請進舜、禹而觀之堯，請不侈言其有天下而實驗其爲君。大哉堯之爲堯！猶天之爲天也。天無言而自主行生之運，堯無爲而自成於變之休，乃知崇效卑法猶煩擬議之勞。巍巍乎！堯即天，天即堯，實脗合而以之爲則。大哉民不知有堯，猶不知有天也。天之於民不聞有噢咻之及，堯之於民不見有施濟之加，乃知頌德歌功猶屬鋪張之迹。蕩蕩乎！民忘天，亦忘堯，竟渾淪而莫之能名。於是乎不得不觀其成功矣。岳牧之所不能助，共驩之所不能傷，雖《帝典》所書自羲和之外無命，而即此閏月定時一事，已爲後王千萬世不易之章程。則且虛而擬之曰：「巍巍乎其有成功也！」然而成功竟安在乎？又不得不觀其文章矣。上古之草昧自此終，後世之聲明自此始。雖書缺有閒，并大章之樂無傳，而即此曰「若稽古」一言，已費小儒千萬語無窮之訓詁。則請實而指之曰：「焕乎其有文章！」噫！成功不可見，而見之於文章，則其有也即其無也。吾故曰：人知有之爲大，而不知不有其有之爲大，舜、禹是也；人知不有其有之爲大，而不知不有其有而即無即有之尤爲大，其惟堯之爲君乎？

只是一篇行機文字，在場中當自有典麗喬皇之作，此則小考卷而已。蓋欲每句還清實義，不能作籠統門面語也。曲園自記。

「成功」句有「也」字,「文章」句無「也」字,此義自來無人見及。竊爲拈出,蓋成功亦不可見,但見焕乎其有文章耳。上句用「也」字一宕,并成功亦化爲煙雲矣。曲園又記。

孝弟也者,其爲仁之本與 癸巳河南題

仁本乎孝弟,可悟相人偶之古訓矣。夫相人偶者,人與人相交接也。人與人交接之道,必自孝弟始。有子以是爲仁之本,不可悟仁之古訓乎?昔倉史制字,從人從二,命之曰「仁」。仁從二人,則仁非一人之事,而人與人相人偶之事也。人有親疏,宜由親以及疏;人有遠近,宜自近而及遠。故自己而及人,自人而及人,人必自至親、至近之一二人始。吾因君子之務本,而竊以所謂孝弟者推而至於仁也。夫仁之不明久矣。後儒高語虚無,從人生而静之初尋求本體,仁中無孝,仁中無弟,太極本無極烔然虚靈不昧之真。吾儒討論實際,於相感遂通之始,切究本原,即孝即仁,即弟即仁,天理本人情。大哉!物我同春之量。仁也者,人與人相人偶也。夫人與人相人偶,必自孝弟始矣。則試驗之一身:童穉之無知,自率嬉游之素,必使之入則孝、出則弟,而後官骸手足有温文爾雅之風;則試驗之一家:勃谿之時作,將開乖離之端,必與之子言孝、弟言弟,而後兄弟妻孥有保合太和之象,而一國可知矣。朝懸一令,暮讀一書,將

謂庶民丕變乎？不然也。庠序學校之制皆屬具文，必申以孝之義，必申以弟之義，而後十室之邑皆存忠信，一閧之市不競錐刀。極之耕者讓畔，行者讓路，處蜩螗沸羹之世，而亳岐片壤常留未没之黄農，而天下可知矣。東南一尉，西北一候，遂謂舉世平康乎？不然也。家國天下之推原無殊致，必使人人孝而親其親，人人弟而長其長，而後推理之俗亦變絃歌，鑿倮之鄉亦知拜跪。極之貉與獸言，夷與鳥言，化魍魎魑魅之頑，而瀛海九州盡屬有情之宇宙。孝弟也者，其爲仁之本與？有王者應運，必世而後仁，仁不遽言也。降明詔而下有司，歲舉孝子若而人，歲舉弟弟若而人，以是握化及萬邦之要。我夫子設教所罕言者仁，仁果何物哉？入門庭而衡士品，一則曰宗族稱孝焉，再則曰鄉黨稱弟焉，以是端士有百行之原。嗟乎！隱、桓以降，專變日繁矣。沿文勝之弊，專尚詞華；承霸顯之遺，務崇功利。示之以孝弟，則本原所在，元氣自存。三代郅治之隆，庶幾去人未遠。春秋以後遷流難測矣。譯異域之言，侏㒧莫辨；竊疇人之學，機變無窮。示之以孝弟，則根本既深，枝葉亦茂。一切不根之説，何從乘閒而來？有子之意如此，親親長長而天下平，固萬世之本務也。

此章「仁」字對上節「犯上作亂」言，不必深説。孔子曰「如有王者必世而後仁」，即此「仁」字；孟子言「人人親其親，長其長，而天下平」，正有子之意。後人看「仁」字大深，轉疑有子之言爲支離，此皆宋後儒者持論過高之弊也。曲園自記。

「吾猶及史之闕文也」二句　癸巳福建題

追述所見，知能皆實也。夫史闕文，不以不知爲知也；馬借乘，不以不能爲能也。夫子猶及見之，能不追念及之？且夫婦之愚，可以與知者；而聖人有不知焉，則不知何病？夫婦之不肖，可以與能者；而聖人有不能焉，則不能何病？古之人不强不知以爲知，是謂真知；不强不能以爲能，是爲真能。竊追溯生平而得一二事焉：其不强不知以爲知者，史闕文是也。先王萃千二百國之寶書，七歲諭言語，九歲諭書名，稽之故府，宜無不備之典章。明明有文，闕將焉在？然而趙或誤爲肖，齊或誤爲立，偏旁之缺略已多；人持十爲斗，馬頭人爲長，俗體之變更彌甚，則存其本有之文，而付之闕如之例。蓋古人不强不知以爲知，類如是也。且夫人不强不知以爲知，豈惟是闕疑云爾哉？夫固有所不必知也。上古荒唐難詰，而攝提、合雒、連通、敘命諸紀，吾不必讀其書；遐荒遼闊無徵，而平林、質沙、義渠、曲集諸邦，吾不必考其地。溯文字之初，最先者右行，稍後者左行。吾但守象形指事之常，而佉盧之文章付之以不習；講聲音之道，長於音者從聞入，長於文者從見入。吾但明疊韻雙聲之理，而字母之紐弄謝之以不知。恣睢之主創造神奇，地則變爲埊，臣則變爲忠。吾不必附會，而謂於古書有合；博古之士講求金石，周姜敦之冏，毛伯敦之郱，吾不必援據，而謂於小學有功。由是而有典有則，朝無自作之聰明；不識不知，野有相安之耕鑿。膠庠之内，無嚮壁虚造之人；搢紳之門，無載酒問奇之客。則史闕文之爲功大也，吾猶及見者，此其一也。其不强不能以爲能者，有馬者借人乘之是也。先生總十有二土之物産，其畜宜六擾，其畜宜四擾，掌於有司，應無不詳之品物。區區一馬，乘又何難？然而七尺則爲騋，八尺則爲龍，既秉賦之各異；肅霜進於唐，小駟入於鄭，更遷地而勿良，則假借他人之力，而俾施乘習之功。蓋古人不强不能以爲能，類如是也。且夫人不强不能以爲能，豈惟是持重云爾哉？夫固有所不必能也。貉之爲豸種，羌之爲羊種，吾不必强同之於冠帶之倫；貉能與獸言，夷能與鳥言，吾不必盡列之於苑囿之内。上古之世有駕龍以爲御者，吾但修七騶之法，而不必效其神；遠方之國有驅象以臨戎者，吾但演八陣之圖，而不必師其智。渥窪之駒從天池而出，吾不曰此神物也，而頓改我從前馳道之常；奇肱之軫從天外而來，吾不曰此奇器也，而一新我此後考工之制。由是逐水曲而舞交衢，自中馳驅之範；騁丘墟而涉豐草，不貽銜橛之憂。吉行五十，師行三十，而厩不畜驊騮騄駬之良；戎馬一物，田馬一物，而史不書師子狻猊之貢。則有馬而借人乘者之用意深也，吾猶及見者，又其一也。

不曰「與人乘之」而曰「借人乘之」，則包注視朱注爲長。邢疏以爲舉喻不合語氣，則皇疏視邢疏爲勝。此文詮題似乎得旨，但文則興到，妄言殊非正軌。曲園自記。

孔子曰「見善如不及」一章　癸巳浙江題

即古語以驗今人，聖心有見不見之感焉。夫好善惡惡，其律已嚴矣；而求志達道，更有進也。此所以有見有不見乎？且鄉原不可與，而狂狷尚焉。人所不能赴，而我必赴之，狂者之志乎？人有不必絶，而我必絶之，狷者之操乎？波靡世俗之中，得此一二人，以爲磨世勵鈍之資，亦未始非世道人心之一助。然而高則高矣，未極其大；介則介矣，未觀其通。則論人者猶未滿志焉，而聖意深矣。孔子曰士習日卑，而吾人始以氣節見，其至性所存，覺宇宙閒別有懷抱，而千秋節義，足增天子之光。大儒一出，而天下皆以公輔期，其遠謨所蘊，覺韋布中自有皋夔，而一室嘯歌，早裕黄農之業。古語有之：「見善如不及」，好善之真也；「見不善如探湯」，惡惡之至也。吾以所聞證所見，而喜其相符也。古語有之：「隱居以求其志」，息之者深也；「行義以達其道」，措之者遠也。吾即所聞求所見，而歎其未得也。「三代下無全材」，刻以相繩，夫豈平心之論？「五百年有名世」，懸以相待，豈非屬望之情？風塵溷濁之中，有一士焉，其志潔而行芳，非俗流所能望也。一行之可取，則折節下之，爲歌詩以傳之；一冠之不正，則割席避之，戒子弟以遠之。有時正色立朝，則正士望而彈冠。宵人見而側目，即使終身伏處，而受其陶鑄，門羅將相之材；畏其聞知，里絶豆觴之訟。倘所謂白玉慚貞、朱絲讓直者，非其人耶？而何幸今所見者猶昔所聞也？自夷、齊抗首陽之節，而頑廉懦立，長爲百世之師。縱世運日即凌夷，而乾坤之清氣猶存，則世俗之緇塵難涴，先生之風山高而水長乎！予欣然慕之。風雨晦明之際，有一人焉，其尸居而龍見，非下士所能窺也。彈琴詠風，樂先王之道，始而若將終身矣；垂紳正笏，錯泰山之安，繼而若所固有矣。當其草廬抱膝，而閉户不獻太平之策，藏篋不留封禪之書，及至際遇休明，而施霖雨於蒼生，天下想望其風采，被冠裳於異域，遠人敬問其起居，所謂才爲王佐、學爲帝師者，非其人耶？而何意有所聞者竟無所見也？自管、晏策齊國之勳，而急功近名遂成一時之俗，即吾徒私相講習，而室内有長留之絲竹，世間無暫假之斧柯。三代之英有志而未逮也，予感慨係之。

上一節行芳志潔、激濁揚清，東漢之士也。朱注以顏、曾、閔、冉當之，氣象似未盡合。下一節伯仲伊、呂，皇疏以夷、齊當之，更非矣。竊謂夷、齊是上節人，顏、曾輩是下節半個人，以此詮題，未知是否。曲園自記。

子曰「必也正名乎」癸巳四川題

聖人正名之説，不專爲衛發也。夫正名者，一則正物名，一則正書名也，豈區區爲衛發哉？昔孔子至衛，而衛有人倫之變，祖孫父子攘臂而争。説者謂夫子必有以正之，不知聖人之處家國，非如後人之議大體也。且使聖人之意如此，則聞其説者將慮其太切於事情矣，轉病其不切於時務乎？嗟乎！古義不明，聖言遂晦。竊因古義，敬闡聖言。夫子曰：「衛君果待我爲政，吾將奚先哉？必也正名乎！」是其義有二：一則正物名也。自黄帝審定百物，於是取之離以爲網罟，取之益以爲耒耜，取之涣以爲舟楫，取之睽以爲弧矢，取之小過以爲臼杵，取之大壯以爲棟宇。一任後人之創造，而皆有可以指目之端，名之正也久矣。乃弁一而已，夏則以收焉，殷則以冔焉；爵一而已，夏則以琖也，殷則以斝焉，既因一王之制度而肇錫以嘉名。鍑一而已，楚謂之錡焉，吴謂之鬲焉；甈一而已，周謂之甂焉，秦謂之甀焉，復因方俗之語言而變更其舊號。傳之後人，不且紛紜而難詰乎？其小者焉，蕛與荑莫辨，柤與樝不知，流播詞章，笑學士見聞之陋；其大者焉，麃與麟相同，鷃與鳳相類，薦陳朝右，貽國家典禮之羞。異日者安知無以鹿爲馬、以素爲青，眩亂時人之耳目，而播弄其大權者乎？我觀周公之爲《爾雅》也，釋草木各一篇，釋鳥獸各一篇，雖珍奇之犀象概就驅除，而瑣屑之蟲魚猶煩箋注。物名顧不重乎？必也正之，吾庶幾無慨於觚不觚乎？一則正書名也。自倉史始制六書，於是上下之類爲指事，日月之類爲形象，江河之類爲諧聲，武信之類爲會意，考老之類爲轉注，令史之類爲假借。一任後世之變通，而總無可以混淆之處，名之正也久矣。乃覺學之從與也，泰恭之從小也，匱匠之從走也，巢藻之從果也，既因簡策流傳而沿訛其點畫。百念之爲憂也，不用之爲罷也，追來之爲歸也，更生之爲蘇也，又因嚮壁虚造而别創其形聲，著爲新説，不且儻怳而難憑乎？其一望而可決者，齊之誤爲立，趙之誤爲肖，不過費儒臣讐校之勞；其聚訟而不休者，霸之通爲魄，荷之通爲河，乃寢開經學異同之論。異日者安知無以魚爲魯、以帝爲虎，私改内府之圖書，以自成其私説者乎？我觀《周禮》之撫邦國也，七歲而屬象胥諭言語，九歲而屬瞽史諭書名，雖官府之科條務崇寬大，而文章之體例不厭謹嚴。書名顧可忽乎？必也正之，吾庶幾無慕於史闕文乎？

聖人所過者化，必不如宋之議濮園、明之争大禮也，以祖禰爲言失之。此題宜從古注。如古注，故子路見爲迂；若如今注，子路宜病其太切矣。古注有馬鄭二説，皆可從也。曲園自記。

子曰「齊一變」四章　癸巳廣西題

變有可不可，折衷於君子也。夫齊、魯宜變者也，然變而不觚，則又不可兩舉，君子意深哉！且春秋之天下，一將變之天下也。雖聖人於此，亦有不能不變之勢。然仰惟國勢，俯察物宜，變不變實有未易言者，則亦以君子爲歸而已。君子者，守其常者也。然而有不可不變者，齊、魯是也。齊不變無以至魯，魯不變無以至道。聖人深望其變也；然而有不可變者，觚是也。不變則成其爲觚，變則不成其爲觚，聖人深慨其變也。當變者如彼，不當變者又如此。君子曰：吾於當變之時有不變之道在。則有如井有人焉而從之乎？事之至變者也。君子可逝不可陷，可欺不可罔，事所不可從，勿以徇世俗張皇之論；若夫畔之云者，變之尤甚者也。君子博我者有文，約我者有禮，理所不可畔，勿以奪平生篤信之心。綜而言之，有萬世之計，有一時之計。國勢值中衰之日，不有轉移之術，無以振起其規模。觚焉者，固可使先正之典型不墜；不觚焉者，亦可使斯民之耳目一新。爲一時計，吾黨原無執一不通之論。人情當叵測之時，不有持重之心，或至自投於罟擭。文焉者，六經具在，日星河嶽之昭垂；禮焉者，五典咸遵，規矩準繩之森列。爲萬世計，儒者自有守先待後之常。變耶？不變耶？請問之君子。

四章不倫不類，題之至無情者也。燈下走筆，姑以意馭之，未必得命題之意耳。曲園自記。

達巷黨人曰「大哉孔子」甲午會試題

以大稱聖人，時人之卓識也。夫使黨人而美孔子，又惜孔子，則必不知大孔子矣。以大稱孔子，達哉達巷乎？昔夫子之稱堯也，曰：「大哉！堯之爲君。」堯之爲堯，其千古一人乎？顧天生堯以立千古帝王之極，必爲君而後見其大；天生孔子以立千古師儒之極，不必爲君而已見其大。則以孔子之稱堯者稱孔子，不可謂非其人之卓識矣。今夫稱神稱聖，猶多不盡之形容；配地配天，尚有未空之依傍。則孔子之爲孔子，亦一言以蔽之，曰「大」而已矣。乃不謂自達巷黨人發之。想其託生閭里，或者與尼山曲阜相距非遥。必謂生七歲而擅神奇，恐與項橐之名而俱僞。乃其抱負高明，非可與闕黨互鄉同年並論。即此獻一字以爲贊歎，轉較魯哀之誄而尤榮，其言維何？則先曰「大哉孔子」。蓋達巷黨人固有意以窮孔子者也。且夫人未有不可窮者也。試觀唐虞之際，羅數聖人於一室，而責后夔以典禮，則后夔窮；責伯夷以典樂，則伯夷窮；責稷以敷五教，責契以播百穀，則稷與契俱窮。進而論上古之世，作耒耜者一聖，使之兼作臼杵則窮；作舟楫者一聖，使之兼作宮室則窮；作書契者一聖，使之兼作弧矢兼作網罟則窮。窮矣，不得謂之大矣。達巷黨人百其計欲窮孔子，而竟不能窮孔子，於是乎驚孔子，畏孔子，睪然而高望，曠然而遐觀，曰：「大哉孔子！」抑達巷黨人又有意以見孔子者也。且夫人未有不可見者也，即如孔子之門奉一聖以爲師，而由也果，則由即以果見；賜也達，則賜即以達見；求也藝，則求即以藝見。退而考六藝之傳，商瞿傳《易》，則以《易》求之，而瞿也見；漆雕開傳《書》，則以《書》求之，而開也見；卜商傳《詩》，言偃傳《禮》，左丘明傳《春秋》，則以《詩》《禮》《春秋》求之，而商也、偃也、左丘明也俱見。見矣，不足與言大矣。達巷黨人百其途欲見孔子，而竟不得見孔子，於是乎神孔子，異孔子，衈乎如有疑，茫乎如有失，曰：「大哉孔子！」吾乃歎達巷黨人之稱孔子，即孔子所以稱堯也。堯以成功、文章而見其大，堯之大有徵諸實者也。孔子亦然：宗廟、百官之燦乎大備，於此乎有孔子，於彼乎有孔子，實而按之，大矣哉！合二帝三王而共成一孔子哉！堯以巍巍、蕩蕩而見其大，堯之大有寓於虛者也。孔子亦然：天地、四時之運乎無形，以爲非乎而皆是孔子，以爲是乎而皆非孔子，虛而求之，大矣哉！渾諸子百家而獨成一孔子哉！是何也？博學固見其大，博學而無所成名尤見其大。達巷黨人洵知夫子哉！惜乎不傳其名也。

「大哉」一歎，極其推崇。若美之而又惜之，則與此一歎神氣全隔，且惜其不成一藝之名。然則一藝成名即足以爲大乎？須知博學未足見其大，博學而無所成名始見其大。此章與「大哉堯之爲君」章正可互參。「博學」即堯之成功、文章也，「無所成名」即堯之「民無能名焉」。鄭康成注云：「美孔子博學道藝，不成一名而已。」已，止也。不成一名而止，孔子所以大也。竊謂此章當遵古注。山中無事，走筆成此。曲園自記。

慶以地甲午會試題

慶及諸侯，非地無以也。夫地者，諸侯之所寶也。以之爲慶，天子之於賢侯亦甚重矣哉！且自官天下之局變而爲家天下，於是乎天子諸侯各私其地矣。然而公天下之意猶在焉，故諸侯有能善治其地者，則天子必以地附益之，使其地同歸於治。如入其疆而土地闢，無曠土矣；田野治，無萊田矣；養老尊賢，俊傑在位，無遺材矣。天子曰：余則有慶。錫之以斧鉞耶？錫之以弓矢耶？錫之以朱户、納陛耶？虎賁、秬鬯耶？九錫之隆文竟等尋常之賚予，恐啓强藩覬覦之心；分之以綪茷、旃旌耶？分之以闕鞏、姑洗耶？分之以夏后之璜耶？密須之鼓耶？累朝之重器難爲外府之輸將，殊乖先世寶藏之意。慶之奈何？亦以地而已矣。顧安所得地而慶之？慶無定者也，地有定者也，非如泉布之可以流通；慶無盡者也，地有盡者也，非如息壤之可以滋長。王畿之内，尺寸不可以與人，使以行慶，故而今日割五城，明日割十城，既非强榦弱枝之計；侯服之中，疆域皆歸其世守，使以行慶，故而入郜歸於我，入防歸於我，轉有杞肥魯瘠之嫌。而不知有未封之地在焉。古者虞芮之境曾有閒田，今者宋鄭之間亦多隙地，用此爲慶，而予以便蕃之數，即正其佩雜之形，故天下咸以爲便。而不知又有應得之地在焉。魯國之於王城，舊有朝宿之邑；鄭國之於泰岱，亦有湯沐之田。準此爲慶，而出自天子之新恩，仍本乎國家之舊制，故諸侯不以爲私。且夫越國而鄙遠，惟晉國見爲難行，則在地境固有視如常事者矣。試就分野而論，吴在南而星紀在北，魯在東而降婁在西，封域正不必拘耳。但使爲舟車之所至，人力之所通，則任舉某地以爲慶，而尺一頒行，孰敢抗命而設焦瑕之版？且夫興滅而繼絶，在周初傳爲盛典，則在後世容有不得紹封者矣。試登觀臺而望，何者爲大庭之庫？何者爲昆吾之墟？汚萊正所不免耳。方且爲狐貍之所居，豺狼之所嗥，則即用其地以爲慶，而遺黎感泣，孰不扶杖而觀德政之新？噫！自有此慶，而知地之外無所謂慶也。而晉侯請隧、楚王問鼎，悍然欲干大典者，必不容於祖宗全盛之朝。亦自有此慶，而知慶之外無從得地也。而秦收豐鎬、晉取陽樊，狡焉自啓其封疆者，豈能據爲子孫無窮之業？慶之以地，古天子巡狩之制如此。

中間越國鄙遠一義，本之《癸巳類稿》。山中無此書，其所引證皆不記憶，姑以星野之説附之。曲園自記。

賦得「班都護遣掾甘英臨西海」得「班」字五言八韻癸巳廣西題

見説甘英掾，曾隨定遠班。東都符節使，西海指麾閒。近自蒲昌發，遥從栗弋還。問途通佛國，回首渺陽關。冒暑經沙度，衝寒到雪山。漢官前校尉，夷俗故阿蠻。投筆心初愿，乘槎事等閑。至今披范史，勳業尚斒斕。

其二

西海無人識，中天到亦艱。未曾留禹跡，可見比苗頑。遥溯成周盛，同遵正朔頒。北征襄獫允，南伐定荆蠻。獨至流沙境，稀聞唱凱還。出車勞召虎，欵塞少侯姍。蒲類何方水，崑崙絶域山。不圖千載下，有此虎頭班。

其三

一自甘菟後，繩行許共攀。輿圖來詭誕，賈舶去迴環。未見朝中使，能游化外山。經惟玄奘取，詔只鄭和頒。南海陶珠返，西天法顯還。流傳興景教，煽惑起神姦。像易休屠毁，書難利瑪删。不知諸將帥，誰是漢廷班？

其四

聖世能柔遠，共球聚百蠻，北宸瞻帝闕，西海亦人寰。疊見頒金節，時聞貢玉環。傳書馳列缺，獻技幻黎軒。方物時充牣，輶軒歲往還。衣裝紛錦氍，市集盛華鬘。東汜飛來鰈，南荒獻到鸞。謳歌羅四極，豈羨漢梁班？

「西戎即叙」載於《禹貢》，然云「西被於流沙」，是禹跡未嘗至西海也。《小雅·出車篇》「薄伐西戎」，而下云「玁允于夷」，不及西戎，可知西戎迄未大定，故《周官》有「四翟之隸」，而西戎不與也。説詳《茶香室經説》，第二首即本此意。曲園自記。

甘英，《續漢書》作「甘菟」，見《後漢書》注。菟字有平有側，此是人名，似當讀平聲。

曲園又記。

主忠信 乙未會試題〔一〕

得主有常，本務也。夫忠也、信也，萬事之本也。古之君子以是爲主，知本哉！今以天人之對待也，天勝乎？人勝乎？曰天勝。彼人事之日出以嘗我者，雖紛紜萬變，而不可終窮。而天之所與我，則自有其肫然者，而非習俗所能漓也；又自有其確然者，而非權利所能奪也。執天以御人，任人事之紛紜萬變，而我終寬然其有餘。其道無他也，一曰忠、一曰信。嗟夫！今天下亦多故矣。自大樸之不完，而運會所趨，非復商慤民敦之舊。骨肉之間私分門户，豆觴之地潛伏戈矛。就域内而觀，已非皇古之鹿聚麕居所能擬。自異端之蠭起，而遷流所極，竟有日新月異之形。株離之樂别有文章，鑿倮之雄自成風俗。就化外而論，更非中原之乾文坤典所能齊。然則奈何？曰有主在。所主維何？亦曰忠信而已矣。主與客常相對也，分庭而立，實有與接爲構之緣。然有客而無主，則客將競起而争長。今夫天下之説之不一也，名法之家以

〔一〕 原載《曲園擬墨》。

刻深爲事，道德之士以清静爲宗。而不知此皆客也，非主也。有忠信以爲主，則百家騰躍不能出我之範圍，而周旋折旋莫不敬奉此神明之規矩。忠信所以爲大道干城也。主與輔每相成也，出門而交，實有相需甚殷之勢。然有輔而無主，則輔亦退處於無權。今夫天下之理之無盡也，喜於著作者謂禮樂不可以不興，急於功名者謂法度不可以不變。而不知此皆輔也，非主也。有忠信以爲主，則一氣渾淪，自能化彼之畛域；即爲貪爲詐，亦或助成吾雷雨之經綸。忠信所以爲萬事綱領也。然則何謂忠？曰無所苟而已矣。天下事密益求密，精益求精，豈可淺嘗而即止？乃自躁妄者爲之，則曰能是已足矣，善是已足矣。取辦於一日，而不復計及百年，涉獵所資，徒供華屋高談之助；致飾於外觀，而不復求其内藴，規模粗具，浸成大瓠無用之材。甚者户牖任其飄揺，器用聽其窳弊，未至危急存亡之時勢，已兆潰敗決裂之情形。君子曰：是不忠也。主乎忠者，舉一事必求一事之成，任一人必得一人之用。封疆之吏察吏安民，不僅鋪張於章奏；郡縣之官興利除弊，不徒諉諈於簿書；將帥之臣殺敵致果，不以冒濫爲功；學校之師敦品勵行，不以速成爲教。斷不使豪髪間尚有未能無憾之端，倉卒補苴，貽笑於天下後世。然則何謂信？無所欺而已矣。天下事誠之於中，形之於外，豈容致飾以求工？乃自虚憍者爲之，則曰吾且盲爾也，吾且聾爾也。於是太山爲小，豪末爲大，物類之一成而不可易者抑揚任意，謂斯人之耳目爲可塗，昆吾爲鈍，鉛刀爲銛，日用之至切而不可離者取舍從心，置異日之成虧而不問。甚且青素可以變其色，馬鹿可以易其形，竟積彌縫粉飾之精神，而成否塞晦盲之宇宙。君子曰：是不信也。主乎信者進一言不以利己爲心，行一政不以罔民爲事。獄訟之爲曲爲直，是非具在，不周納以深文；戰陣之爲罪爲功，賞罰分明，不稍參以私意；廊廟之足食足兵，本本原原，不以空言蒙君父；家庭之聞《詩》聞禮，誾誾侃侃，不以戲語誑兒童。斷不使方寸内尚有不可告人之隱，靦顔掩覆，得罪於天地神明。夫子此言豈獨爲學者言乎？國家萬年有道之長基此矣。

乙未會試，孫兒陛雲不赴公車。余亦憂時感事，心緒闌珊。會試題至，走筆成此，聊以鼓動意興，於題理了不合也。曲園自記。

賦得「遥飛一琖賀江山」得「遥」字五言八韻曲園擬作〔一〕

我爲江山賀，昇平事未遥。百年資潤色，一琖試招要。典憶南巡盛，恩從北闕邀。六飛曾

〔一〕原載《曲園擬墨》。

此駐，萬壑盡來朝。瑞氣連龕赭，春波煖汐潮。翠屏馳道築，緑水御舟摇。慶此千秋運，真堪百榼消。至今懷聖澤，歌詠徧漁樵。

其二

我爲江山賀，烽煙舊夢遥。廿年空戰壘，一琖慶熙朝。已過紅羊劫，重乘白馬潮。雕戈湔碧血，玉斝泛黄嬌。三折形仍曲，雙峰勢轉翹。怒曾驅鐵馬，笑又解金貂。但覺雲霞活，原無塊壘澆。謳吟偕父老，比户息征徭。

其三

我爲江山賀，清時雅化遥。禮宜飛一琖，數恰滿三蕉。欲訪文瀾閣，爰停聖水橈。源淵真接漢，突兀上千宵。竊願香分瓣，欣看酒在瓢。汗青千古事，浮白幾回邀。緑蟻濃芳溢，金牛瑞氣饒。使星逢舊雨，湖畔暫停軺。

其四

我爲江山賀，皋比廿載遥。千秋非敢望，一琖或能消。潮落桐廬暮，陽升葛嶺朝。琴書來此寄，杯勺向誰邀？煙雨聊乘興，峰巒漫獻嘲。滿浮名士酒，稍折老夫腰。逝水休同感，閒雲好共招。樂天佳詠在，藉以賦長謡。

借題發揮，於詩題本意不必求合也。自記。

賦得「與君約略説杭州」得「州」字五言八韻〔一〕

約略前朝事，蒼茫不可求。與君稽禹跡，從未説杭州。慶忌虚留塔，秦皇實繫舟。傳疑存石佛，獻瑞溯金牛。趙宋偏安日，錢唐最勝秋。笙歌酣葛嶺，燈火誤樊樓。欲訪千年舊，難憑一筆收。龍飛兼鳳舞，望氣總悠悠。

〔一〕原載《曲園擬墨》。

其二

約略熙朝事，時巡盛典修。與君浮浙水，最好說杭州。南服嘉謡徧，西湖勝概收。雙隄聞蹕路，十景愜宸游。突兀行宮建，淋漓御墨留。金經參佛法，玉印贊神庥。欲記當年盛，須憑故老求。自慙生太晚，未得話從頭。

其三

約略庚辛事，烽煙處處愁。妖氛興桂管，厄運訖杭州。釁自南闈伏，兵從北路偷。一時城暫復，兩載餉空籌。未築江邊壘，難通海上舟。糧真窮雀鼠，援并絶蜉蝣。刦運紅羊過，荒阡碧葬留。至今餘痛在，欲說又還休。

其四

約略年來事，民勞汔可休。和甘逢聖世，歌舞又杭州。再建文瀾閣，重新鎮海樓。香煙三竺市，花月六橋舟。士女仍繁薈，湖山更識游。疆臣來仗節，星使此停騶。主極璇機正，人材鐵網收。小詩陳大概，高唱未能酬。

許星臺方伯同年寄示擬作四首，并言此題重在上四字。相題有識，足見老眼無花。蓋題是約略説，不可做成子細説也。走筆成此，似尚未失此意。曲園自識。

文學子游曲園擬墨〔一〕

有列文學之首者，聖道南矣。夫惟子游爲孔門文學之冠，而南方文學遂甲天下。子游洵人傑哉！且自唐虞以後，文明日啓矣。然古帝王皆建都於北，故其化必自北而南。舜歌南風，

〔一〕 原載一八九七年十月十日（光緒二十三年九月十五日）《申報》第八七九五號。《本館附志》：「德清俞曲園先生爲當代大儒，湛深經術，古之許、鄭無以過也。著書數百卷，不特海内家置一編，幾如雞林賈人購白太傅詩流及域外，亦可見經師、人師，名動寰宇矣。先生年逾古稀，精神矍鑠。而文字之興，猶不稍衰。歷屆大比之年均有擬墨，一時轉移風氣。多士皆奉之爲準繩，知八股一道須從經義得來方有根柢，遂相率致力於經史之學，而不沾沾以帖括倖取功名，蓋先生之力也。本屆丁酉正科，爲先生六十年獲中副榜之期，於浙江闈題既有擬作，而江南闈題亦兼及焉。兹本館先將南闈擬墨録登報章。得龍一麟、得鳳一羽，已不難破壁飛去。不知江南二萬餘人中有能得先生之鱗爪者乎？取而印證之，即可以爲占取桂籍之券也。」

禹作南音，皆若爲南方開其風氣焉。及周之興，而《周南》《召南》遂爲風始。然行於江漢之間，而未被於吴越之壤。及天生孔子，爲萬世文學之祖。而南方有子游氏，乃應運而興。子游者，南人也。夫南人在後世則文學之邦，在上古則蠻荒之域也。夏王少子受封，不過黿鼉之同渚。海濱石室，難尋吕望之居；山下荒阡，莫拜巫咸之冢。過遺墟而憑弔，未足增圖籍之光。姬氏弟昆偕往，竟難端冕以傳家。訪避世之高人，空傳莫格；溯通吴之鼻祖，僅有狐庸。登志乘而不光，未足壯山川之色。卓哉子游！其南人之領袖乎？夫孔門四科，以文學居終。何謂文？不合六書者非文；何謂學？不出六經者非學。尼山所定，必無非聖之書。而文學一科，以子游居首。其名爲偃，偃即㫃之假；其字爲游，游與旒相通。辛樹猶存，勿誤魯人之説，蓋子游固南人也。登胥臺而眺望，烟火萬家矣。夫差微服親迎，至聖之來，而投澹臺之璧，至今尚以名湖；停端木之驂，當日應煩假館。子游得追隨其際，從容談笑，定不嫌吴語之難通也。異時君子題碑，借重《春秋》之筆，安知不由其代請乎？陳良以楚産，而願爲聖人之徒；子游以吴人，而親奉聖人之教。望吴閶而觀匹練，吾知牛斗之墟更有此光芒萬丈也。所惜者山川明媚，盡奪其惷愚、喬野之真。風雲月露，日啓其新，而狎客、詞臣漬染於淫哇之習。是亦振興文教者所宜防耳。然而藍縷啓山，其功烏可没哉？泛笠澤而游觀，烟波萬頃矣。大禹藏書，尚在毛公之室。而百歲延陵之叟，咸推老輩風流；一編越絶之書，遠寄孔門討論。子游更秀出其閒，磊落英多。夫誰謂南風之不競也？當年太宰何人，驚問多能之聖，安知不由其傳述乎？鄭國有兩子游，而不能起咸林之積弱；吴國有一子游，而遂足開吴會之先聲。坐吴客而論專車，吾知東南之美固不徒竹箭一端也。所慮者風會大開，遠及乎交趾、雕題之地。山海梯航，無遠勿屆，而蠻書、蕃志别呈詭異之觀。是尤主持文運者所宜爭耳。然而南離垂象，其效固可覩矣。更有子夏，在吾學派之分南北，蓋自此始乎？

子曰「放於利而行」兩章　戊戌會試　曲園擬墨〔一〕

言利者不知禮，聖人所深嫉也。夫怨由利生，欲免怨，宜崇讓。而欲崇讓，舍禮何以哉，凡事類然，爲國尤甚。昔春秋之世，一爭利之世也。其始也鷄豚之必察，積而久之，封豕長蛇矣；其始也錐刀之必競，廓而充之，大弓寶玉矣。聖人有憂焉，爰作《春秋》一經，準周公之禮典，遏萬世之亂源。是故安上治民，莫善於禮。古聖人知禮之可以治人也，本陽禮教讓、陰禮

〔一〕原載一八九八年五月六日（光緒二十四年閏三月十六日）《申報》（上海版）第八九九九號。

教親之文，以垂爲典則。上而朝廷，下而州里，皆有矩矱之一定而不能違。後之人見利之可以私己也，挾何以利家、何以利國之説，以自便身圖。智者計取，勇者力爭，皆極谿壑之無窮而不能滿。是其行也何所放乎？利而已矣。夫子警之曰「放於利而行，多怨」。夫怨之所歸，惟讓可以弭之。一夫攘臂，其勢幾難與爭鋒。及與登三揖三讓之階，不覺頓消其意氣。而讓之爲用，惟禮可以節之。一意委蛇，其弊且流於積弱。必與講先聖先王之制，自然羣就我範圍。夫子又爲有國者告焉，曰：「能以禮讓爲國乎，何有？不能以禮讓爲國，如禮何？」竊嘗推而論之，建國之規，莫大於封建。封建者，先王使天下之諸侯各享其利也。規千里之壤以爲王畿，大國則百里，次國、小國則五十里、三十里，犬牙相錯，而各有分土以貽子孫。於是有朝聘之文，於是有盟會之制，於是有享宴之典，於是有慶弔之儀，而禮讓行矣。其弱小之依恃以存者，既不至今日割五城、明日割十城，浸成豆剖瓜分之局；其强大之幅隕素廣者，亦不至爭城以戰，殺人盈城；爭地以戰，殺人盈野，大逞囊括席捲之風。不言利，利無窮焉。自封建廢，而郡縣之吏各存一官傳舍之心，國計不問，民生不問，惟以利之一事，上下交征，萬取千焉，千取百焉，而異族之有挾而求者轉得襲執我朝廷之利柄，而閭閻之膏血將枯矣。有付之無如何一歎而已矣！經國之法，莫善於井田。井田者，先王使天下之小民各保其利者也。畫九百畝之田以爲一井，其中百畝爲公田，其外各以百畝爲私田，龍鱗原隰，而各有溝涂以爲經界。於是有通力合作之功，於是有守望相助之義，於是有歲時伏臘之歡，於是有飲射讀灋之事，而禮讓行矣。其春而耕也，里胥坐左塾，鄰長坐右塾。既有以齊其坐作進退之方；其秋而斂也，此有不穫穉，彼有不斂穧，更有以廣其任恤睦婣之意。不言利，利莫大焉。自井田廢，而隴畝之間皆成萬里康莊之路，不自甘其食，不自美其服，惟於利之所存，舟車輻湊，竭澤而漁焉，焚山而田焉，而貪夫之無孔不入者遂將窮竭我山海之利源，而天地之菁華告盡矣。亦付之無如何一歎而已矣！如禮何？如禮何？

曲園課孫草

序

教初學作文，不外「清醒」二字。一篇之意，正反相生，一綫到底，一絲不亂，斯之謂「清」；其用意遣辭，務使如白太傅詩，老嫗能解，斯之謂「醒」。然清矣醒矣，而或失之太薄，則亦不足言文。所以失之薄者何也？無意無辭也。孫兒陛雲年寖長矣，思教以爲時文之法。而坊間所行《啟悟集》《能與集》之類不盡可讀，因作此三十篇示之。

光緒六年九月，曲園叟識於右台仙館。

在親民

推己以及人，道又在於新矣。夫民者，推己而及之者也。明德既明，而民亦從之明，所謂新也，道不又在此乎？嘗聞「人惟求舊」，是人固貴乎舊，不貴乎新也。雖然，新不如舊者，朝廷所以重老成；而舊必當新者，聖人所以鼓萬物。夫固有革去故而鼎取新者，正不得曰「率由其舊」也。如大學之道，既首在「明明德」矣。夫「明德」者，藏乎内者也。而存之於内，必形之於外，豈得私爲閉户之功？抑「明德」者，存乎己者也。而有以成己，必有以成物，曷弗觀其從風之化，夫不有民在乎？大學之道，固又有在乎民者。今夫德之在我者，當由闇而求其明；德之在民者，當舍舊而謀其新，以民之本無不新也。溯維皇誕降之初，粹然者孰不有清明之本質？其新之也似易，然而勿忽爲易也。苟不神其鼓舞之方，即難保其虛靈之性，豈得曰不煩致力而望斯民之自進於高明？以民之久失其新也。自因物有遷之後，昏然者幾不知陷溺之何如，其新之也似難。然而勿諉爲難也，但能盡其化裁之責。自克復其汩没之良，豈得曰無可圖功而聽斯民之日流於汙下？且夫民不一民也，近則市井之民，遠則田野之民，民之類愈推而愈廣。而有大人之學，以涵泳而薰陶之，則無不可以使之新也。試觀文王之化，先及江漢之間，次及汝瀆之國，無論武夫女子，皆有争自磨礪之心，不足見民氣之奮興哉？且夫新不一新也，始而耳目爲新，繼而情性爲新，新之功愈進而愈深。而有大人之學，以提撕而警覺之，則無不可以得之民也。試觀陶唐之時，一則平章百姓，再則協和萬邦。雖有讒説庶頑，不足少損時雍之化，不可見新機之洋溢哉？夫新作南門則譏，新作延廐則譏，莫不以仍舊爲宜。而獨至於民，不可無咸與維新之氣象。農登麥則嘗新，農登穀則嘗新，莫不以厥初爲美。而況在於民，豈可無日新其德之精神？此大學之道，所以又在新民也，而不但此也。

故諺有之曰

引諺以證好惡，其故可思矣。夫諺則何所不有？傳者因好惡之多偏，而有取於諺，不可得其故哉！聞之《禮》曰：「必則古昔，稱先王。」吾儒之立言，不當如是耶？雖然，欲明禮法，則宜莊誦夫載籍之言；欲驗俗情，則宜旁採夫道塗之語。吾蓋閱歷久之，而恍然於流傳之有以也。如好而知惡，惡而知好，天下不已鮮乎？夫既合天下而皆然矣，則其人不一人也。故文人學士不能畢肖其形容，而當下問之田夫野老。抑既胥天下而同然矣，則其地不一地也。故清廟明堂不能周知其情狀，而當廣求之委巷窮檐。此其故，吾嘗得之於諺矣。「作新民」者，取《康誥》

之文；「明峻德」者，微帝堯之典？似乎發明經義，莫切於《書》。顧《書》者帝王之謨訓，其體歸於謹嚴；諺者里巷之歌謡，其旨參乎戲謔。故此之所稱，則於《書》無之，而於諺有之。「有斐君子」，歌《淇澳》之章；「宜其家人」，詠「桃夭」之句。似乎推闡聖言，莫妙於《詩》。顧《詩》者作於忠厚之人，其意以渾含爲主；諺者成自澆漓之俗，其辭以刻露爲工。故此之所述，則於《詩》無之，而於諺有之。自來著述之家，不憚旁徵而博引。或單舉其語，如《牧誓》云「古人有言」是也；或兼舉其人，如《盤庚》云「遲任有言」是也。若所有而出於諺，則似有降而愈下者。邇言必察，幾同詢於芻蕘。自來草茅之論，亦或旨遠而辭文。「心苟無瑕，何恤無家？」晉人之引諺然也；「心則不競，何憚於病？」鄭人之引諺然也。乃就諺而覘所有，則更有慨乎其言者。故老相傳，殆將以爲木鐸。夫切戒巫醫，南人有見；厚誣堯舜，東野無稽。以此而思，諺所言得失相參，不過等之達巷黨人之流亞。乃「原田每每」，輿誦可憑；「天策焞焞」，童謡可採。以此而例，諺所言勸懲具在，更有切乎滄浪孺子之謳歌。進述其辭，而好惡之偏，不可以此得其故哉？

素隱行怪

合所索所行而觀，皆賢知之過者也。夫隱也何足索？怪也何足行？觀其所索所行，謂非賢知之過者乎？且天下之理，無淺之非深也；天下之事，無易之非難也。自夫人過求其深，而以淺焉者爲不足用心；好爲其難，而以易焉者爲不煩致力，於是乎心思材力之所用，遂有不可究詰者。今夫古今有顯道焉，家爲諭，户爲曉，譬猶日星河嶽之可以一望而知，故其道爲顯而不爲隱。今夫宇宙有常道焉，地之義，天之經，譬猶布帛菽粟之不可一日而缺，故其道爲常而不爲怪。而奈之何有索隱者，於幽隱之中徧若有尋繹無窮之意味，而一索再索之，不憚其勞；而奈之何有行怪者，於怪異之迹徧視爲率履不越之康莊，而卻行仄行之，不思其反。其始也偶一索之，所謂隱者猶未隱也；及深造而若有得，則愈索愈隱。以生人之職爲不必盡，而求之於鬼神；以宇内之事爲不足言，而徵之以蠻貊。昧谷幽都之景況，雖羲和不能效其官。其始也偶一行之，所謂怪者猶未怪也；及習慣而以爲常，則愈行愈怪。謂倫常不必敦，而遂如異端之無君父；謂禮法不必顧，而遂如太古之不衣冠。而螭魅罔兩之情形，雖大禹不能鑄於鼎。夫窈冥怳惚之鄉豈有正直蕩平之道？既欲使人疑，必更欲使人驚，故索隱者必行怪也。而驚世駭俗之舉不在耳聞目見之間，既有以自炫，必更有以自祕，故行怪者必索隱也。索隱而遇行怪者，則曰：「我安得偏索子之所行？」行怪而遇索隱者，則曰：「我安得盡行子之所索？」互相師，則互相勸也。索隱者則笑行怪者曰：「爾之怪不足測我之隱。」行怪者則笑索隱者曰：「爾之隱不足敵我之怪。」交相非，則交相勝也。噫！日中見沬，日中見斗，大易不過偶呈其象。而索隱者乃甘入於坎窞而不知；石言於絳，神降於莘，《春秋》未嘗一著於經。而行怪者乃曰日出其新奇而不已。後世雖有述者，吾豈爲之哉？

其言足以興

興於有道之國，君子之言則然也。夫君子非以言求興也。然國既有道矣，其興也不可以其言决之哉？嘗聞君子不以言舉人，是君子舉人不以言爲貴也。雖然君子之舉不以言，而君子之言必可舉，既明良之相遇，豈登進之無從？萬不至於空言無補也。試以國有道觀君子。夫國而有道，不崇枝葉之辭，豈君子利口惟賢，必欲争鳴於斯世？然國而有道，大啟文明之運，豈君子知希爲貴，不求表見於當時？吾於是决君子之興矣。君子何以興？興於其言也。且夫言有不足以興者，使其言而失之淺近耶？進而立朝，卑卑於功利之説；退而閉户，沾沾於章句之間。如是以爲言，失之淺近矣。雖庸流無識，或正喜其卑而易行；而發於有道之世，必且見笑於崇論閎議之人，而烏足以興？使其言而失之高遠耶？論天事，則溯之兩儀未判以前；論人事，則極之九域既分而外。如是以爲言，失之高遠矣。雖末世好奇，或正賞其新而可喜；而出於有道之時，必且嚴治其異論高談之罪，而烏足以興？惟君子之言皆所以明道也。有道之君虛懷延納，拜尚父之丹書，訪逋臣之洪範，無非爲明道計耳。乃觀君子之言所闡發者心性之淵微，所敷陳者聖賢之義理。固當坐之廟堂，使日進其誠意正心之説者也，肯令其狀處於山林乎？惟君子之言皆所以行道也。有道之主雅意旁求，採風有太史輶軒，徇路有遒人木鐸，無非爲行道計耳。乃觀君子之言所講求者周官立政之精，所規畫者學校井田之法。固宜任之公輔，使大展其體國經野之猷者也，肯令沈淪於下位乎？夫君子初不求工於言，其言也止自抒其天民大人之學；抑君子初非有意於興，其興也固可必之賢臣聖主之朝。君子於國，有道如此。

學而時習之

習必以時，所以永其學也。夫學而不習，猶弗學也；習而不時，猶弗習也。子故以「時習」

勉學者乎？夫子若曰：吾自憶十五之年已有志於學矣，是吾一生所學始於十五時也。雖然吾之學於是時始，吾之學竟不知於何時止。蓋學有窮，而尋繹乎學者無窮，勉焉！日有孳孳，固不可以歲月計矣。今夫人孰則可不學哉！梓匠輪輿之細，各有專門。曲藝猶不可不學，而况誦詩讀書，名在膠庠之内？組紃織紝之微，悉由姆教。婦女猶不可不學，而况章甫縫掖，身居冠帶之倫？此吾所以望人之學也。顧學則學矣，或學焉而仍與未學者等。何也？曰：不習故也。夫人於乍見之人，必永夕永朝而後能識其情性；夫人於乍游之境，必一至再至而後能熟其程途。準此以爲學，豈可以一學畢其事乎？師友之提撕雖切，視爲淺近，即無以得其精微；學古有獲未易言也，而安可以不習？顧習則習矣，或習焉而仍與不習者同。何也？曰：不時故也。夫天之運也，日日一周，而不聞有崇朝之間；夫川之流也，源源相續，而不聞有俄頃之停。準此以爲習，豈可以一習謝其責乎？簡編之探索何窮？求其有得，轉不如保其無失；習慣自然未易言也，而安可以不時？於是乎在一日則有一日之時焉，曰雞鳴，曰平旦，古人所分爲十時者也。此十時中，可以習其所學矣。夫質明之始，猶是衣裳顛倒之初；昏暮之餘，已是寤寐無爲之候。而好學者則無論晦休明動，而皆以討論爲先。時時習之，斯日日習之。其爲學也，不且日知而月無忘哉？於是乎在一歲則有一歲之時焉，曰春夏，曰秋冬，古人所定爲四時者也。此四時中，可以習其所學矣。夫春日載陽，吾人不廢詠歌之事；歲聿云暮，農家非無燕飲之歡。而勤學者則無論暑往寒來，而皆以講求爲事。時時習之，即歲歲習之。其爲學也，不且月異而歲不同哉？學如是，斯真能悦諸心矣。

有朋自遠方來

朋有自遠來者，學之所及廣矣。夫朋未易言來，來而自遠，則更難矣。苟非學之所及，何以得此哉？且遠莫遠於百世之上，而可以尚論及之；遠莫遠於百世之下，而可以知我期之，則亦何必沾沾於一時哉？顧論心理之同，原無間乎異世；而論應求之廣，必取驗於同時。吾得由爲己之功，而進觀其及物之效矣。如説之由於時習也，此爲學之事也。顧學必先以窮理。所謂窮理者，非私爲獨得之祕也，仁者見仁，智者見智矣。抑學必繼以力行。所謂力行者，非據爲獨闢之途也，我日斯邁，爾月斯征矣。以云朋也，蓋必有焉。雖然有必待其來，而來必問所自，則吾意其必近焉者也。夫晏子之居未改，必有比鄰原思之粟可分，非無鄉黨過從甚便，自易聯把臂之歡。即非至近，亦必其不離乎近者也。雍絳毘連，一水之汎舟可及；魯郳交錯，四郊之擊柝相聞。暌隔無多，亦易命相思之駕。至於遠，則地不一地也。秦以崤函爲塞，東道難通；楚以漢水爲池，南游多阻。既已關河之隔越，爲之朋者豈不阻於迢遞之雲山？至於遠，則人不一人也。吴越之秀民以文章自命，幽并之豪客以金革爲雄。既已風氣之懸殊，爲之朋者豈不限於差池之臭味？然而來矣。夫詠《白駒》之句，如金如玉，莫傳空谷之音，來固不易言也。兹何爲不召而自來乎？汎汎楊舟，占大川而利涉；騂騂駱馬，望孔道而馳驅。其來不同，其爲朋則同。朝取一人，暮取一人，大可焜耀我門牆之色。然而自遠方來矣。夫歌《蒹葭》之篇，溯洄溯游，徒切伊人之慕，遠尤不易致也。兹何爲無遠之弗屆乎？時而投壺習禮，魯鼓與薛鼓紛陳；時而挾册讀書，楚言與齊言並作。其方有異，其爲遠無異。百里一賢，千里一聖，無不羅列我几席之前。以是思樂，樂可知矣。

無友不如己者

友有當無者，以其不如乎己也。夫不如己之人，友之何益？善取友者，尚其無所當無哉？且吾嘗言「三人行，必有我師」，是善不善皆我師也。雖然善不善皆可以爲師，善不善不皆可以爲友。何則？師資宜廣，可法與可戒無殊；友道宜嚴，爲損與爲益有辨。慎勿曰「卬須我友」，而遂降以相從也。如重與忠信，皆存乎己者也，而所以輔己者非友乎？夫善事必先利器，《詩》

詠他山，《易》占麗澤。君子所借以爲成己之資者友也。而取人必在修身，非金胡厲？非玉胡雕？君子所懸以爲取友之凖者己也。使其人而勝乎己歟，友之誠是也。友所知者爲我所未知，則可以廣我之識；友所能者爲我所未能，則可以助我之功。「高山仰止，景行行止」，斯之謂也，若是者宜友。即其人而等於己歟，友之亦是也。獨爲一事，厭倦易生。有友共爲之，而精神自奮；獨赴一途，危疑必甚。有友共赴之，而意興自增。「我日斯邁，爾月斯征」，此之謂也，若是者可友。而奈之何有〔一〕不如己者？不如己，則不能輔我之善矣。夫吾人有無窮之行習，必有人以激厲之，則有初不至於鮮終。進德修業，惟我友乎是望也。若既不如己矣，則示以我之善，彼方抱愛莫能助之慙，至進其人而問之：子善於某乎？子習於某乎？固無以應也。一材一技，薄有所能，奚足效挽推之力哉？不如己，則不能攻我之惡矣。夫吾人有偶蹈之愆尤，必有人以警覺之，則先迷可期於後得。繩愆糾謬，惟我友乎是賴也。若既不如己矣，則問以我之惡，彼方深吾無間然之歎，至就其人而觀之，或失足於人，或失口於人，蓋不勝計也。自怨自艾尚憂不給，奚足商補救之方哉？夫友不如己，則等於己者不至矣，而勝乎己者更不來

〔一〕　有，疑當爲「友」。

矣。不受其益，而反受其損，是以君子必無之也。

敏於事

有不敢不敏者，君子之重其事也。夫人孰不有事，而事未必能敏也。以敏任事，其惟君子乎？且吾嘗言：君子之九思，曰「事思敬」。君子之於事，其有鄭重之思乎？顧不敢急遽者，處事之心；而不敢怠緩者，任事之力。爲所當爲，固有勉之又勉者矣。如安飽無求，君子於食與居如此。其所以適口者，不必八珍之並列，君子之於食廉矣。而君子曰「簞食豆羹」，吾不敢素食也，有所當盡者在也。其所以容身者，不必百堵之皆興，君子之於居儉矣。而君子曰「蓽門圭竇」，吾不敢逸居也，有所當務者存也。是何也？曰有事也。夫事固貴乎敏也，而事又難乎敏也。以事之猝至於一朝也，急急乎有不可失之機，而人情則每有所待焉。其以日計者，需之於累月；其以月計者，緩之於終年。夫鹵莽圖功，誠不可也；而遷延貽誤，不更多乎？此不敏之一端也。以事之叢集於一身也，斷斷乎有無可謝之責，而人情則每有所諉焉。少年之日，曰禀命於父兄；壯盛之年，曰分勞於子弟。夫一意孤行，誠有失也；而盈廷聚訟，庸有成乎？此不敏之又一端也。乃君子則不然。其事而爲一人之私歟，此事之小者也。夫事之小者，固不可以不敏也。奉水奉槃，亦幼儀之當習；執射執御，亦曲藝之宜精，君子念之矣。有無黽勉，婦女猶勿恤於我躬；出入周旋，童稚且不遺夫餘力，而我可安於怠荒乎？雖事之至小者，君子不以小而忽之，竭力而營，與大者無異焉。吾嘗言敏則有功，可爲君子望矣。其事而爲天下之公歟，此事之大者也。夫事之大者，尤不可以不敏也。名教綱常，任千秋之重遠；民人社稷，寄百里之安危，君子懍之矣。大禹念民生昏墊，辤黄屋而乘輴；周公思王業艱難，坐明堂而待旦，而我可付之玩愒乎？雖事之至大者，君子不以大而畏之，投袂而起，與小者無異焉。吾生平敏以求之，頗與君子同矣。至於言，又不敢不慎焉，非所謂欲訥於言而敏於行者乎？

而慎於言

言與事異，不可以不慎也。夫苟不慎，則言之失者必多矣。君子之敏，敏於事耳，豈其敏於言乎？且以慎而無禮者之必失之葸也，是慎固不可太過也。雖然，此亦在處事則然耳。若夫「唯口起羞」，《商書》戒之；「尚口乃窮」，《周易》懲之，則有不敢不「慎爾出話」者，而一往無前之氣爲之一變矣。如君子之於事，固不敢不敏矣。試更觀君子之於言，言即言其所已行之事，今日爲之，明日言之，其爲言也必悉如其事之本末而後工。言或言其所未行之事，意偶及之，言即傳之，其爲言也必旁溢乎事之後先而後快。然則君子之於言，猶之乎君子之於事也，一於敏而已矣，焉用慎爲？而君子曰：言也者，是非所從出也。一言以爲知，一言以爲不知，奈何不慎？而君子曰：言也者，榮辱所由生也。言善則千里應之，言不善則千里遠之，奈何不慎？而君子曰：言必言其大者，小焉者不必言也。夫宇宙之大也，河圖洛書猶不能盡洩天地陰陽之變，而我足以測之乎？奈何不慎？而君子曰：言必言其微者，顯焉者不必言也。夫名理之徵也，聖經賢傳猶不能周知日用飲食之常，而我足以窮之乎？奈何不慎？是故君子而爲在上之君子歟，則宜昌言於朝廷之上者也。夫衆論紛紜之日，人人思獻一策以動人君，而君子慎之矣。富國强兵之計，固不欲侈談；安上治下之模，亦不敢遽發。雖新進之士羣笑其迂疏，而君子止爲其職分所當爲，不屑争功於口舌。君子而爲在下之君子歟，則更宜直言於師友之間者也。夫百家淆亂之時，人人思著一書以傳後世，而君子慎之矣。《詩》《書》中之心得，既不欲輕示於人；名教外之空談，又不敢妄出於己。雖流輩之中或嫌其樸訥，而君子但盡其倫常所當盡，不求角勝於辭華。夫非猶是敏於事之君子哉？至於言，而甘居於不敏矣，斯其所以爲君子也，然而其心則猶不敢自是也。

吾十有五

聖人追溯童年，不忘其初也。夫十有五，則幼甚也。夫子老矣而追溯之，不有重其始者乎？嘗考之《内則》，而知十五以上謂之「成童」。夫曰「童」，則固未離乎童稚；而曰「成」，則已漸至於成人。彼十五而笄女子且有甚重乎此者，況在吾人也？吾今者竊回念：夫吾矣，憶昔生而呱泣，未親防墓之經營。此繈褓中之情形，固不堪追述。迨至幼而嬉游，私習昌平〔一〕之俎豆，此孩提時之景況，亦未足深言。吾回念之，則自十有五始，前乎此爲十歲，《禮》所謂「十年曰幼」是也，而十有五則已過其期；後乎此爲二十，《禮》所謂「二十而冠」是也，而十有五則未臻其候。其在國君之貴，則十有五已爲生子之年。而吾也撫少賤之身，韋布自安，豈敢上希乎宮壼？其在郊外之民，則十有五已給公家之役。而吾也生明德之後，簪纓世守，未曾下列乎氓黎。世有年十五而其辯足以折晉卿者，王子晉是也。吾則性成樸訥，豈能以口舌爭雄？世有年十五而其才足以治楚國者，介子推是也。吾則生本迂疏，敢遽以經綸自負？是歲也，楚靈王

〔一〕平，原訛「乎」，據《史記·孔子世家》改。

始合諸侯之年也，天下大勢自此判矣。吾以魯國之儒，未足與聞中原之事。是歲也，季孫氏謀去中軍之年也，公室四分自此始矣。吾以鄹人之子，未足以參兩社之謀。綜一生之閲歷，吾自少至老固有一倍乎十五、再倍乎十五老矣，而此十有五則已始基之；計百歲之光陰，吾自今以往，不過一則曰十五、再則曰十五而已，而此十有五則已實歷之。夫吾年十九而成婚於宋，兹則尚少四年。交警雞鳴，未有并官之嘉耦。抑吾師七歲而授業於我，吾則已多八歲。自慚駑鈍，難同項橐之神童。然而吾之有志於學，則固始於是年矣。

見義不爲

見而不爲，難與言義矣。夫義，固人所當爲者也。其有不爲，必其未見耳，孰意其見之而仍不爲哉？且吾言君子之「九思」，嘗曰「見得思義」。此其所見者得也，而非義也。夫未見此義，尚必存之於心，豈既見此義而不施之於事？如徒曰予既已知之，夫何異視之而不見也？今夫人莫不有所爲，而尤不可不爲者則莫如義。義者，萬事之本也。無論爲大事，爲小事，而有一事必有一義。經權常變，必當奉之以爲歸。義者，百行之原也。無論爲内行，爲外行，而有一行必有一義。忠孝節廉，必當依之以爲準。孰謂義也而可不爲哉？雖然義固貴乎爲，而爲必待乎見。蓋其爲也存乎力，而見也存乎識。苟其識之不足，安望其力之有餘？且其爲也行之之事，而其見也知之之事。苟其知之不免有疑，何望其行之必能自信？乃今有人於此，試問其果見與否？則雖不必有精義入神之學，而或感觸於道塗之公議，或激發於平旦之天良，夫固直任而不辭，曰「亦既見止」。及考其能爲與否，則雖不至如賊義爲殘之甚，而或瞻徇於富貴利達之私，或牽連於家室妻孥之累，夫又卻顧而不前，曰「無能爲矣」。噫！是非所謂見義不爲者耶？使其人而在朝廷乎，夫朝廷之上所重者義也。試思齊廷有難，晏嬰端委而來；晉政不綱，董狐執簡而往。此其於義何如哉？乃平時非不景慕其高風，而至於大義當前，則高官厚祿止自便其私圖，而絕不聞以危行危言立名於千古。使其人而在草野乎，夫草野之中所尚者亦義也。試思鄭國賈人能抒國家之難，魯邦童子能效社稷之忠。此其於義何如哉？乃夙昔非不縱談夫名教，而至於公義所在，則簞食豆羹時或爲之動色，而轉不能與匹夫匹婦比烈於崇朝。夫見義而不知爲，安望有見賢思齊之事？抑見義而不能爲，安望有見危授命之時？謂之無勇，誰曰不宜？

管仲之器

以器論霸佐，有深惜其器者也。夫管仲之爲管仲，誰不稱之？雖然，亦未觀其器耳。子以器論，殆有深惜其器者乎？聞之義與信、和與仁，霸王之器也。是無論王與霸，而無其器則不成。雖然王與霸固各有其器，而匡王佐霸者亦各有其器。吾嘗考五霸之首，觀其輔翼之人，而不能忘其挾持之具也。今者竊有念於管仲，「一匡」「九合」之業，至今賴之，是管仲之功也。然而論其功，未足以見其本。「不死」「又相」之説，吾黨譏之，是管仲之罪也。然而論其罪，未足以服其心。則試論管仲之器：當其伏處於潁土也，某山某水是管仲藏器之鄉；及其訂交於鮑叔也，同術同方是管仲利器之助。至其輔公子糾也，守弟兄倫次之常，深明乎主器一卦；至其相齊桓公也，執子父不奸之説，有得乎《禮器》一篇。故當隱、桓、莊、閔之時，而篤生一管仲，儼若器車之出於山；且於甯戚、隰朋之外，而獨任一管仲，更如器貢之用於國。其處也，閉户著書，近乎老氏之學。大道不器，洵惟管仲明之；其出也，舉朝推轂，重爲天下之才。君子不器，更爲管仲望之。乃溯其自齊奔魯之時，若無愧乎抱器來奔之微子；而觀其鏤簋朱紘之事，又有類乎虚器是作之臧孫。在《周書》，則《分器》有篇。管仲之器，其足爲侯封之守歟？在《周禮》，則庸器有典。管仲之器，其足爲天府之藏歟？古之食人者，必以其器食之。若管仲者，亦如其器以爲食而已；古之使人者，必以其器使之。若管仲者，亦如其器以爲使而已。論「祭器不踰竟」之義，倉皇出走，既抱慙於在國之高傒；論「挈瓶不假器」之常，生死參差，更負疚於偕亡之召忽。雖盜器爲姦，未敢爲仲也誚；而制器尚象，奚足與仲也言？明器施於鬼神，管仲之器固不至涉於虛；神器守於天子，管仲之器恐不能擬其重。使管仲而在廟堂之上，殆未堪爲宗器之陳；使管仲而在畎畝之間，或不免乎機器之作。故其尊周室，攘夷狄，立成器以利天下，其器似近於公；乃其作内政，寄軍令，秘利器而不示人，其器又近於私。北伐山戎，南征荆楚，不當没其除戎器之功；内有豎貂，外有開方，何以免於邇女器之誚？甚矣其小也！

女與回也孰愈

以「孰愈」問賢者，欲其自審也。夫子貢與顔淵果孰愈耶？夫子豈不知之？乃以問之子貢，非欲其自審乎？若曰：汝平時之善於方人也，吾嘗以女爲賢矣。夫在人者尚有比方之意，豈在己者轉無衡量之思？明於觀人者必不昧於知己，竊願舉一人焉以相質也。夫女不與回並列吾門乎？德行之科，回也實居其首，則回必有所以爲回者，而後無慙「殆庶」之稱；言語之美，女也亦有專長，則女必有所以爲女者，而後可爲從政之選。然在回也，簞瓢陋巷之中，自守貧居之真樂，豈必與女相衡？即在女也，束錦請行以後，偏交當代之名卿，豈必與回相較？而吾乃不能忘情於女，且不能忘情女之與回。今夫天之生人也，聰明材力雖造物不能悉泯其參差，則其必有一愈焉，理也；今夫人之造詣也，高下淺深雖師長不能盡窺其分量，則其不知孰愈焉，情也。將謂回愈於女乎？而女自一貫與聞之後，亦既高出於同堂；將謂女愈於回乎？而回自三月不違以來，久已見稱於吾黨；將謂回不愈女、女不愈回乎？此可與論過猶不及之師、商，而女與回也固非其例；將謂回有時愈女、女有時愈回乎？此可與論退與兼人之由、求，而女與回也又非其倫。夫弟子之造就，函丈難欺。假使我出獨見以定短長，回亦無不服也，女亦無不服也。然我言之不如女決之也。孰高孰下，奚弗向長者而自陳？夫爾室之修爲，旁觀盡悉。假令人持公論以評優劣，豈不足以知回也？豈不足以知女也？然人論之不如女斷之也。孰輊孰軒，奚弗對同人而共白？吾不能忘情於女，且不能忘情於女之與回也。女與回也孰愈？

匿怨而友其人

怨而仍友焉，巧於匿矣。夫友不可以有怨也。既有怨矣，不友其人，亦何不可？奈何匿之而與友乎？嘗讀《谷風》一篇，朋友相怨之詩也。其詩曰：「忘我大德，思我小怨。」未嘗不歎交道之衰矣。雖然，朋友而不能無怨，固徵交道之衰；朋友而不諱有怨，猶見世風之古。竊觀於末世之人情，覺視《谷風》所刺而更有進也。試以人之交友言之：夫友之與我相合者，義也。以義而言，則朋友之分等於君臣，原宜有犯而無隱；而友之與我相浹者，情也。以情而言，則朋友之交同於昆弟，更宜式好而無尤。孰謂友也而可以有怨乎？雖然怨固爲友之所不宜有，而怨亦或爲友之所不能無。於是太上忘之，其次絶之，最下者報之。忘之者何？蓋既與之友，即不與之怨。其怨也雖至於交相爲瘉，而仍有多方之調劑；其友也仍歸於永以爲好，而未嘗少改其綢繆。若而人者，吾固歎其厚也。絶之者何？蓋既與之怨，即不與之友。其怨也苟有一二端之實跡，可以播之於同人；其友也雖有數十年之交情，不妨絶之以大過。若而人者，吾猶喜其直也。若夫報之者，則不論其友不友，而但論其怨不怨。苟既有怨矣，過我門不入我室，其意積久而不能乎？則雖我友乎，茂爾惡，必相爾矛，其勢一發而不可忍。若而人者，固不足言厚矣，抑猶不失爲直也，而奈之何其匿怨乎？夫古人有修怨者矣，修則顯而有形，匿則微而無迹也。古人有蓄怨者矣，蓄則有時而發，匿則無時而宣也。其中藏之秘密，雖妻孥莫得其詳。挾腐心切齒之嫌，而不改其厚貌深情之素。乍與之接，而不聞其有怨言；久與之游，而不知其有怨意，是何操術之甚工哉？而奈之何匿怨而友其人乎？夫友於我有恩，我必力爲酬之，何於我有怨而竟置之也？友於人有讐，我或代爲報之，何於我有怨而反忘之也？其外貌之周旋，視疇昔更形其密，當合尊促坐之日，而隱伏一撫劍疾之心。其人而不知我有怨，我可逞其乘機之報復；其人而微知我有怨，我可愧以大度之包容，無乃用心之太險哉！以云可恥，吾又將竊比古人矣。

少者懷之

志更在於少者，宜懷之以恩也。夫所謂懷者，亦以恩懷之而已。由老者朋友而推之，子之志不更在少者乎？且昔吾之在陳也，極不能忘吾黨之小子矣。雖然吾黨之小子固可念，而非吾黨之小子亦未始不可念。「婉兮孌兮，總角丱兮」，殊令人念之而怦然心動也，豈特「老者安之，朋友信之」已哉？夫老者，則長於我者也。顧有長於我者，必有穉於我者，此其人固不在杖鄉杖國之倫。夫朋友，則等於我者也。顧有等於我者，必有卑於我者，此其人更不在同術同方之列。所謂少者也，少者與幼者異：幼者未離提抱，少者已解唯命。雖言少者可兼幼者，而少者尤笑啼之可愛。少者與壯者異：壯者血氣方剛，少者聰明乍啟。雖言少者可該壯者，而少者尤宛轉之相親。我將如此少者何哉？古人爲孺子之室，每嚴無事弗往之防，飲食寢興不可擾也，則似少者亦宜安之。然而待老者非所以待少者也。古人於幼子之前，即有常視毋誑之意，機械變詐不可開也，則似少者亦宜信之。然而待朋友非所以待少者也。我惟時其懷之乎？懷之則必養之。夫保赤之道，不可以不誠也：煖寒之變，謹之以衣裳；饑飽之傷，節之以飲食。凡阿保所不及周知者，我將瑣瑣而代爲之計。而要不能悉爲之計也，則中懷何能釋然也？懷之則必教之。夫義方之訓，不可以不嚴也：知識未開，宜牖以《詩》《書》之理；性情易放，宜閑以孝弟之經。凡父兄所未能董率者，我必皇皇而代立之程。而要不能悉立之程也，則予懷彌覺殷然也。嗟乎！志學之年，恍如昨日。憶曩者嬉戲而陳俎豆，備蒙慈母之垂憐，則對此少者，追念夫顧我復我之人，而能無動念？趨庭之教，具有深心。即今者暮景而迫桑榆，尚有孤孫之在抱，則對此少者，更觸我恩斯勤斯之痛，而豈得忘情？少者懷之，我之志畢於斯矣。

未能事人

責所事於人，未敢信其能矣。夫人不可不事，而實未易言事也。問事鬼神者，曷以事人自問乎？子謂子路曰：吾嘗歷數君子之道，而事君未能，事父未能，事兄未能，不勝皇然而自愧矣。夫斯世各有當盡之職，而吾身猶多負疚之端。竊恐汝索諸冥漠，而未嘗返諸倫常，一審其能告無罪否也？汝問事鬼神乎？夫鬼神依人而行者也，質旁臨上之嚴，不過在無臭無聲之地。吾與汝舍鬼神而言人，則父在爲子，兄在爲弟，實有率循之名分而不敢違。酒醴粢盛之奉，誰見有來歆來格之形？吾與汝舍事鬼神而言事人，則敬其所尊，愛其所親，實有森列之規條而不可缺。然則事人不誠要哉？汝自問其能焉否？夫以汝之居家也，少而食貧，不辭負米之瘁；長而養志，克承啜菽之歡。則善事一人者，必善事衆人。謂汝未能，汝或有所不服也。且以汝之從游也，驅歷聘之車，爲吾執轡；發望洋之歎，共我乘桴。則善於事我者，必善於事人。謂汝未能，吾亦有所不得也。雖然，事人未易言矣。即如内而事父母也，汝果能竭其力乎？夫出告反面，弟子之恒儀；夏清冬温，家庭之小節。以此爲能，誰曰未能？然汝試思之：大舜之孝，猶懼其不可爲子，不可爲人；武王之聖，僅謂之善繼人志，善述人事。豈區區小孝用力，中孝用勞，遂可謝其責乎？能乎未能乎？即如外而事君也，汝果能致其身乎？夫旅進旅退，循辨色之常；佩委佩垂，表鞠躬之度。以此爲能，誰曰未能？然汝試思之：大禹八年勞苦，乃能奏祇承之績，而平地成天；周公七載憂勤，乃能成誕保之勳，而制禮作樂。豈僅僅進思盡忠，退思補過，遂謂單厥心乎？能乎未能乎？夫人不可不事也。堯舜立倫之極，不能外順親敬長之間，而事人實未易言能也。《春秋》爲忠厚之書，不能寬許止趙盾之罪。苟事人而未能，勿遽言事鬼也。

無倦

以倦戒賢者，仍無加於先、勞之外也。夫人所不易無者，倦也。倦則不能先，不能勞矣，宜夫子爲子路戒之乎！若曰「誨人不倦」，吾之所自信者也。則爾既求所誨於吾，吾豈有所倦於爾哉？乃轉展思之，覺前言之已盡，竟無他説之可參，竊願即倦之一説爲爾箴也。如「先之」「勞之」爲政之要也，而爾乃請益乎？夫先、勞豈易言哉？嘗見有始而先、繼而不先者矣。豈先務之已無不務？豈先施之已無不施？蓋有間其先者也。此間其先者何意也？嘗見有始而勞、繼而不勞者矣。豈已無不盡之勞心，豈已無不殫之勞力？蓋有奪其勞者也。此奪其勞者何故也？所謂倦也。噫！爲政而可倦乎哉？且夫倦之生也其故有二：一則生於畏事也。先所當先，而先不勝先；勞所當勞，而勞不勝勞。叢集百端，寢食皆形其不適，則以美錦之製而視同治絲之棼矣，倦矣。此倦之生於畏事者也，好勇如爾，當不至負此愆也。一則生於喜事也。先未竟，而已念及所宜勞；勞未已，而又思及所當先。旁皇終日，精神反有所難周，則求天工之無曠於人，而轉嫌地道之不敏於樹矣，倦矣。此倦之生於喜事者也，兼人如爾，恐不免蹈此習也。尚其無之哉？則嘗觀於古帝王，而知倦之當無也。舜一年而周四岳，不憚協時正日之煩；禹八年而治九州，不辞刊木隨山之瘁。其無倦何如乎？至後之人君，殷王生則逸，不能比美於前人；穆王耄而荒，不免貽譏於後世，皆倦之爲害深也。汝宜以古帝王爲師，而被袗揮絃，勿浮慕中古無爲之治。又嘗觀千古大臣，而知倦之當無也。伊尹抱不獲一夫之懼，常惴惴於納溝；周公有思兼三王之心，每皇皇於待旦。其無倦何如乎？至後之人臣，夏羲和之曠官，天象昏迷而不顧；殷卿士之非度，小民攘竊而不知，皆倦之爲禍烈也。汝宜以古大臣爲法，而明堂負扆，曷敬披先公《無逸》之書？政之大者不可倦，政之小者亦不可倦。我讀《豳風》，農務即爲王業；我觀《周禮》，細事亦設專官。倦之在事者宜無，倦之在心者亦宜無。我於商也特垂欲速之箴，我於師也兼及以忠之訓。女其勉之！

無見小利

利而小也，非爲政者所宜見矣。夫利亦非不可見，而無如其小也。宜夫子戒子夏以無見乎？嘗思樂其樂者必繼以利其利，此前王所以没世不忘也。然則利亦何可少哉？顧其所謂利者非一人之利，而一世之利；抑非一世之利，而萬世之利。若徒沾沾於目前，無乃其細已甚耶？如爲政所宜無者，豈僅在欲速哉？試進思之：欲速則有爭心焉，所爭者名也。顧人情不有與名而並爭者乎？吾知始而爭名，繼而所爭者又不在名矣。欲速則有貪心焉，所貪者功也。顧人情不有與功而俱貪者乎？吾知始而貪功，繼而所貪者又不在功矣。此其中殆必有見焉，所見惟何？曰利也。且夫利亦何不可見之有？利莫利於利國，吾觀古之人，有幹有年，周公定東都之邑；于彊于理，召公奠南海之區。此其利不上及於國乎？苟不見焉，何以利吾國？利莫利於利民，吾觀古之人，后稷播嘉穀，變上古茹毛飲血之風；大禹治洪流，拯一時上窟下巢之困。此其利不下及於民乎？苟不見焉，何以利吾民？而無如其利焉而小也。豈其農夫惟篝車之滿是祝？豈其商賈惟錐刀之末是爭？此在高瞻遠矚者當必視之無覩也，而不謂其小焉而見也。豈不知文王之囿、雉兔無私？豈不思獻子之言雞豚不察？乃在貧多務得者，轉謂棄之可惜也。噫！是直見小利而已，吾願汝無之。蓋利與義殊，義之所在，雖小而不可不辨也。試思千里之謬，止在於毫釐；一介之微，亦嚴其去取。吾人精義入神，不當如是耶？而利則豈其然乎？無之哉！見義者不可無尺寸不踰之則，見利者不可有錙銖必較之心，吾願汝勿務此戔戔耳。且利與害反，害之所在，雖小焉而不可不防也。試思蜂也有毒，況在於人；虺也勿摧，難圖其後。吾人防患於微，不當如是耶？而利豈其然乎？無之哉！見小害者不可貽他日噬臍之悔，見小利者不可起一朝攘臂之爭。吾願汝無爲此逐逐耳。夫小善勿謂無益，小惡勿謂無傷，是小固不可忽也，而利則不可援以爲例；利用可以厚生，利物可以和義，是利亦不可無也，而小則何妨置之勿言。汝慎無因小而失大也。

使子路反見之

以反見使賢者，情殷於隱者矣。夫丈人與夫子不相見也，而夫子欲藉子路以見之，故使之反也，其情不甚殷哉？昔子路辭丈人而反也，固曰吾將反而見吾夫子也。丈人送子路之反也，亦曰爾其反而見爾夫子也。於是載欣載奔，不皇啟處，一往而不復反，亦固其所。而不謂夫子之有後命也，如夫子既知丈人爲隱者矣。夫知其爲隱者，而夫子非甘於高隱者也。其志不同，何有殷勤之意？然知其爲隱者，而夫子固急於招隱者也。伊人宛在，能無洄溯之思？則夫子之有意於丈人而欲見之也，固也。然則吾夫子自往見之乎？夫有禮之少施，固親嘗其疏食；專權之陽貨，亦答拜其蒸豚。在夫子非不屑屈尊者，而特在道路之間，決不能率從者後車而貿然一往。然則使他人代往見之乎？夫能言之端木，素爲四國之遨遊；束帶之公西，最善大廷之應對。在諸子豈無可將命者？而非有周旋之舊，轉令人訝連騎結駟之突如其來，則惟有仍使子路而已。此夫子所以使子路反見之也。將使之見，必使之反。遥望衡門之下，亦既相隔之迢迢矣，則見之必先反之。某水某山，雲樹之蔥籠如故；半村半郭，桑麻之掩映依然。而犬吠雞鳴，悉是來時之路。其使之反，實使之見。周覲道路之間，亦既舊游之歷歷矣，則反之可貴見之。熒熒燈火，室中之舊榻猶存；草草杯盤，席上之殘肴未撤。而黄童白叟，應爲道左之迎。夫歧路旁皇，備極旅人之困頓。幸清塵之既接，而復又奔馳於此疆爾界之間，子路或不樂有此使也。然一宵款洽，深蒙地主之殷勤。遵陳迹以重來，而又得追尋夫主獻賓酬之雅，子路必甚幸有此使也。孰意其不得見乎？

我則異於是

聖人自明其異，不欲與逸民同也。夫孔子之所爲，非逸民所可望也。自以爲異，誠哉其有異乎！且吾嘗使及門諸子言志，而一堂之上已有異乎其撰者矣。夫以同門之友猶未必爲同志之人，況乎地之相去、時之相後，乃欲强古人而謬附同聲，此實私衷所不敢出也。如夷齊以下諸人，我一一論定之如是。是有是之品，以品而言，高莫高於是也。處輓近之世，是已峻絶而不可攀。是有是之行，以行而言，潔莫潔於是也。居流俗之中，是又皭然而莫能浼。乃既以我而尚論乎是，則試由是而還念夫我，我豈嘗菲薄乎是？我豈嘗指斥乎是？就異代而交，原不在彼哉之列。我亦嘗欽慕乎是，我亦嘗嘉許乎是。望高山而宛在，亦殊深仰止之思，則意者其不異乎？我而夷齊，即夷齊我矣；我而惠連，即惠連我矣；我而虞仲、夷逸，即虞仲、夷逸我矣。非矢函之殊術，宛笙磬之同音。古人可作，不且莫逆於心乎？抑或者有異有不異乎？我不夷不齊，我則惠連矣；我不惠不連，我則夷齊矣；我不夷齊不惠連，我則虞仲、夷逸矣。雖非合同之符節，猶爲節取之于旄。尚友有資，何必孤行一意乎？然而志之各别者，不能曲而從；道之不同者，不能合而化。且夫伯夷、叔齊與柳下惠、少連異，柳下惠、少連與虞仲、夷逸異，虞仲、夷逸與伯夷、叔齊、柳下惠、少連異。在當日各行其是，本未嘗有比而同之之心，而何論乎後世？且夫學夷齊者不必與夷齊無異，學惠連者不必與惠連無異，學虞仲、夷逸者不必與虞仲、夷逸無異。在後世善法古人，亦自有神而明之之法，而何況乎吾徒？春風樂童冠之天，我與曾點；陋巷證行藏之志，我與顔回，是我在今人中固有不必立異者。至於是，則雖共處於一時，而不妨存匪我思且、匪我思存之意。文王演玉門之《易》，我見之於琴；周公傳赤舃之《詩》，我遇之於夢，是我於古人中亦有不敢自異者。至於是，則雖緬懷乎千載，而不必有能是已足、善是已足之思。讀一十有五國之風，見夫碩人寤寐於澗阿，伊人溯洄於湄沚，未嘗不心焉儀之。而合之《關雎》《麟趾》之正風，則固隱隱焉與之異其趣。修二百四十年之史，見夫公子託處於木門，大夫隱憂於緜上，未嘗不慨然慕之。而揆之正月春王之大義，則又明明焉與彼異其途。我固無可無不可者也，異乎不異乎？

子貢賢於仲尼

貶聖而尊賢，魯大夫之妄論也。夫子貢之不如仲尼，孰不知之？而乃以爲賢於仲尼也，何叔孫之妄哉！想其謂諸大夫曰：吾不解人之羣以仲尼爲聖也。夫聖固仲尼之所不居，意者其賢乎？乃徐而察之，不特不可謂之大聖，并不可謂之大賢。即以賢論，而高出其上者大有人在，正不必求之異地也。今夫魯國之望實惟仲尼，而孔門之材首推子貢。仲尼則子貢之師也，固已從堯、舜、禹、湯、文、武以來竊據斯文之統；子貢則仲尼之徒也，不過於德行、政事、文學之外自成言語之科。故以仲尼之翕然交推也，方且謂過於堯舜，而何有於子貢？且以子貢之欿然不足也，方且謂不如顏回，而何況乎仲尼？乃自吾思之：謂子貢不及仲尼，世俗之言也；即謂子貢亞於仲尼，亦世俗之言。謂子貢不及仲尼，忠厚之論也；即謂子貢匹於仲尼，亦忠厚之論。吾得而斷之曰：子貢賢於仲尼。夫人莫切於謀生，子貢貨殖擅長也，以視仲尼之飯蔬飲水、常虞匱乏者孰賢？夫人莫貴於用世，子貢從政可使也，以視仲尼之委吏乘田、自矜盡職者孰賢？子貢有料事之明，億則屢中，其見許也久矣；而仲尼則一困於匡人，再困於桓魋，何其無先幾之哲也！子貢有知人之識，莫之能禦，其自信也深矣；而仲尼則一失之子羽，再失之子我，何其無獨得之見也！仲尼之事功莫大於夾谷之會，不過合兩國之好耳；豈如子貢之存魯亂齊、彊晉霸越，收其功於一出之餘？仲尼之著述莫大於《春秋》之書，不過成一國之史耳；豈如子貢之見禮知政、聞樂知德、定其等於百世之上？絶糧陳蔡，仲尼幾不免菜色之憂；而子貢則吴越遨游，不聞有如是之窘辱。小試中都，仲尼已不免麛裘之謗；而子貢則信陽作宰，不聞有如是之輿評。是故譏子貢之比方人物，而曰「我則不暇」，是子貢之賢於仲尼，仲尼固深諱之；許子貢之善爲説辭，而曰「我則不能」，是子貢之賢於仲尼，仲尼已明告之。商羊能識，萍實能知，人或以爲仲尼賢，安知非結駟連騎、周游四國者有以助其聞？富貴不處，貧賤不去，人或以爲仲尼賢，安知非廢著鬻財、家累千金者有以成其志節？吾故曰子貢賢於仲尼，願諸大夫無惑也。

舜亦以命禹

觀虞帝之命夏王，其道同也。夫舜之命禹，當不同於堯之命舜，乃其所以命者亦然，不可見其道之同哉！嘗讀《虞書》，見舜自格於文祖之後命棄命稷，以至命夔命龍，所命者九官，而所以命者言人人殊。甚矣！聖人之詳且悉也。不知臣之職異，則命之者宜異；君之道同，則命之者宜同。故觀重華之於文命，《書》所謂「若帝之初」者益信矣。如「允執厥中」，斯言也堯所以命舜者。乃無何而楬豆則易而王豆矣，鸞車則易而鉤車矣，一代之典章已隨獄訟謳歌而改；乃無何而祭首則變而祭心矣，尚水則變而尚醴矣，一時之風氣亦共徽號器械而殊。於是乎堯有以命舜者，舜又有以命禹矣。而或者曰：是必有異。舜也姚墟繼統，居五帝之終；禹也安邑開基，列三王之始。帝王升降之時，帝有所以爲帝者，王有所以爲王，而豈必仍循舊説？舜也納麓賓門，其取天下以德；禹也隨山刊木，其取天下以功。功德淺深之故，德有所以爲德者，功有所以爲功，而豈必概執前言？不知舜受命於堯，非受命於堯，實受命於天也。天不變，命亦不變。堯承天意以命舜如是，舜承天意以命禹亦如是。舜傳堯之命，非傳堯之命，實傳堯之心也。心不異，命亦不異。堯出心法以命舜有然，舜出心法以命禹亦有然。斯命也，禹受之於舜，舜受之於堯，而堯未嘗受之於帝摯。由前而論，亦似微有參差，而此不必言也。自巢燧羲軒而上，總不外此。危微精一之傳，前有千古，可以一言備之。斯命也，堯授之於舜，舜授之於禹，而禹未嘗授之於伯益。由後而觀，亦似不無區别，而此不必計也。極元會運世之窮，不能創一通變宜民之説。後有萬年，可以片語賅之。以舜命禹，無異以堯命禹，故後嗣述皇祖之訓，必上及乎陶唐；以舜命禹，無異以舜命舜，故史臣載大禹之謨，即附録於《帝典》。自禹之後，若成湯，若周文武，亦豈有異哉？

若是其甚與

疑大賢之言，若訝其已甚焉。夫孟子之言若是，猶未爲甚也，乃自齊王思之，能不以已甚爲疑哉？若曰：夫子嘗言仲尼不爲已甚者。夫既不爲已甚之行，亦必不爲已甚之言矣。乃不謂學於仲尼者，已甚之行則無之，而已甚之言則竟有之也。如夫子，今者以緣木求魚爲喻也，不以鱗族待之，而以羽族待之，天下有若是之昧於觀物者乎？觀物之昧莫甚於是矣；不臨深以取之，而登高以取之，天下有若是之疎於處事者乎？處事之疎莫甚於是矣。乃以夫子所言，還按寡人所欲。以是而辟土地，土地不可辟也；以是而朝秦楚，秦楚不可朝也。夫辟土地而朝秦楚，誠哉其難也！然其難亦何至若是之甚與？以是而涖中國，中國不可涖也；以是而撫四夷，四夷不可撫也。夫涖中國而撫四夷，誠哉其勞也！然其勞亦何至若是其甚與？外而蘇秦、張儀之輩，日至於齊廷，抵掌高談，不聞其言若是也。而夫子之言若是，約縱連衡者必將爲之動色矣；内而田駢、慎到之流，列居於齊國，著書立説，不聞其言若是也。而夫子之言若是，談天炙轂者亦將爲之失聲矣。夫權然後知輕重，度然後知長短，夫子之言必有酌理揆情之準。夫子以爲若是之甚，敢不以爲若是之甚，是固無庸致疑也。然見秋毫而不見輿薪，舉百鈞而不舉一羽，夫子之言亦有矯枉過正之時。夫子以爲若是之甚，竊恐未必若是之甚，是固未能遽信也。且夫子之在乎口，嘗有王齊反手之談，何至於今而所言若是？是夫子之才略亦將坐困於一朝也。甚乎哉！夫子自思，能無啞然而一笑？況夫子之於寡人，謬有足以爲善之譽，何至於今而所言若是？是寡人之惷愚必已有加於前日也。甚乎哉！寡人不肖，能無皇然而一驚？若是其甚與？願夫子爲決斯疑也。

暴未有以對也

對必有所以，齊臣自明其未也。夫無所以而妄對，不可也。齊王語暴以好樂，暴將何以對哉？若曰：昔聖門弟子有率爾而對者，嘗爲孔子所哂矣。夫師弟之親，猶不可以輕對；則君臣之嚴，更不可以妄對。雖明問殷殷，豈敢曰「問言則答」也？如王之語暴以好樂也，斯時也，王固望暴之對也。廟堂之上，詢及芻蕘，方且前席而聽正論。抑非獨王望暴之對也，殿陛之臣，職司記載，亦將執簡而紀嘉謨。顧對必有所以，以雅以南，非可妄騰夫口説；且對必以所有，有典有則，非可遽索之虛無。設也暴起而對曰：「王之好樂是也。揆之功成作樂之初，是誠得所以矣。然而甘酒嗜音，大禹並垂爲祖訓；酣歌恒舞，成湯特著爲官刑。使以好樂爲是，彼非樂之墨翟，何以得成爲一家之著述也？則以好樂爲是，暴未敢也。」設也暴起而對曰：「王之好樂非也。推之樂勝則流之弊，是亦得所以矣。然而虞廷咨典胄之官，非無搏拊；周京起辟雍之化，不廢樅鏞。使以好樂爲非，彼觀樂之季札，何以得傳爲千古之美談也？則以好樂爲非，暴未敢也。」故使王而語他人，則他人之能對者多矣。雍門處士，彈琴於孟嘗之門；南郭先生，吹竽於先王之側，度皆能鋪張美備，合一時趙瑟秦箏之技，悉効於王前，而暴非其倫也。茫然失措，恨未嘗諮訪於同人，抑使王而語夫子，則夫子之善對也必矣。一車兩馬，證文王追蠡之形；玉振金聲，表孔子大成之盛，度必能推見本原，使先師翕純皦繹之微，復明於齊國，而暴非所知也。茫乎若迷，悔未嘗奉教於君子，在當日咫尺天威，固不勝囁嚅之態；即今日從容事後，亦尚無獻納之方。好樂何如？願夫子明以教我。

或以告王良

以賤工之言告，亦或人之見而已。夫或以賤工之言告，不知王良固自有不賤者在也。其告也，亦止成爲或人之見耳。昔吾去齊而致尹士之譏，則高子以告；謂蚳鼃而貽齊人之誚，則公都子以告。是人之有所聞者，未有不驚相告者也。若夫藝事之微，何足輕重，乃聞人言之藉藉，即來告語之殷殷。是其據實以陳，固不得云以告者過也。如簡子使王良與嬖奚乘，而嬖奚以王良爲天下之賤工也。斯言也，嬖奚初未嘗以告王良也，不過在簡子之前偶逞譏評之口吻，夫何至覿面而與談？斯言也，簡子亦未嘗以告王良也，即或信嬖奚之説，亦宜藏蓄於心胸，又何必抵掌而與語？乃無何而出於嬖奚之口者，竟入於王良之耳也。此必有告之者，亦何待言？然而告之者誰也？意者其爲嬖奚之黨耶？夫以嬖奚之黨而聞嬖奚之言，則必從而爲已甚之辭，就王良而告焉。陽則示以相親，陰則爲之相笑。此亦事之所必有者也，而告之者固未必其爲嬖奚之黨也。意者其爲王良之徒耶？夫以王良之徒而聞嬖奚之言，則必發而爲不平之論，就王良而告焉。交淺者但抒其憤懣，交深者更益以慰安。此更情之所宜然者也，而告之者又未必其爲王良之徒也。則姑以爲或告之云爾，而吾乃甚幸有此告者也。夫嬖奚以良爲賤工，良不知也；簡子信嬖奚之言，亦以良爲賤工，良又不知也。處衆人皆惡之時，豈可以夢夢者不知夫趨避？則或人之告不爲無功，而吾又甚惜有此告者也。嬖奚以良爲賤工，良無損也；簡子信嬖奚之言，亦以良爲賤工，良仍無損也。當一室獨居之日，何妨以悠悠者悉聽其低昂，則或人之告轉爲多事。迨良請復之，爲之詭遇而求獲，良於是不賤工矣，良於是真賤工矣。

不以規矩

規矩而不以也，惟恃此明與巧矣。夫規也矩也，不可不以者也。不可不以而不以焉，殆深恃此明與巧乎？嘗聞古之君子周旋則中規，折旋則中矩，此固不必實有此規矩也。顧不必有者，規矩之寓於虚；而不可無者，規矩之形於實。奈之何以審曲面勢之人，而漫曰「舍旃舍旃」也？有如離婁之明、公輸子之巧，誠哉明且巧矣。夫有其明，而明必有所麗，非可曰「睨而視之」已也，則所麗者何物也？夫有其巧，而巧必有所憑，非可曰「仰而思之」已也，則所憑者何器也？亦曰「規矩」而已矣。大而言之，則天道爲規、地道爲矩，雖兩儀不能離規矩而成形；小而言之，則袂必應規、袷必如矩，雖一衣不能舍規矩而從事。孰謂規矩而可不以哉？而或謂規矩非爲離婁設也。彼目中明明有一規焉，明明有一矩焉，則有目中無定之規矩，何取乎手中有定之規矩？而或謂規矩非爲公輸子設也。彼意中隱隱有一規焉，隱隱有一矩焉，則有意中無形之規矩，何取乎手中有形之規矩？誠如是也，則必無事於規而後可，則必無事於矩而後可。夫吾不規其規，何必以規？吾不矩其矩，何必以矩？而不然者，雖明與巧有存乎規矩之外，如欲規而無規何？如欲矩而無矩何？誠如是也，則必有以代規而後可，則必有以代矩而後可。夫吾有不規而規者，何必以規？吾有不矩而矩者，何必以矩？而不然者，雖明與巧有出乎規矩之上，如規之而不規何？如矩之而不矩何？夫人之於離婁，不稱其規矩，稱其明也；人之於公輸，不稱其規矩，稱其巧也，則規矩誠爲後起之端。然離婁之於人，止能以規矩示之，不能以明示之也；公輸之於人，止能以規矩與之，不能以巧與之也，則規矩實爲當循之準。不以規矩，何以成方員哉？

彌子謂子路曰

佞臣而有言，若欲使賢者轉達也。夫彌子與子路，則何言之有？其謂子路也，殆欲使之轉達耶？嘗聞道不同不相爲謀，是君子與小人可以不交一言矣。乃有其人則顯判乎賢奸，其誼則實關乎姻婭。此不得謂之無因而至前也，即不能禁其有懷而欲白也。如子路之妻與彌子之妻既爲兄弟矣，使子路之妻而有問我諸姑遂及伯姊之思，則因子路之往，必使子路寄聲彌子以及彌子之妻。使彌子之妻而有凡今之人莫如兄弟之意，則因子路之來，必使彌子存問子路以及子路之妻。是則以子路之妻謂彌子之妻，情也；以彌子之妻謂子路之妻，亦情也。乃當日俱不聞有此，而獨傳彌子之謂子路也，則曷故？夫彌子與子路分居僚壻，原非萍水之交情，或慰其道路之風霜，或問其客居之眠食。是皆不可以無言，則彌子之謂子路固在吾黨意中也。然彌子與子路素不同方，幾等薰蕕之異器。一則爲尼山之高弟，一則爲衛國之諛臣。是又不必其有言，則彌子之謂子路又出吾徒意外也。意者輕子路而有言耶？夫自君車矯駕以來，聲望日增其赫奕，與祝鮀、王孫賈之徒互相聯絡，各矜其權勢之隆。而忽見子路踽踽然來，不覺爲之目笑也。則其謂之也，蓋有鄙夷之意也，而盛氣相陵，幾等於與言之陽貨。意者重子路而有言耶？夫自餘桃邀寵之後，品望日即於卑污，在史魚、蘧伯玉之輩絶不往來，久擯之清流之外。而忽見子路巖巖之象，不覺爲之心折也。則其謂之也，蓋有攀附之情也，而降心相就，更切於求見之封人。佛肸、公山之召，尚非志士所甘，而彌子者乃更爲此無謂之周旋，子路能無憤甚？晨門、沮溺之倫，每以微辭相誚，而彌子者尚不失爲有情之酬酢，子路或亦欣然。此「孔子主我，衛卿可得」之言，子路所以爲夫子述之也，而不知孔子之安於命也。

國人皆以夫子

有皆以爲然者，齊人之望大賢切矣。夫孟子所爲，非齊國之人所知也。然因饑而有望於孟子，國人不皆有然哉？陳臻述之，以爲大則以王，小則以霸，此吾黨所期於夫子者也。乃吾黨所期於夫子者未能如願以償，而外人所期於夫子者又且相偪而至。竊歎夫子一身，幾爲人所左之而右之也，臻今者有以見國人之意矣。夫聊攝姑尤之衆，實繁有徒，在平日久乏撫循之司牧。故其於夫子也，如孩提之賴慈母，常切瞻依；而旱乾水溢之餘，饑饉洊至，在此日更覺啟處之不遑。故其於夫子也，如疾病之求良醫，倍形迫切。甚矣通國之人之有待於夫子也！不且皆有所以哉？就國而言，近之則在國中，遠之則在郊外，其爲地不一矣。乃近者素所親炙曰：「吾見夫子有憂民之容也。」遠者得自傳聞曰：「吾知夫子有救時之論也。」蓋無論遠近，而當此饔飧不給之時，人人心目中有一夫子，或挽之於前，或推之於後，則遠近同也。就人而論，賢者則爲君子，愚者則爲小人，其爲類不齊矣。乃賢者之意婉曰：「夫子能如是，是吾所大願也。」愚者之詞戇曰：「夫子不如是，是不爲大賢也。」蓋無論賢愚，而當此年穀不登之日，人人夢寐中有一夫子，或掣之於右，或提之於左，則賢愚等也。夫國人之議論亦多端矣。釁鐘之廢牛，皆以爲愛也；郊關之有囿，皆以爲大也。侃侃而談，幾若成爲風氣。而茲則夫子固已自開其端也，豈得諉咎於國人？即國人之於夫子，擬議非一朝矣。伐燕之役，皆以爲夫子勸之也；蚳鼃之去，皆以爲夫子使之也。悠悠之論，可以置若罔聞。而茲則國人固非無因而至也，能不轉質之夫子？噫！好貨、好色之君，久無大略，齊之君無可以矣。正惟齊之君無可以，而人至無可如何，其責夫子也倍切。莊暴、陳賈之輩，豈有良謀？齊之臣無可以矣。正惟齊之臣無可以，而勢且坐以待斃，其望夫子也更深。蓋皆以夫子將復爲發棠也，可乎不可乎？

不亦説乎有朋

説以學而深，即可決其朋之有矣。夫説生於時習，即生於學也。以學及人，而朋之有也，不可必乎？且夫人果能説諸心而研諸慮，則亦何至朋從爾思哉？雖然津津有味，固足徵閉户之功；而落落無徒，奚以集出門之益？勿云「適我願兮」，遂不必云「與子偕臧」也。如學之貴乎時習也，昔吾門有參也，嘗以傳之不習與爲人謀之不忠、交朋友之不信，一日之間三致意焉。習之不可已如是夫！而今既習矣，且時習矣。斯其情不覺其可厭，而覺其可欣矣。孜孜於學問之途，而優焉游焉，自有無形之判涣。雖錫以朋貝，未若此衷情之愉快也。斯其意不覺其甚苦，而覺其甚甘矣。勤勤於行習之地，而怡然涣然，常多不盡之低徊。雖饗以朋酒，未若此意味之深長也。不亦説乎？甚矣學之宜習、習之宜時也！顧吾思《周易》六十四卦，而説之象獨見於《兑》，故曰「兑，説也」，又曰「説言乎兑」。蓋一陰進乎二陽之上，有説之象焉。而吾爲象傳，則曰「麗澤，兑。君子以朋友講習」。然則説之生也固由於習，而習之講也又賴乎朋。惟然而朋之有也，可進念矣。以朋而淺言之，則縞紵之雜投，可以説吾目焉；笙簧之並鼓，可以説吾耳焉。苟非有朋，將處里巷而寂寥誰語？未免抱涼涼踽踽之悲。以朋而深言之，則感發吾善心，所謂動而説焉；糾繩吾過舉，所謂止而説焉。苟非有朋，將入修途而孤陋自傷，何以收切切偲偲之效？以云有朋，非説之後所不可少者哉？夫説非可倖致，宜先勤爾室之脩；而朋必以類招，乃可集他山之助。吾學成而朋之來也，無遠弗屆矣，又豈止説焉而已哉？

皆雅言也葉公

明聖訓之有常，而楚大夫又可記矣。夫雅言而曰「皆」，則《詩》、《書》、禮之外夫子固不言也，彼葉公者又何以書哉？且聖人出而一言爲天下法，豈南蠻鴃舌之人所可同日而語哉？雖然，衍洙泗之傳，固徵經訓；而馳瀟湘之譽，亦具卿材。吾黨奉聖言爲依歸，而此外有人，未可以「彼哉彼哉」一例而外之也。如子所雅言，在《詩》、《書》、執禮。夫如是以立言，豈同葉公所謂「以小謀敗大作」者哉？吾黨覆按之，蓋皆雅言也。以此言而上承先聖，則《詩》登《商頌》，《書》首《堯典》，禮監夏殷，皆先聖之所留遺也，可與周公、魯公之訓辭同藏於故府；以此言而下啟後人，則《詩》傳之商，《書》傳之開，禮傳之偃，皆後人之所法守也，豈比桓公、文公之霸業不道於儒門？明其爲皆雅言，而《詩》、《書》、禮之教自此興矣。獨是夫子之雅言，固何所受之哉?昔韓宣子來聘,歎周禮之在魯,而所見者止《易象》《春秋》,《詩》、《書》、禮無聞焉。憶我夫子將修《春秋》,先觀書於周史。子之雅言,其得於此乎?乃自魯昭公之二十六年,周王子朝奉周之典籍以奔楚,於是向也周禮在魯者,今也周禮在楚矣。自玆以來,楚之人文日盛,楚之人材日出,方城、漢水間彬彬乎大有人在。如葉公者,殆亦其一乎?論葉公之早歲,免胄以見國人,素著循良之望。是其人固彼都所推重者也,豈如鬬穀於菟但著方言之異?論葉公之晚年,致政而歸私邑,克敦退讓之風。是其人亦吾徒所深許者也,當與左史倚相同登大雅之堂。然則葉公固楚之良也。吾夫子至楚之時,葉公或亦仰窺其丰采,而竊聆其雅言乎?夫雅言傳於東國獲麟絕筆之後,自成文學之宗;而葉公來自南方攘羊證父之談,曾奉聖人之教。此所以問孔子於子路耶?子路乃置之不答,殆以其人其言不過在南人有言之例,吾夫子之雅言固不足以語之也。然而夫子又不能無言矣。

且格子曰吾十有五

格必有漸,聖人因追溯童年焉。夫格則不止有恥矣,非道德齊禮,何以至此?夫子追溯十有五時,殆亦有由漸而致者乎?嘗思止於至善,爲明新之極。此大人之道,所以異乎成童也。

顧革民俗必要乎其終，而觀聖功必原乎其始。既由叔季而返之敦龐之世矣，盍由衰暮而思夫象勺之年耶？如道德齊禮，民既有恥矣。吾讀十有五國之風，惟《鄭》《衛》爲最淫，抑何無恥實甚？乃終之以《豳風》，則由變而復於正矣。然則民既有恥，不又望其格於善乎？試起而觀斯時之民，則且變化而不自知矣。豈必有師友父兄力爲督率而歸其有極，恍若有十手十目之森嚴，則且鼓舞而不容已矣。非必有《詩》《書》《禮》《樂》曲爲陶鎔而靡然從風，初無待五服五章之誘掖。格焉如是，豈但有恥已哉？獨是格亦未易言矣。善人則期於百年，王者則待之必世。我周自文武至於成王，世變風移，已及三紀矣，而商俗靡靡，餘風未殄。夫一紀者十二年也，然則由有恥而至於格，豈如十年生聚、十年教訓可以取必於十數年之内哉？雖然，胥一世而振興之，固當徐觀乎其後；就一生而實按之，又當追溯乎其先。日者夫子嘗自言曰「吾十有五」，十有五則年齒尚幼，格人之名未敢副也。然在女子且十五而笄矣，豈其爲桑弧蓬矢之身而竟忘此十有五之日？十有五則知識未充，格物之功未敢信也。然在國君已十五生子矣，豈其出圭竇蓽門之族而遂忽此十有五之時？夫子之回思十五，殆亦有以漸而格者乎？夫敝俗難仍，貴有新民之道；而髫年不再，先端作聖之基。子之志學於是乎始，異日之立道綏動、合斯世斯民而存神過化，悉根於此矣。

與仁達巷

仁未易明，而巷以達稱者可記矣。夫仁非利與命比，而子亦罕言之，殆以其不易達乎？彼達巷者又何以稱焉？嘗思「洵美且仁」詩人所歎，固與「巷無飲酒」「巷無服馬」而並詠者也。顧仁爲安宅，非可空談；而巷有專稱，不同虛邑。默然者正所以全其天也，蕞爾者又何妨指其地耶？如利與命，固子所罕言矣，顧有列於三達德之一。而能好能惡，合於《緇衣》《巷伯》之義者，非仁乎？意者爲夫子所縱言及之者乎？而正不然。仁之量至公。公而私言之，則非利而近於利矣。子之罕言仁，猶之罕言利，而豈其私談仁術、託之巷舞而衢歌？仁之理至實。實而虛言之，則非命而等於命矣。子之罕言仁，猶之罕言命，而豈其虛樹仁聲、等之街談而巷議？仁爲子所罕言，而利與命更可知矣。特是夫子雖不輕以仁語人，而未始不以仁望人。諸弟子中，三月不違仁者獨一顏氏子。夷考其人，言乎利，則有屢空之歎；言乎命，則有不幸之嗟。而獨至於仁，則克己復禮，天下歸之。迄今游昌平，登闕里，過顏子所居之陋巷，每令人低徊留之不能去焉。彼達巷之達，或轉不如陋巷之陋矣。而《魯論》乃大書「達巷」，何居？上達下達，以品詣定之，固有智愚賢否之别。若巷而達焉，特其淺者耳，而何爲錫以嘉稱，儼若里仁之爲美？四達五達，以康莊言之，必在通邑大都之内。若達而巷焉，特其小者耳，而何爲視同欒土，居然由義而居仁？巷以達稱，殆其中有可以言仁者乎？夫仁之量大，勿宜褻此四德之元；而巷之地微，不過等諸十室之邑。乃觀黨人之言，達巷中正未始無人矣。

疾固也子曰驥

聖人疾時人之固，而馬之良者可念矣。夫惟以固爲可疾，故栖栖而不辭耳。彼固者得無致遠恐泥乎？宜夫子之有念夫驥也。今使人苟凝滯於物，而不能與世推移，未免局促若轅下駒矣。夫人無通變之才，奚以任天而動？而物有權奇之質，乃能行地無疆。硜硜者所見自小耳。慎勿執策而臨之曰「天下無馬也」。如佞爲夫子所不敢爲，則亦金玉爾音，以全空谷白駒之美，斯可矣。必勞勞於車塵馬足間，何爲哉？夫子於此，蓋有所疾也。所疾惟何？曰「固」也。固則有所執，有所執則執拗之譏不能免矣。方且蹩躠靡騁，安能展驥足於四方？固則無所通，無所通則通方之美非可期矣。方且碌碌困人，安能附驥尾而千里？此夫子之所深疾也。特是夫子所疾在固，則必思大用於天下。天下果能用夫子，將見放牛歸馬，可追開國之休也；車攻馬同，可復中興之盛也。乃於魯則中都小試，旋聞文馬之歸；於衛則舊館猶存，空隕脱驂之涕。數十年中，一車兩馬，奔走風塵，徒爲固者之所笑。我僕則既痛矣，我馬則既瘏矣，不得已還轅息轍，歸老宗邦，夫子於是殆不復膏我車而秣我馬矣。自兹以往，將與騏驥抗軛乎？抑隨駑馬之迹乎？又安能昂昂若千里之駒乎？宜夫子一日者又慨然有念夫驥也。良馬四，良馬五，詩人所詠備矣，而驥則尤拔乎其萃者也。在坰之歌，可以徵立心之遠矣，而豈拘墟者所能同歟？爲老馬，爲瘠馬，《易》象所取廣矣，而驥則尤超乎其倫者也。法乾之健，不徒占利牝之貞矣，而豈膠柱者所能望歟？然則夫子之論驥，殆與疾固之旨有合乎！夫固者人之蔽，必非遠到之材；而驥者馬之良，大異拘牽之士。進觀稱德不稱力，可以人而不如馬乎？

子張書諸紳子曰直哉史魚

有謹識聖訓者，而遺直更可思矣。夫「書諸紳」示不忘也，「忠信」「篤敬」洵要矣。直如史魚，夫子能勿念諸？且古人於嘉言懿行必謹識之而不敢忘，此所以記動有左史、而記言有右史也。乃奉師訓者既以服膺爲要，而論人品者更以抗節爲先。拳拳勿失，固已實有其物矣；侃侃不阿，能弗懸想其人耶？如子張問行，而夫子詳告之。夫言必忠信，可以言矣；行必篤敬，可以立矣。此即夫子之謂伯魚者，無以加焉。子張於此敢曰吾憖置諸耳乎？吾黨蓋見其書諸紳云。古名卿之受言也，有書諸筴者矣。然此猶煩乎披閲也，書諸紳則物由近取，不必借觀太史之書。古人臣之對命也，有書諸笏者矣。然此猶待乎取攜也，書諸紳則事在俯觀，不妨稍屈直躬之度。紳之書也，意深哉！獨是子張生平固尊賢容衆、嘉善而矜不能者也。是其爲人，嚴於責己而寬於責人。紳之所書，亦以自警耳。至其於人也，則雖言不忠信、行不篤敬，而無不可容。推是心也，魯大夫之逐莒僕，爲已過矣；晉大夫之戮揚干，抑又甚矣。乃世有以賢者不能進、不肖者不能退，身殁之後猶惓惓焉進諫於君如史魚其人者，得無傷於直乎？然而史魚之直，夫子固嘗稱之矣：「直哉魚」而「史」也，其殆所稱「書法不隱」者乎？得夫子以表其直，而直言不諱之名已足表異於縉紳先生之列；「直哉史」而「魚」也，其殆所稱「骨鯁之臣」者乎？得夫子以美其直，而直情徑行之概誰不仰慕其垂紳正笏之風？蓋「史魚」者，「敬以直内」者也，與子張書紳之意殆有合乎？夫紳之書也，儼然銘帶之恭；而魚之直也，允矣從繩之正。兩以「如矢」擬之，彼世之枉道事人者，曷取而書之紳也？

諸侯之寶三土地

爲有國者示所當寶，土地其一也。夫寶而有三，則皆諸侯所當寶也，而土地尤其所重者，故首列之。嘗讀《儒行》之書，而知「儒有忠信以爲寶」者，此所以不祈土地而立義以爲土地也。顧在有國之君，非可徒珍夫一善；而按有國之實，先當慎守夫四封，蓋其拳拳勿失者固各有在。而一念夫國之所以爲國者謂何？夫固尺地莫非其有也。昔天子列爵分土而大啟侯封，至後世地醜德齊，而遂成戰國，久矣夫諸侯之失其所寶矣。抑思諸侯所寶者固有三乎？使所寶而可不足乎三，則如伊尹之陳戒守此一德可矣。然而三者之中不可缺也，豈得援「天無二日，土無二王」概以少之爲貴？使所寶而或不止乎三，則如箕子之陳〔一〕範分爲九疇可矣。然而三者之外不必加也，豈得執「天之數九，地之數十」遂欲多而取盈？爲諸侯者尚其寶此三者哉？且夫所寶有三，則諸侯之寶固當舉其全。念自承家開國以來，何在可將以玩忽，豈徒厥土白墳、厥土黄壤、厥土青黎、厥土赤埴，辨其土物，謹稽神禹之書？然而所寶有三，則諸侯之寶尤

〔一〕陳，疑當爲「洪」。

當舉其要。念自食稅衣租之後，何者不取之膏腴，奈何公邑甸地、家邑稍地、小都縣地、大都畺地，載在地官，勿考司徒之籍？夫不有土地乎？諸侯所寶，此爲首矣。蓋土地受之天子者也，今日割五城，明日割十城，如朝命何？寶之哉！賜履猶存，勿負此帶礪河山之意；且土地傳之先君者也，昔也日闢百里，今也日蹙百里，如祖制何？寶之哉！挈瓶勿失，宜念此雨風櫛沐之遺。土地之可寶，在三者中爲尤重哉！夫諸侯而不知所寶，必將失其侯服之尊；寶而不先以土地，何以守此土田之賜？進而求之，則人民政事又與土地並重矣。

政事寶珠玉者

終以政事爲寶，而寶非所寶者可異矣。夫政事之與土地、人民，其可寶同也。爲諸侯者寶此足矣，奈何以珠玉爲寶乎？嘗讀《盤庚》三篇，首以「圖任舊人共政」，而以「無總貨寶」終焉。蓋陳紀綱者，所以盡有土有人之責；而備物采者，適以開玩人玩物之端。盍亦思政貴有恆，而沾沾於珍異，何爲也？如土地、人民，皆諸侯所宜寶矣。或謂土地重，而人民尤重。昔太王不忍以養人者害人，舉一國之土地與珠玉、皮幣而同棄之，非其明徵乎？乃進而求之，則更有政事在。政事所以治土地也，無論爲沃土、爲瘠土，有政事以經理之，而土地不致於荒蕪，益呈韞玉懷珠之瑞。政事所以治人民也，無論爲秀民、爲頑民，有政事以教養之，而人民益臻於和樂，不待珠槃玉敦之盟。得政事而三寶全矣，爲諸侯者舍此更何寶哉？夫知政事之可寶，則寶在政，而政之大者畢張；寶在事，而事之小者悉舉。方且坐廟堂而表正，何暇歷山海而搜奇？且知政事之與土地、人民同寶，則以寶政事者寶土地，而土地闢；以寶政事者寶人民，而人民安。方且入故府而博考舊章，何暇入外府而廣求新異？珠也、玉也豈足道哉？而孰意有寶之者？軒轅氏之訪道也，赤水之珠使罔象求之。乃以珠爲寶者，初不及此也，而但覺照乘之奇光，可與始和並布。穆天子之巡方也，鍾山之玉惟河伯詔之。乃以玉爲寶者，并不知此也，而但覺連城之重價，可與方策俱珍。以珠玉爲寶，即不復以政事爲寶，而土地、人民更可知矣。夫政事則體國經野，益以成物産之饒；而珠玉則川媚山輝，未足壯明堂之色。爲諸侯者，奈何寶所不當寶也。

春寒花較遲賦 以題爲韻

天傳芳信，人盼良辰，何寒威之料峭，致花事之逡巡？淑氣已催乎黄鳥，晴光未轉乎緑蘋。深院有圍鑪之客，芳郊無攜酒之人。土鼓敲來，已送去年之臘；玉壺買到，猶賒此日之春。回憶夫風聲獵獵，雪片團團。積層冰之三尺，墮冷月之一丸。萬卉之芳俱歇，千林之葉皆殘。宜乎荒涼院落，寂寞欄干。柳絮漫天，空舞庭中之雪；梅花破臘，難衝嶺上之寒。而何以春光已至，春信猶賒？虛催羯鼓，莫報蜂衙。梨未堆乎艷雪，桃未吐乎晴霞。木筆一叢，空教掩映；玉蘭幾樹，枉自槎枒。此非大造之無工，不能描成衆豔；良由餘寒之未盡，因教勒住羣花。遂令綺席塵封，畫樓霧罩。佳人倦鬬草之嬉，詞客停尋芳之櫂。青旗迎到而仍虛，綵筆催之而不效。緑楊枝上，洩亦無多；紅杏枝頭，意殊未鬧。料今年之花事，消息猶遥；算定候於花時，錙銖難較。向使春韶一轉，寒氣先辭。無寒雲之羃羃，無寒雨之絲絲。晴日當窗而久照，和風繞樹而頻吹，則必繽紛滿樹，爛漫盈枝。定教翠翠紅紅，盡一日看花之興；何至枝枝葉葉，等三年刻楮之遲。然而花縱遲開，春猶未暮。雖勝事之稍稽，豈積陰之久痼？人情爭盼豔陽，天意終歸和煦。三分春色，儘可流連；一片春陰，正資調護。此日青燈耐冷，空齋勤映雪之功；異時紫陌看花，上苑獻淩雲之賦。

夾竹桃賦以「布葉疑竹分花似桃」爲韻

浄掃朝煙，濃含宿露。積翠欲流，嬌紅能駐。移來湘水之枝，化作武陵之樹。一株素艷，大可移情；兩樣春光，不煩分布。原夫竹也者，雨翦煙裁，青稠翠疊，嶰谷遥連，淇園近接。解翠籜而風輕，啟黄苞而露浥。叢生水次，不開紅蓼之花；學舞風前，大似碧蘆之葉。至於桃也者，繽紛滿樹，爛漫盈枝。種分東海，春在西池。簇千堆之錦繡，烘一抹之臙脂。桃葉渡頭，情波欲活；桃源洞裏，仙蹟休疑。之二者丹素殊科，淡濃異族，一則以勁節驕人，一則以冶容悦目；一則與蒼松共其清高，一則與文杏同其穠郁。幾見王猷癖好，好此夭桃？未聞崔護留題，題兹菉竹。而何意化工弄巧，大塊呈文，迎將之子，配以此君。洗娟娟之翠玉，蒸艷艷之紅雲。從桃花扇底，招來清風幾許；向竹葉樽中，領取春色三分。蓋其爲葉也，疏疏密密，整整斜斜，既青蔥之可愛，更蒼翠之交加；貫四時而不改，摹萬个而無差。大堪移傍緑天，拓清涼而成蔭；豈比染成紅樹，竟絢爛而如花。乃其爲花也，淡異臞梅，嬌同穠李，映午日而愈妍，染晨霜而更美；濃塗天半之霞，艷浸溪邊之水。湘夫人灑將紅淚，大有可觀；文湖州寫出墨君，轉愁不似。遂使游人蠟屐，詞客抽毫；嘉名持錫，驕寵頻叨。花國分夾振之勢，花王資夾輔之勞。蘭亭佐觴詠之游，茂林修竹；蓬島啟神仙之宴，雪藕冰桃。

雁字賦以「一行斜字早鴻來」爲韻

整整斜斜，疏疏密密，不留印雪之痕，頗擅淩雲之筆。觀旅雁之來賓，異孤鴻之無匹。故擬以武，則陣圖森列，居然大國之軍三；而比以文，則字跡分排，宛若先天之畫一。原夫字也者，體沿斯邈，法備鍾王。或龍跳而虎卧，或鳳翥而鸞翔。吉了鸚哥，漸臻其妙；家雞野鶩，各效其長。溯造字之初，本〔一〕取之於鳥跡；問象形之義，曷觀之於雁行？爾乃岡巒重複，巖穴周遮，日銜山而得月，雲出岫而蒸霞。忽有成行歸雁，儼然到處塗鴉。摹向懸崖，不費毛錐劖刻；題來絶壁，任從柔翰欹斜。又若紅蓼洲邊，白蘋水次，泊磯畔之漁舟，颺橋頭之酒幟。看遵渚之低飛，宛臨池之小試。倘遇鯉魚之便，可寄素書；若描蝌蚪之形，即成奇字。至於古木成陰，茂林合抱，森森修竹之村，黯黯垂楊之道。俄載飛而載鳴，覺亦真而亦草。間或赤文寫就，定知紅葉銜多；時而録字書成，想見碧梧棲早。況乃黄沙大漠，紫塞秋風，聽邊聲之獵獵，看朔氣之朦朦。一行遠去，萬里長空。將無青塚明妃，曲譜倩傳别鶴；或者白頭蘇武，書箋遥

〔一〕本，原訛「木」，據文意改。

寄飛鴻。彼夫鸞箋舊製，鳳紙新裁，鴿傳信至，燕寄詩回。要不過閒情之偶託，未若此有象之可推。此時遠遞雁箋，早見人間傳偏；他日高題雁塔，定從天路飛來。

南陽諸葛廬賦以「三顧臣於草廬之中」爲韻

客有過南陽之墟者，見夫平疇莽莽，雜樹毿毿。山不深而亦勝，地雖僻而堪探。橋畔露酒家之旆，林間藏老衲之庵。萬古羽毛，莫辨雲霄之一；幾家煙火，猶通山徑之三。亭長來告曰：「此諸葛之故廬也。」陳跡雖遥，舊居如故；地以人傳，今猶古慕。此時存小築衡茅，當日記躬耕韋布。儒宫一畝，長留人望於南陽；王業三分，早卜天心之西顧。當其身居畎畝，迹託隱淪。同太公之釣渭，等伊尹之耕莘。於斯廬也，嘯歌適志，饘粥安貧。龍卧猶酣，未際風雲之會；蝸廬獨處，自稱草莽之臣。及其遭逢先主，載置後車，據蜀都之形勝，扶漢祚之淪胥。而是廬也，存留風月，藏弆琴書。每爲梁父之高吟，所思安在？應憶隆中之舊友，曾此相於。向使火井重興，赤符再造，奏奇蹟於祁山，定中興於蜀道。迄今過南陽者，拜遺像之清高，向舊廬而灑掃。應比召南方伯，長留勿翦之甘棠；豈同江左夷吾，見笑出山之小草。而惜也指揮雖定，恢復終虛。八陣圖壯猷消歇，五丈原遺恨欷歔。徒令人從盡瘁鞠躬之後，想長吟抱膝之初。弔西川之故祠，有終古不凋之柏；尋南陽之舊宅，有春光先到之廬。彼夫金谷園林之勝，平泉花木之奇，揚子之亭載酒，謝公之墅園棋。雖得爲千秋之名勝，未敵此三尺之茅茨。金虎銅雀之臺，何足道也？羽扇綸巾之度，如將見之。客乃以懷古蹟，緬想英風，知蕭曹之非匹，歎管樂之相同。惜遭時之末造，徒遺恨於無窮。兹則堯天舜日之昌期，躬逢其盛；豈無鳳逸龍蟠之奇士，復出其中？

余往歲所作《課孫草》，截搭題止二篇。癸未春，攜陛雲至杭，於舟中復作四篇，以濬發其心思。又作全偏偏全二題文，以備截搭之法。至賦亦小試所不可缺者，亦作四篇示之，以層次清晰爲主，蓋與作文無二法也。曲園叟識。

經義塾鈔

序

光緒二十七年七月，天子降明詔，廢時文，改用四書義、五經義。承學之士有以體格爲問者。余曰：四書義、五經義，皆經義也，實即經論也。《昌黎集》有《省試顔子不貳過論》，是即唐人之經義。《四庫全書》總集類有《經義模範》一卷，所録張才叔、姚孝寧、吴師孟、張孝祥等經義十六篇。今宜頒示士林，以爲程式，而博采宋人文集，以裨益之。至元人經義，有破題、接題、小講諸名目，是乃八股之濫觴，今可不用也。余耄而廢學，不復談經，偶成經義十六篇，是不足言模範。憶往年曾作《課孫草》二十篇，爲金陵坊間所刻，風行於時。今時文廢，則《課孫草》可燒矣。而吾孫亦已由鼎甲入翰林，則典掌文衡未始非意中事，經義一道亦宜研求。姑鈔存家塾，仍以課吾孫而已。曲園叟自記。

經義塾鈔

需于郊

嘗讀《左傳》載陳子行之言曰：「需，事之賊也。」然則事之無取乎需明矣。而《周易》乃有《需》卦，其初九曰：「需于郊，利用恒，无咎。」是聖人又若有取乎需者。此何説歟？蓋天下事有不可需者，有不可不需者。孟子曰：「舜聞一善言，見一善行，若决江河，沛然莫之能禦也。」夫如是，何需之有？然其始飯糗茹草，若將終身耕于歷山，漁于雷澤，陶于河濱，作什器于壽丘，就時于負夏，無一而非需也。古聖人之舉事，蓋未有不出於需者。成湯既得伊尹，必待伊尹五就湯，五就桀，然後有鳴條之役，是湯之需也。武王東觀兵，至于盟津，諸侯不期而會者八百，皆曰紂可伐矣。武王曰未可，是武王之需也。齊桓將圖霸，三問於管仲，管仲皆曰未可；晉文欲用其民，子犯止之，一則曰民未知義，再則曰民未知信，三則曰民未知禮，是則霸者雖急於成功，亦未始不出於需也。《周易》于乾、坤、屯、蒙之後，即受之以需，需之時義大矣哉！初九當需之時，居卦之初，去坎險尚近。苟鹵莽以赴之，轉失其常矣。故曰：「需于郊，利用恒，无咎。」而傳釋之曰：「不犯難行也。」此當需而需者也。試以《易》義徵之：《豫》六三曰「遲有悔」，《困》九五曰「徐有説」，曰「遲」曰「徐」，皆需象也。《豫》六三處豫樂之時，若久處而不去則溺矣，遲之所以有悔也，不當需而需也。《困》九五當困窮之日，安之若命，不急於求去素患難，行乎患難者也，徐之所以有説也，當需而需也。《豫》六二曰「不終日，貞吉」，宜六三之「遲有悔」矣。《困》九四曰「來徐徐，吝，有終」，宜九五之「徐有説」矣。然則《需》初九之「需于郊」，殆亦所謂「來徐徐」者乎？若夫郊有遠郊、近郊之分，遠郊去國百里，近郊去國五十里，所謂「國外曰郊」也。古之君子危邦不入，亂邦不居。然則未入其國，先待於郊，君子之審於出處，固宜如是歟？是故説《易》者當知有宜需，有不宜需。《困》九二曰「征凶」，上六曰「征吉」。蓋困而即求出不可也，故九二「征凶」；困而不求出又不可也，故上六「征吉」。需與不需，義盡於此矣。若夫老氏之書曰「不爲天下先」，此一於需者也；黄帝之書曰「日中必熭，操刀必割」，此不知有需者也，皆非《易》義也。

朋來得尚于中行

有君子之朋，有小人之朋。君子之朋以道義相合，小人之朋以勢利相交。《易》所言者爲君子之朋歟？則皆宜有者也；爲小人之朋歟？則皆宜無者也。乃《復》彖辭曰「朋來无咎」，《蹇》九五曰「大蹇朋來」，皆以朋爲宜有。而《泰》九二曰「朋亡，得尚于中行」，又以朋爲不宜有，何歟？竊以爲所處之時不同也。《復》之爲卦，一陽初生，而伏於五陰之下，其爲勢也孤，而其爲物也穉。聖人懼其獨立而無助也，必有以助之，而後孤者以立、穉者以成。孟子謂戴不勝曰：「子謂薛居州，善士也，使之居於王所。在王所者，長幼卑尊皆薛居州也，王誰與爲不善？長幼卑尊皆非薛居州也，王誰與爲善？」夫必長幼卑尊皆薛居州，而後可以爲善，此《復》之所以貴「朋來」也。《蹇》之九五陷於險中，雖有九三一陽，然應上六而不附於五，故必朋來而後可以濟蹇，與《復》之「朋來无咎」同一義也。若夫《泰》則異矣。三陽鼎盛，居内卦而爲主，此陽盛之卦也。陽則君子也，孔子曰「君子周而不比」，又曰「君子和而不同」，又曰「君子羣而不黨」。夫必不比、不同、不黨，而後爲君子；比焉、同焉、黨焉，即不得爲君子，此《泰》九二所以貴「朋亡」歟？試以《咸》卦證之，《咸》之爲卦，三陽連屬，九四居兩陽之間，又當咸感之時，有「憧憧往來，朋從爾思之象，傳則曰「未光大也」。然則《泰》之九二必「朋亡」，而後「得尚于中行」，亦此義矣。《泰》九二傳曰「得尚于中行，以光大也」，《咸》以「朋從」而傳以爲「未光大」，《泰》以「朋亡」而傳以爲「光大」，然則二卦之義固可參伍而得之矣。吾觀宋自神宗之世，王安石用事，變亂舊章，天下大擾。元祐之初，用司馬温公，盡改其法，此亦《復》之時也。乃羣賢不和，各持意見，齗齗辨論，卒爲紹聖小人所乘。真西山曰：「元祐諸賢自爲矛盾，小人得以乘之，稔成紹聖之禍。」嗚呼！元祐諸賢其未聞「朋來」之義乎？及其後國事日非，廟堂誼鬨，洛黨、蜀黨、朔黨各立門户，儼如水火，此所謂「憧憧往來，朋從爾思」者也，抑又未得「朋亡」主義矣。後之君子，尚其以宋爲鑑哉！

日中爲市，致天下之民，聚天下之貨

蓋觀於《易》而知聖人之重商也。昔生民之初，固若禽獸然，弱之肉强之食。聖人以爲人不可以相食也，乃使取鳥獸而食之；而人又莫知所以取鳥獸也，爲作網罟以教之。《易》曰：「包犧氏作結繩而爲網罟，以佃以漁，蓋取諸《離》。」是其事也。後世聖人以爲取鳥獸以食非可以爲常也，於百草之中擇其可以常食而無病者莫如五穀；而民又莫知所以種五穀也，乃爲作耒耜以教之。《易》曰：「包犧氏没，神農氏作，斲木爲耜，揉木爲耒，耒耜之利，以教天下，蓋取諸《益》。」是其事也。民既知種五穀以自養，則固已不失其生矣，聖人爲民計將何先乎？吾觀神農氏既作耒耜，而即繼之曰：「日中爲市，致天下之民，聚天下之貨，交易而退，各得其所，蓋取諸《噬嗑》。」然後知聖人之重商也。其時衣裳、宫室、棺槨未備，書契未興，而聖人所急爲先務者，在於「日中爲市，致天下之民，聚天下之貨」。蓋民知自養，而彼此不相通，有無不相易，則養之道有時而窮，故聖人先爲之立市也。戰國鄒子之書言：「中國名赤縣神州，中國外如赤縣神州者九。」其説爲儒者所不信。然至於今，則儒者亦信之矣。黄帝以前，大九州固皆相通。神農氏之時，所謂「致天下之民，聚天下之貨」者，必不止於中國之一區。然則今日通商之局在漢唐以來所絶無者，未必非上古之所有也。鄒子書先列中國名山大川，通谷禽獸，水土所殖，物類所珍，因而推之及海外人之所不能睹。然則今泰西諸邦物産之詭異、品類之殷軫，在古人固亦知之，且能言之。惜乎鄒子之書不傳也。自黄帝以來，德不及遠，畫中國爲九州，而大九州隔閡不通。於是自君其國，自子其民，閉關絶使，不相往來。乃始爲自治之計，專務本圖，不與外事，重農貴粟，而商務益賤矣。漢唐以來，皆以農桑爲本，商賈爲末。用此道也，天運變遷，世事因之，至今日而海外各州又通，而商賈之事亦因之日重，所謂「致天下之民，聚天下之貨」者，其在斯乎？然則今日通商之局，亦循神農之舊制矣。

上帝引逸

昔周公作《無逸》一篇，以戒成王。其發端即云「君子所其無逸」，歷引殷之三宗以明無逸之意，又譏其後王曰「生則逸，生則逸，不知稼穡之艱難，不聞小人之勞，惟耽樂之從」，蓋逸之爲害也如是。乃其作《多士》，以告商王士，則又曰：「上帝引逸，有夏不適逸，則惟帝降格。」若是乎上帝又引人使適於逸也，其義不大悖歟？蓋必有説矣。竊嘗論之，「君子所其無逸」，人之道也；「上帝引逸」，天之道也。不觀天之爲天乎？布四時於三百六十旬，聽寒暑之往來，而天不與焉；置二十八宿於三百六十度，聽日月之出入，而天不與焉，逸之至也。聖人法天以爲治，亦若是矣。堯舜之有天下焉，禹爲之平九州，稷爲之播百穀，皋陶爲之典五刑，契爲之敷五教。而堯舜則皆不與焉，垂衣裳而坐，恭己正南面而已矣。豈獨堯舜如此哉？即禹之治水也，疏九河，瀹濟漯，而注之海；決汝漢，排淮泗，而注之江。心煩於慮，而身親其勞，腠胝無胈，膚不生毛，蓋極天下之至劬矣。而孟子曰：「禹之行水也，行其所無事也。」蓋至勤之中有至逸者存，不勤不足以爲人，不逸不足以爲天。以天事言，則天逸而人亦逸，故老子曰：「人法地，地法天，天法道，道法自然。」合天地人而同歸之自然，則天人皆逸矣。以人事言，則人勞而天亦勞，故《易》曰：「天行健，君子以自强不息。」以天之健爲君子之强，則天人皆勞矣。夫言豈一端而已？此「上帝引逸」與「君子所其無逸」，似相悖而不相悖也。秦始皇帝既滅六國，置三十六郡，躬親庶事，至以衡石量書，是所謂「有夏不適逸」者也。及至二世，用趙高説，稱朕不聞聲，深居宫中，羣臣稀得進見，此又所謂「生則逸，生則逸」者矣，秦之所以二世而亡歟？

四曰攸好德

《大雅·蒸民》之詩曰：「民之秉彝，好是懿德。」孔子讀而嘆之曰：「爲此詩者，其知道乎？」然則民之秉彝，未有不好是懿德者也。其後知識日開，嗜欲日熾，浸失其所秉之彝，而遂不覺懿德之可好。問其所好，則有之矣：好色也，好貨也，好勇也；樂驕樂，樂佚遊，樂宴樂，無一非其所好。而甚者至於嗜殺人，則其所秉之彝澌滅盡矣。君子病之，謂其無是非也，謂其無羞惡也。愚則曰：皆非也，乃其人之無福也。《洪範》「九五福：一曰富，二曰壽，三曰康寧，四曰攸好德」，可以深長思矣。夫「福」者何也？賈子曰：「安利之謂福。」《禮記》曰：「福者，百順之名也。」蓋人之一生無所不順，有生之樂莫大於此。故以富爲首，而貴不與。説者曰：有一命之貴，即有一命之責。自天子至於士大夫，競競業業，不皇暇食，何福之有？故五福有富無貴也。若然，則所謂「攸好德」者何以爲福乎？曰：福有在乎天者，亦有在乎我者。在乎我者可必，在乎天者不可必也。謂壽可必乎？顏淵夭矣；謂富可必乎？伯夷餓矣；謂康寧可必乎？孔子厄于陳蔡矣；謂考終命可必乎？龍逢、比干不得其死矣。惟德則存乎我者也。蔡傳以好德爲樂其道。夫果有道義之可樂，則焉往而非福？「飯蔬食飲水，樂在其中矣」，何必富？「朝聞道，夕死可矣」，何必壽？「素患難行乎患難」，何必康寧？「志士仁人有殺身以成仁，無求生以害仁」，何必考終命？《詩》有之：「自求多福。」「攸好德」之爲福，其福之自己求者歟？孔子曰：「不仁者不可以久處約，不可以長處樂。」處樂而不可長，無福甚矣。「舜之飯糗茹草也，若將終身焉。及其爲天子，被袗衣、鼓琴，二女果，若固有之」，人知被袗、鼓琴爲舜之福，不知飯糗茹草亦舜之福。蓋以好德爲福，天子無所加，匹夫無所損也。漢光武問東平王居家何者最樂？曰爲善最樂。夫知爲善之樂，則知「攸好德」之爲福矣。

道阻且右

《秦風・蒹葭》之詩，序以爲刺襄公，而後儒莫之信。然朱子以爲不知何所指，則詩意固不可測矣。愚嘗論之：周之盛也，其詩曰「湛湛露斯，匪陽不晞」；周之衰也，其詩曰「正月繁霜，我心憂傷」。此詩既曰「蒹葭蒼蒼，白露爲霜」，則必非盛世之音矣。讀其卒章曰「溯洄從之，道阻且右」，「右」之一字自來莫得其解。箋云：「出其右，言其迂迴也。」然則「出其左」亦何嘗不迂迴乎？正義曰：「取其與涘、沚爲韻。」然則古之詩人亦苟且趁韻矣。今以詩例求之，詩人之辭，凡舉方位必曰南，蓋南方爲生育之鄉，君子貴之。是以山曰「南山」，澗曰「南澗」；言木則曰「南有喬木」，言魚則曰「南有嘉魚」。獨《北門》之詩曰「出自北門」，傳釋其義曰：「北門，背明向陰。」然則不言南而言北，非美言矣。南北如是，左右亦然。《有杕之杜篇》曰：「有杕之杜，生于道左。」箋曰：「道左，道東也。日之熱恒在日中之後，道東之杜，人所宜休息也。」夫左熱則右必寒矣。霜降爲九月中，「白露爲霜」，其時已寒，而道又出乎其右，則寒之甚也。《北風》之詩曰：「北風其涼，雨雪其雱。」《蒹葭》詩人殆與有同感乎？此詩雖不必爲刺襄公而作，然詞氣衰颯，非盛世之音，序説或非無本也。若夫盛世則不然，《裳裳者華》曰：「左之左之，君子宜之。右之右之，君子有之。」荀子説其義曰：「言君子之能以義屈伸變應也。」是則劑陰陽之平，而泯剛柔之偏，冬日之陽、夏日之陰無不得所。率天下之民乘壽車而行福塗，又何道阻且右之有乎？

薄伐西戎

《禹貢》於九州之末大書「西戎即叙」，説者謂美禹之功，及於夷狄。夫東夷、西戎、南蠻、北狄謂之四夷，《禹貢》獨舉西戎，以西戎尤爲中國患也。文王之時，西有昆夷之患，北有玁狁之難。於是命南仲爲將，北伐玁狁，西伐西戎。詩人詠之，一則曰「赫赫南仲，玁狁于襄」，再則曰「赫赫南仲，玁狁于夷」，而於西戎則但曰「赫赫南仲，薄伐西戎」，不言「西戎于襄」「西戎于夷」，是西戎終未平也。《史記·秦本紀》載申侯之言曰：「昔我先驪山之女，爲戎胥軒妻，生仲潏，以親故歸周，保西垂，西垂以其故和睦。」蓋南仲伐之，未能得志，乃因申女通昏姻之好，猶後世和親之比，亦不得已之下策矣。武王克商，有天下，通道于九夷八蠻，而西旅有獻獒之事。夫西旅獻獒，而太保爲之作書，亦可見當時之重視西戎矣。周公作《周禮》，設四翟之隸，有蠻隸、閩隸、夷隸、貉隸，而無戎隸。名雖有四，其實則三，有南北東而無西也，豈非文王薄伐以來西戎固未底定，服叛不常，不可得而隸歟？穆王時，周室衰矣。而穆王有大志，巡行天下，使皆有車轍馬跡，其意固將興周也。乃其尤注意者則在西戎。《穆天子傳》所載西征之事爲多，又載其賓于西王母。西王母者，世以爲神仙之屬，非也，蓋西戎之君長耳。穆王親至其國，見其女主，蓋欲懾伏其君臣，羈縻其種類，有深意焉，非以盤游爲樂也。穆王没而周益衰，至平王東遷，西京故壤且棄之於秦，何論西戎？然則終周之世，其能伐西戎者惟南仲一見而已。雖止于薄伐，未大得志，亦周初之盛舉哉！宣王之世，方叔爲將，其《詩》曰「薄伐玁狁，蠻荆來威」。是方叔北伐玁狁，南伐蠻荆，未嘗繼南仲而薄伐西戎也。漢武帝時，張騫鑿空西域，遂通疏勒、條支，交於上國。然後漢班超使甘英使大秦，臨大海欲度，阻於安息船人之言，竟不果往。是西海之外固未通也。今則泰西諸邦互市於中華，玉帛輶軒往來如内地，益遼濶矣。世無南仲，誰伐西戎？讀《出車》之篇，所爲長太息也。

禮之近人情者非其至者也

禮何所出哉？出於性也，出於情也。《禮》曰：「因人之情而爲之節文。」太史公曰：「緣人情而制禮，因人性而作儀。」吾觀《曲禮》一篇，如「將上堂，聲必揚。將入户，視必下」「户開亦開，户闔亦闔」「户外有二屨，言聞則入，言不聞則不入」，又如「並坐不横肱」「共飯不澤手」「離立者不出中閒」，其於人情委曲周至，未嘗不歎聖人之制禮無不在人情之内也。乃讀《禮器》之篇，則又曰：「禮之近人情者，非其至者也。」此何説歟？《郊特牲》一篇言其義矣：「先王之薦，可食也而不可耆也。卷冕、路車，可陳也而不可好也。宗廟之器，可用也而不可便其利也。所以交於神明者，不可同於所安樂之義也。」又曰：「大羹不和，貴其質也。大圭不琢，美其質也。丹漆雕幾之美，素車之乘，美其樸也。所以交於神明者，不可同於所安褻之甚也。」以是言之，禮之近人情者，固非其至矣，豈獨交於神明有然哉？竊嘗推而論之，聖人之制爲君臣、父子、夫婦、朋友也，無不嚴爲之節。是故大夫不敢享君，君無故不得入諸臣之家，此嚴於君臣也。父子不同席，由命士以上必異宮，此嚴於父子也。介紹而傳命，三揖三讓而後至，此嚴於朋友也。深宮固門，閽寺守之，男不入，女不出；妻將生子，夫問之，妻不敢見，此嚴於夫婦也。凡若此者，皆若不近乎人情，而禮意則甚深矣。《易》不云乎：「物不可以苟合，故受之以賁。賁者，飾也。」先王之制禮，皆不欲其苟合而爲之飾。直情而徑行者，戎狄之道也。禮道則不然，君子於其所尊弗敢質，敬之至也。故曰：「禮之近人情者，非其至者也。」

情欲信，辭欲巧

巧言令色孔壬，虞帝之所畏也；巧言令色足恭，孔子之所恥也。《小雅》有《巧言》之篇，其辭曰：「巧言如簧，顔之厚矣。」是君子之言固無取乎巧也。乃《雨無正篇》則又曰「哿矣能言，巧言如流，俾躬處休。」毛、鄭之意並以爲是賢人之言。然則巧亦有可取歟？《禮記·表記篇》曰：「情欲信，辭欲巧。」學者不達「巧」字之義，或疑是「考」字之誤，竊謂非也。「情欲信，辭欲巧」兩語相對成文，其義必二而非一。若云「辭宜考」，實則與「情欲信」無二義矣。蓋情者存乎內者也，辭者達諸外者也。存乎內者宜真實而無妄，達諸外者宜周流而無滯，故情宜信而辭宜巧。辭巧而情不信，則「截截善諞言，俾君子易辭，我皇多有之」；情信而辭不巧，則「哀哉不能言，匪舌是出，維躬是瘁」。孔子曰：「諫有五，吾從其諷。」即「辭欲巧」之謂也。昔秦攻趙，趙求救於齊。齊欲以長安君爲質，太后不可。大臣强諫，而太后益怒。彼大臣者其情實，爲趙太后計也。然而不聽者，辭不巧也。及左師觸龍一言，而長安君出矣。魏惠王卒，葬有日矣。天大雨雪，壞城郭，將爲棧道以葬。羣臣多諫，太子不聽。彼羣臣者其情實，爲魏太子計也。然而不聽者，辭不巧也。及惠子一言，而葬期改矣。夫母子之恩至深也，父子之義至重也，是皆未可以驟奪也。二子從容進言，卒能奪之，孰謂辭不貴巧哉！善乎蘇明允之言曰：「龍逢、比干不獲稱良臣，無蘇秦、張儀之術也；蘇秦、張儀不免爲游説，無龍逢、比干之心也。龍逢、比干，吾取其心，不取其術；蘇秦、張儀，吾取其術，不取其心。」夫以龍逢、比干之心行蘇秦、張儀之術，豈非所謂「情欲信，辭欲巧」者乎？夫言豈一端而已？孔子曰「巧言令色，鮮矣仁」，此

《詩》所謂「巧言如簧，言之厚矣」者也；曰「情欲信，辭欲巧」，此《詩》所謂「巧言如流，俾躬處休」者也。不察乎此，而概以巧言爲戒，然則仲山甫之令儀令色亦爲孔子所恥歟？《易》曰：「修辭立其誠。」立誠者，情欲信也；修辭者，辭欲巧也。石梁王氏謂必非孔子之言，何其輕於立說歟？

晉人納捷菑于邾，弗克納

國雖小弱，必有足以自立者，而後可以爲國。譬之於人，雖面目瘦眚，肢體衰羸，其精氣猶足以自固，則風雨寒暑燥溼之爲患不得而乘之，猶可以不死。吾觀於春秋時之邾矣。邾，小國也。然自春秋以迄於戰國，綿延數百年，後齊晉而亡，殆其爲國有足以自立者乎？《文十四年春秋》書「晉人納捷菑于邾，弗克納」。公羊子曰：「大其弗克納也。」而何休爲之說曰：「大其不以己非奪人之是。」若然，則《春秋》此經爲美晉矣。夫晉何足美哉？「邾有成君，晉趙盾不度於義，而大興諸侯之師，涉邾之境，見辭而退。雖有服義之善，所與者廣，所害者衆。」杜預此言勝何休矣，晉何美之有？且使《春秋》誠美晉也，當書曰「弗果納」，不當書曰「弗克納」。弗果納，則弗納在晉也；弗克納，則弗納在邾也。然則《春秋》此經美邾也，非美晉也。邾之可美安在哉？春秋之世，小國畏大國如虎，苟求免於大國之討，則有出其君以悦之者，如衛成公是也；有殺其君以悦之者，如齊莊公、悼公是也。晉趙盾以諸侯之師八百乘，納捷菑于邾，其意固無邾矣。邾人能以一言卻之，使諸侯之師逡巡而自去，其弗納也，非不欲納也，乃不克納也。《春秋》之與邾也深矣。吾觀後世，如唐之天佑，則天子之廢立，藩鎮得以專之矣；如晉之天福，則天子之廢立，夷狄得以專之矣。何天下之大，而竟不如區區之一邾哉？邾文公固賢君，其時士大夫在朝者必多君子，故能仗大義以全幼君，出片言而退强敵。春秋二百四十年，如此者殆不多見，故大書「弗克納」，而晉趙盾貶書「人」。嗚呼！其與邾也深矣。

豹及諸侯之大夫盟于宋

魯，望國也。《明堂位》一篇言魯備四代之服、器、官，廣魯於天下，天下資禮樂焉，何其盛歟？及春秋之世，魯稍衰矣。然天王之使時至於廷，滕、薛小侯多以朝禮來見，猶海岱閒蔚然大邦也。乃襄二十七年宋之盟，季武子以公命命叔孫豹曰：「視邾、滕。」既而齊請邾，宋請滕，皆不與盟。叔孫曰：「邾、滕，人之私也；我，列國也，何故視之？」卒與於盟。此其所論甚正。而左氏顧以經文書「豹」不書「叔孫」爲罪其違命。此説誤矣。當時天下之稱魯者，或曰「齊魯」，或曰「宋魯」，或曰「魯衛」，在十二諸侯中莫能相尚。一旦儕於邾、滕，屬於齊、宋。承周公之祀，爲宗國之長，而屈辱至此，微叔孫豹魯不國矣。傳曰：「大夫出竟，有可以利社稷者，專之可也。」叔孫此舉，得此義矣。杜氏曲徇傳意，責其不反魯請命，謂丁卯至辛巳爲日尚遠，可以反請。然季氏矯命不知何日，據上文，丁卯宋戌成言於楚，而令尹子木乃有晉楚交相見之議。此議非數日不聞於魯，季孫矯命，非數日不達於宋。自丁卯至辛巳纔十五日耳，謂叔孫能往反請命乎？或謂季孫以貢賦重，故欲比于小國，爲魯計也。叔孫獨不爲魯計乎？嗟乎！季孫誠爲魯計，則當如鄭子産寓書范宣子，使輕諸侯之幣，不當自貶損其國，使不列于諸侯也。季氏自武子始專國政，不能爲自强之計，振積衰之勢，徒知朘削公室，自便私圖，使公室日益衰微，内不足以具三耦，外不足以事大國，乃降而出此計，使後世書之曰「魯之降爲附庸，自季孫宿爲政始」，豈不大可恥哉？或曰貢賦之重實患也，列于盟會虚名也，叔孫毋乃争虚名而忘實患乎？不知交際之道所重者固在虚名，富鄭公之使契丹，争「獻」「納」二字，非虚名歟？此義不明，士大夫偷焉無恥，石敬塘、劉知遠皆父事契丹，宋於遼金亦有姪稱。充武子視邾、滕之意，其末流必至此矣。然則叔孫豹無罪，何以貶不書族？曰：此傳家之説也，上書「夏，叔孫豹會晉趙武、楚屈建、蔡公孫歸生、衛石惡、陳孔奂、鄭良霄、許人、曹人于宋」，已具列之矣；下書

「秋七月辛巳，豹及諸侯之大夫盟于宋」，豹不書族，諸侯大夫并不列名，從上而省，史例也，所謂「其文則史」也。傳者從而爲之辭，非經意矣。

孝弟也者其爲仁之本與

《論語》次章載有子之言曰：「孝弟也者，其爲仁之本與？」斯言也必聖人所深許，諸弟子所共服，故首篇即載之，信乎其爲篤論也。乃後儒於斯言則異議滋多矣。《集注》引程子曰：「爲仁以孝弟爲本，論性則以仁爲孝弟之本。」又曰：「孝弟是仁之一事，謂之行仁之本則可，謂是仁之本則不可。」然則有子之言其未爲篤論乎？以愚論之，「本」蓋有二，有存乎天之本，有存乎人之本。天地以生物爲心，而所生之物各得天地生物之心，以爲心所爲性也，不可得而名也，强爲之名，則曰仁而已矣，此存乎天之本也，仁是也。人之初生，不知有一人，不知有一事。數月之後則知有母矣，又數月則知有父矣，又數月則知某某爲其兄矣。一人不知，而先知有父母兄；一事不知，而先知親愛其父母以及其兄，此存乎人之本也，孝弟是也。今有子之言發端即曰「其爲人也」，則固就人而論矣，安得不以孝弟爲本乎？孟子曰：「舜盡事親之道而瞽瞍厎豫，瞽瞍厎豫而天下化，瞽瞍厎豫而天下之爲父子者定。」夫舜以得親順親而化及天下之父子，然則舜之仁，舜之孝也。《中庸》曰：「武王纘太王、王季、文王之緒，壹戎衣而有天下。」夫武王誅紂伐奄，救民於水火之中，而皆本於繼前人之志，述前人之事。然則武王之仁，武王之孝也。「孝弟也者，其爲仁之本與？」夫仁孝後先，久無定論，漢延篤論之曰：「仁以枝葉扶疏爲大，孝以心體根本爲先。」夫仁爲枝葉，孝爲根本，則先孝後仁，漢儒有定論矣。抑又思之，草木之生也，先以萌芽，繼以枝葉，於是而華焉，於是而實焉，是實居最後也。及取其實而種之，俄而萌芽矣，俄而枝葉矣，俄而華矣，是實又居最先也。孝弟爲仁之本乎？仁爲孝弟之本乎？亦若是矣。必分爲仁、與仁而二之，宜乎學者之轉病其支離也。

季文子三思而後行兩章

知者與愚者遇，知者必勝，愚者必敗，事之常也。然天下事往往知者敗之、愚者成之，則何故歟？此天人之辨也。人之不能與天爭也久矣，故純乎天者無不勝，而襍乎人者無不敗。知者挾其心計之工，一事至吾前，統始終而籌之，舉輕重而權之，若者有利，若者有害，審之又審，而後一試焉，其賴以集事者固有之矣。然天之爲天，往往出於所料之外，備之於此，失之於彼，一敗塗地而至於不可復振者，豈少也哉？若夫愚者則不然，爲吾分之所當爲而已，事之難易不問也；盡吾力之所能盡而已，人之毀譽不顧也。其始跋前疐後見笑於天下者，蓋不少矣。然精誠之至，可以通天地，可以感鬼神，國家之事終必賴之。此孔子所以並論季文子、甯武子歟？季文子三思而後行，是其周詳審慎，亦有可取，而夫子則非之，曰「再斯可矣」；甯武子邦有道則知，邦無道則愚，夫子不取其知而取其愚，曰「其知可及也，其愚不可及也」。蓋嘗論之，季文子知者也，其三思而後行，則褋以人矣；甯武子之愚，純乎天者也。二子之優劣，其天人之辨歟？李斯聞趙高之謀，曰：「斯奉主之詔，聽天之命，何慮之可定？」此其所見豈不正哉？乃終惑於趙高「因禍爲福」之言，奪其本志，以至於具五刑而死。嗚呼！仁而不武，無能達也。幸則爲季文子，不幸則爲李斯矣。諸葛武侯之告後主也，曰：「鞠躬盡瘁，死而後已。成敗利鈍，非臣之明所能逆覩也。」其愚不可及，殆有甯武子之風乎？桓範十步九計，而終無成功；周勃厚重少文，漢高祖謂安劉氏者必勃。是故朝廷之上，誠欲經營天下，宏濟艱難，竊謂有季文子百，不如有甯武子一。

請問其目

天下事有綱必有目。綱者舉其大端，若綱之有綱也；目者條舉其名物，若綱之有目也。

顔淵問仁，子告之曰「克己復禮爲仁」，一言以蔽之。顔淵已得其綱矣，能不更請其目乎？《周官》：「宰夫之職，掌百官府之徵令，一曰正，掌官灋以治要；二曰師，掌官成以治凡；三曰司，掌官灋以治目。」鄭康成謂治要歲計，治凡月計，治目日計。計而以日，煩之至矣，故古人於名物之類必先列其目，蓋自箕子作《洪範》而已然矣。《周禮》如八灋治官府，八則治都鄙，八柄馭羣臣，八統馭萬民，皆以「一曰」「二曰」次第其事，是古人無一事無目也。《逸周書・文酌篇》「德有五寶，極有七事」，《大武篇》「政有九因，因有四成」，如此之類，無不條舉而件繫之，皆其目也。後儒謂《大學》經一章以明德、新民、至善爲三綱領，而以格物、致知、誠意、正心、修身、齊家、治國、平天下爲八條目。《中庸》言天下國家有九經，亦先舉九經之目，而後及九經之效，而後及九經之事。甚矣目之不可不知也！顔淵而不爲仁則已，顔淵而爲仁，安得不問其目哉？樊遲問仁，子告以「居處恭、執事敬、與人忠」三者，亦目也。子張問仁，子告以「恭、寬、信、敏、惠」五者，亦目也。然告二子者其目猶疏。告顔子以「非禮勿視，非禮勿聽，非禮勿言，非禮勿動」，則一瞬息閒而條例森然，密之至矣。非顔子不能治此目也。曾子曰：「吾日三省吾身，爲人謀而不忠乎？與朋友交而不信乎？傳不習乎？」曾子以此三者日省其身，是即《周禮》治目日計之遺意矣。顔子既得此目，亦必日省其身，蓋可知也。然則顔子問爲邦，何以不問其目？曰：孔子之告顔淵，但於虞、夏、商、周各舉一事以見例，本無綱，何有目？且爲邦之目，具在《周官》，遵而行之足矣，又何待於問？若夫克己復禮爲仁，雖見於古書，而其詳無聞焉，此顔子所以必請其目歟？

盍亦反其本矣

戰國之世，號爲大國者七，地醜德齊，莫能相尚。其君若臣皆日夜思所以自强，而士之游人國者亦各思富强其國，以成功名而取富貴。於是有善戰者，有連諸侯者，有闢草萊任土地者，人各自爲説，家各自爲書，雖孟子亦不知所以加之矣。言富國則無以加乎李悝、商鞅之徒也，言强兵則無以加乎孫臏、吴起之倫也。於是盡掃而空之，易一説曰：「盍亦反其本矣。」反本者何也？行仁政也。誠能施仁政於民，省刑罰，薄税斂，使民親其親，長其長，仕者皆欲立於其朝，耕者皆欲耕於其野，商賈皆欲藏於其市，行旅皆欲出於其塗，鄰國之民皆仰之如父母，則所謂「可使制梃以撻秦楚之堅甲利兵」豈虚語哉？嗚呼！此自强之上策也。當時諸侯皆莫能用，卒并於秦。秦亦旋得而旋失之，楚、漢之間天下大亂，生民幾盡，故曰「夫天未欲平治天下也」。乃《孟子》七篇皆不外此反本之一義：告梁惠王曰「王何必曰利？亦有仁義而已矣」，反其本也；告滕文公曰「君如彼何哉？强爲善而已矣」，反其本也；告鄒穆公曰「君行仁政，斯民親其上，敬其長矣」，反其本也。蓋孟子之時，人臣之進説者皆曰「我善陳，我善戰，我能爲君辟土地，我能爲君約與國」，皆逐末而忘本。故孟子一以反本爲主。誠能反本，則「以齊王，猶反手也」；不能反本，則「由今之道無變今之俗，雖與之天下，不能一朝居也」。孟子告當時諸侯如此，孟子告其徒亦如此，故曰「君子反經而已」。經正則庶民興，斯無邪慝矣。所謂「反經」即「反本」也，後世如歐陽子之作《本論》，其得孟子之意者乎？

王使人瞯夫子

藝術之家以相人爲最古，荀子言古有姑布子卿，然内史叔服尚在其前。此外若范巫之相楚子及子玉、子西，吴市吏之相伍子胥，唐舉之相蔡澤，許負之相周亞夫，皆炳然見於記載，蓋其術相傳固有自矣。齊王使人瞯孟子，此何人歟？殆亦傳相人之術者乎？不然齊王非不見孟子者，何必瞯瞯之，而門弟子何以疑夫子之有異於人？然則此人必能相人者矣。傳言堯長舜短，文王長周公短，仲尼長子弓短。蓋古者愛敬其人，必并其人形體容貌而詳識之。雖禹跳，湯偏，臯陶面如削瓜，周公身如斷菑，伊尹面無須麋，閎夭面無見膚，傳者猶樂道焉。相人者即從而爲之辭，以自成一家之術。孟子在齊，齊王固甚重之，意其必有得乎？古聖人、賢人之一體，而非庸庸之人所可望也。適有善相人者，遂使往而瞯之，門弟子當亦以爲然。故公都子有問焉，孟子曰：「堯舜與人同耳。」此一言也，可以該荀子《非相》之篇矣。雖然，當齊宣王時，稷下號多士，命曰列大夫，開第康莊之衢，談天衍、雕龍奭皆名聞諸侯。此人能以相術游其間，其術必有過人者。昔姑布子卿之相孔子也，曰「堯之顙，舜之目，禹之頸，皋陶之喙，高肩弱脊，惟此不及四聖」。孔子之相得傳於世者，賴有姑布子卿之言。此人爲齊王瞯孟子，則其反而告齊王，必詳言孟子之相爲何如。惜乎孟氏之徒不聞其言，而不載之書也。